MIKE CORNICK

3 pieces for 6 hands at 1 piano

www.**universal**edition.com
vienna · london · new york

UE 21 123

ISMN 979-0-008-06618-4
UPC 8-03452-01200-9
ISBN 978-3-7024-1461-0

Anyone for Tennis?

MIKE CORNICK

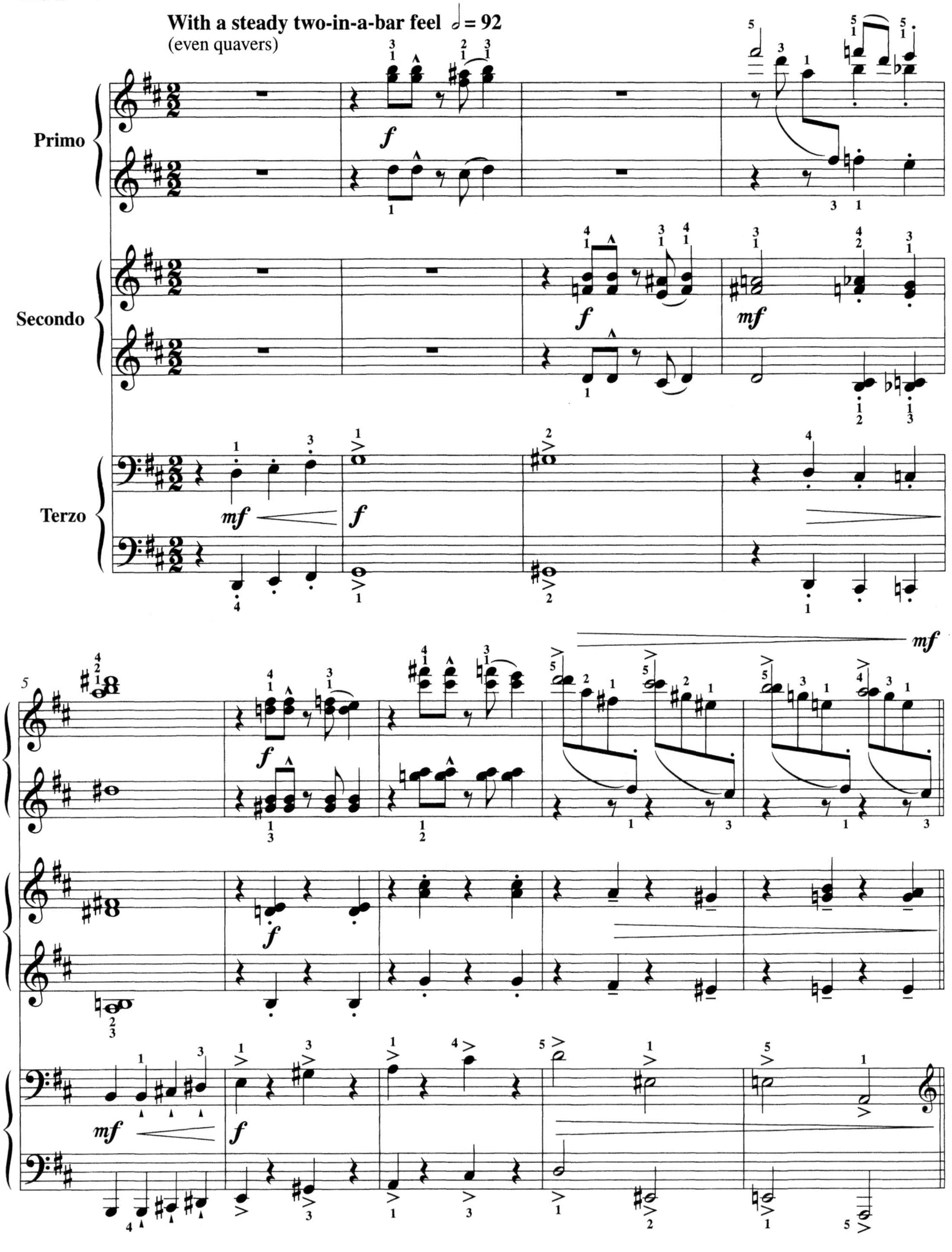

With a steady two-in-a-bar feel ♩ = 92
(even quavers)

4

Baroque to the Blues

MIKE CORNICK

with accentuated swing

12

solo: "locked hands" *

mf dolce

mf dolce

mf

* Emphasize the outside parts (melody in octaves)

Bénodet Breeze

MIKE CORNICK

Light, lively and swinging! ♩ = 125

22

Mike Cornick

■ Solo

Clever Cat goes Solo (1)* • UE 21 484
Clever Cat goes on Safari (2 – 3) • UE 21 525
Piano Repertoire Level 1 (2) • UE 21 563
Piano Repertoire Level 2 (4) • UE 21 564
Piano Repertoire Level 2 – Christmas (4) • UE 21 565
Style Collection – Jazz (4) • UE 21 650
Style Collection – Afro-Caribbean (4) • UE 21 651
Style Collection – Evergreens (4) • UE 21 652
Style Collection – Waltz Time (4–7) • UE 21 654
Six Characteristic Pieces (4 – 6) • UE 21 536
Boogie Piano Book (3 – 4) • UE 16 592
Barrel House Piano (5 – 6) • UE 17 375
Dixieland Piano (4 – 6) • UE 21 025
Piano Ragtime (4 – 5) • UE 30 413
Easy Blue Piano (2 – 3) • UE 21 260
Blue Piano (4 – 6) • UE 19 762
Latin Piano (3 – 6) • UE 17 365
Take Another 10 – Piano (3 – 6) • UE 21 171
Easy Bar Piano – Rock & Pop (with CD), Germ. (2 – 5) •
UE 31 843
Easy Bar Piano – Rock & Pop (with CD), Eng. (2 – 5) •
UE 31 843E
Easy Jazzy Piano 1 (2 – 5) • UE 16 550
Easy Jazzy Piano 2 (3 – 5) • UE 16 590
Jazz After Hours (4 – 6) • UE 21 099
The Christmas Keyboard Songbook (1 – 2) • UE 21 076
On The Right Track 1 (with CD) (2 – 3) • UE 21 124
On The Right Track 2 (with CD) (3 – 4) • UE 21 125
On The Right Track 3 (with CD) (5 – 6) • UE 21 147
On The Right Track 4 (with CD) (6 – 8) • UE 21 163
30 Easy Piano Studies (1 – 3) • UE 21 298
20 Piano Studies (4 – 5) • UE 21 233
Blue Baroque (3 – 6) • UE 21 315
The Best of Mike Cornick (2 – 6) • UE 21 314
In the Groove and More (4–5) • UE 21 669
Six Jazz Piano Solos (4–6) • UE 21 731

■ Tutors

Play the Piano! Level 1 (with CD), Eng. (1– 2) • UE 21 561
Play the Piano! Level 2 (with CD), Eng. (2 – 4) • UE 21 562
Piano Coach Band 1 (with CD), Germ. (1 – 2) • UE 34 991
Piano Coach Band 2 (with CD), Germ. (2 – 4) • UE 34 992
Jazz Improvisation (with CD) (2 – 4) • UE 14 050
Start Pianojazz (1 – 3) • UE 17 361
Pianojazz 1 (2 – 3) • UE 17 391
Pianojazz 2 (3 – 4) • UE 17 392
Pianojazz 3 (5 – 6) • UE 17 393
Skillbuilder 1 (2 – 3) • UE 21 077
Skillbuilder 2 (3 – 4) • UE 21 078
Skillbuilder 3 (5 – 6) • UE 21 079

■ 4 Hands

Clever Cat (with CD) (beginner) • UE 21 407
Clever Cat at the Seaside (with CD) (beginner) • UE 21 464
Tea for Two (with CD) (4 – 6) • UE 21 299
Charleston for Two (with CD) (4 – 6) • UE 21 368
Sleigh Ride for Two (with CD) (4 – 6) • UE 21 454
Love Songs for Two (with CD) (4 – 6) • UE 21 485
Pink Panther for Two (with CD) (4 – 6) • UE 21 579
Encores for Two (with CD) (4 – 6) • UE 21 614
Jazz Suite (5 – 8) • UE 21 548
Blue Piano Duets (6) • UE 21 006
Boogie Piano Duets (4 – 5) • UE 18 796
Easy Jazzy Duets (2 – 4) • UE 16 577
Jazzy Duets Piano 1 (3 – 4) • UE 19 756
Jazzy Duets Piano 2 (3 – 5) • UE 16 536
Latin Piano Duets (4 – 6) • UE 21 007
Piano Ragtime Duets (4 – 5) • UE 16 591

■ 5 Hands

4 Pieces for 5 Right Hands at 1 Piano (2 – 3) • UE 21 595
4 Afro-Caribbean Songs for 5 Right Hands at 1 Piano
(2–3) • UE 21 649
5 Pieces for 5 Left Hands at 1 Piano (4+) • UE 21 711

■ 6 Hands

3 Pieces for 6 Hands at 1 Piano (6 – 7) • UE 21 123
4 Pieces for 6 Hands at 1 Piano (2 – 4) • UE 21 300
At the Movies (6 hands) ** (3 – 4) • UE 21 520
Module Five (6 hands) ** (4) • UE 21 314-27

* Approximate Gradings (1) – (8) = Easy to Advanced
** Only downloadable from www.universaledition.com/trinity

rfsm. Finnland
1809 russ.
Ladoga-
see
Wiborg
Schlüsselburg
Helsingfors
St. Petersburg
Kasan
Reval
Narwa
Nowgorod
Jaroslawl
Estland
Wolga
Wolga
Dorpat
Peipus-
see
Ilmen-
see
Nischnij-
Nowgorod
Samara
Livland
Pleskau
Moskau
Kurland
Riga
Moskwa
Kaluga
Rjasan
Dünaburg
Witebsk
Tula
Litauen
KAISERREICH
Saratow
gsberg
Kowno
Smolensk
Orel
Woronesch
Wilna
Minsk
Kursk
Grodno
Tschernigow
Zarizyn
Grochow
Brest-
Litowsk
gr. Polen
ngress-Polen")
s., bis 1831 autonom
Wolhynien
RUSSLAND
Lublin
Schitomir
Kiew
Jekaterinoslaw
Don
Donez
Achtuba
ochau
err. Kgr. Galizien
Lemberg
Tarnopol
Podolien
Buq
Dnjepr
Rostow
Taganrog
Kaschau
Bessarabien
1812 russ.
Cherson
Dnjestr
Odessa
Asowsches
Meer
Kuban
Jekaterinodar
Debrecen
Jassy
Moldau
Akkerman
Krim
Eupatoria
Inkerman
unabh.
Tscherkessen
1864 russ.
Swanetien
1858 russ.
REICH
Ungarn
Maros
Siebenbürgen
Temesvár
Kronstadt
Sewastopol
Livadia
Banat
Galatz
Braila
Poti
1829
russ.
Belgrad
rbien
Walachei
Bukarest
Schwarzes Meer
Batum
Kars
1817
tributpflicht. Fsm.
Silistria
Warna
Sinope
Trapezunt
Nisch
Kulewtscha
Erzurum
TENEGRO
Sofia
Kastamuni
O
Adrianopel
Balta
Liman
Bosporus
Amasia
Sivas
Tigris
Albanien
Rumelien
Hunkiar Skelessi
Konstantinopel
Ismid
Angora
Janina
Larissa
Marmara-M.
Brussa
Anatolien
ES
REICH
Kaisarie
Thessalien
Ägäisches
S
Nasib
Livadien
Missolunghi
Euböa
Smyrna
Konia
Adana
Alexandrette
Aleppo
Patras
Athen
Chios
Morea
Nauplia
Adalia
NISCHE INSELN
Meer
Rhodos
Fr. Rep. unter brit. Schutz
Navarino
Rhodos
Tripolis
Zypern
Beirut
Damaskus
Kreta
Akkon
Wahabiten
ches
Meer
Jaffa
Jerusalem
Derna
Abukir
Alexandria
Tel-el-Kebir
Benghasi
Akaba
Ägypten
tribut. Vizekgr.
Kairo
nien

Darum geht es, wenn du diese Verben in deiner Aufgabenstellung findest:	▶ **Beispiele und Starthilfen:**

darstellen

Sachverhalte mit ihren typischen Merkmalen beschreiben und unter bestimmten Gesichtspunkten zusammenfassen.	↗ **Informationen in Texten, Bildern …** **Wie kam es zur Terrorherrschaft während der Französischen Revolution?** ▶ *Nach der Flucht des Königs sahen die Revolutionäre …* ▶ *Vor dem Revolutionsgericht …*

diskutieren (erörtern)

Zu einer Frage Argumente dafür und dagegen entwickeln, die am Ende zu einer begründeten Bewertung führen. ■ Sammle Argumente dafür (pro) und dagegen (kontra). ■ Gewichte die Argumente. Welches Argument ist am überzeugendsten und warum? ■ Komme aufgrund der Gewichtung zu einer begründeten Bewertung.	↗ **Handlungen, Überzeugungen, Ereignisse, Konflikte …** **Argumente entwickeln und abwägen** ▶ *Für … spricht …* ▶ *Dagegen spricht …* ▶ *Dieses Argument ist nicht überzeugend, weil …* ▶ *Daher komme ich zu dem Schluss …*

einordnen

Sachverhalte schlüssig in einen vorgegebenen Zusammenhang stellen. ■ Kläre, welche Bedeutung die einzelnen Sachverhalte haben. ■ Suche und benenne Verbindungen zwischen ihnen und mache sie deutlich.	↗ **Ereignisse, Sachverhalte:** **Die Begriffe gehören zusammen:** ▶ *Industrialisierung – Proletariat* ▶ *Mit dem Beginn der Industrialisierung veränderte sich nicht nur die Wirtschaft, sondern auch die Gesellschaft. Die Arbeiter in den Fabriken, die nur ihre Arbeitskraft anbieten konnten, wurden Proletarier genannt.*

erklären

Verständlich machen, was sich in der Vergangenheit ereignet hat, und begründen, warum und wie es dazu kommen konnte. ■ Beginne mit der Ausgangssituation. ■ Bringe Dinge, die sich nach und nach ereigneten, miteinander in Beziehung. ■ Begründe deine Aussagen.	↗ **Zusammenhänge, Ursachen, Folgen …** **Erkläre, zu welchem Zweck der Deutsche Bund gegründet wurde.** ▶ *Einhaltung des äußeren und inneren Friedens* ▶ *Schutz vor Angreifen* ▶ *Unterdrückung der freiheitlichen Bewegungen*

erläutern (ausführen)

Sachverhalte mit Beispielen oder Belegen veranschaulichen. ■ Fertige Stichwörter zum Thema an. ■ Beginne mit einer allgemeinen, aber wichtigen Aussage. ■ Beziehe auch Einzelheiten mit ein. ■ Beende den Text mit einer knappen Zusammenfassung.	↗ **Themen, Probleme, Überzeugungen …** **Erläutere die Bedeutung der Dampfmaschine.** ▶ *vorher: lange Transportwege* ▶ *Nun konnten mehr Menschen …* ▶ *Zusammengefasst liegt die Bedeutung der Dampfmaschine in …*

Weitere Verben findest du auf der hinteren Umschlagklappe. ▶

Geschichte **Realschule Bayern**

entdecken und verstehen

8

Vom Zeitalter der Aufklärung bis zum deutschen Kaiserreich

Bearbeitet von
Florian Basel, Beilngries
Heike Bruchertseifer, Buchloe
Matthias Fels, Günzburg
Kathrin Grashiller, Neumarkt
Carola Gruner-Basel M. A., Kösching
Paul May, Röthenbach a. d. Pegnitz
Stefanie Müller, Weiden
Kathrin Rembart, Altötting
Katrin Roth, Hilpoltstein
Maximilian Schuster, Ingolstadt

Cornelsen

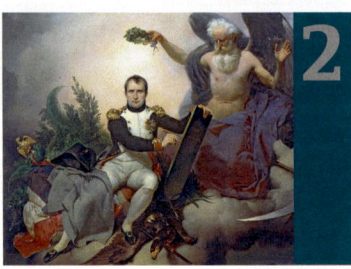

entdecken und verstehen

Liebe Schülerin, lieber Schüler,
wir möchten dir die verschiedenen Seiten dieses Buches vorstellen.

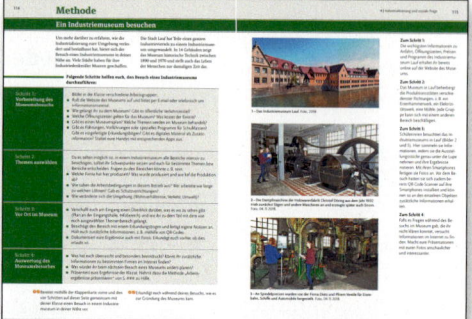

Auftaktseiten
Jedes Kapitel startet mit einem großen Bild.
Darauf gibt es viel zu entdecken: Du kannst Eindrücke
sammeln und zusammentragen, was du schon weißt.

Darum geht es …

Deutschland zwischen Freiheitsstreben und Fürstenmacht

Darum geht es …
Diese Seite gibt dir einen Überblick über wichtige Daten und Räume,
über die Themen des Kapitels und darüber, was du am Ende wissen
und können sollst.

Methode
Hier kannst du Schritt für Schritt erlernen, wie du z. B.
einen Museumsbesuch planst und Karikaturen oder Ver-
fassungsschemata untersuchst. Lösungsbeispiele helfen
dir. Eine Übersicht der Methoden findest du im Anhang,
S. 211 ff.

Geschichte vor Ort
Wie verlief die Industrialisierung in Bayern?

Geschichte vor Ort
Hier erfährst du etwas über
die Geschichte Bayerns.

Zusammenfassung
Am Ende des Kapitels findest du
eine Zusammenfassung der Inhalte.

Zusammenfassung
Industrialisierung und soziale Frage

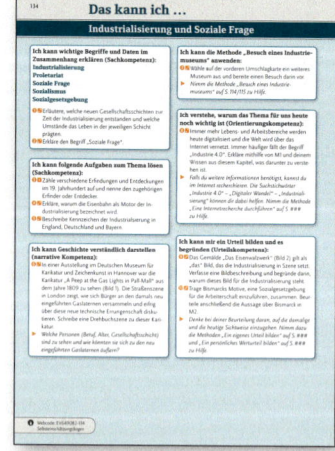

Das kann ich …
Am Ende des Kapitels kannst du dein Wissen und Können auf der
Das-kann-ich-Seite, aber auch mithilfe eines Selbsteinschätzungsbogens
testen. Den Selbsteinschätzungsbogen findest du unter dem Webcode
unten auf der Seite. Gehe dazu auf die Website cornelsen.de/codes/
und gib die genannte Zahlenkombination ein.

Längsschnitt
6 Protest, Aufstand und Revolution – Menschen kämpfen für ihre Freiheit

Längsschnitt
In diesem Buch findest du auch
zwei Kapitel, die bestimmte Themen
über mehrere Epochen hinweg untersuchen.
Man nennt sie Längsschnitt.

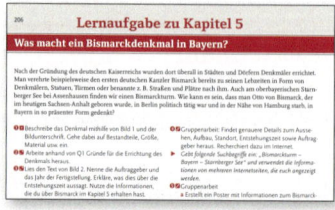

Lernaufgaben
Im Anhang findest du zu den Kapiteln 1–5 Zusatzaufgaben.
In diesen Lernaufgaben kannst du dein Wissen anwenden,
das du in dem jeweiligen Kapitel erworben hast.

Inhaltsseite

Oben links steht immer die Frage, um die es auf der Doppelseite geht. Dann folgen Autorentexte.

Bei den Materialien werden Reden von Politikern, Zeitzeugenberichte und andere Schriften aus der Vergangenheit als Quellen mit einem **Q** versehen. Texte, in denen Wissenschaftler oder Journalisten aus heutiger Sicht etwas darstellen, tragen ein **M**.

In der Randspalte findest du in schwarzer Schrift Worterklärungen von schwierigen Begriffen im Autorentext.

Blau gekennzeichnete Begriffe sind wichtige Lernbegriffe zum Inhalt der jeweiligen Doppelseite. Zu diesen Lernbegriffen findest du in der Randspalte Erklärungen und du kannst sie im Lexikon hinten im Buch nachschlagen.

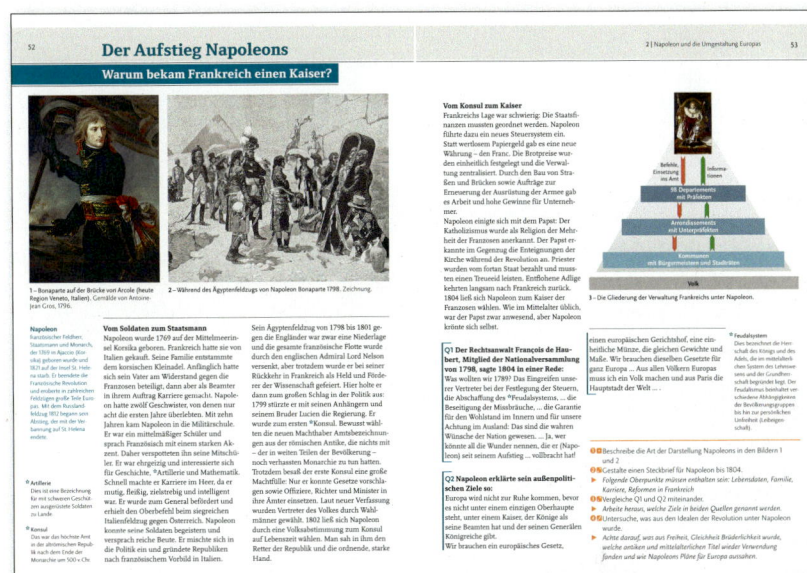

Aufgaben: von leicht bis schwierig …

Bei allen Aufgaben dieses Buches findest du Würfel. Sie zeigen unterschiedliche Schwierigkeitsgrade an:

- einfacher Schwierigkeitsgrad
- mittlerer Schwierigkeitsgrad
- erhöhter Schwierigkeitsgrad

▶▶ Starthilfen – unterstützen und fördern

Auf den Seiten dieses Buches findest du Starthilfen, die dich bei der Lösung von Aufgaben unterstützen. Sie tragen ein oranges ▶ oder rotes ▶ Dreieck und sind in kursiver Schrift gesetzt.

Hilfe durch die Operatorenliste

Alle Aufgaben enthalten bestimmte Begriffe, die dir mitteilen, was du bei dieser Aufgabe tun sollst, z. B. nenne, vergleiche, erkläre … . Dies sind die Operatoren. Auf den beiden Klappen vorne und hinten im Buch findest du eine Operatorenliste, in der du solche Begriffe nachschlagen kannst. Du findest dort außerdem Hilfen, wie du bei der Lösung von Aufgaben mit diesem Operator vorgehen kannst und ein Beispiel dazu. Die Operatoren sind alphabetisch geordnet.

Differenzierungsangebot

Schauplatz-Seiten:

Wahlaufgaben zu einem spannenden Großbild
Auf Schauplatz-Seiten findest du – immer passend zum Kapitelthema – ein großes Bild mit Wahlaufgaben (rot), die du in Gruppenarbeit löst.

entdecken-Seiten: Wahlaufgaben mit unterschiedlichen Materialien

Auf den entdecken-Seiten kannst du dir mit einer Arbeitsgruppe ein Thema mithilfe verschiedener Materialien (Texte, Bilder) und Wahlaufgaben (rot) selbst erschließen.

1 Neues **Denken** stürzt alte **Ordnung**

Schon im 18. Jahrhundert wurde der absolutistische Herrschaftsstil durch Gelehrte der Aufklärung infrage gestellt, indem sie mit ihren von der Vernunft geleiteten Ideen sowohl an den Grundfesten der kirchlichen als auch der weltlichen Macht rüttelten. Inspiriert von den aufklärerischen Gedanken sagten sich als Erstes die britischen Kolonien in Nordamerika von ihrem Mutterland und der Königsherrschaft los und gründeten die Vereinigten Staaten von Amerika. Die Freiheitsstatue, ein Geschenk Frankreichs, steht heute als Miniatur auch in Paris. In dieser Stadt brach kurz nach der Unabhängigkeit der USA die Französische Revolution aus, in der es unter anderem ebenfalls um Freiheit ging.

Doch wie genau verliefen diese beiden epochenprägenden Ereignisse, welche bis heute auf der ganzen Welt bekannt sind?

Darum geht es …

Neues Denken stürzt alte Ordnung

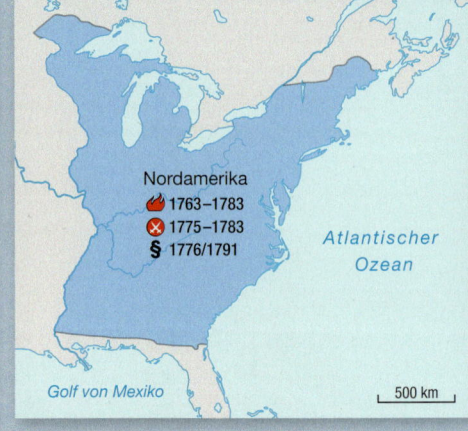

♪ wichtige Residenzen absolutistischer Fürsten
⊗ Revolutions- und Bürgerkriege
🔥 Revolutionen
§ Verkündung der Menschen- und Bürgerrechte
— Grenze des Heiligen Römischen Reiches Deutscher Nation
Staatsgrenzen und Flächenfarben 1789

1 – Europa und Amerika in der zweiten Hälfte des 18. Jahrhunderts.

Dreißig Jahre lang tobte in Europa ein Krieg. Menschen wurden wegen ihres Glaubens verfolgt und vertrieben. Millionen Flüchtlinge zog es im 17. Jahrhundert auf der Suche nach einem besseren Leben nach Amerika. Während sie sich dort Freiheit und Unabhängigkeit erkämpften, herrschten in Europa bis in die zweite Hälfte des 18. Jahrhunderts absolutistische Herrscher fast unbeschränkt.

Wurden die Menschen wirklich als Untertanen geboren? Diese Frage beschäftigte die Menschen und die Kritik nahm zu. Den Anfang machten die Philosophen und Naturwissenschaftler der Aufklärung, die kein Ergebnis anerkennen wollten, das nicht überprüfbar war. Dann rebellierte auch das Volk. Am 14. Juli 1789 stürmten bewaffnete Vertreter die Bastille, das Staatsgefängnis in Paris, in dem Bürger auf Befehl des Königs eingekerkert waren. Die Französische Revolution begann! Sie führte zum gewaltsamen Ende der alten Ordnung und zur Erklärung der Menschen- und Bürgerrechte, die schon in der Verfassung der neu gegründeten Staaten von Amerika verwirklicht waren.

Am Ende des Kapitels kannst du folgende Fragen beantworten:

■ Warum resultierte aus den Gedanken der Aufklärung ein gesellschaftlicher Umbruch?
■ Warum strebten nordamerikanische Siedler nach Freiheit und Unabhängigkeit?
■ Was waren die Ursachen der Französischen Revolution?
■ Welche Folgen ergaben sich aus der Unabhängigkeit Amerikas und der Französischen Revolution?
■ Wo wird auch heute der Einfluss der Unabhängigkeit Amerikas und der Französischen Revolution deutlich?
■ Welche Vorstellungen haben wir heute von Freiheit und Gleichheit?
■ Wie werden eine Karikatur und ein Verfassungsschema ausgewertet?

❶ ▶ Beschreibe die Personen in Bild 2 möglichst detailliert.
❷ ▶ Stelle Vermutungen an, welche Information in Bezug auf den Aufbau der Gesellschaft der Karikaturist mit Bild 2 zum Ausdruck bringen wollte.
❸ ▶ Erkläre den Zusammenhang zwischen den Bildern 3, 4 und 5 mithilfe des Textes.

ca. 1690–1790	1776	1789	1791
Zeitalter der Aufklärung	Amerikanische Unabhängigkeitserklärung	Beginn der Französischen Revolution mit dem Sturm auf die Bastille	Frankreich erhält eine Verfassung

2 – „Die Bäuerin in Zwangsarbeit". Kolorierte Radierung, 1789.

4 – Übergabe der Unabhängigkeitserklärung 1776. Gemälde von John Trumbull, 1824.

3 – Das Pflanzen eines Baumes der Freiheit. Gemälde, um 1789.

5 – Die Freiheitsstatue: Ein Geschenk des französischen Volkes, errichtet 1886 in New York.

Das Zeitalter der Aufklärung

Was forderten die Aufklärer?

1 – Abendgesellschaft bei Herzogin Anna Amalia, Herzogin von Sachsen-Weimar und Eisenach. Eine Runde von Gelehrten, Adligen, Bürgerinnen und Bürgern diskutiert Ideen der Aufklärung. Aquarell von Georg Melchior Kraus, ca. 1795.

Aufklärung
Dies ist eine Reformbewegung, die in der 2. Hälfte des 17. und im 18. Jahrhundert in fast allen Lebensbereichen zu neuen Ideen und Denkweisen führte. In der Politik richteten sich die Aufklärer gegen die uneingeschränkte Macht des Königs. Sie traten für Meinungsfreiheit, Menschenrechte und ein von Vernunft geprägtes Handeln ein.

Volkssouveränität
Hiermit wird die demokratische Herrschaft begründet, nach der alle Macht vom Volk ausgeht. Durch Wahlen und Abstimmungen bestimmt es die Politik.

Parlament
(franz. parler = reden). Dies ist die Bezeichnung für die Versammlung der Vertreter des Volkes, die – nach Rousseau – auch die Gesetze beschließen soll. Eine andere Bezeichnung des Parlaments ist Nationalversammlung.

* Salon
Als Salon bezeichnete man vom 17. bis 19. Jahrhundert Gesellschafts- bzw. Empfangszimmer, in denen sich Bürgerinnen und Bürger, Gelehrte und Künstler regelmäßig zu Diskussionen trafen.

Der Mensch: Bürger oder Untertan?

Nach Jahrzehnten des Absolutismus in Europa dachten im 18. Jahrhundert in vielen Staaten gelehrte Männer und Frauen darüber nach, wie sich die Bürger von der Bevormundung durch die Fürsten befreien könnten. Besonders in Frankreich, der Geburtsstätte des Absolutismus, gab es eine große Anzahl von Dichtern, Philosophen und Schriftstellern, die über eine neue Gesellschaftsordnung nachdachten und darüber in *Salons diskutierten. Sie wurden „Aufklärer" genannt, weil sie den Bürgern ihre Bevormundung und Unmündigkeit bewusst machen wollten. Diese Fremdbestimmung sollte nach ihrer Meinung durch die *Souveränität ersetzt werden. Einer davon war der Philosoph Jean-Jacques Rousseau (1712–1778). Er entwickelte in einer seiner Schriften die Idee der Volkssouveränität, welche sich heute als Bestandteil vieler Staatsordnungen wiederfindet. Das Volk habe laut Rousseau die volle Souveränität, welche nicht abgegeben werden kann, und überlasse sie in einem Gesellschaftsvertrag einem Herrscher nur zur Ausübung der Staatsgeschäfte.

Diese Vordenker bereiteten mit dieser Sicht den Boden für die Französische Revolution von 1789, die die Gedanken der Aufklärung aufgriff. Auch die Industrielle Revolution und die *Emanzipation der Arbeiter und Frauen beruhten auf den aufklärerischen Gedanken.

Beweise statt Glauben

Die Aufklärer argumentierten so: Nicht nur der König muss seine Macht teilen. Auch die Kirche darf nicht allein bestimmen, was wahr oder falsch ist. Damit stellte sich die Frage, worauf man eigentlich noch vertrauen konnte. Die Gelehrten sagten, dass man nur dem Verstand und der Natur vertrauen könne. Wenn man Vorgänge in der Natur genau beobachte und aus diesen Beobachtungen mit dem Verstand vernünftig Schlüsse ziehe, dann könne man erkennen, was wahr oder falsch ist.

Bildung und Erziehung

Die Aufklärer dachten, dass man alle Menschen durch Bildung und Erziehung dazu anleiten könne, die Vernunft und den Verstand richtig zu gebrauchen. Sie waren auch überzeugt, dass jeder Mensch das Recht auf Bildung habe, und forderten daher die Einführung der Schulpflicht. So hatte Rousseau auch die Idee, dass entdeckendes Lernen, wenn also ein Kind etwas selbst herausfindet, besser ist, als nur Dinge durch einen Lehrer gelehrt und vorgesagt zu bekommen.

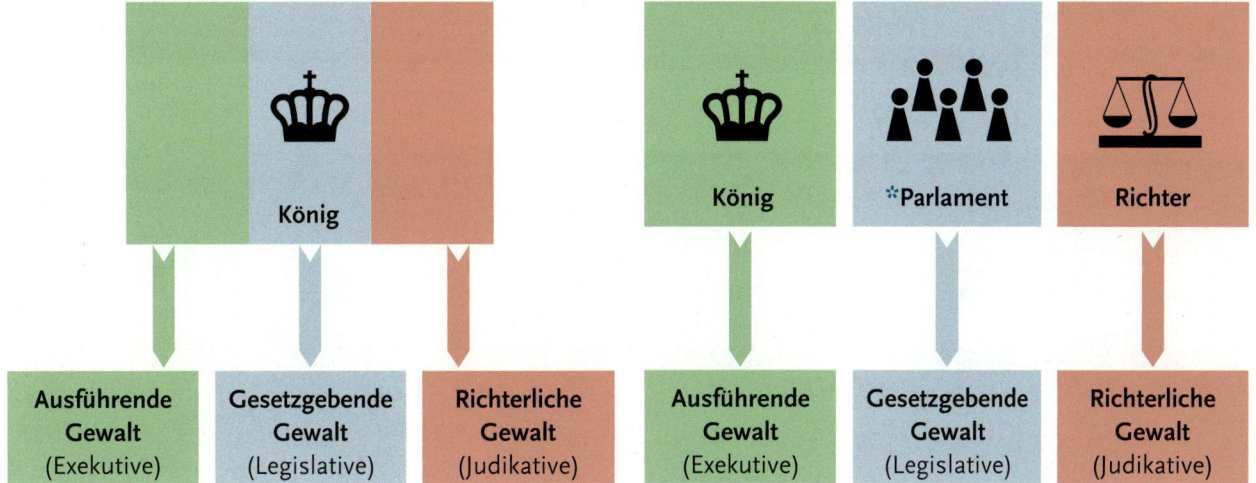

2 – Staatsordnung des Absolutismus. Schaubild.

3 – Staatsordnung nach Montesquieu. Schaubild.

Die Verbreitung der Ideen

Die neuen Ideen der Aufklärung fanden schnell Anklang. Zuerst in Frankreich, dann auch in den anderen Ländern Europas trafen sich wohlhabende Bürgerinnen und Bürger in Salons und hörten dort Vorträge von Gelehrten. Zugleich entstanden zahlreiche Akademien, an denen Wissenschaftler gemeinsam forschten und experimentierten. Die Ergebnisse der Forschung wurden in *Enzyklopädien zusammengefasst, um sie allen Menschen zugänglich zu machen.

Q1 Der Hofprediger Ludwigs XIV., Jacques Bossuet (1627–1704), schrieb 1682:

Die Menschen werden allesamt als Untertanen geboren. … Der Fürst blickt von einem höheren Standpunkt aus. Man darf darauf vertrauen, dass er weiter sieht als wir. Deshalb muss man ihm ohne Murren gehorchen. … Derjenige, der dem Fürsten den Gehorsam verweigert, wird als Feind der menschlichen Gesellschaft zum Tode verurteilt.

Q2 Der Philosoph Denis Diderot (1713–1784) schrieb 1751:

Kein Mensch hat von der Natur das Recht erhalten, über andere zu herrschen. Die Freiheit ist ein Geschenk des Himmels, und jedes Mitglied des Menschengeschlechtes hat das Recht, sie zu genießen, sobald es Vernunft besitzt.

Q3 Der Philosoph Charles de Montesquieu (1689–1755) schrieb 1748 in seinem Buch „Vom Geist der Gesetze":

In jedem Staat gibt es drei Arten von Gewalten: die gesetzgebende, die ausführende und die richterliche Gewalt. … Wenn die gesetzgebende Gewalt mit der ausführenden Gewalt in einer Person vereinigt ist, dann gibt es keine Freiheit. Es gibt keine Freiheit, wenn die richterliche Gewalt nicht von der gesetzgebenden und von der ausführenden Gewalt getrennt ist.

* Souveränität
Darunter versteht man die Fähigkeit einer Person zu eigenständigem Denken und unabhängigen Handlungen. Eine souveräne Person ist zur Selbstbestimmung fähig.

* Emanzipation
Darunter versteht man die rechtliche, aber auch z. B. die soziale Gleichstellung.

* Enzyklopädie
Dies ist ein Nachschlagewerk, das französische Gelehrte im 18. Jahrhundert herausgaben. Das gesammelte Wissen der Menschheit sollte hier umfassend dargestellt werden.

❶ Betrachte und beschreibe Bild 1.

❷ Erkläre mithilfe des Textes, warum es sich bei Bild 1 um ein Bild der Aufklärung handelt.

❸ Partnerarbeit: Vergleicht die Auffassung des Hofpredigers Ludwigs XIV. (Q1) mit der des Philosophen Diderot (Q2).

▶ Nehmt die Methode „Textquellen vergleichen" von S. 214 zu Hilfe.

❹ Untersuche die Schaubilder 2 und 3 und erkläre, wie beim jeweiligen Modell die Macht verteilt ist.

▶ Im Schaubild 2 sieht man, dass an der Spitze dieser Staatsordnung der König steht. Er kann …

❺ Erläutere, welche Folgen sich aus den Aussagen in Q2 und Q3 für die absolute Herrschaft des französischen Königs ergeben.

❻ Recherchiere im Internet, welche Institutionen in unserem Staat die drei Gewalten (Schaubild 3) ausüben. Halte deine Ergebnisse als Schaubild auf einem Poster fest.

▶ Nimm die Methode „Eine Internetrecherche durchführen" von 211/212 zu Hilfe.

Im wissenschaftlichen Salon

1 – Ein Salon der Aufklärung. Man vermutet, dass der hier dargestellte Ort Teil eines Observatoriums (Sternwarte) war.
Abbildung auf einem Fächer, Frankreich, um 1700. Der Künstler ist unbekannt.

Schauplatz  Geschichte

In der Aufklärung waren die Salons ein beliebter Treffpunkt bei den Bürgerinnen und Bürgern einer Stadt. Hier diskutierten Wissenschaftler, Schriftsteller und Gelehrte mit interessierten Gästen aus den verschiedensten sozialen Gruppen über die neuesten aufklärerischen Ideen.

Bildet Gruppen und bearbeitet eine der Aufgaben 1–3, die euch zugeteilt wurde. Stellt eure Ergebnisse den anderen Gruppen anschließend vor.

❶ Betrachtet das Bild. Nennt die Personengruppen und Gegenstände, an denen ihr sehen könnt, dass es sich um ein aufklärerisches Bild handelt.

❷ Versetzt euch in eine der Personen auf dem Bild. Stellt euch vor, ihr wärt zum ersten Mal in einen Salon eingeladen. Als ihr wieder nach Hause kommt, berichtet ihr, was ihr alles gesehen und diskutiert habt.

▶ *Als ich gestern in den Salon von Madame Juliette ging, waren bereits viele Gäste anwesend. Eine Gruppe, die über Rousseau diskutierte, winkte mir zu und ich wurde sogleich gefragt, was ich von seinen Ideen des Lernens halte …*
Führt die Erzählung weiter.

❸ In der angeregt diskutierenden Gruppe rechts im Bild ist auch ein Beamter des absolutistischen Landesherrn. Gestaltet mithilfe der Seiten 12/13 ein Streitgespräch über die verschiedenen Staatsmodelle.

Die ersten Kolonisten

Warum wanderten Europäer nach Amerika aus?

britisches Kolonialgebiet seit 1763

Territorium der 13 britischen Kolonien

Grenzen der 13 britischen Kolonien

Proklamationslinie von 1763

1 = New Hampshire
2 = Connecticut
3 = Rhode Island
4 = Maryland

1 – Die 13 englischen Kolonien in Nordamerika um 1770.

2 – Die Auswanderer unterzeichnen auf dem Schiff den Mayflower-Vertrag. Gemälde von Edward Percy Moran (1862–1935).

* **Anglikanische Kirche**
Diese heute drittgrößte christliche Gemeinschaft entstand 1529 als Abspaltung der englischen von der römisch-katholischen Kirche wegen Streitigkeiten mit dem englischen König.

* **Puritaner**
Dies waren Anhänger des Puritanismus, einer Form des protestantischen Glaubens in England. Sie wollten die anglikanische Kirche vom Einfluss der römisch-katholischen Kirche „reinigen" (=lat. purgare)

Hoffnung auf ein Leben in Freiheit

Die Religionskriege wie z. B. der Dreißigjährige Krieg, die in den Jahrzehnten nach der Reformation Teile Europas erschütterten, hatten zu Verfolgungen und Vertreibungen geführt. In England z. B. verfolgte die *anglikanische Staatskirche Katholiken und die protestantischen *Puritaner, die in einigen religiösen Fragen eine andere Auffassung hatten. Darum beschlossen einige Puritaner nach Amerika auszuwandern. Mit dem englischen Segelschiff Mayflower, einem ca. 28 m langen Dreimaster, erreichten die insgesamt 102 Personen an Bord im November 1620 Cape Cod bei Plymouth. Die stürmische und beschwerliche Überfahrt nach Amerika hatte mehr als drei Monate gedauert. Noch an Bord schlossen 41 Männer als Oberhäupter ihrer puritanischen Familien den Mayflower-Vertrag. In diesem legten sie fest, dass sich die Gemeinschaft der Puritaner eine politische Ordnung mit gerechten und gleichen Gesetzen für alle Bewohner der neuen Siedlung Plymouth, welche im März 1621 gegründet wurde, geben werde. Außerdem sollten Ämter eingerichtet werden, die für das Wohl der neuen Kolonie Massachusetts (Karte 1) notwendig waren. Gleichzeitig schworen sie, auch weiterhin treue Untertanen des englischen Königs bleiben zu wollen. Dieser Vertrag ist das älteste Dokument der amerikanischen Selbstverwaltung und gilt noch heute als eine Grundlage der amerikanischen Demokratie.

Schwierige Anfänge

Als die Passagiere endlich an Land gehen konnten, begann der Winter. Es fehlte an Nahrung und passender Kleidung. Krankheiten brachen aus. Mehr als die Hälfte der Passagiere und der Besatzung starb in den ersten Monaten. Die restlichen Siedler überlebten in erster Linie dank der Hilfe der einheimischen Bevölkerung, die man auch „Indianer" nannte. Sie brachten den Siedlern bei, Fische zu fangen und Mais anzubauen. Diese Überlebenden bauten sich als Siedler eine neue Existenz mühsam auf.

Hoffnung auf Freiheit und Wohlstand

Die Passagiere der Mayflower waren aber nicht die ersten ankommenden Siedler an der Ostküste Nordamerikas: Bereits 1584 gründete der englische Seefahrer Sir Walter Raleigh den ersten Handelsstützpunkt, den er Virginia nannte. Zwischen 1607 und 1732 wurden durch weitere englische Siedler insgesamt 13 Kolonien an der Ostküste gegründet.
Weitere Auswanderer aus vielen anderen Nationen folgten bald: Niederländer, Deutsche, Franzosen, Schweden usw. Sie flohen vor

3 – Moderne Rekonstruktion der ersten Siedlung in Jamestown, Virginia, von 1607. Foto, 2006.

religiöser und politischer Unterdrückung und vor der Armut in Europa. Es kamen Bauern, weil sie hofften, eigenes Land zu bekommen; Handwerker, die sich selbstständig machen wollten; Kaufleute, die sich Chancen auf hohe Gewinne versprachen; Knechte und Mägde, deren Verdienst nicht mehr zum Lebensunterhalt ausreichte. Sie alle träumten von einem Leben in Freiheit und hofften auf Eigentum und Wohlstand, den man erreichen konnte, wenn man bereit war, hart zu arbeiten. Der Kampf um das tägliche Leben, aber auch das gemeinsame Bemühen um eine gerechte und funktionierende Selbstverwaltung ließ die Menschen aus den verschiedenen Ländern Europas zu einer Nation zusammenwachsen. Bis 1770 stieg die Bevölkerungszahl in den Kolonien auf 2,5 Millionen. Im Unterschied zu Europa gab es keine Grundherrschaft und keine *Feudallasten für die ländliche Bevölkerung. Es gab auch keinen Adel und keine abhängigen Bauern. Ein weiterer wichtiger Unterschied zu Europa war, dass – abgesehen von den ersten Jahren – Hunger und Armut fast unbekannt waren. Die meisten Siedler wurden trotz harter Arbeit nicht reich, aber fast alle erwarben im Laufe ihres Lebens ein kleines Eigentum als Farmer oder Handwerker.

Q1 Der schwedische Naturforscher Pehr Kalm, der 1753 bis 1761 die englischen Kolonien bereiste, schrieb:
Jeder, der Gott als den Schöpfer, Erhalter und Herrscher aller Dinge anerkennt und nichts gegen den Staat oder gegen den allgemeinen Frieden lehrt oder unternimmt, kann sich hier frei niederlassen, kann bleiben und seinem Gewerbe nachgehen, auch wenn seine religiösen Grundsätze noch so merkwürdig sind. Niemand wird hier wegen irriger Lehren, denen er nachhängt, belästigt, wenn er die oben genannten Grenzen nicht überschreitet. Und er wird durch die Gesetze so in seiner Person und seinem Eigentum geschützt und genießt solche Freiheiten, dass man von einem Bürger hier geradezu sagen kann, er lebe in seinem Haus wie ein König. Es würde schwer fallen, jemanden zu finden, ... der in größerer Freiheit leben kann.

* **Feudallasten**
Dies waren Abgaben und Dienste, die die Bauern ihrem Grundherrn schuldeten.

❶ ▪ Nenne mithilfe des Texts Motive für die europäischen Auswanderer im 17. Jahrhundert, nach Amerika zu ziehen.

❷ ▪ Lies den Text und Q1. Zähle die genannten Vorteile und Erwartungen an ein Leben in der neuen Welt auf, mit denen damals auch Werber in Europa neue Siedler für Amerika hätten anwerben können.

❸ ▪ Versetze dich in die Lage eines Siedlers. Erkläre deinen Verwandten zu Hause in einem Brief, warum die Versprechungen des Werbers von der Realität auch abweichen konnten. Verwende dazu die Informationen aus dem Text.

❹ ▪ Überlege mithilfe des Texts und Q1, wie in kurzer Zeit aus Angehörigen verschiedener Nationen Amerikaner wurden.

❺ ▪ Gruppenarbeit: Recherchiert im Internet über die Geschichte der ersten dreizehn englischen Kolonien. Ihr findet sie in der Karte links. Wählt eine Kolonie für eure Gruppe aus und erstellt anschließend ein Plakat mit den wichtigsten Informationen zu ihrer Gründung.

▶ *Nehmt die Methode „Eine Internetrecherche durchführen" von S. 211/212 zu Hilfe.*

Die Ureinwohner Nordamerikas

Wem gehört das Land?

1 – Lebensraum der Indianer um 1850.

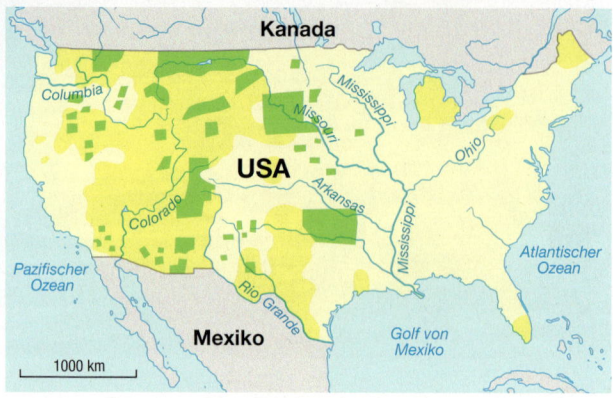

2 – *Indianerreservate um 1875.

---

*Indianerreservat
Dabei handelt es sich um ein Gebiet, in dem nur Indianer leben sollten. Reservate entstanden im 19. Jahrhundert und befinden sich zum größten Teil in den westlichen Staaten der USA: in Arizona, Utah, Montana und in Süd-Dakota.

Go West!

Die Siedler drangen von der Ostküste immer weiter nach Westen vor, da das Land der ersten Kolonien für die zahllosen Siedler schon bald nicht mehr ausreichte. Dabei stießen sie mit den Indianern zusammen. Zu dieser Zeit lebten in Nordamerika etwa eine Million Indianer in fünfhundert verschiedenen Stämmen. Sie wurden jetzt rücksichtslos aus ihren Siedlungs- und Jagdgebieten vertrieben.

Macht geht vor Recht

Die Siedler trafen um 1850 bei ihrem Vordringen nach Westen auch auf den Stamm der Nez Percé. Er lebte auf dem Gebiet der heutigen US-Staaten Idaho und Oregon von der Pferdezucht. Die Siedler forderten von den Indianern, ihnen weite Teile ihres Landes für 200 000 Dollar zu verkaufen. Das restliche Gebiet sollte den Nez Percé dann als Reservat zur Verfügung stehen. Die Indianer gaben nach langen Beratungen nach, weil sie Widerstand für aussichtslos hielten. Kurze Zeit darauf, im Jahre 1861, fand man in dem Gebiet, das den Nez Percé geblieben war, Gold. Sofort drangen mehr als 10 000 Siedler in diese Gegend vor. Ein Regierungsbeamter teilte den Indianern mit, dass sie in ein anderes Reservat umgesiedelt würden. Ihre Anführer wurden gezwungen, einen Vertrag zu unterschreiben, der ihnen nur ein Zehntel ihres Landes ließ. Dafür sollten sie Nahrung, Kleidung und Schulen von den Siedlern erhalten. Eine Gruppe junger Indianer überfiel nun aus Enttäuschung und Wut die Siedler, die das Militär zur Unterstützung herbeiholten. Von nun an hetzten die Soldaten die Nez Percé unerbittlich. Zwar konnten die Indianer in fünf großen Schlachten immer wieder siegen, doch immer neue Truppen folgten ihnen. Am Ende gaben sie auf und man versprach ihnen, dass die Überlebenden in ihre Heimat gebracht würden. Im Jahre 1878 wurden diese aber nach Oklahoma in ein Reservat gebracht. Sie durften nie mehr in ihre Heimat zurückkehren. Ähnlich erging es auch anderen Indianerstämmen.

Die Siedler raubten den Indianern außerdem die Lebensgrundlage, indem sie ganze Büffelherden sinnlos töteten. Verheerend wirkten sich auch ansteckende Krankheiten und Seuchen aus, die die Siedler eingeschleppt hatten und denen die Indianer hilflos ausgeliefert waren. Von den ursprünglich eine Million Indianern lebten um 1900 nur noch etwa 200 000.

Q1 Hugh Henry Brackenridge (1748–1816), ein amerikanischer Schriftsteller und Politiker, schrieb 1782:

Ich bin weit davon entfernt, auch nur im Traum annehmen zu können, dass Indianer ein Recht auf Land haben könnten, von dem sie seit Tausenden von Jahren keinen anderen Gebrauch machen wie Tiere. Es ist des-

3 – „Amerikanischer Fortschritt".
Gemälde von John Gast, 1872.

halb undenkbar, dass sie einen Anspruch auf Land haben. ... Sie müssen deshalb – und das ist Gottes Wille – von diesem Land vertrieben werden. ...
Indianer haben das Aussehen von Menschen, und sie mögen auch einer menschlichen Rasse angehören, aber wie sie uns im Augenblick entgegentreten, erscheinen sie ... eher als Tiere, teuflische Tiere. Die *Torturen, denen sie ihre Gefangenen unterwerfen, rechtfertigen allein schon ihre Ausrottung ... . Wer käme schon auf den Gedanken, mit Wölfen, Klapperschlangen, Jaguaren und Koyoten über Garantien für Eigentum an Land zu verhandeln. Wenn allerdings in einer Zwischenphase der Besiedlung das bestialische Verhalten der indianischen Tiere nur dadurch zu mindern ist, dass man sie in Verhandlungen wie Menschen unseresgleichen behandelt, so ist dies eine verzeihliche List zum Wohle der christlichen Menschheit. Man lockt ja auch gefährliche Raubtiere durch Köder in Fallen und tötet sie dann. ... Es gilt, sie zu *dezimieren.

Q2 Satanta, Häuptling der Kiowa (1815–1878), sagte um 1875 zu einem Regierungsvertreter:
Ich habe gehört, dass ihr die Absicht habt, uns in einem Reservat nahe den Bergen anzusiedeln. Ich will nicht siedeln. Ich streife lieber durch die Prärie. Dort fühle ich mich frei und glücklich, aber wenn wir uns fest an einem Ort niederlassen, werden wir blass und sterben. Ich habe euch die Wahrheit gesagt. ... (A)ber ich weiß nicht, wie es mit den *Kommissaren ist. ... Vor langer Zeit gehörte dieses Land unseren Vätern, doch wenn ich den Fluss hinaufgehe, sehe ich an seinen Ufern Lager von Soldaten. Diese Soldaten fällen meine Holz; sie töten meine Büffel; ... .

✳ **Tortur**
Andere Wörter für Tortur sind z. B. Quälerei oder Folterung.

✳ **dezimieren**
Man spricht von dezimieren, wenn z. B. durch einen gewaltsamen Eingriff etwas in seiner Anzahl verringert wird.

✳ **Kommissare**
Gemeint sind hier die Vertreter der Regierung.

❶ ▪ Beschreibe mithilfe des Texts und Q2 das Vorgehen der amerikanischen Regierung gegenüber den Indianern.
❷ ▪ Beschreibe Bild 3 und stelle die Einstellung des Malers fest.
❸ ▪ Begründe deine Wahl aus Aufgabe 2 anhand der Bilddetails.
❹ ▪ Werte die Karten 1 und 2 aus und ziehe Schlussfolgerungen, was die Veränderungen für Indianer und Siedler bedeuteten.
▶ *Nimm die Methode „Geschichtskarten auswerten" von S. 213 zu Hilfe.*
❺ ▪ Bewerte die Einstellung des Autors von Q1 kritisch, indem du sie mit dem Text der Menschen- und Bürgerrechte (S. 25, Q2) vergleichst. Welche Widersprüche kannst du feststellen?
▶ *Nimm die Methode „Ein persönliches Werturteil bilden" von S. 215 zu Hilfe.*
❻ ▪ Beantworte und begründe die Ausgangsfrage „Wem gehört das Land?" jeweils aus der Sicht der Indianer und der Siedler. Verwende dazu die Informationen aus dem Text und aus den Quellen.

Wie sahen sich Indianer und Siedler?

Bei der Besiedlung Nordamerikas stießen europäische Siedler auf indianische Ureinwohner. Die Begegnungen waren zum Teil friedlich, aber auch gewalttätig und kriegerisch. Dabei entstanden aus der Sicht der Siedler unterschiedliche Bilder der Indianer. Aber auch die indianische Perspektive auf die Europäer ist überliefert.

Krieger

1 – Die Indianerhäuptlinge Sitting Bull (sitzend) und Crow Eagle (stehend links). Daneben in der Mitte stehend: ✻ Buffalo Bill. Foto undatiert, vor 1890.

Freunde und Lebensretter

2 – „Thanksgiving" im Herbst 1621. Siedler der Mayflower haben Indianer als Dank für ihre Überlebenshilfe zu einem Festmahl eingeladen. Druck von 1932 nach einem Ölgemälde von Jean L. G. Ferris (1863–1930).

Todfeinde

Am 29. Dezember 1890 richteten amerikanische Soldaten ein Massaker am Wounded Knee, einer Ortschaft im Bundesstaat Süd-Dakota, an. Sie töteten zwischen 150 und 350 Männer, Frauen und Kinder der Sioux-Indianer. Auch 25 Soldaten starben, zum großen Teil versehentlich durch Kugeln der eigenen Truppe getötet. Die Soldaten sollten die Sioux, welche größtenteils schon entwaffnet waren, in ein Militärlager bringen. Die Schießerei begann, als bei der Suche nach weiteren Waffen ein Handgemenge zwischen Indianern und Soldaten entstand.

3 – Soldaten stehen in den Überresten des Indianercamps drei Wochen nach dem Massaker. Es liegen noch immer nicht bestattete Indianer auf dem Gelände. Foto vom 17.01.1891.

Q1 Der amerikanische Schriftsteller Lyman Frank Baum schrieb am 03.01.1891 in der Zeitung „Aberdeen Saturday Pioneer" über das Massaker am Wounded Knee:

Es hat reichlich Zeit für schnelle und entschiedene Maßnahmen gegeben, die dieses Desaster verhindert hätten. [Diese Zeitung] hat zuvor erklärt, dass unsere Sicherheit von der totalen Auslöschung der Indianer abhängt. [Wir sollten] … diese ungezähmten und unzähmbaren Kreaturen vom Angesicht der Erde wischen. … Andernfalls können wir erwarten, dass die kommenden Jahre genauso voller Schwierigkeiten mit den Rothäuten sein werden wie die vergangenen.

✻ Buffalo Bill
So wurde William Frederick Cody (1846–1917) genannt – ein zu damaliger Zeit berühmter Büffeljäger. 1883 gründete er eine Wild-West-Show, mit der er sehr berühmt wurde und mit der er auch in Europa auftrat.

entdecken

Q2 Red Jacket (um 1750–1830), das Oberhaupt der Irokesen, berichtete 1805, was über die erste Begegnung mit den Siedlern in seinem Stamm überliefert wurde:

Sie sagten uns, sie seien aus ihrem eigenen Land geflohen aus Furcht vor bösen Menschen und sie seien gekommen, um in ihrer Religion leben zu können. Sie baten um etwas Land. Wir hatten Mitleid mit ihnen. Wir erfüllten ihre Bitte und sie siedelten unter uns. Wir gaben ihnen Mais und Fleisch. Sie gaben uns dafür das Gift des Alkohols.

Q3 Metacomet, ab 1660 Oberhaupt der Wampanoag aus dem Gebiet der heutigen Ostküstenstaaten der USA, sagte bei einer Rede:

Brüder – Ihr seht diese Säuglinge, unsere Frauen und Kinder, die von uns Nahrung, Kleidung und Schutz erwarten; und ihr seht nun den weißhäutigen Barbaren vor Euch, der immer unverschämter und wilder (im Sinne von wahnsinnig) wird; der alle unsere alten Sitten missachtet; Ihr seht, dass alle Friedensverträge, die von unseren Vätern und uns abgeschlossen wurden, gebrochen sind und dass wir auf das Schlimmste beleidigt werden; ... unsere Brüder werden vor unseren Augen ermordet, und ihr Geist schreit nach uns, Rache zu nehmen. Brüder – diese Leute aus der unbekannten Welt werden unsere Wälder abschlagen, unsere Jagdgründe und Äcker zerstören ... und unsere Frauen und Kinder versklaven. Brüder – es ist unmöglich, mit diesen weißhäutigen Raubmenschen in Frieden zu leben. Man kann sich nur von ihnen zerstören lassen oder versuchen, sie selbst zu zerstören. Das ist aber nur möglich, wenn wir einen Krieg nicht so führen, wie wir es gewöhnt sind, sondern wie sie selbst ihn führen, also ein Krieg aus dem Hinterhalt und mit dem Willen, alles, was eine weiße Haut besitzt, zu töten. ... Wir haben es in der Vergangenheit nicht glauben wollen, aber es ist eine Tatsache: – nur ein toter Weißer ist ein guter Weißer. Brüder – wir müssen uns vereinigen – oder wir werden untergehen.

Bildet Gruppen und bearbeitet eine der Aufgaben 1–4, die euch zugeteilt wurde. Stellt eure Ergebnisse anschließend den anderen Gruppen vor.

Krieger

❶ ▣ Fertigt Beschreibungen zu allen Personen in Bild 1 an. Wie wirken die Indianer, wie die anderen Personen auf dem Foto auf euch?

Freunde und Lebensretter

❷ ▣ Versetzt euch in die Situation von Bild 2. Der Anführer der Siedler hält eine Dankesrede vor den Indianern. Was könnte das Oberhaupt der Indianer geantwortet haben?

Todfeinde

❸ ▣ Verfasst mithilfe des Texts, Bild 3 und Q1 einen Leserbrief an die Zeitung „Aberdeen Saturday Pioneer", in dem ihr kritisch zum Artikel des Schriftstellers Lyman Frank Baum Stellung nehmt.

❹ ▣ Gestaltet ein Streitgespräch zwischen einem Indianer und einem Siedler, bei dem ihr die Einstellung und das Vorgehen gegenüber der jeweils anderen Gruppe begründet. Beachtet dazu Q1–Q3 und Bild 4 sowie Bild 3 auf S. 19.

4 – Under Cloud und Howling Wolf fliehen kämpfend vor General Sully und seinen Soldaten im Jahr 1868. Zeichnung von Howling Wolf, ca. 1874.

Der Kampf um die Unabhängigkeit

Warum rebellierten die Siedler gegen England?

1 – *Protest gegen die Stempelsteuer.* Auf dem Transparent steht „Die Torheit von England und der Untergang Amerikas". Kolorierter Holzstich, 19. Jahrhundert.

*Stempelsteuer
Diese Steuer, die am 11.03.1765 vom englischen Parlament für die Kolonien beschlossen wurde, besagte, dass jedes amtliche Schriftstück, Zeitungen und Karten- und Würfelspiele mit Steuermarken versehen werden mussten. Diese mussten die Siedler kaufen.

*Massaker von Boston
Am 05.03.1770 kamen fünf Bewohner von Boston bei einer Konfrontation mit englischen Soldaten ums Leben. Dem von den Siedlern als Massaker bezeichneten Vorfall gingen allerdings Provokationen von ihrer Seite voraus.

*Tomahawk
Diese indianische Waffe war einer Streitaxt sehr ähnlich und weit verbreitet.

Selbstbewusste Kolonisten

Die Siedler waren stolz auf ihre Leistungen und selbstbewusst geworden. Sie hatten sich in einer für sie fremden Welt behaupten können, immer weitere Gebiete erschlossen, die Indianer besiegt und sich allein eine Selbstverwaltung geschaffen, die das tägliche Leben gut ordnete. Dieses Selbstbewusstsein bestimmte immer mehr ihr Verhältnis zu England, vor allem da die englische Regierung für die Leistungen der Siedler keinerlei Verständnis hatte. Dies steigerte deren Unzufriedenheit zusätzlich.

Die englische Regierung wollte nur eines: mit den Kolonien möglichst große Gewinne erzielen. Die Kolonisten durften für Ausfuhren nach England nur englische Schiffe benutzen. Bestimmte Waren wie Tabak und Farbstoffe durften nur nach England verkauft werden. Als die englische Regierung seit 1765 schließlich auch noch weitere Steuern auf Zeitungen, Kaufverträge und Testamente, die sogenannte *Stempelsteuer erhob, kam es zu massivem Widerstand. Die Siedler verweigerten schließlich jede Steuerzahlung, da sie im englischen Parlament nicht vertreten waren. „No taxation without representation!" – so hieß es bald

auf zahlreichen Kundgebungen. Nach vielen Protesten hob die englische Regierung die Steuern wieder auf, führte im Jahr 1770 allerdings neue Importsteuern für Tee, Glas, Farben, Blei und Papier ein. Daraufhin kam es erneut zu Protesten und der Weigerung, englische Waren zu kaufen. Auch kam es zu einem Zusammenstoß zwischen Siedlern und englischen Soldaten, dem sogenannten *Massaker von Boston, bei dem fünf Kolonisten getötet wurden. Der englische König nahm alle Steuern zurück – außer die Importsteuer für Tee. Damit wollte er zeigen, dass er das Recht habe, jederzeit Steuern zu erheben. Für die Kolonisten wurde diese Steuer aber zu einer Grundsatzfrage. Als im Dezember 1773 drei Handelsschiffe mit mehreren hundert Teekisten an Bord im Hafen von Boston landeten, schlichen sich 50 Siedler leise heran. Sie hatten *Tomahawks in den Händen und trugen indianische Kleidung. Sie überwältigten die Schiffswachen und vernichteten die gesamte Teeladung, indem sie die Kisten ins Wasser warfen. Dabei riefen sie: „Hoffentlich mag König George Salz in seinem Tee!" Dieses Ereignis wurde als „Boston Tea Party" bekannt.

2 – Die „Boston Tea Party". Kolorierter Holzstich, ca. 1850.

Q1 Der Plantagenbesitzer George Mason schrieb 1766 an die Fernhandelskaufleute in London:

Ein natürlicher Trieb macht freie Menschen unduldsam gegenüber Zwang. Welcher vernünftige Mensch kann denn glauben, dass ein Volk von drei oder vier Millionen, das die Annehmlichkeiten der Freiheit in einem Land kennengelernt hat, in dem sich die Bevölkerung alle 20 Jahre verdoppelt, dessen Vielfalt an Böden und Klimazonen es ermöglicht, sich selbst zu versorgen und die Annehmlichkeiten des Lebens zu genießen, sich lange der Unterdrückung fügen wird.

Q2 John Adams (1735–1826), der zweite Präsident der USA, notierte 1773 in seinem Tagebuch:

Gestern Abend wurden drei Ladungen Bohea-Tee ins Meer geschüttet. ... Dies ist die bisher großartigste Maßnahme. Dieses letzte Unternehmen der *Patrioten hat eine Würde ..., die ich bewundere. Das Volk sollte sich nie erheben, ohne etwas Erinnerungswürdiges zu tun – etwas Beachtenswertes und Aufsehen Erregendes. Die Vernichtung des

Tees ist eine so kühne, entschlossene, furchtlose und kompromisslose Tat, und sie wird notwendigerweise so wichtige und dauerhafte Konsequenzen haben, dass ich sie als *epochemachendes Ereignis betrachten muss.

* Patriot
Ein Patriot ist eine Person, die sich mit ihrem Land stark verbunden fühlt.

* epochemachend
Von epochemachend spricht man, wenn ein Ereignis so bedeutend ist, dass es einen längeren Zeitraum (eine Epoche) prägt.

❶ ▶ Fasse mithilfe des Textes und Q1 die Gründe zusammen, welche die Kolonisten bewogen, gegen die englische Regierung Widerstand zu leisten.

❷ ▶ Erkläre mithilfe der Bilder sowie Q2 das Vorgehen der Siedler.

❸ ▶ Überlege, welche anderen Wege es deiner Meinung nach gegeben hätte, um den Konflikt zwischen den Siedlern und der englischen Krone zu lösen. Setze dich mit den verschiedenen Möglichkeiten auseinander und stelle sie knapp dar.

❹ ▶ Beurteile die Aussage von John Adams (Q2), dass es sich bei der Boston Tea Party um ein „epochemachendes Ereignis" handele.

▶ *Nimm die Methode „Ein eigenes Urteil bilden" von S. 215 zu Hilfe.*

❺ ▶ Spielt folgende Situation: Im englischen Parlament wird darüber gesprochen, wie man auf die Boston Tea Party reagieren soll. Entwerft eine Diskussion.

▶ *Ein Abgeordneter sagt: Das ist Aufruhr und Aufrührer muss man hart bestrafen. Wenn wir hier nachgeben ...*

Wie kam es zur amerikanischen Unabhängigkeit?

1 – Das Reiterstandbild des englischen Königs Georg III. wurde am 9. Juli 1776 in New York gestürzt. Aus der Statue wurden Kanonenkugeln gegossen. Gemälde von William Walcutt, 1854.

**1776
Amerikanische
Unabhängigkeits-
erklärung**

* **Kongress**
Der Kongress ist die amerikanische Bezeichnung für das Parlament, eine Versammlung gewählter Abgeordneter des Volkes.

* **Verfassung**
Eine Verfassung legt fest, welche Aufgaben und Rechte Bürger haben und wer den Staat regiert.

* **Thomas Jefferson (1743–1826)**
Er war einer der Gründerväter der USA, verfasste einen Großteil der Unabhängigkeitserklärung und wurde später dritter Präsident der USA.

* **Pflanzer**
So werden die wohlhabenden Plantagenbesitzer der Südstaaten der Vereinigten Staaten bezeichnet.

Kampf um die Unabhängigkeit

Die „Boston Tea Party" war das Signal zum Aufstand. Die Antwort Englands folgte prompt: Der König entsandte Truppen und erließ neue Gesetze über die Verwaltung der Kolonien, welche die bisherigen Freiheiten weiter einschränkten. Auch wurde der Hafen von Boston für den Handel geschlossen, bis der Schaden an der Teelieferung bezahlt war. Weiter schickte der König 32 000 englische Soldaten auf 280 Kriegsschiffen, um die Stärke des Mutterlandes zu zeigen, das sich nicht weiter provozieren lassen wollte. Diese Strafmaßnahmen Englands führten dazu, dass es auf einem *Kongress mit Abgeordneten aus den Kolonien 1774 in Philadelphia zwar anfangs noch Stimmen für eine Beilegung des Konflikts gab, doch ab dem zweiten Kongress im Mai 1775 kam es zum einstimmigen Beschluss, die völlige Unabhängigkeit von England anzustreben sowie eine eigene *Verfassung zu erarbeiten.

Die Unabhängigkeitserklärung

Am 4. Juli 1776 wurde die Unabhängigkeitserklärung der Kolonien verkündet, die sich in dem Dokument schon als die 13 Vereinigten Staaten von Amerika bezeichneten. Die Erklärung wurde von Politikern unter der Federführung von *Thomas Jefferson verfasst und in den folgenden Tagen an vielen Orten öffentlich verlesen. Dabei kam es in New York zum Sturz des Reiterstandbilds des englischen Königs Georg III. Daraufhin entsandte England weitere Soldaten und Kriegsschiffe. Der auf amerikanischer Seite zum Oberbefehlshaber aller kämpfenden Einheiten ernannte *Pflanzer George Washington formte in den folgenden Jahren des nun tobenden Krieges eine Armee, die er auch mit der Anwerbung von Freiwilligen aus Europa verstärkte. Dazu gehörten Tausende von freiheitsbegeisterten Franzosen, Polen und Deutschen. Aber auch Militärfachleute wie der Marquis de Lafayette (1757–1834) aus Frankreich und der preußische Baron Friedrich von Steuben (1730–1794) kamen und halfen durch Beratung oder die Erstellung strenger Ausbildungsregeln, um ein diszipliniertes Heer zu formen. Spanien und Frankreich traten zudem auf Seiten der für Freiheit und Unabhängigkeit kämpfenden Amerikaner in den Krieg ein. Im Jahre 1783 schließlich gab sich die englische Armee geschlagen und England erkannte im Frieden von Paris die Unabhängigkeit der amerikanischen Staaten an.

Menschen- und Bürgerrechte

Nach ausgiebigen Beratungen verabschiedeten Vertreter der nun ehemaligen Kolonien im Jahr 1787 eine Verfassung. Die Vereinigten Staaten wurden ein *Staatenbund mit einem Präsidenten an der Spitze. Die Macht im Staat sollte geteilt werden in die gesetzgebende, ausführende und richterliche Gewalt (siehe S. 13). Die Verfassung trat aber erst in Kraft, nachdem sie 1791 durch die Menschen- und Bürgerrechte ergänzt worden war. Diese blieben allerdings auf männliche Bürger mit Eigentum beschränkt. Arme Männer, Frauen, Indianer und Sklaven blieben von politischer Mitbestimmung und rechtlicher Gleichstellung ausgeschlossen.

Unabhängigkeitsbewegungen heute

Die Loslösung der englischen Kolonien vom Mutterland war für England ein einschneidendes Ereignis und hatte weitreichende Folgen.

Doch nicht nur damals kämpften Menschen für ihre Unabhängigkeit von einem Staat, mit dem sie nicht mehr zufrieden waren, auch in vielen weiteren Ländern gab und gibt es auch heute noch solche Bestrebungen. Oft werden in jetziger Zeit solche Entscheidungen durch Volksabstimmungen, sogenannte Referenden, getroffen. Zwei Beispiele hierfür in der Zeitgeschichte sind Katalonien in Spanien und Schottland in Großbritannien. Die Bestrebungen für eine Unabhängigkeit in beiden Fällen waren allerdings vorerst nicht erfolgreich.

Q1 Der amerikanische Politiker Benjamin Franklin (1706–1790) schrieb nach seiner Rückkehr aus London 1775:

Bei meiner Ankunft fand ich ganz Amerika – von einem Ende der 13 vereinigten Provinzen zum anderen – eifrig damit beschäftigt, den Gebrauch der Waffen zu erlernen. Der Angriff der englischen Armee auf die Landbevölkerung in der Nähe von Boston hat alles in Aufruhr versetzt und den ganzen Kontinent verbittert. Die Handwerker und Kaufleute sind zweimal am Tage, morgens um fünf und nachmittags um sechs, auf dem Übungsgelände, um sich so schnell wie möglich mit dem Kriegshandwerk vertraut zu machen, und alle kommen freiwillig.

Q2 1791 wurde die Verfassung durch die Erklärung der Menschen- und Bürgerrechte ergänzt:

Folgende Wahrheiten erachten wir als selbstverständlich. Alle Menschen sind gleich geschaffen.

Sie sind von ihrem Schöpfer mit *unveräußerlichen Rechten ausgestattet. Dazu gehören Leben, Freiheit und Streben nach Glück. Zur Sicherung dieser Rechte sind unter den Menschen Regierungen eingesetzt, die ihre rechtmäßige Macht aus der Zustimmung

2 – Der Geist von 1776. Die 13 Sterne auf den ersten Fahnen der USA waren vermutlich als Kreis angeordnet und stellen mit den 13 weißen und roten Streifen die Einheit der Staaten dar. Gemälde von Archibald Willard, ca. 1875.

⁂ Staatenbund
Dies bezeichnet den Zusammenschluss mehrerer selbstständiger Staaten. Die einzelnen Staaten behalten ihre Unabhängigkeit, haben eigene Regierungen, beschließen Gesetze usw. Im Unterschied dazu geben die Staaten in einem Bundesstaat zumindest teilweise ihre Selbstständigkeit auf und ernennen neben einer eigenen auch eine gemeinsame Regierung und ein gemeinsames Oberhaupt.

⁂ unveräußerliche Rechte
Mit diesen Rechten bezeichnet man nicht abtretbare oder verkäufliche Rechte.

der Regierten herleiten. ... Demnach verkünden wir, die im Allgemeinen Kongress von Amerika versammelten Vertreter, feierlich: dass diese vereinigten Kolonien freie und unabhängige Staaten sind, dass sie losgelöst sind von aller Pflicht gegen die britische Krone, dass jede politische Verbindung zwischen ihnen und dem Staate Großbritannien ein für alle Mal aufgehoben ist.

❶ ▪ Fasse mithilfe des Textes und Q1 den Unabhängigkeitskampf der Siedler in den 13 englischen Kolonien zusammen.

❷ ▪ Erkläre mithilfe von Bild 1, was die Siedler mit dem Denkmalsturz deutlich machen wollten.

❸ ▪ Stelle mithilfe der Seiten 12/13 fest, welche zentralen Forderungen der Aufklärung sich auch in der Erklärung der Menschen- und Bürgerrechte (Q2) wiederfinden.

❹ ▪ Untersuche Bild 2 und ermittle, welche Aussage der Künstler treffen möchte und was demnach der „Geist von 1776" war.

▶ *Nimm die Methode „Bilder untersuchen" von S. 213 zu Hilfe.*

❺ ▪ Partnerarbeit: Bewertet aus heutiger Sicht die Widersprüche, die sich aus der Erklärung der Menschen- und Bürgerrechte (Q2) und den Bedingungen für alle Menschen nach der Verfassung (Text) ergeben.

▶ *Nehmt die Methode „Ein persönliches Werturteil bilden" von S. 215 zu Hilfe.*

❻ ▪ Recherchiere im Internet zur Unabhängigkeitsbewegung in Schottland oder Katalonien und vergleiche sie mit der amerikanischen Bewegung. Verwende z. B. die Suchbegriffe „Kindernachrichten", „Katalonien" und „Unabhängigkeit".

▶ *Verwende die Punkte „Motive", „Auslöser" und „Reaktion des Mutterlandes" für den Vergleich.*

Die Revolution beginnt

Warum geriet der Absolutismus in die Krise?

1 – „Ludwig XVI. wird nie satt!" Der König ist als Riese Gargantua aus einem damals sehr bekannten Roman dargestellt, wie er mit seiner Familie ein Festessen verzehrt. Karikatur, 1791.

Bürgertum
Darunter versteht man eine Gesellschaftsschicht, die über Besitz und Bildung verfügte. Die Mitglieder kamen zwar aus unterschiedlichen sozialen Gruppen, hatten aber die gleichen Interessen. Der Zugang zur Teilhabe an politischen Entscheidungen war ihnen allerdings verwehrt.

✳ **Privilegien**
Dies sind Vorrechte oder besondere Rechte von einer bestimmten Personengruppe.

✳ **Stand**
Frankreich war im 18. Jahrhundert noch wie die Ständegesellschaft des Mittelalters von einer festen Ordnung geprägt. Der 1. Stand war der Klerus (Geistlichkeit), der 2. Stand der Adel und im 3. Stand sammelte sich der Großteil der Bevölkerung, z.B. Bauern, Handwerker und Bürger.

König Ludwig XVI. – unersättlich

Als die Siedler in Amerika begannen, um ihre Unabhängigkeit und Freiheit zu kämpfen, wurde Ludwig XVI. im Jahr 1774 König von Frankreich. Er übernahm von seinen Vorgängern einen völlig verschuldeten Staat. Deshalb hofften viele Franzosen, dass der König das verschwenderische Leben am Hofe beenden und die Steuern senken würde. Aber sie sahen sich getäuscht, denn er gab das Geld wie seine Vorgänger mit vollen Händen aus und der Adel tat es ihm nach. Auch hatte er wenig Interesse an den Staatsgeschäften. Stattdessen ging er lieber auf die Jagd oder hielt sich in seiner Schlosserwerkstatt auf.

✳Privilegien von Geistlichkeit und Adel

Bezahlen mussten das prunkvolle Leben ihres Königs die Angehörigen des 3. ✳Standes, also Bauern und Bürger. Hinzu kamen die Kosten für die Armee und die Teilnahme am amerikanischen Unabhängigkeitskrieg (siehe S. 24) – sie betrugen in Friedenszeiten ein Drittel, im Krieg über zwei Drittel der Staatseinnahmen. Die Steuern, die nur der 3. Stand aufzubringen hatte, reichten dafür schon lange nicht mehr aus. Deshalb wollte der König im Jahre 1776 auch vom 1. und 2. Stand Steuern erheben, was diese jedoch ablehnten. So erschienen in Frankreich immer mehr Flugblätter, die sich gegen die Vorherrschaft und Privilegien des Adels richteten.

Eine erdrückende Schuldenlast

Im Jahr 1788 schließlich stand der französische König Ludwig XVI. vor einer katastrophalen Situation. Denn die Schuldenlast des Staates hatte sich in den letzten 15 Jahren verdreifacht. Ludwig versuchte, neue Steuern beim Adel und dem hohen Klerus einzutreiben. Aber er scheiterte an deren entschlossenem Widerstand. Sie bestanden auf ihr Privileg, keine Steuern zahlen zu müssen.

Zu Beginn des Jahres 1789 herrschte in Frankreich eine große Hungersnot. Missernten in den Jahren zuvor führten zu einer Verteuerung der Lebensmittel. Unruhen brachen aus und in den Städten plünderten die Einwohner die Bäckerläden. Überall, auf den öffentlichen Plätzen wie in den Cafés, debattierten Menschen über Politik, über die Ideen der Aufklärung wie z.B. politische Mitbestimmung und die amerikanische Unabhängigkeitserklärung von 1776. Diese dort formulierte Freiheit und Gleichheit gab es in Frankreich aber noch nicht. Die Ideen davon verbreiteten sich im Bürgertum allerdings immer mehr, sodass es die Unruhen nicht nur bei den Handwerkern und Arbeitern gab, auch Ärzte, Kaufleute, Rechtsanwälte und Gutsbesitzer sprachen sich immer deutlicher gegen ein absolutistisches Herrschaftssystem aus, das den Staat in den Ruin führte.

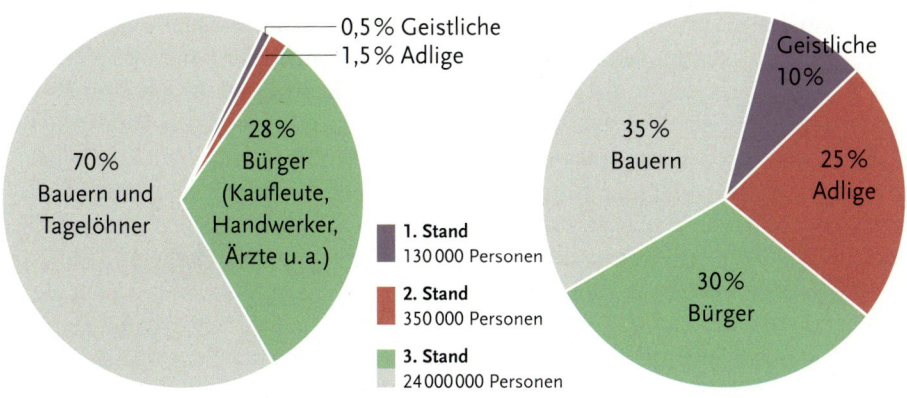

2 – Die Gliederung der Bevölkerung Frankreichs nach Ständen. Diagramm.

0,5 % Geistliche
1,5 % Adlige
28 % Bürger (Kaufleute, Handwerker, Ärzte u.a.)
70 % Bauern und Tagelöhner

1. Stand 130 000 Personen
2. Stand 350 000 Personen
3. Stand 24 000 000 Personen

3 – Die Verteilung des Grundbesitzes um 1780. Diagramm.

Geistliche 10 %
25 % Adlige
35 % Bauern
30 % Bürger

Q1 Vertreter des 1. und 2. Standes nahmen zu den geplanten Steuern von 1776 Stellung:

Die Garantie der persönlichen Steuerfreiheit und die Auszeichnung, die der Adel zu allen Zeiten genossen hat, sind Eigenschaften, die den Adel besonders hervorheben; sie können nur dann angegriffen werden, wenn die Auflösung der allgemeinen Ordnung erstrebt wird.
Diese Ordnung hat ihren Ursprung in *göttlichen Institutionen: Die unendliche und unabänderliche Weisheit hat Macht und Gaben ungleichmäßig verteilt. Die französische Monarchie besteht deshalb aus verschiedenen und getrennten Ständen.

Q2 In einer Flugschrift des Jahres 1788 hieß es:

Eigentlich gibt es in Frankreich nur zwei Stände, den Adel und das Volk. Ich für meinen Teil ... behaupte, dass der Adel ein Nichts ist. Auf den Adel kann der König verzichten, nicht aber auf das Volk. ... Vom Volk empfängt der Staat Unterhalt und Wohlstand, im Volk bestehen seine Kraft und sein Ruhm.

* göttliche Institutionen
Dabei handelt es sich um meist staatliche oder religiöse Einrichtungen, die angeblich von Gott eingesetzt sind.

❶ ▶ Beschreibe die Karikatur 1. Wie bringt der Karikaturist die Maßlosigkeit des Königs zum Ausdruck?

❷ Erläutere mithilfe von Q1, wie der Adel seinen Anspruch auf Privilegien rechtfertigt.

❸ Erkläre, wogegen der Zeichner der Karikatur 4 protestiert.
▶ *Auf dem Bild sieht man drei Personen. Eng beieinander stehen ein Adliger und ein Priester. Sie stehen auf ...*

❹ Analysiere Q2 und begründe, aus welchem Stand der Autor vermutlich stammte.

❺ Ermittle mithilfe der Diagramme 2 und 3, wieviel Grundbesitz 30 % der Bevölkerung besaß. Was fällt dir auf?

❻ Verfasse mithilfe von Q1 und den Informationen dieser Doppelseite eine Antwort zu Q2 aus der Sicht der anderen beiden Stände.

❼ Beurteile anhand des Textes und deines Ergebnisses aus Aufgabe 5 die Behauptung eines Schriftstellers aus der Zeit, dass der 3. Stand „alles" sei und deswegen verlange, „etwas zu sein". Wie gerechtfertigt erscheint dir diese Forderung?

4 – „Der 3. Stand trägt die Lasten." Auf dem Stein steht: Steuern und Fronarbeit. Karikatur, 1789.

Methode

Karikaturen entschlüsseln

Was ist eine Karikatur?

Der Begriff „Karikatur" kommt von dem italienischen Wort „caricare", das so viel wie „überladen" oder „übertreiben" heißt. Man sagt auch Spott- oder Zerrbild zu dieser Art Zeichnung, auf der Personen, Ereignisse, Handlungen oder Situationen in einer oft übertriebenen Darstellung gezeigt werden. Damit will die Karikatur den Blick auf ein besonderes Ereignis oder ein Problem richten. Sie hat meist einen Titel und nur einen kurzen oder gar keinen Text.

Eine Karikatur ist aber nicht nur einfach eine Darstellung, sondern sie beurteilt und kritisiert auch, d.h. der Zeichner will dem Betrachter sagen, was er von den dargestellten Personen oder Situationen hält. Zur Zeit der Französischen Revolution konnten die meisten Menschen weder lesen noch schreiben, aber die Karikaturen, die zu dieser Zeit weit verbreitet waren, wurden von fast allen Menschen verstanden. Sie wurden damit zu Mitteln der Aufklärung und der politischen Einflussnahme.

Folgende vier Schritte helfen dir, Karikaturen zu entschlüsseln:

Schritt 1 **Die Karikatur beschreiben**	■ Welche Personen, Tiere, Gegenstände, Symbole etc. sind zu sehen? Wie sind sie dargestellt (realistisch, übertrieben, lächerlich, aggressiv, gefährlich, ...)? Achte dabei auch auf Details wie z. B. Gesichtsausdruck, Körperhaltung, Kleidung, Größenverhältnisse der Figuren zueinander. ■ Hat die Karikatur einen Titel und/oder einen Text? ■ Gibt es Informationen über den Auftraggeber der Karikatur?
Schritt 2 **Die Bedeutung verstehen**	■ Welche Bedeutung haben die dargestellten Personen, Tiere oder Gegenstände? Stehen sie z. B. symbolisch für bestimmte Personen, Gruppen etc.? ■ Welches Problem, welcher Zustand oder welche Situation ist dargestellt?
Schritt 3 **Den Zusammenhang und die Absicht des Karikaturisten benennen**	■ In welchem historischen Zusammenhang ist die Karikatur zu sehen? ■ Was muss man wissen, um die Karikatur verstehen zu können (geschichtliches Hintergrundwissen, Personenkenntnisse, Bedeutung von Symbolen)? ■ Was will der Zeichner verdeutlichen, ins Lächerliche ziehen und eventuell kritisieren? ■ An wen richtet sich die Karikatur?
Schritt 4 **Die Karikatur beurteilen**	■ Welche Position bezieht der Karikaturist? ■ Hältst du die Karikatur für gelungen? ■ Stimmst du der Kritik des Zeichners zu?

❶ Vervollständige den Text zu den einzelnen Schritten bei der Beschreibung von Bild 1 auf der nächsten Seite in deinem Heft.
▶ *Beachte dabei die Fragen, die du unter den Schritten 1–4 findest.*
❷ Verfasse entsprechend den Lösungsansätzen zum Bild 1 eine ausführliche Darstellung zu Bild 2.
❸ Beurteile, ob in den Karikaturen die politische und gesellschaftliche Situation in Frankreich

1788/1789 richtig wiedergegeben wurde. Ziehe dazu auch S. 26/27 heran.
▶ *Nimm die Methode „Ein eigenes Urteil bilden" von S. 215 zu Hilfe.*
❹ Untersuche Bild 3 anhand der Methodenschritte. Informiere dich besonders für Schritt 3 und 4 im Internet über die Revolution in Ägypten im Jahr 2011, auf die die Karikatur Bezug nimmt.

1 – „Es darf gehofft werden, dass das Spiel bald vorbei ist." Karikatur eines unbekannten Verfassers von 1789.

2 – „Das wird nicht ewig dauern". Französische Karikatur, undatiert, vermutlich von 1789.

3 – „Re-Revolution" – Was kommt nach dem gestürzten Machthaber? Karikatur von Sherif Arafa, Ägypten 2012.

Lösungsansätze zum Bild 1:

Zum Schritt 1:

Es sind drei Personen zu sehen. Diese sind Männer und zwei davon sitzen auf dem Rücken des dritten Mannes. Die beiden Herren, die oben sitzen, sehen fröhlich aus und tragen edle Kleidung, wohingegen der Mann, der die beiden trägt, unglücklich und aufgrund der kaputten Kleidung ärmlich aussieht …

Außerdem sieht man mehrere Tiere, zwei Hasen und drei kleine Vögel. …

Zum Schritt 2:

Die drei Personen stehen für die drei Stände der absolutistischen Gesellschaft: Der ärmlich gekleidete Mann steht für den 3. Stand, …

Die Tiere, welche die Ernte und die Saat des Bauern fressen, symbolisieren eine der Lasten des dritten Standes, das Verbot der Jagd dieser Tiere. Jagen durften hingegen …

Zum Schritt 3:

Die Karikatur muss im Zusammenhang mit der Krise des Absolutismus gesehen werden. Es wird kritisiert, dass der dritte Stand alle Lasten zu tragen hat, während …

Zum Schritt 4:

Die Karikatur kann als Bildquelle für die Zeit kurz vor der Französischen Revolution dienen, weil sie die Sichtweise vieler Menschen zu dieser Zeit wiedergibt.

Die Kritik an den politischen und sozialen Missständen scheint vor dem historischen Hintergrund berechtigt. …

Wie begann die Französische Revolution?

1 – Verarmte Bauern. Illustration von 1789.

2 – Verarmte Stadtbevölkerung. Illustration von 1789.

**1789
Beginn der Französischen Revolution**

✣ **Generalstände**
Dies ist seit dem Beginn des 14. Jahrhunderts die Versammlung der Vertreter der drei Stände von ganz Frankreich. Sie hatten die Aufgabe, den König zu beraten und Steuern zu bewilligen. Seit der Volljährigkeit Ludwigs XIV. wurden sie nicht mehr einberufen, erst 1789 traten sie wieder zusammen.

✣ **Revolution**
Dies ist ein aus der Astronomie entlehntes Fremdwort, das den Umlauf der Himmelskörper beschreibt. Es meinte im 17. Jh. eine Wiederherstellung eines politisch-gesellschaftlichen Zustands. Ab dem 18. Jh. hat das Wort die Bedeutung des politischen Umsturzes.

Der König beruft die ✣Generalstände ein
Zu Beginn des Jahres 1789 lebte ein Großteil der Bevölkerung aufgrund von Missernten und harten Wintern in Not und Elend. Der Staat war finanziell am Ende und eine Lösung dieses Problems schien unmöglich.
In dieser verzweifelten Lage beschloss Ludwig XVI., die Vertreter aller drei Stände einzuberufen. Er ließ im ganzen Land von den Kanzeln der Kirchen verkünden, dass sich am 5. Mai 1789 die Vertreter der drei Stände auf Schloss Versailles treffen werden, um über das Schicksal Frankreichs zu sprechen. Der König erhoffte sich, dass die Abgeordneten gemeinsam neuen Steuern zustimmen. So fanden sich folgende Personen ein:
– 300 Abgeordnete für den 1. Stand (insgesamt 120 000 Priester)
– 300 Abgeordnete für den 2. Stand (insgesamt 350 000 Adlige)
– 600 Abgeordnete für den 3. Stand (insgesamt 24 Millionen Bürger und Bauern)
Die Vertreter des 3. Standes hatten 60 000 Beschwerdehefte in ihrem Gepäck, die dem König übergeben werden sollten. Aber auch die Adligen hatten Briefe verfasst. Darin erklärten sie, dass sie niemals zustimmen würden, ihre geerbten Rechte abzuschaffen.

Der erste Schritt der ✣Revolution
Voller Spannung erwarteten die Vertreter des 3. Standes, was der König zu den Beschwerden sagen würde. Doch Ludwig XVI. ging mit keinem Wort auf die Nöte des Volkes ein, stattdessen sprach er ausschließlich über neue Steuern. Die Vertreter der einzelnen Stände sollten getrennt darüber beraten und abstimmen. Jeder Stand sollte eine Stimme haben.
Die Vertreter des 3. Standes verlangten eine gemeinsame Beratung aller drei Stände und eine Abstimmung nach Köpfen. Doch das lehnten der König und die beiden anderen Stände ab.
Daraufhin erklärten sich die Vertreter des 3. Standes zur Nationalversammlung. Einige Vertreter des 1. und 2. Standes schlossen sich dieser an.

Der Ballhausschwur
Der König war empört über das Vorgehen des 3. Standes und ließ den Sitzungssaal sperren. Die Abgeordneten versammelten sich nun in einer Ballspielhalle, dem „Ballhaus". Dort leisteten sie einen Schwur: Sie schworen feierlich, nicht eher auseinanderzugehen, bis Frankreich eine Verfassung besitzt. Niemand sollte sie daran hindern.

① Schwurhand im Zentrum des Bildes

② Wind und wehender Vorhang

③ Geistliche verschiedener Konfessionen

④ Lichteinfall

3 – Der Schwur im Ballhaus am 20. Juni 1789. Gemälde von Jacques-Louis David, um 1790.

Als ein hoher Beamter auf Befehl Ludwigs XVI. den Versammlungssaal räumen lassen wollte, erklärten die Abgeordneten: „Die versammelte Nation empfängt keine Befehle." Von der Entschlossenheit des 3. Standes beeindruckt, gab der König nach. Er forderte die beiden anderen Stände auf, sich der Nationalversammlung anzuschließen. Das war das Ende der Generalstände.

Q1 Die Bauern des Dorfes Guyancourt forderten in ihrer Beschwerde 1789 vom König:

1. ... dass alle Steuern von den drei Ständen ohne irgendwelche Ausnahmen gezahlt werden, von jedem Stand gemäß seinen Kräften;
2. ... das gleiche Gesetz und Recht im ganzen Königreich;
5. ... die völlige Beseitigung jeglicher Art von *Zehnten in *Naturalien;
8. ... dass die Eigentumsrechte heilig und unverletzlich seien;
9. ... dass rascher und mit weniger Parteilichkeit Recht gesprochen werde;
10. ... dass alle Frondienste, welcher Art sie auch sein mögen, beseitigt werden.

Q2 Der Priester Emmanuel Joseph Graf Sieyès gehörte eigentlich zum 1. Stand. Er schlug sich aber auf die Seite des 3. Standes und erklärte am 17. Juni 1789:

Wir sind die Vertreter von 24 Millionen Franzosen. Wir sind die einzigen und wahren Vertreter des französischen Volkes. Deshalb geben wir unserer Versammlung den Namen „Nationalversammlung". Wir werden Frankreich eine Verfassung geben, die allen Franzosen die gleichen Rechte garantiert.

✱ Zehnten
Hiermit ist die Abgabepflicht eines des zehnten Teils gemeint, z. B. den zehnten Teil einer Ernte.

✱ Naturalien
Dies sind Abgaben von landwirtschaftlichen Gütern wie z. B. Getreide oder auch Vieh.

❶ Beschreibe die Bilder 1 und 2 und entnimm ihnen die zentralen Probleme des Jahres 1789 auf dem Land als auch in der Stadt.
❷ Ordne den Zahlen in Bild 3 die passenden Symbolbedeutungen zu und schreibe die Zuordnungen in dein Heft:
   a) Symbol für die Aufklärung (Erleuchtung)
   b) Symbol für Erneuerung
   c) Symbol für Eintracht
   d) Symbol für die Bedeutung des Schwurs
❸ Analysiere Bild 3 und arbeite die Absichten des Malers heraus.
▶ *Nimm die Methode „Bilder untersuchen" von S. 213 und deine Ergebnisse aus Aufgabe 2 zu Hilfe.*
❹ Erkläre, warum das Verhalten des 3. Standes und der Schwur im Ballhaus als „erster revolutionärer Schritt" bezeichnet werden können.
❺ Ziehe Schlussfolgerungen, was die Forderungen der Bauern in Q1 für die Stände bedeuten.
❻ Recherchiere, worüber sich Menschen heute beschweren. Erstelle eine Stichpunktliste und finde Gemeinsamkeiten und Unterschiede zu den Gründen und Forderungen der Französischen Revolution.

Wie kam es zum Ausbruch der Revolution?

1 – Der Sturm auf die Bastille am 14. Juli 1789. Gemälde, Ende 18. Jh. nach Entwürfen von Charles Monnet.

Eine blau-weiß-rote Kokarde: das Abzeichen der Revolutionäre.

Die Trikolore, die Staatsfahne Frankreichs, trägt noch heute die Farben der Revolution.

Die Farben der Revolution sind in Frankreich noch heute allgegenwärtig.

Der Sturm auf die Bastille

Über Paris lag am 14. Juli 1789 Unruhe. Das Brot war knapp und kostete doppelt so viel wie sonst. Voller Ungeduld verfolgte die Pariser Bevölkerung die Ereignisse im nahen Versailles. Als die Bevölkerung erfuhr, dass der König heimlich Truppen nach Paris verlegte, um gegen die Aufstände vorzugehen, wurde dieser zum Feind der Revolution. In ganz Paris ertönte daher der Schrei: Zu den Waffen! Man brach die Läden der Waffenhändler auf. Alle Glocken läuteten Sturm. Mit Stühlen, Tischen, Fässern und Pflastersteinen wurden Barrikaden errichtet. Tausende Menschen versammelten sich und zogen zur Bastille, dem verhassten Staatsgefängnis und Herrschaftssymbol des Königs. Gegen Mittag stieß die Menge bis an die geschlossene Zugbrücke der Bastille vor, der Kommandant verlor die Nerven und gab den Feuerbefehl. Mehr als einhundert Belagerer wurden getötet. Das steigerte aber nur die Wut der Menge, die jetzt Kanonen herbeischleppte, zum Angriff überging und die Bastille in kurzer Zeit eroberte. Die Häftlinge wurden befreit, der Kommandant sofort hingerichtet. Seinen Kopf spießte man auf eine Stange und trug ihn im Triumphzug durch die Stadt.

Als Ludwig XVI. über die Ereignisse unterrichtet wurde, zog der König seine Truppen vollständig aus Paris ab. Am 17. Juli kam er selbst nach Paris und heftete sich im Rathaus das Abzeichen der Revolutionäre an, die blau-weiß-rote Kokarde (Randspalte), das Abzeichen der Revolution. Blau und Rot waren die Farben der Stadt Paris, Weiß die Farbe des Königshauses. Dies – so versicherte der König – sei ein Zeichen für den ewigen Bund zwischen ihm und dem Volk. Die Trikolore, die Staatsfahne Frankreichs, trägt noch heute diese Farben (Randspalte). Der 14. Juli ist der Nationalfeiertag Frankreichs.

Die Revolution ergreift das Land

Die Nachricht von der Erstürmung der Bastille verbreitete sich wie ein Lauffeuer in ganz Frankreich. Sie löste vor allem bei den Bauern große Freude aus. Seit Monaten hatten sie auf die Beantwortung ihrer Beschwerdehefte gewartet. Nichts war geschehen. Die Erstürmung der Bastille war für sie das Zeichen, jetzt ebenfalls zu handeln. Bewaffnet mit Sensen, Dreschflegeln, Mistgabeln und Jagdgewehren drangen sie gewaltsam in die Schlösser ihrer Grundherren ein, die nicht selten in Flammen aufgingen. (Bild 3)

2 – Das Erwachen des Dritten Standes. Karikatur, Radierung, 18. Jh.

3 – Bauern verbrennen Grund- und Adelsbriefe. Holzstich, 1885, nach einer Zeichnung von Émile Bayard (1837–1891).

Um die Bauern zu beruhigen, beschloss die Nationalversammlung gegen den Willen des Adels in einer Nachtsitzung vom 4./5. August 1789 folgende Neuerungen:
– die Leibeigenschaft und die Frondienste sollen abgeschafft werden,
– die Grundherren sollen nicht mehr richten können,
– der Zehnt kann in eine Geldzahlung umgewandelt werden,
– alle Bürger werden zu allen Ämtern in Staat und Heer zugelassen,
– alle Bürger sind gleich steuerpflichtig.

Q1 1789 schrieb ein Graf an die Nationalversammlung:
Am 29. Juli 1789 tauchte ein Haufen fremder Straßenräuber zusammen mit den mir unterstellten Bauern in meinem Schloss auf. Es waren fast 200 Mann. Sie brachen die Schlösser der Schränke auf, in denen die Urkunden aufbewahrt wurden. Einen Großteil dieser Urkunden, in denen meine Rechte und ihre Pflichten verzeichnet sind, nahmen sie mit und verbrannten sie im Walde neben meinem Schloss. ... Ich rufe Ihre Klugheit an, damit von der Nationalversammlung irgendein Mittel ausfindig gemacht wird, mir meinen Verlust zu ersetzen.

Q2 Frauen des 3. Standes verfassten 1789 eine Bittschrift an den König:
Die Frauen des [3.] Standes werden fast alle ohne Reichtümer geboren; ihre Erziehung wird vernachlässigt. ... Wir bitten Euch inständig, Sire, kostenlose Schulen einzurichten, damit wir unsere Sprache von Grund auf erlernen können, die Religion und die geistlichen und sittlichen Werte. ... Ebenso [ist] es nur gerecht, ... [die] Stimmen [der Frauen] zu zählen, da sie doch wie die Männer dazu verpflichtet sind, die königlichen Abgaben zu zahlen und den Verpflichtungen des Handels nachzukommen.

❶ ▶ Erkläre mithilfe des Textes die Situation, die in Bild 1 gezeigt wird.
❷ ▶ Erkläre, welche Absicht der Maler hatte, wenn er die Bastille als beinahe uneinnehmbare Festung darstellt.
❸ ▶ Analysiere die Karikatur in Bild 2 und erkläre mithilfe des Textes, warum sich Adel und Klerus vor dem Erwachen des 3. Standes fürchteten.
▶ *Nimm die Methode „Karikaturen entschlüsseln" von S. 28/29 zu Hilfe.*
❹ ▶ Gib die Forderungen der Frauen in Q2 in eigenen Worten wieder und nimm zu ihnen Stellung.
❻ ▶ Entwirf einen Brief: Ein Abgeordneter der Nationalversammlung antwortet dem Grafen auf seinen Brief (Q1). Berücksichtige dabei auch Bild 3.

Für wen galten die Menschenrechte?

1 – Die Königsfamilie wird von Versailles nach Paris gebracht. Illustration aus einem Buch zur Geschichte Frankreichs von J. L. Beuzon, 1933.

2 – Lehrerin der Republik. Ein Kind wird in den Menschen- und Bürgerrechten unterrichtet. Farbstich, 1789.

Menschenrechte

Unantastbare und unveräußerliche Freiheiten und Rechte jedes Menschen gegenüber den Mitmenschen und dem Staat. Dazu gehören das Recht auf Leben, auf freie Entfaltung der Persönlichkeit und das Recht auf Eigentum. Nach dem Vorbild der Unabhängigkeitserklärung der Vereinigten Staaten 1776 verkündete die französische Nationalversammlung 1789 die Erklärung der Menschen- und Bürgerrechte. Die Menschenrechte wurden seit dem 19. Jahrhundert in viele Verfassungen aufgenommen und 1948 von den Vereinten Nationen in der Menschenrechtskonvention als unveräußerliche Grundrechte jedes Menschen verabschiedet.

✻ Bäcker

Das Volk von Paris gab dem König den Spitznamen „der Bäcker", der Königin Marie Antoinette den Spitznamen „die Bäckerin", weil diese auf den Hinweis, dass es in Paris kein Brot mehr zum Essen gebe, gesagt haben soll: „Dann sollen die Leute doch Kuchen essen."

Freiheit – Gleichheit – Brüderlichkeit

So lautete die Parole der Französischen Revolution und diese Forderung sollte möglichst bald für alle Menschen gelten. Die Verwirklichung dieses Leitgedankens war besonders für den Grafen de Lafayette (1757–1834) ein großes Anliegen. Lafayette war ein begeisterter Anhänger der Aufklärung. Im Jahr 1777 war er zusammen mit einer Truppe von Freiwilligen nach Amerika aufgebrochen, um dort für seine Ideale Freiheit und Gleichheit zu kämpfen. Als Abgeordneter der Nationalversammlung Frankreichs brachte er einen Antrag für die Erklärung der Menschen- und Bürgerrechte ein, die am 26. August 1789 beschlossen wurde.

Die Nationalversammlung forderte den König auf, die Erklärung der Menschenrechte mit seiner Unterschrift zu bestätigen. Ludwig weigerte sich mit der Bemerkung: „Nie werde ich einwilligen, meine Geistlichen und meinen Adel zu berauben." Die Menschen in Paris waren enttäuscht und wütend. Schließlich hatte sich der König erst wenige

Wochen zuvor die blau-weiß-rote Kokarde als Zeichen seiner Verbundenheit mit dem Volk angeheftet.

Am Morgen des 5. Oktober 1789 versammelten sich zahllose Frauen vor dem Rathaus von Paris. Sie verlangten Brot, doch es gab keines. Spontan beschlossen sie, zu dem Schloss Versailles in der Nähe von Paris zu ziehen, in dem sich der König aufhielt. Über 7000 Frauen machten sich schließlich auf den Weg. Die Forderung lautete: Brot und Unterschrift. Am Abend des 5. Oktober erreichten sie Versailles. Am folgenden Morgen drang die Menge in das Schloss ein. Man rief nach dem König und verlangte, er solle nach Paris und zu seinem Volk kommen. Immer lauter wurden die Rufe: „Der König nach Paris!" – Der König gab nach. Abends trafen die Massen mit dem König und seiner Familie in Paris ein. Die Frauen riefen: „Wir bringen den ✻Bäcker, die Bäckerin und den kleinen Bäckerjungen!" Dort unterschrieb Ludwig XVI. die Erklärung der Menschen- und Bürgerrechte.

Q1 Die Erklärung der Menschen- und Bürgerrechte vom 26. August 1789 beginnt mit folgenden Worten:

Die Vertreter des französischen Volkes … haben unter der Berücksichtigung, dass die Unkenntnis, die Achtlosigkeit oder die Verachtung der Menschenrechte die einzigen Ursachen der öffentlichen Missstände und der Verderbtheit der Regierungen sind, beschlossen, die natürlichen, unveräußerlichen und heiligen Rechte der Menschen in einer feierlichen Erklärung darzulegen. …

1. Die Menschen werden frei und gleich an Rechten geboren und bleiben es. …
2. Der Zweck jeder politischen Vereinigung ist die Erhaltung der natürlichen und unantastbaren Menschenrechte. Diese sind das Recht auf Freiheit, das Recht auf Eigentum, das Recht auf Sicherheit und das Recht auf Widerstand gegen Unterdrückung.
3. Der Ursprung jeder Souveränität liegt ihrem Wesen nach beim Volk.
4. Die Freiheit besteht darin, alles tun zu dürfen, was einem anderen nicht schadet. …
5. … Da alle Bürger vor ihm [dem Gesetz] gleich sind, sind sie alle … zu allen öffentlichen Würden, Ämtern und Stellungen zugelassen.
6. Alle Bürger haben das Recht, an der Gestaltung der Gesetze persönlich oder durch ihre Vertreter mitzuwirken.
7. Niemand darf außer in den durch das Gesetz bestimmten Fällen angeklagt, verhaftet oder gefangen gehalten werden.
10. Niemand soll wegen seiner Anschauungen, selbst religiöser Art, belangt werden, solange deren Äußerung nicht die durch das Gesetz begründete Ordnung stört.
11. Die freie Äußerung von Meinungen ist eines der kostbarsten Menschenrechte.

3 – Die Erklärung der Menschen- und Bürgerrechte. Der Engel rechts oben deutet auf ein gleichseitiges Dreieck, ein Symbol für die Dreieinigkeit Gottes. Es soll zeigen, dass die Menschenrechte von Gott gegeben sind. Der Spieß in der Mitte ist ein Zeichen für die Wehrhaftigkeit, die rote Mütze steht für „Freiheit". Die Person links oben stellt „Marianne", die französische Nation, dar und symbolisiert durch das Tragen einer Krone gleichzeitig „Herrschaft". Ölgemälde von Jean-Jacques Le Barbier, 1790.

❶ ▣ Beschreibe Bild 1 und überlege, welchen Eindruck der Künstler von den Ereignissen am 6. Oktober 1789 erwecken wollte.
▶ *Der Künstler zeigt durch die Anwesenheit der Marktfrauen zum einen, dass …*

❷ ▣ Gib die Punkte in Q1 mit eigenen Worten wieder und analysiere den Text.
▶ *Nimm die Methode „Textquellen untersuchen" von S. 214 zu Hilfe.*

❸ ▣ Untersuche die Symbole im Gemälde zu den Menschen- und Bürgerrechten (Bild 3) und erläutere die Bildaussage.

❹ ▣ Erklärt, welche Hoffnungen die Menge mit dem Ruf „Wir bringen den Bäcker" verband.

❺ ▣ Das Bild 2 zeigt eine Frau, die ein Kind mit einer roten Mütze unterrichtet. Erkläre, was der Künstler aussagen wollte.
▶ *Die Frau auf dem Bild steht für die Revolution, die dem Kind etwas über die Menschen- und Bürgerrechte beibringt. Das Kind mit der roten Mütze steht für …*

❻ ▣ Bearbeite die Lernaufgabe zum Zug der Marktfrauen auf S. 206.

Frankreich wird Republik

Was prägte den Anfang der neuen Republik?

1 – Fest der Verfassungsweihe in Paris auf dem Marsfeld am 14. Juli 1790. Der Generalkommandant der Nationalgarde, Graf de Lafayette, schwört auf die Verfassung. Unbekanntes zeitgenössisches Gemälde.

2 – Der Bastille-Platz in Paris. An der Stelle der Julisäule (Freiheitssäule) stand bis 1789 die Bastille (Staatsgefängnis), deren Abriss während der Französischen Revolution bereits begann. Lithografie 1878.

Konstitutionelle Monarchie

Dies ist eine Staatsform, in der die absolute Macht des Monarchen durch eine Verfassung (Konstitution) beschränkt wird. Sie wurde zuerst in England verwirklicht.
Die Verfassung garantiert dem Parlament Rechte, z. B. Gesetze zu erlassen und die Finanzen zu kontrollieren.

Gewaltenteilung

Nach Ansicht der Aufklärer sollte die Gewalt in einem Staat in drei voneinander unabhängige Gewalten aufgeteilt sein: in die gesetzgebende, die vollziehende und die rechtsprechende Gewalt. Damit sollte dem Machtmissbrauch durch einen absolut herrschenden König vorgebeugt werden.

Die Verfassung von 1791

Am 17. Juni 1789 hatten die Abgeordneten des 3. Standes ihre Versammlung zur Nationalversammlung erklärt und beschlossen, Frankreich eine Verfassung zu geben. Zwei Jahre lang dauerten die Beratungen. Erst am 3. September 1791 trat die neue Verfassung in Kraft. Vorangestellt wurde ihr die Erklärung der Menschen- und Bürgerrechte von 1789. Der Titel für König Ludwig XVI. lautete jetzt: „Durch Gottes Gnade und die Verfassungsgesetze König der Franzosen". Frankreich war zu einer konstitutionellen Monarchie geworden, das heißt, die Macht des Königs wurde durch eine Verfassung eingeschränkt bzw. er war an die Verfassung und die Gesetze gebunden.
Die zentrale Idee der Aufklärung, die Gewaltenteilung, wurde Teil der Verfassung. Die Macht des Königs wurde mit drei voneinander unabhängigen Stellen geteilt:
- Die gesetzgebende Gewalt lag allein bei der Nationalversammlung.
- Die ausführende Gewalt, die Exekutive, lag beim König.
- Die Richter sollten völlig unabhängig sein.

Zensuswahlrecht

Die Verfassung legte auch das Wahlrecht für die Nationalversammlung fest. Der Großteil der Abgeordneten war sich einig, dass die Fähigkeit, politische Entscheidungen zu treffen, vom Bildungsgrad und vom Einkommen eines Menschen abhing. Daher wurde ein Zensuswahlrecht eingeführt, bei dem nur die Gruppe der Aktivbürger wählen durfte. Dies waren Männer über 25 Jahren, die Steuern in einer bestimmten Höhe bezahlten. Nur sie durften wählen und gewählt werden. Es war dies einerseits ein Fortschritt, da – wie vor der Revolution – der Zutritt zu politischen Ämtern nun nicht mehr vom gesellschaftlichen Stand abhängig war und die Vorrechte des Adels und der Geistlichkeit abgeschafft waren. Andererseits schloss dies einen erheblichen Teil, vier Fünftel der Bevölkerung, von der Wahl aus: Männer unter 25, deren Vermögen nicht ausreichte (Passivbürger), und alle Frauen, die – unabhängig von ihrem Vermögen – nicht wählen durften.
Wenn das Recht zu wählen vom Vermögen abhängt, spricht man vom Zensuswahlrecht.

Q1 In der Pariser Zeitung hieß es 1791:
Aber was meint ihr eigentlich mit dem so oft
gebrauchten Wort „Aktivbürger"? Die akti-
ven Bürger, das sind die Eroberer der Bastille, das sind die, welche den Acker bestellen,
während die Nichtstuer im Klerus und bei
Hofe trotz ihrer Riesenbesitzungen nichts
weiter sind als kümmerliche Pflanzen.

**Q2 Wenige Tage nach der Verkündung
der neuen Verfassung erschien in Paris
eine Schrift mit dem Titel: „Die Rechte
der Frau – an die Königin", verfasst von
der Schriftstellerin Olympe de Gouges
(1748–1793).**
Mann, bist du fähig, gerecht zu sein? Eine
Frau stellt dir diese Frage. ... Sag mir, wer hat
dir die selbstherrliche Macht verliehen, mein
Geschlecht zu unterdrücken?

**Q3 Kernstück der umfangreichen Schrift
von Olympe de Gouges (Q2) ist die Erklärung der Rechte der Frau und Bürgerin.**
Die Mütter, die Töchter, die Schwestern, die
Vertreterinnen der Nation, verlangen, in die
Nationalversammlung aufgenommen zu
werden.
Art. 1: Die Frau ist frei geboren und bleibt
dem Manne ebenbürtig in allen Rechten. ...
Art. 3: Jede Staatsgewalt wurzelt ihrem Wesen nach in der Nation, welche ihrem Wesen
nach nichts anderes ist als eine Verbindung
von Mann und Frau. ...
Art. 6: Das Gesetz muss Ausdruck des allgemeinen Willens sein; alle Bürgerinnen und
Bürger müssen persönlich oder durch ihre
Vertreter an seiner Entstehung mitwirken, es
muss für alle gleich sein. ...
Art. 16: Eine Verfassung, an deren Ausarbeitung die Mehrheit der Bevölkerung nicht
mitgewirkt hat, wird null und nichtig. ...
Art. 17: Eigentum kommt beiden Geschlech-
tern zu, seien sie vereint oder getrennt.

3 – Olympe de Gouges präsentiert Marie Antoinette und Ludwig XVI.
ihre Rechte der Frauen. Zeitgenössische Darstellung.

❶ ▪ Benenne den Vorgang in Bild 1 und beschreibe dabei die Stimmung, die der Künstler darin vermitteln wollte.
❷ ▪ Die Forderung nach einer Teilung der Gewalten im Staat wurde
mit der Verfassung von 1791 erfüllt. Überprüfe diese Behauptung
mithilfe des Verfassungsschemas auf S. 39.
❸ ▪ Erläutere mithilfe des Textes den Begriff Zensuswahlrecht.
❹ ▪ Die Julisäule auf Bild 2 ist eine Freiheitssäule. Begründe, warum
diese an dem Ort errichtet wurde, an dem die Bastille stand, und
weshalb sie den Namen „Julisäule" trägt.
Schlage hierzu auf S. 32/33 nach.
❺ ▪ Erarbeite aus Q3 die Rechte, die Frauen 1791 nicht hatten.
❻ ▪ Beurteile mithilfe von Q1 und Q2 und dem Verfassungsschema auf
S. 39 den Anspruch der Verfassung, die Gleichheit aller Franzosen
zu gewährleisten.
▶ *Nimm die Methode „Ein eigenes Urteil bilden" von S. 215 zu Hilfe.*
❼ ▪ Partnerarbeit: Überlegt, was der Maler von Bild 3 mit den
unterschiedlichen Größenverhältnissen von Ludwig XVI., Marie-
Antoinette einerseits und Olympe de Gouges andererseits
zum Ausdruck bringen wollte.

Methode

Ein Verfassungsschema lesen und verstehen

Was ist ein Verfassungsschema?
Eine Verfassung regelt die Machtverteilung in einem Staat. Sie ist die grundlegende Ordnung. Anhand eines Verfassungsschemas kann man erkennen, wie ein Land regiert wird.

Es zeigt den Aufbau des Staates und seine wichtigsten Ämter und politischen Organe (z. B. Präsident, Parlament). Außerdem lässt es erkennen, wer wählen darf oder von Wahlen ausgeschlossen ist und wer die Gesetze beschließt.

Folgende vier Schritte helfen dir, ein Verfassungsschema zu lesen und zu verstehen:

Schritt 1 **Den Aufbau untersuchen**	■ Wie kann man das Schema lesen? Die Pfeile helfen euch. – Von unten nach oben bzw. oben nach unten? – Von links nach rechts bzw. rechts nach links? ■ Was sind wichtige Bestandteile des Schaubildes? ■ Welche Ämter und Einrichtungen gibt es?
Schritt 2 **Aussagen erschließen**	■ Wer darf wählen? ■ Wie kommen Gesetze zustande? ■ Welche Aufgaben haben die Ämter und politischen Organe?
Schritt 3 **Zusammenhänge herstellen**	■ Wie ist die Macht verteilt? Welches Amt hat besonders viel Macht? ■ Wer kontrolliert wen? Wessen Macht geht auf Wahlen zurück? ■ Wo wird die Einflussmöglichkeit des Volkes erkennbar? ■ Welche Gruppen sind von politischer Mitbestimmung ausgeschlossen?
Schritt 4 **Die Verfassung beurteilen**	■ Fasse noch einmal zusammen, ob und wie die Gewalten geteilt sind. ■ Beurteile, ob es sich um eine demokratische Verfassung handelt. ■ Beurteile, ob das Wahlrecht aus heutiger Sicht als demokratisch bezeichnet werden kann.

❶ ▸ Vervollständige den Text zu Schritt 1 im Lösungsbeispiel auf der rechten Seite in deinem Heft.

❷ ▪ Erkläre, an welchen Punkten diese Verfassung korrigiert werden müsste, damit sie in unserem heutigen Verständnis als „demokratisch" bezeichnet werden könnte. Ergänze diese Punkte in der Musterlösung unter Schritt 4.

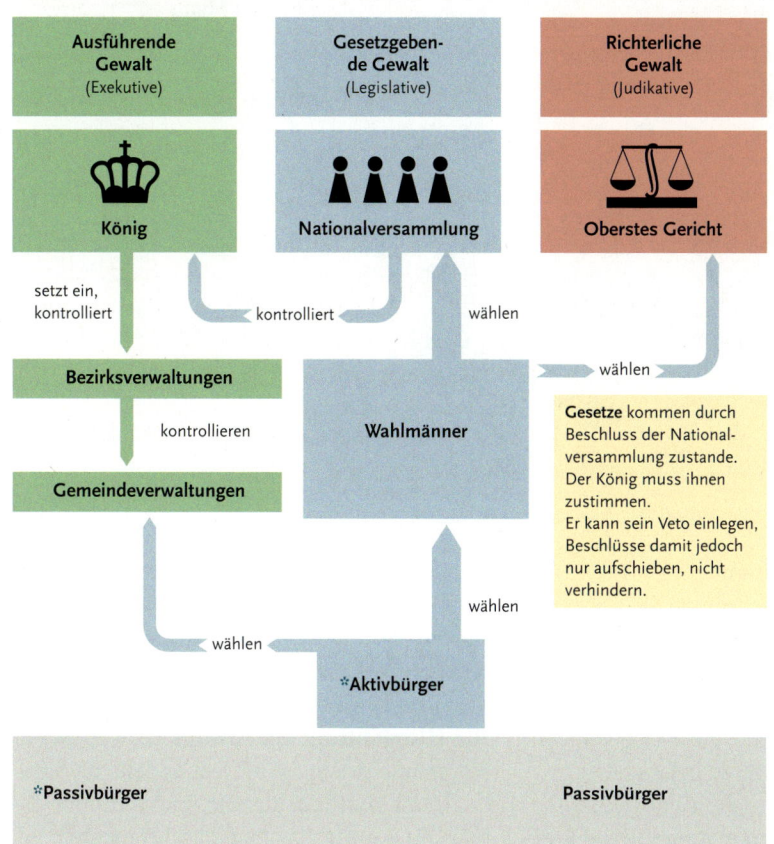

Ausführende Gewalt (Exekutive)

König

setzt ein, kontrolliert

Bezirksverwaltungen

kontrollieren

Gemeindeverwaltungen

Gesetzgebende Gewalt (Legislative)

Nationalversammlung

kontrolliert

Wahlmänner

wählen

wählen

＊Aktivbürger

wählen

Richterliche Gewalt (Judikative)

Oberstes Gericht

wählen

wählen

Gesetze kommen durch Beschluss der Nationalversammlung zustande. Der König muss ihnen zustimmen. Er kann sein Veto einlegen, Beschlüsse damit jedoch nur aufschieben, nicht verhindern.

＊Passivbürger   **Passivbürger**

1 – Die Verfassung Frankreichs von 1791. Schaubild.

＊ **Aktivbürger**
Dies sind 4 Mio. Männer, die mindestens Steuern im Wert von drei Arbeitstagen zahlen.

＊ **Passivbürger**
Dies sind 21 Mio. Bürgerinnen und Bürger ohne Wahlrecht.

2 – Nationalfeiertag 14. Juli. Am Himmel sind Kondensstreifen in den Farben der französischen Nationalflagge zu sehen. Foto, 14.7.2010.

Lösungsbeispiel:

Zu Schritt 1:

Das Schema kann von unten nach oben gelesen werden. Wichtiger Bestandteil ist der graue Kasten unten: Wahlberechtigt sind nur die 4 Mio. Aktivbürger, 21 Mio. Bürgerinnen und Bürger sind von der Wahl ausgeschlossen. Von links nach rechts gelesen, sind die drei Gewalten zu sehen: Exekutive (König), Legislative (Nationalversammlung) und Judikative (Richter). …

Zu Schritt 2:

Der graue Kasten unten zeigt, dass 1791 nur Männer, die Steuern zahlen, wahlberechtigt sind (Zensuswahlrecht). Es wird deutlich, wie der Wille der Wahlberechtigten Einfluss auf die Regierung nimmt. Die Nationalversammlung beschließt die Gesetze. Der König muss ihnen zustimmen, damit sie in Kraft treten.

Zu Schritt 3:

Die Macht ist zwischen König, Nationalversammlung und oberstem Gericht geteilt. Dieses Gericht wird von der Nationalversammlung gewählt und ist unabhängig. Von politischer Mitsprache ausgeschlossen ist die Mehrzahl der Menschen – Männer unter 25 Jahren und Männer mit zu geringem Steueraufkommen sowie alle Frauen und Kinder.

Zu Schritt 4:

Die Teilung der Gewalten in Exekutive, Legislative und Judikative spricht für eine demokratische Verfassung. Das Wahlrecht ist aus heutiger Sicht nicht demokratisch, da … .

Wie kam es zur Terrorherrschaft?

1 – Die Verhaftung König Ludwigs XVI. auf der Flucht 1791. Zeitgenössische kolorierte Radierung.

✳ Jakobiner
Dies ist ein politischer Klub radikaler Republikaner während der Französischen Revolution, dessen Mitglieder sich erstmals in dem ehemaligen Pariser Kloster St. Jacob trafen.

✳ Republik
(lat. res publica = die Öffentliche Sache). Dies ist ein Begriff für eine Staatsform mit einer gewählten Regierung, in der das Volk oder ein Teil des Volks die Macht ausübt.

Der König auf der Flucht

Die neue Verfassung schränkte die absolute Macht des Königs stark ein. Ludwig XVI. war damit nicht einverstanden. Zusammen mit seiner Familie verließ er am 20. Juni 1791 als Kammerdiener verkleidet Paris und versuchte zur deutschen Grenze zu gelangen.
Vor ihm waren schon mehr als 40 000 Adlige, die sich mit der neuen Situation in Frankreich nicht abfinden wollten, ins Ausland geflohen. Mit ihnen wollte sich Ludwig verbünden und an der Spitze einer Armee nach Paris zurückkehren, um die Macht wieder an sich zu reißen.
Noch am gleichen Abend wurde der König auf der Flucht erkannt. Nicht als Heerführer, sondern als Gefangener kehrte er nach Paris zurück.

Die Revolution in Gefahr

Die Gefahr für die Französische Revolution war mit der Rückkehr des Königs aber noch nicht beseitigt. Die übrigen europäischen Herrscher fürchteten nämlich, dass die Revolution auch auf ihre Länder übergreifen könnte. Preußen und Österreich schlossen ein Militärbündnis gegen die Revolution und drangen im Sommer 1792 mit ihren Armeen in Frankreich ein. Das Volk betrachtete von nun an seinen König als Verräter und Feind der Revolution.

Im August 1792 stürmte die Menge das Schloss. Der König floh in die Nationalversammlung. Hier wurde er verhaftet und für abgesetzt erklärt.

Die Hinrichtung des Königs

Nur einen Monat später verkündete die Nationalversammlung, die sich jetzt Nationalkonvent nannte, das Ende der Monarchie und den Beginn Frankreichs als ✳Republik. Im Dezember 1792 wurde im Konvent über das Schicksal des Königs beraten.
Am 17. Januar fällte der Nationalkonvent mit 387 zu 334 Stimmen das Todesurteil. Vier Tage später wurde Ludwig XVI. hingerichtet.

Wer nicht für uns ist, der ist ein Feind

Frankreich kam nicht zur Ruhe: Der König hingerichtet, die französischen Truppen auf der Flucht vor feindlichen Heeren und immer wieder Hungersnöte und Missernten. Die Unzufriedenheit in der Bevölkerung mit der Regierung stieg. In dieser schwierigen Situation riss die radikale Gruppe der Jakobiner die Macht an sich und errichtete eine diktatorische Schreckensherrschaft. Jeder, der auch nur den Anschein erweckte, die Revolution nicht von ganzem Herzen zu unterstützen, wurde sofort verhaftet.
Für eine schnelle Aburteilung sorgten die Revolutionsgerichte. Wer hier angeklagt wurde, musste mit einem Todesurteil und Hinrichtung durch die ✳Guillotine rechnen.

2 – Verhör vor dem Revolutionsgericht. Radierung, 1816, von Carl Schleich (1788–1840) nach Vorbild von Alexandre Evariste Fragonard (1780–1850).

Das Ende der Schreckensherrschaft

Im Jahre 1794 konnten die französischen Truppen die Gegner vernichtend schlagen. Die Revolution schien damit gesiegt zu haben. Die Mehrzahl der Abgeordneten sah jetzt in der Schreckensherrschaft keinen Sinn mehr. Maximilien de Robespierre (1758–1794), der Anführer der Jakobiner, wurde verhaftet und zusammen mit 21 seiner Anhänger hingerichtet. Damit war die Zeit des Terrors zu Ende.

1795 beschloss der Nationalkonvent die dritte Verfassung der Revolution mit einer Wiedereinführung der Gewaltenteilung. Die Regierungsgeschäfte sollten von einem aus fünf Personen bestehenden Direktorium erledigt werden.

Q2 In einem zeitgenössischen Bericht über die Arbeit der Revolutionsgerichte steht:

Verhöre und Verteidigungen gibt es nicht mehr. Zeugen werden keine vernommen. Wer im Gefängnis sitzt, ist bereits zum Tode verurteilt. ...

Es gibt Verhandlungen, wo 100 oder 150 Angeklagte schon vor der Verhandlung als schuldig in die Listen eingetragen wurden. ... Der eine Richter vertreibt sich die Zeit damit, Karikaturen der Angeklagten zu zeichnen, andere sind oft betrunken.

✳ Guillotine
Dies ist ein nach dem französischen Arzt Joseph-Ignace Guillotin benanntes Fallbeil, das während der Schreckensherrschaft zur schnelleren und angeblich humaneren Hinrichtung durch Enthauptung eingesetzt wurde.

Q1 Robespierre sagte am 3. Dezember 1792 im Nationalkonvent:

Ich persönlich verabscheue die Todesstrafe Für Ludwig empfinde ich weder Liebe noch Hass. Ich hasse nur seine Untaten. ... Aber ... ein König, dessen bloßer Name die Schrecken des Krieges ... heraufbeschwört, ein solcher König kann lebend ... nicht ohne Einfluss auf das Glück des Volkes bleiben. ... Nur ungern bringe ich diese bittere Wahrheit zu Gehör, aber eher soll Ludwig des Todes sein als hunderttausend tugendsame Bürger. Ludwig muss sterben, weil das Vaterland leben soll.

❶ ▶ Beschreibe die Vorgänge im Bild 1. Achte auf die Haltung und den Gesichtsausdruck des Königs und der übrigen Personen.

❷ ▶ Nenne mithilfe des Texts Gründe für die Verurteilung des Königs.

❸ ▶ a Gib den Inhalt von Q1 mit eigenen Worten wieder.
     b Erkläre, warum Robespierre die Todesstrafe für den König fordert.

❹ ▶ Nimm zur Meinung Robespierres in Q1 Stellung. Nimm die Informationen der Seiten 26/27 zu Hilfe.

❺ ▶ Erläutere die Kritik, die in Bild 2 und Q2 an den Revolutionsgerichten geübt wird.

❻ ▶ Entwirf kurze Redebeiträge für eine Diskussion im Nationalkonvent zum Schicksal des Königs.

❼ ▶ Partnerarbeit: Bewertet, ob die Gewalt der Terrorherrschaft das Ziel, dem Streben nach Freiheit, rechtfertigt.

▶ *Nehmt die Methode „Ein persönliches Werturteil bilden" von S. 215 zu Hilfe.*

Das Erbe der Revolutionen

Welche Auswirkungen hatten die Revolutionen?

1 – Revolution 1830 in Frankreich. Gemälde „Die Freiheit führt das Volk" von Eugène Delacroix, 1830.

2 – Revolution in Deutschland 1848. Barrikadenkämpfe am 18. März 1848 auf dem Alexanderplatz in Berlin. Lithografie, ohne Jahr.

Von der Amerikanischen zur Französischen Revolution

Die nordamerikanischen Siedler strebten nach Unabhängigkeit von England, um der drückenden Last von Steuern und der Abhängigkeit zu entkommen und ihren Traum von absoluter Freiheit zu leben. Spätestens die Französische Revolution zeigte, dass Menschen bereit sind, sich gegen Ungerechtigkeit und Unterdrückung zu erheben, zu den Waffen zu greifen und für alle Menschen Freiheit und Gleichheit zu fordern.

Verdienste der Revolutionen

Durch die Idee, dass alle Menschen gleich sind und damit auch alle dasselbe Recht haben, frei zu sein, entstanden Wertevorstellungen, die bessere Gesellschaften überall auf der Welt ermöglicht haben.

Dies wird beispielsweise daran deutlich, dass die meisten Staaten auf der Welt eine Verfassung haben. Darin wird das Zusammenleben der Menschen in dem Staat geregelt und die Art der Regierungform. In Deutschland heißt die Verfassung „Grundgesetz", deren Kernstück die Grundrechte (Q1) sind. Vorbild dafür waren die Unabhängigkeitserklärung der Vereinigten Staaten 1776 und die Grund- und Menschenrechte der Französischen Revolution.

Die Aufteilung der Gewalten geht auf die Aufklärung zurück und wurde ebenfalls zuerst in der Staatsordnung Amerikas 1776 und dann in der Verfassung Frankreichs von 1791 verwirklicht. Heute sehen die meisten Staaten ebenfalls eine Trennung in ausführende, gesetzgebende und richterliche Gewalt vor. Zu den Verdiensten der Amerikanischen und Französischen Revolution gehört auch die Mitbestimmung des Volkes – damals in der Nationalversammlung und heute im Bundestag der Bundesrepublik Deutschland. Die gewählten Volksvertreter diskutieren über Gesetze im Parlament und beschließen diese. Wahlen sind ebenfalls ein Verdienst der Revolutionen.

Der Französischen Revolution folgte in Frankreich 1830 eine weitere Revolution (Bild 1), die sich gegen König Karl X. (1757–1836) richtete, der wie sein Vorgänger Ludwig XVI. wieder absolutistisch regieren wollte.

1848 und 1849 erlebte Europa eine Welle von Revolutionen – unter anderem auch in Deutschland (siehe Bild 2 und Karte S. 78). Den Mut der Bürger, für ihre Anliegen auf die Straße zu gehen und zu kämpfen, liegt im Vorbild der Französischen Revolution begründet, in der Bürgerinnen und Bürger diesen Mut schon einmal bewiesen hatten.

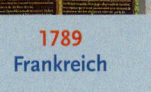

1776
USA

1789
Frankreich

1849
Deutschland
Grundrechte
des deutschen
Volkes

1948
Vereinte Nationen

1949
Deutschland
Grundgesetz

1989
Vereinte Nationen
Kinderrechte

3 – Die Entwicklung der Menschenrechte von 1789 bis heute.

4 – Eine Debatte im deutschen Bundestag. Der Bundesadler wurde 1953 von dem Künstler Ludwig Gies gestaltet. Foto, 21.03.2018.

Q1 Die Grundrechte der Menschen sind in den Artikeln 1–19 des Grundgesetzes für die Bundesrepublik Deutschland festgeschrieben.

Art. 1: Die Würde des Menschen ist unantastbar. Sie zu achten und zu schützen ist Verpflichtung aller staatlichen Gewalt. ...

Art. 2: Jeder hat das Recht auf die freie Entfaltung seiner Persönlichkeit, soweit er nicht die Rechte anderer verletzt und nicht gegen die verfassungsmäßige Ordnung oder das Sittengesetz verstößt. ...

Art. 3: Alle Menschen sind vor dem Gesetz gleich. ... Niemand darf wegen seines Geschlechtes, seiner Abstammung, seiner Rasse, seiner Sprache, seiner Heimat und Herkunft, seines Glaubens, seiner religiösen oder politischen Anschauungen benachteiligt oder bevorzugt werden. ...

Art. 4: Die Freiheit des Glaubens, des Gewissens und die Freiheit des religiösen und weltanschaulichen Bekenntnisses sind unverletzlich. ...

Art. 5: Jeder hat das Recht, seine Meinung in Wort, Schrift und Bild frei zu äußern und zu verbreiten und sich aus allgemein zugänglichen Quellen ungehindert zu unterrichten. ...

Art. 8: Alle Deutschen haben das Recht, sich ohne Anmeldung oder Erlaubnis friedlich und ohne Waffen zu versammeln.

5 – Bundestagswahl 2017. Ein Wähler bei der Stimmabgabe. Foto, 24.9.2017.

❶ Benenne mithilfe der Materialien dieser Doppelseite Auswirkungen der Französischen Revolution.

❷ Begründe mithilfe des Textes, warum deine Ergebnisse aus Aufgabe 1 als Folgen der Französischen Revolution gelten können.

❸ Beschreibe mithilfe des Schaubilds die Entwicklung der Menschenrechte von 1789 bis heute.

▶ *Nimm die Methode „Schaubilder verstehen" von S. 214 ‚Q1, S. 24/25 und S. 34/35 zu Hilfe.*

❹ Vergleiche die Artikel der Erklärung der Menschen- und Bürgerrechte von 1789 auf S. 35 mit den Grundrechten der Menschen im Grundgesetz der Bundesrepublik Deutschland von 1948 (Q1). Erarbeite Gemeinsamkeiten und Unterschiede.

Welche Bedeutung haben die Revolutionen heute?

1 – „Zweihundert Jahre Revolution". Gemälde des französischen Künstlers Eric Rouvre zum 200. Jahrestag der Französischen Revolution 1989.

2 – Die Freiheitsstatue: Ein Geschenk des französischen Volkes, errichtet 1886 in New York.

* **Attentat auf das World Trade Center**
Am 11. September 2001 entführten Attentäter Flugzeuge und steuerten sie in das World Trade Center in New York und in das US-Verteidigungsministerium in Washington. Hierbei starben über 3000 Menschen. Für die Anschläge wurde die radikal-islamische Terror-Organisation „Al Qaida" verantwortlich gemacht.

Ein lebendiges Erbe

Menschen werden auf der ganzen Welt für ihre Rechte und für die Einführung einer demokratischen Ordnung politisch aktiv. Dies ist ein wichtiger Teil des Erbes der Amerikanischen und Französischen Revolution. Seit 1789 bestimmen die Forderungen nach „Freiheit, Gleichheit und Brüderlichkeit" und nach Mitbestimmung die politische Kultur nicht nur in Europa. An allen Orten, an denen Menschen unterdrückt sind, erinnern sie sich an die Revolution von 1789. Bis heute ist die Forderung ebenso wirksam, dass die Menschenrechte für alle Menschen in allen Staaten eingehalten werden müssen. Auch die Forderung nach gleichen Rechten für Frauen hat bis heute nichts von ihrer revolutionären Kraft verloren.

Q1 Anlässlich des 10. Jahrestages des *Attentats auf das World Trade Center in New York am 11. September 2001 sagte der damalige US-Präsident Barack Obama 2011:
Unser Glaube – an Gott und aneinander – ist noch immer derselbe: … dass Männer und Frauen sich selbst regieren sollten, dass alle

Menschen gleich geschaffen sind und dieselbe Freiheit verdienen, ihr Schicksal selbst zu bestimmen. …
Die vergangenen zehn Jahre haben gezeigt, dass wir an unseren Freiheiten festhalten. … Unsere Einwanderer kommen aus allen Teilen der Welt zu uns. In den größten Städten und kleinsten Dörfern … sieht man Menschen verschiedener Religionen, verschiedener Herkunft, verschiedener Abstammung – und alle … wollen für sich den amerikanischen Traum verwirklichen.

❶ ▶ Nenne in Bild 1 Bezüge zur Französischen Revolution.

❷ ▶ Vergleiche die Bilder 1 und 2 und nenne Gemeinsamkeiten in der Darstellung bzw. in den Motiven.

▶ *Nimm die Bilder des Kapitels zu Hilfe.*

❸ ▶ Frankreich machte Amerika die Freiheitsstatue zum Geschenk. Überlege, was Frankreich damit ausdrücken wollte.

❹ ▶ Erkläre, inwiefern Obama in seiner Rede in Q1 Bezug auf die Amerikanische Revolution nimmt.

Zusammenfassung

Neues Denken stürzt alte Ordnung

Die Aufklärung

In Frankreich herrschte bis zu Beginn des 18. Jahrhunderts Ludwig XIV. (Regierungszeit: 1643–1715) als absoluter König. Aufgrund der langen absolutistischen Regierungszeit waren es vor allem französische Wissenschaftler und Schriftsteller, die zu Beginn des Jahrhunderts immer deutlicher daran zweifelten, dass die Menschen als Untertanen geboren würden. Sie waren der Meinung, dass alle Menschen von Natur aus frei und gleich sind. Um diese Freiheit und Gleichheit aller Menschen zu schützen, forderten sie die Aufteilung der Gewalt im Staat in eine gesetzgebende, ausführende und richterliche Gewalt. Von Frankreich aus verbreiteten sich die Ideen schnell in die anderen europäischen Länder.

18. Jahrhundert

Aufklärung.

Neue, freie Welt – Amerika

Millionen Menschen wanderten seit dem 17. Jahrhundert nach Amerika aus. Sie waren in Europa aus religiösen oder politischen Gründen unterdrückt oder verfolgt worden. Erfolgreich wehrten sie sich gegen die Versuche des englischen Königs, über sie zu bestimmen, obwohl sie keine Vertreter im englischen Parlament hatten. Am 4. Juli 1776 erklärten sie schließlich ihre Unabhängigkeit von England. In der Unabhängigkeitserklärung wurden zum ersten Mal die Gleichheit aller Menschen und ihr Recht auf Freiheit und Glück festgehalten. In der wenige Jahre später erarbeiteten Verfassung wurde das Prinzip der Gewaltenteilung aufgenommen.

Für die schwarze und indianische Bevölkerung galten die verkündeten Freiheitsrechte allerdings nicht. Bei der Erschließung der Gebiete im Westen der USA wurden z. B. die hier lebenden Indianer gewaltsam vertrieben und zwangsweise in Reservate umgesiedelt.

1776

Amerikanische Unabhängigkeitserklärung.

Die Französische Revolution

Als König Ludwig XVI. (Regierungszeit: 1774–1793) im Jahr 1789 die Vertreter der drei Stände nach Versailles einlud, um mit ihnen die hohe Staatsverschuldung zu beraten, erklärten sich die Vertreter des 3. Standes schon bald als die einzigen und wahren Vertreter des Volkes. Sie bezeichneten daher ihre Versammlung als Nationalversammlung.

Der Sturm auf die Bastille am 14. Juli 1789 war das Signal für eine Revolution in ganz Frankreich, um die alte Adelsherrschaft zu beseitigen.

Im August 1789 wurden die Menschenrechte und wenig später eine neue Verfassung verkündet, durch die die Macht des Königs stark eingeschränkt wurde. Im Januar 1793 wurde der König hingerichtet und eine Schreckensherrschaft errichtet.

14. Juli 1789

Mit dem Sturm auf die Bastille begann die Französische Revolution.

Das kann ich …

Neues Denken stürzt alte Ordnung

Ich kann wichtige Begriffe und Daten im Zusammenhang erklären (Sachkompetenz):

**1776: Amerikanische Unabhängigkeits-
        erklärung**
1789: Beginn der Französischen Revolution

Aufklärung
Menschenrechte
Volkssouveränität
Gewaltenteilung
Parlament
Konstitutionelle Monarchie
Bürgertum

❶ ▪ Ordne die Bilder 1 und 3 den oben genannten grundlegenden Daten zu.
❷ ▪ Begründe deine Zuordnung, indem du den Zusammenhang der Daten mit den Bildern erklärst.
❸ ▪ Erläutere die Bedeutung der Aufklärung für die Amerikanische und Französische Revolution. Beziehe auch die Begriffe „Bürgertum" und „Volkssouveränität" mit ein.

Ich kann folgende Aufgaben zum Thema lösen (Sachkompetenz):

❹ ▪ Nenne mithilfe von Bild 2 und deinem durch das Kapitel erworbenen Wissen Ursachen der Französischen Revolution.
❺ ▪ Erläutere mithilfe der Stichwortliste zu den 1789 beschlossenen Menschen- und Bürgerrechten (M1) im Umkehrschluss die Situation der Menschen im Absolutismus.
❻ ▪ Erkläre folgende Aussage: Die Beschlüsse der Nationalversammlung am 4./5. August 1789 (siehe S. 33) bedeuteten das Ende der alten Gesellschaftsordnung.

Ich kann Geschichte verständlich darstellen (narrative Kompetenz):

❼ ▪ Verfasse einen Brief, in dem sich ein französischer Bauer beim König über seine Lebensbedingungen beklagt. Berücksichtige dabei auch Bild 2.

Ich kann die Methode „Karikaturen entschlüsseln" anwenden:

❽ ▪ Beschreibe die Karikatur. Beziehe auch die Bildunterschrift mit ein.
❾ ▪ Erkläre die Bedeutung der Personen und Gegenstände sowie den historischen Zusammenhang.
❿ ▪ Erläutere die Kritik des Karikaturisten.

Ich kann mir ein Urteil bilden und es begründen (Urteilskompetenz):

⓫ ▪ Partnerarbeit: Beurteilt folgende Aussage: Der Satz „In Amerika ist das Gesetz König" zeigt deutlich, warum die Ereignisse in Amerika als Revolution bezeichnet werden können.
▶ *Klärt erst die Begriffe „König", „Gesetz" und „Revolution".*
▶ *Nehmt dann die Methode „Ein eigenes Urteil bilden" von S. 215 zu Hilfe.*

Ich verstehe, warum das Thema für uns heute noch wichtig ist (Orientierungskompetenz):

⓬ ▪ „Die Erklärungen der Menschen- und Bürgerrechte in Amerika und in Frankreich wirken sich bis heute weltweit aus." Erkläre diese Behauptung.
▶ *Nimm die Seiten 42–44 zu Hilfe.*
⓭ ▪ Recherchiere im Internet nach einem aktuellen politischen Ereignis, bei dem die Auswirkungen der Französischen Revolution eine Rolle spielen, und stelle es in der Klasse vor.
▶ *Nimm die Methode „Eine Internetrecherche durchführen" von S. 211/212 zu Hilfe.*

Verstehen

1 – Übergabe der Unabhängigkeitserklärung 1776. Gemälde von John Trumbull, 1824.

3 – Die Zerstörung der Bastille. Zeitgenössisches Aquarell von Jean-Pierre Houël (1734–1813).

2 – Das französische Volk während der Zeit der absolutistischen Herrschaft. Unbekannte französische Karikatur von 1789.

M1 Stichwortliste Menschen- und Bürgerrechte 1789:
– persönliche Freiheit
– Recht auf Eigentum
– Recht auf Sicherheit
– Recht auf Widerstand gegen Unterdrückung
– Volkssouveränität
– Religionsfreiheit
– Meinungsfreiheit
– Recht zu wählen und gewählt zu werden

2 Napoleon und die Umgestaltung Europas

Selbstbewusst und aufrecht sitzt der Mann mit der markanten Frisur und Uniform auf einer Wolke. Er schaut den Betrachter direkt an und hält eine Gesetzestafel in der Hand. Es ist Napoleon. Die Trikolore zu seinen Füßen, der goldene Adler links im Bild und sein Zweispitzhut neben seinem rechten Bein sind als typische Merkmale Frankreichs in der Zeit Napoleons abgebildet. Neben ihm sitzt Chronos, der Gott der Zeit, und er scheint Napoleon einen Text zu diktieren. Dabei hält er den Lorbeerkranz für die Krönung von Napoleons Taten schon bereit.
Wer war dieser Napoleon und wie veränderte er Europa durch sein Wirken?

Napoleon und die Umgestaltung Europas

1 – Europa unter der Herrschaft Napoleons 1804–1812.

Napoleon wurde verehrt, geliebt, gefürchtet und gehasst. Mit nur dreißig Jahren begann er, die Macht in Frankreich an sich zu reißen. Sechzehn Jahre lang drückte er Frankreich und Europa mit umfangreichen Reformen seinen Stempel auf. Er zog Grenzen neu, schuf und zerstörte Staaten. Wie ein Besessener eilte er von Schlachtfeld zu Schlachtfeld – oft als strahlender Sieger und in den letzten Jahren mehr und mehr als dramatischer Verlierer. Eine ganze Generation junger Männer verlor unter ihm das Leben oder kehrte verletzt von den Feldzügen heim. Ein Zeitgenosse sagte über ihn: „Als er lebte, verfehlte Napoleon die Welt, im Tod besitzt er sie." Sein Name ist bis heute mit der europäischen Geschichte zu Beginn des 19. Jahrhunderts verbunden. Und er führte Reformen durch, die bis heute nachwirken.

Am Ende des Kapitels kannst du folgende Fragen beantworten:

- Wer war Napoleon?
- Was wurde aus den Idealen der Französischen Revolution unter Napoleon?
- Wie veränderte Napoleon Frankreich und Europa?

- Welchen Einfluss hatte er auf Bayern?
- Wo und warum regte sich Widerstand gegen Napoleon und ließ ihn letztendlich scheitern?
- Wie kann ich historische Denkmäler untersuchen?

❶ Beschreibe anhand der Karte,
  – welche Gebiete Frankreich hinzugewonnen hat.
  – wer seine Verbündeten bis 1812 waren.
  – welche Länder von Frankreich abhängig waren.

❷ Beschreibe die Wirkung von Bild 3 auf den Betrachter.

▶ *Suche Adjektive, die Napoleon charakterisieren.*

▶ *Eigentlich überquerte er den Alpenpass auf einem Maultier. Überlege, warum der Maler ihn auf einem Pferd sitzend darstellte.*

❸ Partnerarbeit: Gestaltet Napoleons Karriere wie eine Treppe, sodass das Auf und Ab sichtbar wird. Verwendet dazu den Zeitstrahl und die Bilder.

▶ *Wenn ihr unsicher seid, ob Ereignisse positiv oder negativ für Napoleon zu bewerten sind, hilft euch eine Zuordnung der Daten zu den Bildern. Ihr könnt aber auch selbst recherchieren oder eure Lehrerin oder euren Lehrer fragen.*

1804

Kaiser der
Franzosen

1806

Ende des Heiligen
Römischen Reiches
Deutscher Nation
und Gründung des
Königreichs Bayern

1812

Russlandfeldzug

1813

Völkerschlacht
bei Leipzig

1815

Schlacht bei Waterloo,
Verbannung
Napoleons auf die
Insel St. Helena

2 – Napoleon als Erster Konsul. Gemälde
von Antoine-Jean Gros, 1799.

4 – Kaiserkrönung Napoleons. Ausschnitt eines
Gemäldes von Jacques-Louis David, 1799.

3 – Napoleon überquert den St. Bernhard-Pass.
Gemälde von Jacques-Louis David, 1799.

5 – Rückzug aus Moskau 1812. Radierung, um 1812.

Der Aufstieg Napoleons

Warum bekam Frankreich einen Kaiser?

1 – Bonaparte auf der Brücke von Arcole (heute Region Veneto, Italien). Gemälde von Antoine-Jean Gros, 1796.

2 – Während seines Ägyptenfeldzugs 1798 wird Napoleon eine Mumie gezeigt. Zeichnung.

Napoleon
Französischer Feldherr, Staatsmann und Monarch, der 1769 in Ajaccio (Korsika) geboren wurde und 1821 auf der Insel St. Helena starb. Er beendete die Französische Revolution und eroberte in zahlreichen Feldzügen große Teile Europas. Mit dem Russlandfeldzug 1812 begann sein Abstieg, der mit der Verbannung auf St. Helena endete.

✳ Artillerie
Dies ist eine Bezeichnung für mit schweren Geschützen ausgerüstete Soldaten zu Lande.

✳ Konsul
Das war das höchste Amt in der altrömischen Republik nach dem Ende der Monarchie um 500 v. Chr.

✳ Feudalsystem
Dies bezeichnet die Herrschaft des Königs und des Adels, die im mittelalterlichen System des Lehnswesens und der Grundherrschaft begründet liegt. Der Feudalismus beinhaltet verschiedene Abhängigkeiten der Bevölkerungsgruppen.

Vom Soldaten zum Staatsmann
Napoleon Bonaparte wurde 1769 auf der Mittelmeerinsel Korsika geboren. Frankreich hatte sie von Italien gekauft. Seine Familie entstammte dem korsischen Kleinadel. Anfänglich hatte sich sein Vater am Widerstand gegen die Franzosen beteiligt, dann aber als Beamter in ihrem Auftrag Karriere gemacht. Napoleon hatte zwölf Geschwister, von denen nur acht die ersten Jahre überlebten. Mit zehn Jahren kam Napoleon in die Militärschule. Er war ein mittelmäßiger Schüler und sprach Französisch mit einem starken Akzent. Daher verspotteten ihn seine Mitschüler. Er war ehrgeizig und interessierte sich für Geschichte, ✳Artillerie und Mathematik. Schnell machte er Karriere im Heer, da er mutig, fleißig, zielstrebig und intelligent war. Er wurde zum General befördert und erhielt den Oberbefehl beim siegreichen Italienfeldzug gegen Österreich. Napoleon konnte seine Soldaten begeistern und versprach reiche Beute. Er mischte sich in die Politik ein und gründete Republiken nach französischem Vorbild in Italien. Sein Ägyptenfeldzug von 1798 bis 1801 gegen die Engländer war zwar eine Niederlage und die gesamte französische Flotte wurde durch den englischen Admiral Lord Nelson versenkt, aber trotzdem wurde er bei seiner Rückkehr in Frankreich als Held und Förderer der Wissenschaft gefeiert. Hier holte er dann zum großen Schlag in der Politik aus: 1799 stürzte er mit seinen Anhängern und seinem Bruder Lucien die Regierung. Er wurde zum ersten ✳Konsul. Bewusst wählten die neuen Machthaber Amtsbezeichnungen aus der römischen Antike, die nichts mit – der in weiten Teilen der Bevölkerung – noch verhassten Monarchie zu tun hatten. Trotzdem besaß der erste Konsul eine große Machtfülle: Nur er konnte Gesetze vorschlagen sowie Offiziere, Richter und Minister in ihre Ämter einsetzen. Laut neuer Verfassung wurden Vertreter des Volkes durch Wahlmänner gewählt. 1802 ließ sich Napoleon durch eine Volksabstimmung zum Konsul auf Lebenszeit wählen. Man sah in ihm den Retter der Republik und die ordnende, starke Hand.

Vom Konsul zum Kaiser
Frankreichs Lage war schwierig und erforderte in verschiedenen Bereichen eine Neuordnung (Reformen). Die Staatsfinanzen mussten geordnet werden. Napoleon führte dazu ein neues Steuersystem ein. Statt wertlosem Papiergeld gab es eine neue Währung

– den Franc. Die Brotpreise wurden einheitlich festgelegt und die Verwaltung zentralisiert (Grafik). Durch den Bau von Straßen und Brücken sowie Aufträge zur Erneuerung der Ausrüstung der Armee gab es Arbeit und hohe Gewinne für Unternehmer.

Napoleon einigte sich mit dem Papst: Der Katholizismus wurde als Religion der Mehrheit der Franzosen anerkannt. Der Papst erkannte im Gegenzug die Enteignungen der Kirche während der Revolution an. Priester wurden fortan vom Staat bezahlt und mussten einen Treueeid leisten. Entflohene Adlige kehrten langsam nach Frankreich zurück. 1804 ließ sich Napoleon zum Kaiser der Franzosen wählen. Wie im Mittelalter üblich, war der Papst zwar anwesend, aber Napoleon krönte sich selbst.

3 – Verwaltungsreform unter Napoleon: Die Gliederung der Verwaltung.

Q1 Der Rechtsanwalt François de Haubert, Mitglied der Nationalversammlung von 1798, sagte 1804 in einer Rede:

Was wollten wir 1789? Das Eingreifen unserer Vertreter bei der Festlegung der Steuern, die Abschaffung des *Feudalsystems, ... die Beseitigung der Missbräuche, ... die Garantie für den Wohlstand im Innern und für unsere Achtung im Ausland: Das sind die wahren Wünsche der Nation gewesen. ... Ja, wer könnte all die Wunder nennen, die er (Napoleon) seit seinem Aufstieg ... vollbracht hat!

* **Département/Arrondissement**
Dies bezeichnet einen Verwaltungsbezirk in Frankreich, der durch natürliche Grenzen (z. B. Flüsse, Berge) gekennzeichnet ist. Die Départements wiederum sind in Arrondissements, kleinere Verwaltungsbezirke, untergliedert.

* **Präfekt/Unterpräfekt**
Den Départements und Arrondissements stehen Präfekten und Unterpräfekten als Vertreter der Zentralregierung in Paris vor. Sie waren die höchsten Beamten in ihrem Verwaltungsbezirk und hatten weitreichende Befugnisse.

Q2 Napoleon erklärte seine außenpolitischen Ziele so:

Europa wird nicht zur Ruhe kommen, bevor es nicht unter einem einzigen Oberhaupte steht, unter einem Kaiser, der Könige als seine Beamten hat und der seinen Generälen Königreiche gibt.

Wir brauchen ein europäisches Gesetz, einen europäischen Gerichtshof, eine einheitliche Münze, die gleichen Gewichte und Maße. Wir brauchen dieselben Gesetze für ganz Europa. ... Aus allen Völkern Europas muss ich ein Volk machen und aus Paris die Hauptstadt der Welt ... .

❶ Beschreibe die Art der Darstellung Napoleons in den Bildern 1 und 2.

❷ Gestalte einen Steckbrief für Napoleon bis 1804.

▶ *Folgende Oberpunkte müssen enthalten sein: Lebensdaten, Familie, Karriere, Reformen in Frankreich.*

❸ Vergleiche Q1 und Q2 miteinander.

▶ *Arbeite heraus, welche Ziele in beiden Quellen genannt werden.*

❹ Napoleon regierte „zentralistisch". Erkläre den Begriff mithilfe der Grafik.

❺ Partnerarbeit: Untersucht, was aus den Idealen der Revolution unter Napoleon wurde.

▶ *Achtet darauf, was aus Freiheit, Gleichheit, Brüderlichkeit wurde, welche antiken und mittelalterlichen Titel wieder Verwendung fanden und wie Napoleons Pläne für Europa aussahen.*

Die Kaiserkrönung Napoleons

1 – Die Kaiserkrönung Napoleons am 2.12.1804 in der Kirche Notre Dame in Paris. Gemälde von Jacques-Louis David, 1806/07. Das Bild ist 610×931 cm groß.

Schauplatz Geschichte

1804 war Napoleon auf dem Höhepunkt seiner Macht angekommen. Er hatte viele Reformen in Frankreich durchgeführt, die äußeren Feinde in zahlreichen Feldzügen seit 1792 bekämpft und oft gesiegt. Im Dezember 1804 wurde er in der Pariser Kirche Notre Dame durch den Papst zum Kaiser gesalbt und krönte sich selbst.

Bildet Gruppen und bearbeitet eine der Aufgaben 1–3, die euch zugeteilt wurde. Stellt eure Ergebnisse anschließend den anderen Gruppen vor.

❶ Beschreibt die Stimmung, die das Bild vermittelt.
▶ *Achtet dazu auf die Anordnung, Bekleidung und den Gesichtsausdruck der Dargestellten. Beschreibt den Ort.*

❷ Verfasst eine Zeitungsreportage über den Moment, in dem Napoleon seine Frau Josefine krönt.
▶ *Verwendet für die lebendige Beschreibung ausschmückende Adjektive, z. B. so: „... Die knisternde Spannung war in der festlich geschmückten Kirche deutlich zu spüren. ..."*

❸ Verfasst fiktive Tagebucheinträge, in denen der Papst, Napoleons Mutter (in der Bildmitte, sitzend), Josephine und Napoleon selbst ihre Empfindungen ausdrücken.
▶ *Jetzt sitze ich, der Papst und Stellvertreter Gottes auf Erden, hier und muss erdulden ...*

Aufgabe für alle:
❹ Vergleicht dieses Ereignis mit dem Beginn der Französischen Revolution und der Hinrichtung von Ludwig XVI. Überlegt, wie es zu den Veränderungen kommen konnte.

Die Umgestaltung Europas

Wie veränderte Napoleon Europa?

1 – Mitteleuropa vor 1789.

Legende Karte 1:
- Grenze des Heiligen Römischen Reiches 1789
- Reichsstädte
- geistliche Gebiete

2 – Mitteleuropa von 1806 bis 1812.

Legende Karte 2:
- Kaiserreich Frankreich unter Napoleon 1812
- Rheinbund 1812 (von Napoleon abhängig)
- sonstige von Napoleon abhängige Staaten

1806:
Ende des Heiligen Römischen Reiches

Säkularisation
Als Entschädigung für Gebietsverluste während der napoleonischen Herrschaft erhielten weltliche Fürsten seit 1803 Gebiete, die sich in Kirchenbesitz befanden. Während der Säkularisation wurden Klöster aufgehoben und Wertgegenstände durch den Staat eingezogen.

Code Civil, auch Code Napoleon genannt

Neue Grenzen werden gezogen

Seit dem Mittelalter gab es nur einen Kaiser in Mitteleuropa. Das änderte sich mit der Kaiserkrönung Napoleons 1804. Doch damit nicht genug: Durch die Eroberung deutscher Gebiete gingen die linksrheinischen Gebiete an Frankreich. Die deutschen Fürsten wurden durch die Säkularisation und Mediatisierung entschädigt. Säkularisation bedeutete, dass geistliche Landesherren enteignet wurden und weltliche Landesherren diese Gebiete erhielten. Zahlreiche Klöster und Kirchen wurden geschlossen, verkauft oder einer gewerblichen Nutzung zugeführt. Mit der Mediatisierung wurden fast alle Reichsstädte und viele Kleinstaaten an mächtigere Landesherren gegeben. Etwa 300 kleine Herrschaftsgebiete verschwanden so von der deutschen Landkarte. Folglich erhielten etwa 3 Millionen Menschen einen neuen Herrscher. Zu den Gewinnern zählten Bayern, Sachsen und Württemberg, denn sie wurden durch Napoleon zu Königreichen erhoben. 1806 schlossen sich 16 deutsche Fürsten zum Rheinbund zusammen.

Neue Machtverhältnisse entstehen

Die Fürsten des Rheinbundes erkannten Napoleon als Schutzherrn an und verpflichteten sich, ihn im Kriegsfall mit Truppen zu unterstützen. Kriege führte er fast ständig – somit war der Bedarf an Soldaten groß. Gleichzeitig traten die verbündeten Rheinbundfürsten aus dem Heiligen Römischen Reich aus. Daraufhin legte der Habsburger Franz II. die Kaiserkrone des Heiligen Römischen Reiches nieder und war fortan nur noch Kaiser von Österreich. Nachdem Napoleon die Habsburger besiegt hatte, knüpfte er familiäre Bande zu ihnen. Er ließ seine kinderlose Ehe scheiden und heiratete 1810 Marie-Louise, die Tochter von Kaiser Franz II.

Napoleon setzte seine Verwandten als neue Herrscher ein. So erhielt sein Bruder Jerome das neugeschaffene Königreich Westfalen. Sein Bruder Joseph war erst König von Neapel und dann von Spanien. Auch erfolgreiche Feldherrn konnten mit einer Ernennung zum Herzog, Fürsten oder König rechnen. Wichtig war, dass alle treu und ergeben zu

① Neuer französischer Ofen für kaiserliche Pfefferkuchen

② Kleine Teigvizekönige

③ Ascheloch für zerbrochene Pfefferkuchenfiguren

④ Wahre korsische Königlein für den heimischen Gebrauch und Export

3 – „Tiddy Doll (= Napoleon), der große französische Lebkuchenbäcker, zieht einen neuen Schub Könige aus dem Ofen." Kolorierte Zeichnung von James Gillray, 1806.

Frankreich standen, Errungenschaften der Revolution in ihren Gebieten durchsetzten und halfen, Napoleons Feinde in die Knie zu zwingen.

Freiheit oder Zwang?

1804 trat in Frankreich ein Gesetzbuch in Kraft, welches eine juristische Sensation darstellte – der Code Civil. Die mit Frankreich verbündeten Staaten führten den Code Civil ebenfalls ein. Es war eine Sammlung von fünf Gesetzesbüchern. Darin wurden bürgerliche Rechte festgeschrieben, der Zunftzwang aufgehoben, die Gewerbefreiheit eingeführt und die Ehe zu einem kündbaren Vertrag.

Aber Frankreichs Verbündete mussten auch Verpflichtungen erfüllen. Neben der Bereitstellung von Soldaten gehörte die Durchsetzung der Kontinentalsperre gegen England dazu. Dieser Wirtschaftskrieg sollte den großen Rivalen, der nicht zu erobern oder auf See zu besiegen war, ab 1806 in die Knie zwingen. Das hieß: Kein Verkauf englischer Waren in Europa. England reagierte mit einer Gegenblockade und suchte sich neue Absatzmärkte in Amerika. Den Schaden hatte die Wirtschaft auf dem europäischen Kontinent, denn es fehlte an Kolonialwaren wie Zucker, Kaffee und Tabak. Der Schmuggel blühte, obwohl französische Beamte Geschäfte und Haushalte kontrollierten und Verbotenes beschlagnahmten. Napoleon versuchte, den Absatz französischer Waren

zu fördern. Dies ging zu Lasten der anderen Staaten und sorgte für Widerstand. Insbesondere Russland widersetzte sich und trieb ab 1810 wieder Handel mit England.

Q1 **Artikelauszüge aus dem Code Civil zum Thema Mann und Frau:**

146 Ohne Einwilligung gibt es keine Ehe.

147 Man kann keine zweite Ehe schließen, bevor die erste aufgelöst ist.

165 Die Ehe soll öffentlich vor dem Civil Beamten des Ortes, wo einer von beyden Theilen sein Domicil hat, geschlossen werden.

203 Die Ehegatten übernehmen ... die Verbindlichkeit, ihre Kinder zu ernähren, zu unterhalten und zu erziehen.

212 Die Ehegatten sind einander Treue, Hülfe und Beystand schuldig.

213 Der Mann ist seiner Frau Schutz, und die Frau ihrem Mann Gehorsam schuldig.

❶ ▪ Vergleiche die Karten 1 und 2 und nenne die Unterschiede.

❷ ▪ Erkläre die Begriffe Mediatisierung, Säkularisation, Rheinbund, Kontinentalsperre sowie das Datum 1806 anhand der Karten 1 und 2 sowie der Karte auf S. 50.

❸ ▪ Tiddy Doll war ein bekannter englischer Lebkuchenbäcker. In der Karikatur ist der französische Außenminister Talleyrand der Bäckergeselle im Hintergrund. Interpretiere die Karikatur (Bild 2).

▶ *Achte darauf, wie Napoleon dargestellt wird, welche Backwaren und welcher Abfall entstehen und was die Schilder bedeuten.*

❹ ▪ In der deutschen Verfassung steht „Männer und Frauen sind gleichberechtigt." Bewerte die Artikel zur Rolle der Frau im Code Civil.

▶ *Nimm die Methode „Ein persönliches Werturteil bilden" von S. 215 zu Hilfe.*

Wie veränderte Napoleon Bayern?

1 – Denkmal von Maximilian I. Joseph vor dem Nationaltheater in München. Das Denkmal wurde 1835 errichtet. Foto, ohne Datum.

2 – Maximilian I. Joseph, König von Bayern 1806– 1825. Gemälde von Moritz Kellerhoven, um 1818.

**1806:
Gründung des Königreichs Bayern**

Maximilian von Montgelas (1759–1838). Gemälde von Josef Hauber, 1806.

* Pressezensur
Dies bedeutet, dass kritische Artikel und Beiträge, die sich gegen den Staat und seine Vertreter richten, nicht veröffentlicht werden.

Gestern Kurfürst, heute König

Leicht hat es sich Kurfürst Maximilian Joseph nicht gemacht – mit seiner Entscheidung, auf Napoleons Seite zu wechseln. 1805 unterschrieb er auf Anraten von Minister Montgelas den Geheimvertrag von Bogenhausen mit den Worten: „Ich bin außer mir, in einer furchtbaren Lage. Gute Nacht." Jetzt war er mit dem mächtigen Frankreich und Napoleon verbündet und musste im Kriegsfall Soldaten bereitstellen. Im Herbst 1805 waren es 30 000 Mann. Die Militärausgaben stiegen bis 1813 von 4 auf 28 Millionen Gulden. Bayern wurde Durchzugsgebiet für fremde Armeen. Plünderungen und Vergewaltigungen waren Begleiterscheinungen, die das Leben der Menschen erschwerten. Zehn Jahre lang kämpften bayerische Soldaten für Napoleon, starben zu Tausenden beim Russlandfeldzug oder kehrten verwundet heim. Als Dank dafür wurde Bayern zum Königreich und aus dem bayerischen Kurfürsten Maximilian IV. Joseph wurde 1806 der König Maximilian I. Joseph. Durch Säkularisation und Mediatisierung wurde sein Königreich vergrößert und vielfältiger. Knapp eine Million neue Untertanen kamen hinzu.

Notwendige Reformen

Das frischgebackene Königreich Bayern musste die alten und neuen Landesteile in Schwaben, Franken und Tirol vereinen. Das bedeutete, Recht, Steuern, Verwaltung und Finanzen zu ordnen und zu vereinheitlichen. Die Schulden der neuen Landesteile mussten bezahlt werden. Und dies, obwohl die Staatskasse durch die hohen Militärausgaben schwer belastet war. Der entscheidende Mann in dieser Zeit war Minister Maximilian von Montgelas. Er setzte auf Reformen und orientierte sich dabei an Frankreich. Bayern erhielt 1808 eine erste und provisorische Verfassung, die einige Bürgerrechte garantierte und alle Staatsbürger gleichstellte. Vorrechte des Adels wurden abgebaut. Alle Bürger sollten den gleichen Zugang zu hohen Staatsämtern erhalten. Beamte mussten eine Eignungsprüfung ablegen. Katholiken und Protestanten wurden gleichgestellt, Juden erhielten einige staatsbürgerliche Rechte. Allerdings blieb die *Pressezensur bestehen, Versammlungs- und Vereinigungsfreiheit sowie Wahlrecht gab es nicht. Graf von Montgelas ordnete den Staat neu. An der Spitze stand der König und er wurde unterstützt von den Ministern des Inneren,

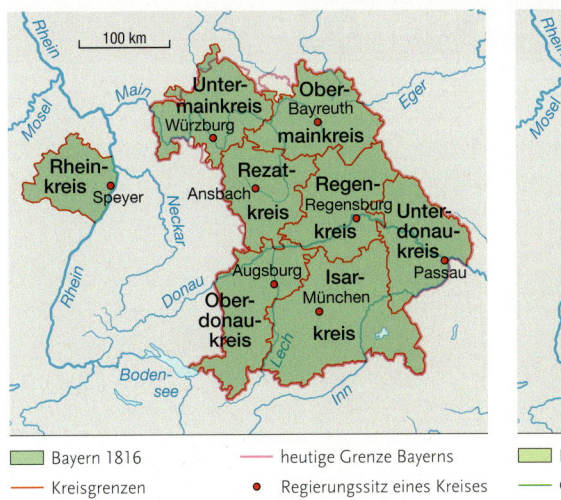

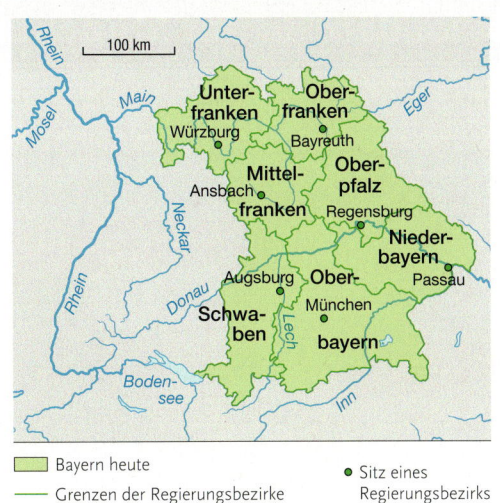

Legende Karte 3:
- Bayern 1816
- heutige Grenze Bayerns
- Kreisgrenzen
- Regierungssitz eines Kreises

Legende Karte 4:
- Bayern heute
- Grenzen der Regierungsbezirke
- Sitz eines Regierungsbezirks

3 – Neuordnung Bayerns nach Montgelas 1817.

4 – Bayern und seine Regierungsbezirke heute.

des Äußeren, des Kriegswesens, der Finanzen und der Justiz. Bayern wurde in Kreise eingeteilt. Es gab ein einheitliches Strafgesetzbuch mit dem Grundsatz: Kein Verbrechen, keine Strafe ohne Gesetz. Der Staat kontrollierte fortan die Rechtsprechung und die Grundherren konnten keine Urteile mehr fällen. Um Bayerns Schuldenberg abzutragen, musste auch der Adel Steuern zahlen. Zur Belebung der Wirtschaft wurden innerstaatliche Zölle abgeschafft, einheitliche Maße, Gewichte und die Gewerbefreiheit eingeführt.

Q1 Zur Reform des Schulwesens durch Minister Montgelas stand am 1.1.1804 im Churbaierischen Intelligenzblatt Folgendes zu lesen:

Alle schulfähigen ... Kinder vom 6ten bis wenigstens ins vollstreckte 12te Jahr ... (sollten allenthalben) die Schule besuchen. Die Schule soll das ganze Jahr hindurch, von Mitte Julius bis 8. September als der gewöhnlichen Erntezeit ausgenommen, unaufhörlich gehalten werden ... .

Q2 Erinnerungstafel von 1803 an der ehemaligen Franziskanerkirche Amberg:

Ehem. Franziskanerkirche erbaut 1452. Als Theater umgebaut 1803. Den 12. Okt. eröffnet am Namensfeste Sr. Kgl. Mayest. [ät] des Churfürsten Max Joseph. Drama: Die

Dienstpflicht. Aufgeführt zum Besten der Armen.

Q3 Volkslied aus Mainfranken, Anfang des 19. Jahrhunderts:

Viel Kirchen sie jetzt plündern,
Die Wallfahrt hebt man auf,
Den Gottesdienst sie mindern,
Vertilgen die Ablass auch; ...
Die Klöster sie zerstören,
Man hebt sie alle auf.
Die Herren, wie die Frauen,
Sie müssen gleich heraus,
Man wird was anders bauen –
Kasernen macht man draus.

❶ Beschreibe mithilfe des Texts, was 1806 mit Bayern geschah.

❷ Erst nach seinem Tod wurde das Denkmal für König Maximilian I. Joseph errichtet (Bild 1), da er die sitzende Darstellung abgelehnt hatte. Analysiere die Darstellung Königs Maximilian I. Joseph in den Bildern 1 und 2.
▶ *Achte auf die abgebildeten Gegenstände und die Körperhaltung.*

❸ Graf von Montgelas hat vieles in Bayern verändert und modernisiert. Einige Maßnahmen wirken bis heute. Stelle seine Leistungen mithilfe der Texte und der Karten 3 und 4 zusammen.

❹ Gruppenarbeit: Graf von Montgelas hatte allerdings auch viele Kritiker und wurde 1817 als Minister entlassen. Gestaltet ein Gespräch zwischen einem Adligen, einem Bauern und einem Geistlichen über die Reformen von Montgelas.
▶ *Sammelt zuerst die Kritikpunkte aus Q1–Q3 und dem Text.*

Was ist das Besondere an der Münchner Residenz?

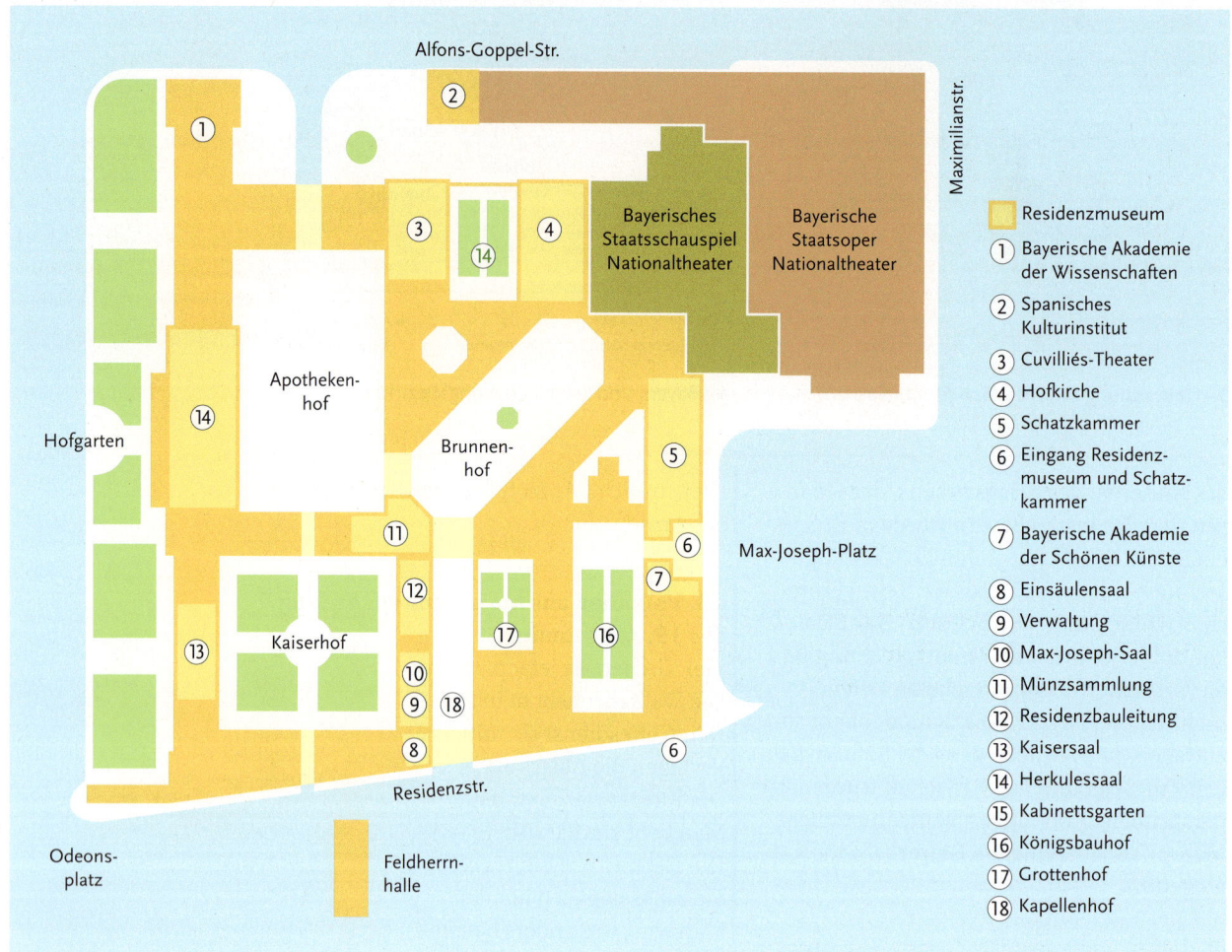

1 – Plan der Münchner Residenz.

Die Münchner Residenz wurde als Schloss und Regierungssitz der bayerischen Herzöge, Kurfürsten und Könige erbaut. Das Geschlecht der Wittelsbacher regierte Bayern von 1180 bis 1918.

Die Residenz wurde immer wieder umgebaut, daher weist sie verschiedene Baustile wie Renaissance, Barock, Rokoko und Klassizismus auf. Der weitläufige Palast ist das größte Innenstadtschloss Deutschlands. Zwei bronzene Löwen stehen vor dem Eingang zum Kaiserhof. Sie gelten als Glücksbringer. Es gibt zehn Höfe und drei Hauptkomplexe: den Königsbau, die Maximilianische Residenz, auch Alte Residenz genannt, und den Festsaalbau. Das Residenzmuseum besteht aus 130 Schauräumen. Eine besondere Sehenswürdigkeit ist das Cuvilliés-Theater.

Mit der Erhebung Bayerns zum Königreich 1806 kamen der Königsbau und die Schatzkammer hinzu. Dort lagern die mit Edelsteinen geschmückten Insignien der bayerischen Könige. Französische Künstler fertigten sie in aller Eile an, aber eigentlich gab es 1806 keine echte Krönungsfeier. Von bayerischen Königen wurden die Insignien bis 1918 nie richtig getragen. Stattdessen präsentierte man sie bei offiziellen Anlässen auf einem Kissen. Bei Herrscherporträts spielte hingegen immer auch die Abbildung der bayerischen Verfassung von 1808 und 1818 eine wichtige Rolle. Der Einfluss der Aufklärung und der revolutionären Veränderungen um 1800 ging auch an den bayerischen Insignien nicht vorbei. So steht auf Reichsapfel und Zepter: „Eintracht von Landesvater und Vaterland", „Ihm ist nicht die Knechtschaft der Bürger, sondern ihr Schutz aufgetragen."

ent tdecken

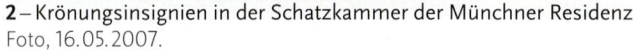

2 – Krönungsinsignien in der Schatzkammer der Münchner Residenz. Foto, 16.05.2007.

3 – Der Zuschauerraum im Cuvilliés-Theater. Foto, 04.12.2014.

Q1 **Der italienische Gesandte Giacomo Fantuzzi schrieb in seinem Reisebericht 1652 über München:**
Sie hat schöne breite, lange und ziemlich sauber gehaltene Straßen mit wundernetten bemalten Häusern. Mittendrin liegt ein schöner Marktplatz, wo sich eine sehr gefällige Säule aus italienischem Marmor erhebt. ... Das einzigartigste Schaustück Münchens bildet der herzogliche Palast. Infolge seiner Größe, seiner Majestät, seines Reichtums von außen und innen zählt er zu den berühmtesten und prächtigsten Europas. Er ist ganz im modernen Stil erbaut ... . Dieser Palast besitzt überaus schöne Treppenhäuser, Sälchen und Säle, ist überreich an Zimmern und königlichen Unterkünften ausgestatte mit großer Pracht und ohne irgendeine Scheu vor Kosten gebaut.

Q2 **Der bayerische König Ludwig I. (1825–1848) hatte sich zum Ziel gesetzt, die Residenzstadt München zu einem Ort zu machen,**
... der Teutschland zur Ehre gereichen soll, daß keiner Teutschland kennt, wenn er nicht München kennt ... .

Bildet Gruppen und bearbeitet eine der folgenden Aufgaben 1–4, die euch zugeteilt wurde. Stellt eure Ergebnisse den anderen Gruppen anschließend vor. Benutzt dazu die Informationen auf dieser Doppelseite.

❶ Gestaltet anhand des Textes einen Steckbrief zur Münchner Residenz.

❷ Beschreibt anhand von Bild 1 anschaulich, wie die Residenz aufgebaut ist, und entwerft anschließend mithilfe der Bilder 1–3 einen Rundgang durch die Hauptattraktionen der Residenz.

❸ Bereitet eine Exkursion in die Münchener Residenz vor. Informiert euch über Preise, Öffnungszeiten, geführte Touren oder Audioguides und besondere Veranstaltungen in der Residenz.

❹ Verfasst anhand der Materialien dieser Doppelseite einen Artikel für den Jahresbericht über die Residenz, in dem ihr anderen Schülern Lust auf einen Besuch dort macht.

Was veränderte sich im Alltag der Menschen?

1 – Die Erschießung des Buchhändlers Johann Philipp Palm 1806. Gemälde, ca. 1810.

2 – Gedenktafel von Johann Philipp Palm in Schorndorf (Baden-Württemberg). Die Aufschrift lautet: „Für Freiheit. Gegen Gewalt. Von Menschen, aber nicht von Gott verlassen. Aus dem Abschiedsbrief von Johann Philipp Palm, erschossen wegen Verbreitung der Schrift ‚Deutschland in seiner tiefen Erniedrigung'. † 26. August 1806".

✱ **Typhus**
Es handelt sich hierbei um eine Infektionskrankheit mit den Symptomen Durchfall, Hirnhaut- und Lungenentzündung. Sie kann tödlich sein.

Neue Rechte und Pflichten

Französische Ideen einfach nach Deutschland zu übertragen, war unmöglich. Aber einzelne Errungenschaften Frankreichs wurden in den Rheinbundstaaten eingeführt. Dazu gehörte der Code Civil (siehe S. 56/57). Allerdings wurden nur Teile übernommen und andere an landestypische Gegebenheiten angepasst.

Reformen sorgten in Baden, Württemberg und Bayern für eine Zentralisierung der Verwaltung nach französischem Vorbild: Das Längenmaß Meter führten die Franzosen zur Landesvermessung ein. Bayern war hierdurch das erste vollständig vermessene Land Europas. Kirche und Staat wurden getrennt und früher als in anderen Teilen Deutschlands gaben sich diese drei Länder eine Verfassung. Jedoch war das Mitspracherecht des Volkes stark eingeschränkt. Eine echte Bauernbefreiung fand nicht statt. Bauern wurden nun zu Pächtern und konnten sich von der Abgabenlast mit Einwilligung des Grundherrn freikaufen. Zur Finanzierung der Kriege Napoleons mussten die Verbündeten Steuern und Abgaben an Frankreich zahlen. Das belastete die Bauern und Bürger sehr.

Außerdem verlangte Napoleon ständig neue Truppenkontingente von seinen Verbündeten. Allein in Bayern erhöhte sich die Zahl auf 53 000 Mann. Die allgemeine Wehrpflicht führte Bayern 1805 ein. Kriegstaugliche Männer von 16 bis 40 Jahren wurden für einen Militärdienst von acht Jahren eingezogen und ausgebildet. Wer die Kriegszüge überlebte, litt häufig unter schweren Kriegsverletzungen.

Weitere Belastungen waren Einquartierungen, Versorgung von Soldaten durchziehender Armeen und die Verbreitung von Seuchen durch Soldaten und deren Vieh. Dazu zählte die typische Lager- und Soldatenseuche ✱Typhus.

Vom Wir-Gefühl zum Widerstand

Eine der wichtigsten Neuerungen des revolutionären Frankreichs, der Nationalstolz, wurde Napoleon zum Verhängnis: Manche Deutsche begriffen sich erstmals als Nation. Folglich strebten sie nach der Befreiung von der Fremdherrschaft. Vaterländische Zusam-

3 – Krankentransport mit dem Lazarettwagen von Dr. Larrey. Foto, ohne Jahr.

4 – Amputation nach einer schweren Verwundung durch Dr. Larrey. Gemälde, undatiert.

menschlüsse entstanden und 1806 erschien die Schrift „Deutschland in seiner tiefen Erniedrigung". Sie thematisierte den Expansionsdrang Napoleons und die damit verbundenen Forderungen an seine Verbündeten nach immer mehr Soldaten und höheren Abgaben sowie das Leiden der Zivilbevölkerung unter Gewalt, Plünderungen und Ausbeutung. Als Herausgeber wurde der Nürnberger Buchhändler Johann Philipp Palm (1766–1806) ermittelt. Ein Kriegsgericht verurteilte ihn zum Tod und Napoleon unterschrieb das Urteil.

Q1 Der Bürgermeister Johann Georg Geyer von Trennfeld (Bayern) berichtet über die Lasten für die Bevölkerung:
Wenn unsere Bürger … nicht die Maß Wein, die zwei Pfund Fleisch und den Laib Brod schnell genug auf den Tisch brachten, dann schlugen sie den Tisch entzwei und gingen auch mit Waffen noch gegen unsere Gemeindebürger. Und sie wussten nicht, wo sie zuerst anfangen sollten mit dem Besorgen der Verpflegung für die Franzosen, … mit der Arbeit auf dem Felde oder der Bewachung ihrer Frauen und Töchter … . So sind seit dem Jahr 1800 ständig Kriegsvölker bei uns durchgezogen … . Ich will euch nicht langweilen und sie alle aufzählen, denn außer den Chinesen und Indianern ist bei uns alles durchgezogen, was nur in Europa lebt.

Q2 Napoleon schrieb 1807 in einem Brief an seinen Bruder Jerome, den König von Westfalen:
Mein Bruder, beiliegend finden Sie die Verfassung Ihres Königreichs. … Was das deutsche Volk am sehnlichsten wünscht, ist, dass diejenigen, die nicht von Adel sind, durch ihre Fähigkeiten gleiche Rechte auf ihre Auszeichnungen und Anstellungen haben, dass jede Art Leibeigenschaft … aufgehoben werde. Ihr Königtum wird sich durch die Wohltaten des Code Napoleon, durch das öffentliche Gerichtsverfahren und die Einführung des Geschworenengerichts auszeichnen. … Ihr Volk muss sich einer Einheit, einer Gleichheit, eines Wohlstandes erfreuen, die den übrigen Völkern Deutschlands unbekannt sind!

❶ Fasse die Neuerungen und Reformen durch Napoleon zusammen.
❷ Larrey, der Chefchirurg Napoleons, sorgte im Krieg für entscheidende Verbesserungen bei der Versorgung von Verwundeten. Beschreibe diese anhand der Bilder 3 und 4.
❸ Der Buchhändler Palm wurde 1806 von den Franzosen hingerichtet. Formuliere eine Anklageschrift des französischen Militärgerichts und eine Verteidigungsrede von Palm.
▶ *Buchhändler Palm hat sich des Hochverrats schuldig gemacht …*
❹ Napoleon wollte das Königreich Westfalen zu einem Modellstaat machen. Überprüfe diese Aussage mithilfe von Q2.
▶ *Achte dabei auf durchgeführte Reformen und ihre erhoffte Wirkung.*
❺ Der wachsende Nationalstolz der Deutschen wurde Napoleon zum Verhängnis. Beurteile diese Aussage unter Berücksichtigung der auf dieser Seite beschriebenen Ereignisse und Entwicklungen
▶ *Nimm die Methode „Ein eigenes Urteil bilden" von S. 215 zu Hilfe.*

Widerstand und Freiheitskampf

Was geschah beim Russlandfeldzug?

1 – Feldzüge und Schlachten Napoleons sowie Aufstände gegen ihn.

Feldherr Kutusow (1745–1813) führte Russlands Armee im Krieg gegen Napoleon

Napoleon marschiert gegen Russland

„Haben Eure Majestät einmal das Bündnis aufgegeben, so ist offenbar, dass der Krieg ausbricht." Das war Napoleons Drohung an Zar Alexander I., nachdem dieser den Handel mit England per Gesetz wieder zuließ. Mit dem bisher größten eingesetzten Heer von 570 000 Mann brach Napoleon am 24. Juni 1812 gen Osten auf. Neben 240 000 Franzosen kämpften auch 330 000 Soldaten anderer Nationalitäten. Darunter waren 33 000 Bayern, 20 000 Preußen und 30 000 Österreicher sowie 70 000 Polen. Nach ersten Siegen wuchs die Zahl der Niederlagen. Lange Wegstrecken mussten im Eiltempo zurückgelegt werden. Das kostete Kraft bei Mensch und Tier. Eine große Entscheidungsschlacht blieb aus. Der russische Oberbefehlshaber Kutusow wich dieser aus. Immer weiter lockte er die napoleonischen Truppen ins Landesinnere.

Sieg oder Niederlage?

Der beste Freund des Soldaten ist die Zeit. Das war Kutusows Motto im Kampf gegen Napoleon. Er wandte die Strategie der Verbrannten Erde an. Abgebrannte und verlassene Siedlungen und Felder waren alles, was Napoleon vorfand. Vieh und Soldaten hungerten. Die versprochene reiche Beute und der schnelle Sieg blieben aus. Im September erreichte Napoleon Moskau, aber Zar Alexander saß in St. Petersburg und verhandelte nicht mit ihm. Von 1,5 Millionen Einwohnern waren mehr als 90 % auf Befehl des Stadtkommandanten Moskaus geflohen, nachdem sie ihre Stadt angezündet hatten. Napoleon sah die Stadt und seine militärischen Ziele in Flammen aufgehen. Es fehlten Winterquartiere und Versorgung. Und der gefürchtete russische Winter brach herein. Im Oktober 1812 befahl Napoleon den Rückzug.

2 – Rückzug der französischen Armee über die Beresina, 26.11.1812. Gemälde von Johann Adam Klein (1792–1875), ohne Datum.

Er eilte nach Paris, aber aufgeben wollte er nicht. Russland, Preußen und England verbündeten sich gegen Frankreich. Und Österreich schwankte. Napoleons Große Armee hatte 90 % ihrer Soldaten beim Russlandfeldzug verloren. Sie waren verhungert, erfroren, verwundet auf den Schlachtfeldern geblieben oder im Kampf gefallen. Ein Symbol der Niederlage wurde die Überquerung des Flusses Beresina im heutigen Weißrussland (Bild 2).

Q1 Ein Augenzeuge berichtete über die Ereignisse bei der Überquerung des Flusses Beresina im November 1812:

Und Tausende ... sahen einzig in der schmalen Brücke, die nur wenige zugleich passieren konnten, den Weg zu ihrer Rettung. Alles drängte gegen die Brücke. Hunderte, die schon die Brücke erreicht zu haben glauben, wurden in die Flut gedrängt und fanden hier das Ende. ... [J]ede Spur von Ordnung, jedes menschliche Gefühl hatte aufgehört. Nur den einen Gedanken klar denkend: Du musst dich retten, koste es, was es wolle. Die Führer einiger Kanonen brachen sich schonungslos mit denselben Bahn durch die gedrängten Haufen, ohne danach zu sehen, dass ihr Weg über Menschen ging.

Q2 Aus einem Gespräch Napoleons mit dem österreichischen Außenminister Metternich im Juni 1813:

Metternich: Um den Frieden zu sichern, müssen Sie in die (alten) Machtgrenzen zurückkehren oder aber Sie werden in dem Kampfe unterliegen ... .

Napoleon: Ich werde zu sterben wissen, aber ich trete keinen Handbreit Bodens ab. Eure Herrscher, geboren auf dem Throne, können sich zwanzigmal schlagen lassen und doch immer wieder in ihre Residenzen zurückkehren. Das kann ich nicht! Meine Herrschaft überdauert den Tag nicht, an dem ich aufgehört habe, stark und folglich gefürchtet zu sein.

Metternich: Ich habe ihre Soldaten gesehen, es sind Kinder.

Napoleon: Ein Mann wie ich schert sich wenig um das Leben einer Million Menschen.

❶ ▪ Beschreibe die Strategie der Verbrannten Erde.
❷ ▪ Erkläre die Folgen des Bruchs zwischen Russland und Frankreich. Benutze dazu die Karte und den Text.
❸ ▪ Gruppenarbeit: Gestaltet ein Denkmal mit Inschrift für die bei der Überquerung der Beresina Getöteten. Verwendet dazu die Informationen aus dem Text, Q1 und Bild 2.
❹ ▪ Der Russlandfeldzug zeigte deutlich, dass Napoleons Macht- und Eroberungswillen Grenzen aufgezeigt wurden. Bewerte diese Aussage mithilfe des Textes, der Karte und Q2.
▶ *Berücksichtige hierbei getroffene Fehlentscheidungen, seine Einschätzung des Gegners und der Gesamtsituation.*

Widerstand und Befreiungskriege – Erfolg oder Niederlage?

1 – Denkmal für Andreas Hofer in Innsbruck. Seine Bronzefigur in der Haltung eines Anführers steht auf einem tonnenschweren Steinsockel, der von zwei Adlern eingerahmt wird. Die Inschrift lautet „Für Gott, Kaiser und Vaterland."

✳ Guerillakrieg
(spanisch: kleiner Krieg) Dies bedeutet, dass kurze und schnelle Überraschungsangriffe aus dem Hinterhalt den Gegener schwächen sollen. Für eine offene Schlacht sind die Guerillakämpfer zu schlecht ausgestattet und zahlenmäßig unterlegen. Aber sie verfügen über gute Netzwerke von Helfern unter der Zivilbevölkerung und Ortskenntnisse.

Postkarte vom Völkerschlachtdenkmal in Leipzig, 1913.

Vom Widerstand zum Krieg

Die Fremdherrschaft Frankreichs hatten viele Völker Europas lange erduldet. Aber Großbritannien ließ sich durch die Kontinentalsperre nicht in die Knie zwingen und hatte in Portugal einen treuen Verbündeten. Portugal weigerte sich, die Handelsverluste durch den Wirtschaftskrieg hinzunehmen. Napoleon versuchte, das Land zu besetzen, und hatte mit Spanien vereinbart, dass die französischen Truppen dafür durch Spanien marschieren durften. England unterstützte Portugal mit Truppen. Frankreich begann auch spanische Orte zu besetzen; der König musste auf sein Amt verzichten und stattdessen machte Napoleon seinen Bruder Joseph zum neuen König. Die einstige Königsfamilie floh nach Brasilien. Die stolzen Spanier wehrten sich von 1808 bis 1813 mit einem blutigen ✳Guerillakrieg. Selbst Frauen, Kinder und Greise beteiligten sich als Helfer daran. Er war verlustreich und zeitraubend für Napoleon. Nach der Niederlage im Russlandfeldzug musste sich Frankreich 1813 nun auch aus Spanien zurückziehen. Ein weiterer Konfliktherd war Tirol. Nachdem Bayern an der Seite Napoleons kämpfte, hatte es unter anderem Tirol als Belohnung erhalten. Die Tiroler wollten aber bei Österreich bleiben und ihre alten Rechte und Freiheiten behalten. Sie wehrten sich gegen die Besetzung durch bayerische und französische Truppen. Ihr Anführer war der Tiroler Gastwirt Andreas Hofer (1767–1810). 1809 besiegten sie sogar in der Schlacht am Berg Isel bei Innsbruck die französisch-bayerischen Truppen. Letztendlich konnte sich Napoleon aber gegen den Widerstand in Österreich behaupten und bestrafte es hart mit weiteren Gebietsverlusten. Hofer wurde hingerichtet. Aber bis heute wird er in Tirol als Volksheld und Freiheitskämpfer verehrt.

Die deutsche Nationalidee erwacht

Heimatliebe, Stolz und ein sich langsam entwickelndes Bewusstsein für die eigene Nation unter der deutschen Bevölkerung führten nach dem Russlandfeldzug zu einem sich verstärkenden Widerstand gegen Napoleon. Selbst der preußische König trat in das Bündnis mit Russland, Schweden, Österreich und England ein. Auch Bayern hatte sich 1813 von Frankreich abgewendet. Der Kampf gegen Napoleon wurde gerade von jungen Freiwilligen und Studenten als nationale Sache gesehen. Sie waren zum Kampf bereit und erhofften sich Freiheit für das Vaterland. Von 1813 bis 1815 kam es zu den sogenannten Befreiungskriegen.
Es entstanden bewaffnete kleine Einheiten, sogenannte Freikorps. Eines davon hatte eine schwarze Uniform mit goldenen Knöpfen und roten Nahteinfassungen – die deutschen Farben waren geboren.

Beschriftungen in der Reihenfolge von links unten nach rechts unten:
Corsischer Knabe
Militärschule
Glücksritter zu Paris
General
Herrscher
Großherrscher
Abschied aus Spanien
Schlittenfahrt aus Moscau
Lebewohl! aus Deutschland
Ende

2 – Napoleons Stufenjahre". Radierung, 1814. Der Künstler ist unbekannt.

Letztes Aufbäumen Napoleons

Im Oktober 1813 kam es zur sogenannten Völkerschlacht bei Leipzig. Truppen aus verschiedenen Teilen Deutschlands kämpften gemeinsam mit Russen, Österreichern und Schweden. Insgesamt waren es 600 000; fast 100 000 wurden verwundet oder getötet. Die Verbündeten besiegten Napoleon und vertrieben ihn aus Deutschland. Diese Schlacht wurde später immer wieder als Höhepunkt der Befreiungskriege gefeiert. Napoleon wurde 1814 als Kaiser abgesetzt und auf die Mittelmeerinsel Elba verbannt.

1815 kehrte er nochmals nach Frankreich zurück. Mit nur 1000 Mann landete er in Südfrankreich und marschierte nach Paris. Der Bourbonenkönig Ludwig XVIII. floh. In der Schlacht bei Waterloo (Belgien) kämpften die Verbündeten zum letzten Mal gegen Napoleon und besiegten ihn endgültig am 18. Juni 1815. Er wurde auf die britische Atlantikinsel St. Helena verbannt, wo er 1821 verstarb. In Frankreich endete das Kaiserreich und die Bourbonen kamen wieder an die Macht.

Q1 Der russische Offizier Friedrich von Schubert beschrieb die Stimmung in Preußen 1813:

Es wurden ... Freiwillige aufgerufen, die Untertanen beschworen, alle möglichen Opfer zu bringen, um das Vaterland vor dem Joche der Franzosen zu befreien, und diese Aufforderung stieß nicht auf taube Ohren. Alles strömte herbei. Der Landmann verließ seinen Pflug und stellte sich mit seinen Söhnen, um gegen den Feind zu fechten; die Jugend verließ die Universitäten, die Schulen, Beamte ihre einträglichen Posten ...; jeder brachte, was er an Geld oder Geldeswert hatte ... .

❶▪ Nenne mithilfe des Texts und Q1 die Gründe für den Widerstand gegen die französische Herrschaft.

❷▪ Erkläre den Unterschied zwischen dem Guerillakrieg Spaniens und einem typischen Krieg Napoleons.

❸▪ Andreas Hofer wurde auch als „Tiroler Adler" bezeichnet. Erläutere, inwieweit sich die Eigenschaften des Adlers mit den Hoffnungen der Tiroler auf Andreas Hofer übertragen lassen.

▶ *Achte auf die Details des Denkmals in Bild 1.*

❹▪ Interpretiere die Karikatur (Bild 2).

▶ *Analysiere die genannten Titel und Ereignisse in der Karikatur.*

▶ *Nimm die Methode „Karikaturen entschlüsseln" von S. 28/29 zu Hilfe.*

❺▪ Genau einhundert Jahre nach der Völkerschlacht bei Leipzig wurde 1913 (Randspalte) aus Spendengeldern das Völkerschlachtdenkmal errichtet. Es ist ein wichtiges Nationaldenkmal geworden. Erläutere die Gründe hierfür.

Methode

Denkmäler untersuchen

Denkmäler sind Quellen

Denkmäler gibt es viele und oft nehmen wir sie im Alltag gar nicht richtig wahr. Sie werden allerdings errichtet, um an Ereignisse oder Personen zu erinnern, die in ihrer Zeit bedeutend waren oder auch in der Gegenwart und Zukunft für die Menschen eine Botschaft bereithalten. Denkmäler können identitätsstiftend sein für einen Ort, eine Region oder ein ganzes Land. Sie informieren über eine historische Epoche, sind Erinnerungsorte, Kunstwerke, die man erkunden und Quellen, die man befragen kann. Sie sollen bei den Betrachtern ein historisches Bewusstsein wecken, Fragen an die Vergangenheit aufwerfen und nicht nur als Verschönerungsobjekte betrachtet werden.

Oft werden sie von einem Künstler gestaltet und sind Auftragswerke für den öffentlichen Raum. Herrscher ließen sich gerne Denkmäler errichten, welche das Volk an ihre Taten erinnern sollte.

Viele von ihnen stehen unter Denkmalschutz und können auch zum Weltkulturerbe gehören. Wir finden Denkmäler auf Plätzen, in Parks, in der Landschaft, an oder in Gebäuden. Auch ganze Gebäude können Denkmäler mit Symbolcharakter sein. Es gibt verschiedene Arten von Denkmälern. Dazu gehören: Nationaldenkmäler, Kriegerdenkmäler, Mahnmale, Herrscher- und Personendenkmäler oder Industriedenkmäler. Um ihre Botschaft zu entschlüsseln, sind Inschriften, Gestaltungsmerkmale, verwendete Materialien und Symbole sehr wichtig.

Folgende vier Schritte helfen dir, Denkmäler zu untersuchen:

Schritt 1 **Beschreibung des Denkmals**	■ Wo steht das Denkmal? ■ Wie sieht das Denkmal aus (Größe, Form, Material, verwendete Symbole, Inschriften)? ■ Was für eine Art von Denkmal ist es?
Schritt 2 **Deutung des Denkmals**	■ Warum wurde das Denkmal geschaffen? ■ Wann und wie wurde es eingeweiht? ■ Gab es Gegenstimmen zu diesem Denkmal?
Schritt 3 **Denkmal in der Gegenwart**	■ Welche Rolle spielt das Denkmal heute? ■ Welche Veränderungen wurden am Denkmal im Verlauf seines Bestehens vorgenommen bezüglich Aussehen, Inschriften oder Nutzung?

❶ ▶ Betrachte das Bild 1 und beschreibe die Wirkung des Bauwerks in der Landschaft.

❷ ▶ Finde im Lösungsbeispiel auf der rechten Seite die Unterschritte der Methode „Denkmäler untersuchen" wieder.

❸ ▶ In der Walhalla gibt es nur sehr wenige Frauenbüsten. Erläutere die Ursachen hierfür.

▶ *Berücksichtige dabei die Entstehungszeit des Baus und die Rolle der Frau in vergangenen Jahrhunderten.*

❹ ▶ Gestalte einen eigenen Denkmalentwurf, der den Wert des Friedens betont und sich gegen kriegerische Auseinandersetzungen ausspricht.

▶ *Typische Symbole können sein: Taube, Adler, zerbrochene Waffen, stolze, jubelnde oder arbeitende Menschen, Frauen mit Kindern ...*

1 – Außenansicht der Walhalla bei Regensburg in Gestalt eines griechischen Tempels. Foto, 18.05.2016.

2 – Innenansicht der Walhalla mit den Büsten und Gedenktafeln wichtiger deutschsprachiger Persönlichkeiten. Foto, 19.01.2016.

3 – Büste von Sophie Scholl, seit 2003 in der Ruhmeshalle der Walhalla ausgestellt. Foto, 30.09.2015.

M1 Daten und Fakten zur Walhalla:

Gründe für den Bau:
Bildung des Volkes, Nationalstolz wecken
Würdigung der Leistungen wichtiger deutschsprachiger Persönlichkeiten wie Herrscher (Otto I.), Erfinder (Gutenberg), Künstler (Mozart), Schriftsteller (Schiller und Goethe)

Bauzeit:
18.10.1830 – 18.10.1842

Auftraggeber: König Ludwig I. (Regierungszeit: 1825–1848)

Architekt: Leo von Klenze (1784–1864)

Bauelemente: 358 Stufen, 130 Büsten, dorische Säulen, tempelartiger Bau aus Ziegel und Marmorverkleidung

Lösungsbeispiel zum Bild 1:

Zum Schritt 1:
Die Walhalla thront 200 Meter hoch oberhalb der Donau bei Regensburg in einem Waldstück. Ihr Aussehen passt nicht wirklich in diese Landschaft, denn sie ähnelt dem griechischen Parthenontempel in Athen und besteht aus Marmor. Über 358 Stufen ist die Walhalla zu erreichen. Dorische Säulen prägen das äußere Bild. Innen sind 130 Büsten wichtiger deutschsprachiger Persönlichkeiten aufgestellt. Es handelt sich um Herrscher, Feldherren, Wissenschaftler und Künstler.

Zum Schritt 2:
Die Walhalla wurde ab 1830 im Auftrag des bayerischen Königs Ludwig I. errichtet. Nach den bitteren Erfahrungen und Verlusten in den Napoleonischen Kriegen sollte dieser Bau zur Bildung des Volkes beitragen. Durch das Kennenlernen wichtiger deutschsprachiger Persönlichkeiten sollte ihm der Wert von Bildung, Arbeit und Wohlstand vermittelt werden. Am 18. Oktober 1842 wurde die Walhalla feierlich eröffnet. Kritiker bezeichneten es als leblose Schädelstätte und kritisierten die Auswahl der Büsten. Nur sechs davon sind Frauen. Manche fordern, dass sie eher ein Museum werden sollte als ein Nationaldenkmal für den Heldenkult.

Zum Schritt 3:
Heute ist das Denkmal eine der Hauptsehenswürdigkeiten nahe Regensburg. Über 200 000 Besucher kommen jährlich hierher. Seit 1962 wurden die ursprünglich 96 Büsten ergänzt. Beispielsweise kamen die Widerstandskämpferin Sophie Scholl und die Künstlerin Käthe Kollwitz hinzu.

Geschichte vor Ort

Warum sollte man Kelheim besuchen?

1 – Die Befreiungshalle in Kelheim. Foto, 13.09.2007.

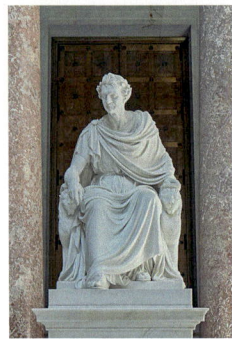

Skulptur für Ludwig I.
in der Walhalla.
Foto, 04.06.2017.

Die Befreiungshalle in Kelheim

Hoch über der Donau auf dem Michaelsberg
befindet sich die Befreiungshalle. Sie wurde
im Auftrag des bayerischen Königs Ludwig I.
(Regierungszeit 1825–1848, Randspalte)
gebaut. Sie erinnert an die Befreiungskriege
gegen Napoleon von 1813 bis 1815 und der
Beteiligung Bayerns daran. Anders als sein
Vater Maximilian Joseph lehnte Ludwig
schon als Prinz alles Französische und somit
die Herrschaft Napoleons ab. Er befürwortete daher auch den Wechsel Bayerns ins anti-
französische Bündnis mit Preußen, Österreich, Russland, Schweden und England.
Siegreich verlief die sogenannte Völkerschlacht bei Leipzig für diese Koalition.
Dieses Gefühl von Sieg und Einheit wollte
Ludwig nach seinem Machtantritt 1825 zur
Formung seines Bayern nutzen. Um Nationalbewusstsein, Nationalstolz und den Ein-
heitsgedanken zu fördern, gab er den Auftrag zum Bau der Befreiungshalle. Ganz im
Sinne des Königs fand dann am 18.10.1863,
zum 50. Jahrestag der Völkerschlacht gegen
Napoleon, die feierliche Einweihung des
Bauwerks durch Ludwig statt. Ihr Stil orientiert sich an antiken Vorbildern. Der Rund-
bau wird außen durch 18 Skulpturen geschmückt. Diese tragen Schilder, auf denen
die Namen der deutschen Stämme stehen
(Bild 3). Im Innern fällt der kunstvoll gestaltete Marmorboden mit einem Ausspruch
Ludwigs I. auf (Bild 2). Mit Werken wie der
Befreiungshalle in Kelheim und der Walhalla
(siehe S. 69) ließ Ludwig Nationaldenkmäler
von bleibendem Wert errichten, auch wenn
sie die Staatsfinanzen stark belasteten.

2 – Befreiungshalle mit Siegesengeln und Gedenktafel im Marmorboden. Die Inschrift am Boden lautet: Moechten die Teutschen nie vergessen was den Befreiungskampf nothwendig machte und wodurch sie gesiegt. Foto, 2017.

3 – Siegesgöttin mit Schild. Foto, 04.02.2019.

Fakten zum Bau

Der Architekt war Ludwigs Lieblingsbaumeister Leo von Klenze (1784–1864), der auch schon die Walhalla und Teile der Münchener Innenstadt sowie der Residenz (siehe S. 60/61) entworfen hatte. Klenze wählte die Bauform einer Rotunde (Bild 1) und schuf so eine Mischung aus Pantheon und Engelsburg in Rom und Pfalzkapelle in Aachen. Die antiken Bauformen dominieeren die Befreiungshalle, da Ludwig ein großer Bewunderer dieser Architektur war. Viel Wert wurde bei der Gestaltung der Befreiungshalle auf die Zahlensymbolik gelegt. In Erinnerung an den Sieg der Verbündeten über Napoleon bei Leipzig am 18.10.1813 sowie die Schlacht bei Waterloo am 18.06.1815 findet sich diese Zahl im Innen- und Außenbereich immer wieder. Es sind 18 Kolossalstatuen und 18 Strebepfeiler an der Außenfassade. 34 deutsche Staaten gab es zur Zeit der Erbauung. 34 Siegesgöttinnen scheinen einen *Reigen zu tanzen im Innern des Rundbaus. Sie tragen Schilde mit berühmten Schlachtorten. Die Schilde wurden aus eingeschmolzenen Geschützen gefertigt.

Q1 Zur Grundsteinlegung am 19.10.1842 sang ein Männerchor ein Lied, das Ludwig I. für diesen Tag gedichtet hatte:

1. Heil Euch, wack're Männer, muth'ge Krieger,
   Die errungen Ihr den Heldenkranz,
   Heil Euch, treue Teutsche, tapf're Sieger!
   Ewig währet Eurer Thaten Glanz.
2. Dumpf und finster hatt es uns umgeben,
   Und kein Teutschland gab es damals mehr;
   Ihr doch schwangt auf's Neue es zum Leben,
   Siegreich ragt es wieder hoch und hehr!

*Reigen
Dies ist ein Tanz, der in einer Runde ausgeführt wird.

❶ 🖥 Beschreibe anhand von Bild 1 Lage und Wirkung der Befreiungshalle in der Landschaft.

❷ 📋 Erkläre die Bedeutung der Zahl 18 im Zusammenhang mit dem Zweck des Baus.

❸ 🔀 Beurteile das Zitat am Boden der Befreiungshalle (Bild 2) und die zwei Strophen des Liedes zur Eröffnungsfeier (Q1) unter Berücksichtigung der Entstehungszeit.

▶ *Nimm die Methode „Ein eigenes Urteil bilden" von S. 215 zu Hilfe.*

❹ 🔀 Werte mit den Schritten 1–3 auf der Methodenseite 68/69 die Informationen zur Befreiungshalle aus.

❺ 🔀 Partnerarbeit: Gestaltet das Skript für einen Audioguide zur Besichtigung der Befreiungshalle mit allen wichtigen Informationen zum Bauwerk und zu seiner Bedeutung.

Das Nachwirken Napoleons

Was erinnert noch an Napoleon?

1 – Triumphbogen, Paris.

2 – Der Invalidendom. Foto, 2013.

3 – Karikatur.

Geschichte in Stein gemeißelt

Nach der gewonnenen Schlacht bei Austerlitz gegen Russland und Österreich ließ Napoleon von 1806 bis 1809 den 50 Meter hohen Triumphbogen in Paris errichten (Bild 1). Dessen Wände sind mit Reliefs und Figuren in Lebensgröße geschmückt. Namen von Generälen und Schlachtorten sind an der Innenseite eingemeißelt und werden vom Adler Napoleons und einem Lorbeerkranz bekrönt. Mit diesem Triumphbogen sorgte er gleich selbst für eine Erinnerungskultur, in deren Zentrum die Bewunderung seiner Kriege und seiner Armee standen. Bedenkt man, dass Napoleons Kriegspolitik geschätzte 6 Millionen Menschenleben gekostet hat, so ist dieser Mythos Napoleon kritisch zu hinterfragen.

Ein weiteres Pariser Bauwerk ist der Invalidendom (Bild 2). Hier befindet sich der Sarkophag Napoleons. Mitte des 19. Jahrhunderts nutzte der französische König Louis-Philippe (Regierungszeit 1830–1848) die noch immer vorhandene Popularität Napoleons, um seine eigene Herrschaft zu rechtfertigen. Er ließ Napoleons Leichnam von St. Helena nach Paris überführen und im Invalidendom bestatten.

Napoleon als Marke

Napoleon ist immer noch „in". Karikaturen betonen seine äußeren Markenzeichen. Wenn es um das Scheitern großer Projekte oder einen Politikstil mit Hang zu Größerem geht, greift man auf Napoleon zurück. Dokumentationen, Spielfilme und Biografien befassen sich mit ihm.

M1 **2015 gab es in Ingolstadt eine Ausstellung mit dem Thema „Napoleon und Bayern". Im Grußwort des Ministerpräsidenten Horst Seehofer zum Ausstellungskatalog steht:**

Napoleon war für Bayern ... lange Jahre nicht Feind, sondern der mächtige Verbündete. Er sicherte dem bayerischen Kurfürsten 1803 sein Land gegen die Ambitionen der Habsburger, erweiterte es um Franken und Schwaben, brachte die Königskrone und ermöglichte eine Reformära, die Bayern zu einem der fortschrittlichsten Staaten Europas werden ließ. ... Die Bayerische Landesausstellung ... zeigt zudem, dass die Menschen hierfür gewaltige Opfer bringen mussten. Die persönlichen Schicksale relativieren das damals Erreichte und stimmen nachdenklich. Sie zeigen, dass der Friede ein unschätzbar wertvolles Gut ist.

❶ Fasse zusammen, was noch an Napoleon erinnert.

❷ Erkläre mithilfe des Texts und der Bilder die Wirkung Napoleons damals und heute.

❸ Bewerte das Grußwort des damaligen Ministerpräsidenten Bayerns zur Landesausstellung über Napoleon.

▶ Achte auf positive und negative Aspekte seines Wirkens.

❹ Interpretiere die Karikatur. Ermittle zunächst die Bedeutung einer „Jamaika-Koalition".

▶ Nimm die Methoden „Karikaturen entschlüsseln" von S. 28/29 und „Eine Internetrecherche durchführen" von S. 211/212 zu Hilfe.

❺ Bearbeite die Lernaufgabe „Napoleon – Halbgott oder Tyrann?" auf S. 207.

Zusammenfassung

Napoleon und die Umgestaltung Europas

Der Aufstieg Napoleons

Die französische Revolution hatte dem jungen Napoleon Bonaparte von der Insel Korsika neue Möglichkeiten eröffnet. Durch die permanenten Kriege der französischen Republik gegen seine Nachbarn brauchte man fähige Offiziere in der Armee. Napoleon machte aufgrund seiner besonderen Fähigkeiten schnell Karriere im Heer und wurde dann zum Totengräber der Revolution. 1799 führte er mit Gleichgesinnten einen Staatsstreich durch. Er wurde 1802 Konsul auf Lebenszeit und krönte sich 1804 selbst zum Kaiser. Damit wurde die Monarchie in Frankreich wieder eingeführt.

Napoleon als Reformer

Napoleon brachte viele Reformen in Frankreich auf den Weg. Dazu gehörten die Einführung des modernen Gesetzbuches Code Civil und die grundlegende Umgestaltung der Verwaltung Frankreichs. Der Franc wurde zur neuen Währung. Viele Bauvorhaben im Land und Aufträge zur Ausstattung der riesigen Armee sorgten für einen wirtschaftlichen Aufschwung. Reformen machten Frankreich zu einem modernen Staat und Vorbild für viele Nachbarländer. Der Code Civil wurde zu einem Exportschlager, da viele verbündete Länder ihn auch einführten. Allerdings litten diese Verbündeten auch unter Frankreich, da sie Napoleon ständig mit neuen Truppen unterstützen mussten und die von Napoleon verhängte Kontinentalsperre gegen England sich negativ auf den Handel auswirkte. Bayern war ein treuer Verbündeter Bayerns bis 1813 und wurde als Dank für diese Treue 1806 zum Königreich ernannt. Nach französischem Vorbild führte der Politiker Graf Montgelas viele Reformen durch und machte Bayern zu einem der fortschrittlichsten Staaten Europas.

Widerstand gegen Napoleon

Mit der Zeit begann sich Widerstand gegen Napoleon zu formieren. Die Menschen konnten und wollten die Einquartierungen, Plünderungen und Zwang zum Dienst im Heer nicht mehr ertragen. Die Bevölkerung Spaniens führte von 1808 bis 1813 einen blutigen Guerillakrieg gegen Napoleon. Auch in Tirol kam es zu erbittertem Widerstand gegen die bayerisch-französische Fremdherrschaft. Nach dem katastrophalen Ende des Russlandfeldzugs von 1812 und dem Tod von fast einer halben Million Soldaten bildete sich ein Bündnis aus Russland, Preußen, Schweden und England sowie später Bayern und Österreich. In der deutschen Bevölkerung entwickelte sich langsam ein Wir-Gefühl für die eigene Nation und äußerte sich in der Bildung von Freiwilligenverbänden. Der Kampf gegen Napoleon wurde zum Befreiungskrieg.

Das Ende Napoleons

In der sogenannten Völkerschlacht bei Leipzig wurde Napoleon im Oktober 1813 von diesem Bündnis vernichtend geschlagen und floh nach Paris. 1814 wurde er als Kaiser abgesetzt und auf die Mittelmeerinsel Elba verbannt. Von hier floh er 1815 und versuchte nochmals die verbündeten europäischen Nachbarn zu schlagen. In der Schlacht bei Waterloo besiegten sie ihn endgültig. Napoleon wurde auf die Atlantikinsel St. Helena verbannt. Die Bourbonen kehrten nach Frankreich zurück. Etwa sechs Millionen Menschen haben bei diesen kriegerischen Auseinandersetzungen ihr Leben verloren. Heute erinnern noch Denkmäler wie die Befreiungshalle bei Kelheim an diese Kriege.

1800

Napoleon am St. Bernhard.

1804

Einführung des Code Civil in Frankreich.

1812

Rückzug der französischen Armee aus Russland.

1815

Verbannung Napoleons auf St. Helena.

Das kann ich …

Napoleon und die Umgestaltung Europas

Ich kann wichtige Begriffe und Daten im Zusammenhang erklären (Sachkompetenz):

1806: Ende des Heiligen Römischen Reiches
1806: Gründung des Königreichs Bayern
Napoleon
Säkularisation

❶🔲 Partnerarbeit: Sammelt in diesem Kapitel Informationen, die zu den Daten und Begriffen gehören.

❷🔲 Gestaltet ein Lernposter, auf dem ihr all diese Fakten eintragt.

▶ *Verwendet Farben, Pfeile und Piktogramme oder Bilder, um Zusammenhänge darstellen zu können.*

Ich kann folgende Aufgaben zum Thema lösen (Sachkompetenz):

❸🔲 Beschreibe, wie Napoleon an die Macht kam.

❹🔲 1804 wurde Napoleon mit Zustimmung des Volkes zum französischen Kaiser gewählt. Begründe, weshalb die Franzosen bereit waren, die Monarchie wieder einzuführen.

❺🔲 Analysiere, was aus den Idealen der Französischen Revolution Freiheit, Gleichheit, Brüderlichkeit unter Napoleon wurde.

▶ *Diese Begriffe helfen dir dabei: Code Civil – bürgerliche Rechte und Freiheiten, Familie Bonaparte – Verteilung von Herrscherposten in Europa, Krönung Napoleons – Machtverständnis, Feldherr Napoleon – Ziele, Erfolge und Niederlagen, Verwaltung Frankreichs – Entscheidungen von oben nach unten*

Ich kann Geschichte verständlich darstellen (narrative Kompetenz):

❻🔲 Partnerarbeit: Stellt euch vor, dass Napoleon 1815 einen Journalisten empfängt und von ihm nach den Ursachen seines Scheiterns und seinen weiteren Zielen befragt wird. Gestaltet ein lebendiges Interview und nutzt die Informationen aus dem Kapitel für die Fragen und Antworten.

▶ *Achtet auf Wendepunkte in Napoleons Karriere und das Handeln seiner Gegner (England, Russland …).*

Ich kann die Methode „Denkmäler untersuchen" anwenden (Methodenkompetenz):

❼🔲 Beschreibe das Denkmal in Bild 1, welches in München steht. Gehe hierbei nach den Schritten vor, die du auf der Methodenseite 68/69 kennengelernt hast.

❽🔲 Das Denkmal trägt die Inschrift:
„Den dreyssig tausend Bayern die im russischen Kriege den Tod fanden
Auch sie starben für des Vaterlands Befreiung
Errichtet von Ludwig I. Koenig von Bayern
Vollendet am XVIII October MDCCCXXXIII"
Interpretiere die Inschrift am Münchener Obelisken.

❾🔲 Überprüfe, ob diese Inschrift mit der Politik Bayerns von 1805 bis 1813 übereinstimmt. Lies dazu nochmals die Seiten 56–59 und 62/63.

Ich kann mir ein Urteil bilden und es begründen (Urteilskompetenz):

❿🔲 Beurteile Napoleons Handeln nach dem Russlandfeldzug 1812.

▶ *Denke dabei an die Ereignisse 1813, 1814, 1815 und ihre Ergebnisse.*

Ich verstehe, warum das Thema für uns heute noch wichtig ist (Orientierungskompetenz):

⓫🔲 Beschreibe, was auf den Bildern 2 und 3 dargestellt ist.

⓬🔲 Trage zusammen, welche Entscheidungen Napoleons bis heute wirksam sind.

⓭🔲 Überlege mithilfe des Ergebnisses von Aufgabe 11 und deines Wissens aus diesem Kapitel, warum der Künstler Yadegar Asisi die Völkerschlacht 1813 wohl zum Thema eines seiner Panoramen gemacht hat. Berücksichtige auch die Überschrift dieses Aufgabenblocks.

⓮🔲 In Leipzig wird immer im Oktober an die Ereignisse rund um die sogenannte Völkerschlacht erinnert. Teile der Schlacht werden sogar mit originalgetreuen Waffen, Uniformen und Ausrüstungsgegenständen nachgespielt. Diskutiere in der Klasse die Wirkung der Schlacht für das deutsche Nationalbewusstsein.

▶ *Nimm die Ergebnisse der Aufgaben 11–13 zu Hilfe.*

Verstehen

1 – Kriegerdenkmal in München zur Erinnerung an die im Russlandfeldzug gefallenen bayerischen Soldaten. Errichtet 1833 auf Betreiben des bayerischen Königs Ludwig I. Foto, 04.05.2005.

2 – Jedes Jahr wird die Völkerschlacht von Leipzig nachgestellt. Hier sind hohe Offiziere zu Pferd zu sehen. In der Mitte reitet der Darsteller Napoleons. Foto, 2012.

3 – Ausschnitt aus dem 360°-Panorama „LEIPZIG 1813 – In den Wirren der Völkerschlacht" von Yadegar Asisi. Der Künstler erschafft die weltgrößten Panoramen. Die Rundgemälde sind bis zu 32 Meter hoch und haben in etwa die Größe eines Fußballfelds. Die Themen behandeln das Verhältnis des Menschen zueinander und zur Natur – in der Geschichte wie in der Gegenwart.

3 Deutschland zwischen Freiheitsstreben und Fürstenmacht

In der Nacht vom 18./19. März 1848 fanden mitten in Berlin blutige Barrikadenkämpfe statt, in denen sich mutige Bürger den Truppen der preußischen Regierung entgegenstellten. Die Menschen waren mit den in Deutschland bestehenden Zuständen unzufrieden und lehnten sich gegen adlige Herrschaft und Unterdrückung auf. Die Revolutionäre forderten einen einheitlichen deutschen Staat, Freiheit sowie bessere Arbeits- und Lebensbedingungen. Bei ihnen allen verband sich mit dem Aufbegehren gegen die bestehende Ordnung die Erwartung, dass sich ihr Leben hin zu Unabhängigkeit und Wohlstand verbessern würde. Aber hatten die Aufstände Erfolg und führten zu einem „besseren" Deutschland mit Freiheit und Demokratie für alle?

Deutschland zwischen Freiheitsstreben und Fürstenmacht

1 – Revolutionen und Aufstände in Europa 1848/49.

Nach dem Sturz Napoleons 1815 schien auch in Deutschland die Zeit gekommen, die Macht der Fürsten zu brechen. Die Menschen sehnten sich nach „Einigkeit und Recht und Freiheit", wie es bis heute im Lied der Deutschen, das 1841 entstand, formuliert ist. Sie erhofften sich einen einheitlich regierten Staat, in dem Recht und Freiheit des Einzelnen gesichert waren. Doch ihr Streben nach nationaler Einheit wurde bitter enttäuscht: Der am 08.06.1815 auf dem Wiener Kongress gegründete Deutsche Bund erfüllte diese Forderungen nicht. In den deutschen Staaten entstanden durch gewünschte Reformen, erhoffte staatliche Veränderungen und aufkommende Klassengegensätze Konflikte. Bedingt durch diese politische und soziale Unzufriedenheit kam es in vielen Teilen Deutschlands 1848 zu Revolutionen.

Am Ende des Kapitels kannst du folgende Fragen beantworten:

- Wie wurde Europa nach Napoleons Niederlage neu geordnet?
- Mit welchen Maßnahmen sicherten sich die Fürsten ihre Herrschaft?
- Welche Forderungen stellten die Bürger an die Obrigkeit?
- Warum erhoben sich die Menschen in vielen Teilen Deutschlands gegen die Herrschaft der Fürsten?
- Wie war das erste deutsche Parlament gestaltet?
- Warum scheiterte der Kampf um mehr Demokratie?
- Wie kann man ein historisches Lied deuten?

❶▸ Nenne mithilfe der Karte Orte, an denen es 1848/49 zu Revolutionen und Aufständen kam.

❷▸ Ordne die Bilder 2 bis 4 den Ereignissen auf der Zeitleiste zu.

❸▸ Vergleiche das historische Bild 3 mit dem heutigen Bundestag in Bild 5. Welche Unterschiede sowie Gemeinsamkeiten kannst du feststellen?

1814/1815

Wiener Kongress
Deutscher Bund

1817

Wartburgfest

1825

Ludwig I. wird
bayerischer König

1832

Hambacher Fest

1848/49

Revolution in
Deutschland

2 – Napoleon (Fenster) beobachtet von Elba aus die Neuauftei-
lung Europas durch den russischen Zar Alexander I. (links), Kaiser
Franz I. von Österreich (Mitte) und dem preußischen König Friedrich Wilhelm III. Karikatur von Johann Michael Voltz, 1815.

4 – Zug der Turner auf die Wartburg (am 4. Jahrestag der Völkerschlacht bei Leipzig) am 18. Oktober 1817. Holzstich, 1817.

3 – Eröffnung der Nationalversammlung in Frankfurt am Main am
18.05.1848. Holzstich, um 1890.

5 – Blick in den Bundestag. Der Bundesadler wurde 1953 von dem
Künstler Ludwig Gies gestaltet. Foto, 21.03.2018.

Wiener Kongress und Deutscher Bund

Was geschah nach der Niederlage Napoleons?

1 – Europa nach dem Wiener Kongress 1815.

— Grenze des
Deutschen Bundes 1815

▢ neu- oder wieder-
▢ erworbene Gebiete in
▢ hellerer Farbstufe

● 1815 neugeschaffene oder
wiederhergestellte Staaten

1 Kgr. der Vereinigten
Niederlande
2 Kgr. Hannover
3 Grhzm. Luxemburg
4 Grhzm. Hessen
5 Kgr. Württemberg
6 Grhzm. Baden

**1815:
Wiener Kongress**

Klemens Wenzel Fürst
von Metternich (1773–
1859). Ab 1809 Innen-
minister in Österreich,
danach Staatskanzler.

Der Sturz Napoleons

Nachdem sich Napoleon in der Völkerschlacht bei Leipzig im Oktober 1813 seinen europäischen Machtrivalen ergeben
musste, war nicht nur seine Armee geschlagen. Auch seine Herrschaft über viele europäische Länder war zusammengebrochen,
was die Notwendigkeit einer Neuordnung
der europäischen Landkarte nach sich zog.

Der Wiener Kongress

Hierfür versammelten sich am 18.09.1814
die Herrscher oder ihre Vertreter aus fast
200 Staaten und freien Reichsstädten Europas unter dem Vorsitz des österreichischen
Staatskanzlers Fürst Metternich (Randspalte)
in Wien. Die Grundsätze „Restauration,
Legitimität und Solidarität" bestimmten die
Entscheidungen auf dem Wiener Kongress.
Jene Fürsten, die von Napoleon vertrieben
worden waren, forderten jetzt die Rückgabe
ihrer Gebiete. Sie strebten nach einer „Restauration", also der Wiederherstellung der
Verhältnisse von vor 1789 („alte Ordnung").

Mit dem Prinzip der „Legitimität" erkannten
die Großmächte nur die Herrscher als zukünftige Fürsten an, die ihre Herkunft und
die Erbansprüche sicher nachweisen konnten.
Der gegenseitige Schutz fürstlicher Interessen vor revolutionären Ideen und Bewegungen war Hauptinhalt der „Solidarität". Die
Ergebnisse diskussionsreicher Verhandlungen wurden am 10.06.1815 mit der Unter-
zeichnung der Deutschen Bundesakte festgehalten.

Friedenssicherung durch eine Neu-
ordnung Europas

Obwohl sich die Großmächte darüber einig
waren, dass nur eine gleichmäßige Verteilung der Macht den Frieden sichern konnte,
gab es erbitterten Streit darüber, wie dies
möglich sei. Alle Mächte erhoben Gebietsan-
sprüche, die wiederum Gegenforderungen
anderer Staaten auslösten. Schließlich einigte man sich auf folgende Ergebnisse:
– Großbritannien erhielt die Inseln Malta,

2 – „Der Kuchen der Könige". Zeitgenössische französische Karikatur, 1815.

Der Dialog der Fürsten während der Aufteilung Europas (von links nach rechts):

① **Kaiser Franz I. von Österreich:** „Die Abwesenden sind selbst schuld." Er greift die Lombardei und Venedig.

② **König Friedrich Wilhelm III. von Preußen:** „Nehmen wir uns die guten Stücke." Er greift nach Sachsen.

③ **Zar Alexander I.:** „Ich fürchte mich vor dem Gespenst." (= Napoleon) Alexander greift nach Polen, Kurland und Litauen.

④ **König Georg IV. von England:** „Der Preis des Blutes."

⑤ **Napoleon:** „Wer die Rechnung ohne den Wirt macht, rechnet zweimal." Napoleon greift nach Paris und Frankreich.
Napoleon ist „das Gespenst" (siehe Zar Alexander), weil er zu diesem Zeitpunkt verbannt war und somit nicht am Wiener Kongress teilnahm.

⑥ **Napoleons Sohn:** „Papa passt auf meinen Anteil auf."

⑦ **Französischer Außenminister Talleyrand (unter dem Tisch liegend):** „Ich werde vom Bischof zum Müller. Ich lebe hier unten auf gefährlichem Fuß."

⑧ **Auf der Karte:** „Wehe dem, der dies [Frankreich und Paris] hier anfasst."

Ceylon, Helgoland und die Kapkolonie in Südafrika.
- Russland bekam das Königreich Polen und den Königstitel.
- Österreich gewann die Gebiete Galizien, Oberitalien und Dalmatien.
- Preußen erhielt einen Teil Sachsens, die Rheinprovinz und Westfalen.
- Frankreich wurde wieder ein Königreich in den Grenzen von 1789.

Die Fürsten schoben während der Verhandlungen Länder und Provinzen, Städte und Grenzstreifen zwischen sich hin und her. An die Folgen für die betroffenen Menschen dachte niemand.

Q1 Fürst de Ligne (1735–1814), ein österreichischer Feldmarschall, begrüßte einen französischen Grafen bei dessen Ankunft in Wien 1814 mit den Worten:
Sie kommen zur rechten Zeit, um große Dinge zu sehen. Europa ist in Wien. Das Gewebe der Politik ist ganz mit Festlichkeiten durchsponnen. Denn der Kongress schreitet nicht vor, sondern er tanzt. Es ist ein königliches Wirrwarr. Von allen Seiten schreit man:

Friede, Gerechtigkeit, Gleichgewicht, Entschädigung, Legitimität – ein Wort, um das Fürst von Talleyrand die Diplomatie bereichert hat. Die Eintracht hat endlich die Völker verbunden, die so lange feindlich waren; ihre berühmtesten Vertreter gaben das erste Beispiel dazu. Eine seltsame Sache, die man hier zum ersten Male sieht: das Vergnügen erringt den Frieden.

❶▸ Nenne die wichtigsten Grundsätze für die Neuordnung Europas 1814/15.

❷▸ Suche in Karte 1 die im Text genannten Gebiete, welche die verschiedenen Länder hinzugewonnen haben.

❸▸ Erläutere die auf dem Wiener Kongress herrschende Atmosphäre, die in Q1 beschrieben wird, und ziehe Rückschlüsse auf die Bedeutung der Politik zur damaligen Zeit.

❹▸ Untersuche die Karikatur in Bild 2 und beziehe dabei die Aussagen der einzelnen Herrscher mit ein.

▸ *Nimm hierfür die Methode „Karikaturen entschlüsseln" auf S. 28/29 zu Hilfe.*

❺▸ Partnerarbeit: Vergleicht die Aussagen der Herrscher in Bild 2 (Randspalte) mit Q1. Bewertet die unterschiedliche Schwerpunktsetzung.

▸ *Nehmt hierfür die Methode „Ein persönliches Werturteil bilden" auf S. 215 zu Hilfe.*

Welche Folgen hatten die Beschlüsse des Wiener Kongresses?

1 – Heilige Allianz, Vereinbarung vom 26. September 1815. Abgebildet sind: Zar Alexander I. (links), Kaiser Franz I. (Mitte), König Friedrich Wilhelm III. (rechts). Kupferstich/Lithografie 1815.

Deutscher Bund
Auf dem Wiener Kongress 1815 schlossen sich 34 deutsche Einzelstaaten (Territorialstaaten) und vier freie Städte im Deutschen Bund zusammen.

Nation
Als solche versteht sich eine große Gruppe von Menschen, die durch Sprache, Sitten, Gebräuche und Geschichte eine gemeinsame Herkunft (lat. natio = Abstammung, Herkunft) haben.

Zusammenschluss zur „Heiligen Allianz"

Die Wiederherstellung der Macht der Fürsten konnte nur gelingen, wenn sich die Herrscher der führenden Mächte Europas zur Wehr setzten. Zur Absicherung der auf dem Wiener Kongress errichteten Ordnung schlossen sich Russland, Österreich und Preußen im September 1815 zur „Heiligen Allianz" zusammen. Sie verpflichteten sich, überall da gemeinsam einzugreifen, wo die Monarchie bedroht schien (Solidarität). Diesem Bündnis traten bald fast alle Herrscherhäuser Europas bei.

Die Gründung des Deutschen Bundes

Auf dem Wiener Kongress wurde von den Vertretern aller deutschen Länder auch über die zukünftige Gestaltung Deutschlands beraten. Viele Deutsche hofften auf einen Zusammenschluss der einzelnen Staaten zu einem deutschen Nationalstaat, weil sie sich dadurch ein besseres und gerechteres Leben erhofften. Sie wollten sich als eine Nation verstehen, die eine gemeinsame Sprache, Kultur, Tradition und Herkunft pflegte. Zudem erwarteten sie sich mehr Freiheits-

rechte und Mitsprache bei der Gesetzgebung. Die deutschen Fürsten wollten sich aber keinem Kaiser unterordnen. Deshalb führten ihre Beratungen zur Errichtung eines Bundes unabhängiger Staaten.

Die Ziele des Bundes

Die Einhaltung des äußeren und inneren Friedens in Deutschland sowie die Unabhängigkeit und Unverletzlichkeit der einzelnen deutschen Staaten galten als wesentliche Ziele des Deutschen Bundes. Die Mitglieder versprachen sich gegenseitigen Schutz bei Angriffen und verpflichteten sich, keine Verbindungen einzugehen, welche gegen die Sicherheit des Bundes oder einzelner Bundesstaaten gerichtet wäre. Ansonsten regierten die Staaten weiterhin sehr selbstständig und behielten ihre Souveränität: Jeder Staat hatte eigene Gesetze, eine eigene Währung, erhob eigene Zölle und durfte eine eigene Armee unterhalten. Nur in einem Punkt waren sich alle Bündnispartner einig: Allen freiheitlichen Bewegungen wollten sie gemeinsam entgegentreten und sie unterdrücken.

2 – Der Deutsche Bund 1815.

Karte – Legende:

— Grenze des Deutschen Bundes 1815

1 Hzm. Lauenburg
2 Grhzm. Mecklenbg.-Strelitz
3 Fsm. Schaumburg-Lippe
4 Fsm. Lippe
5 Hzm. Braunschweig
6 Hzm. Anhalt
7 Jülich-Kleve-Berg
8 Fsm. Waldeck
9 Lgft. Hessen-Homburg
10 Fsm. Hohenzollern
11 Fsm. Liechtenstein
12 Vorarlberg

Fsm. Fürstentum
Grhzm. Großherzogtum
Hzm. Herzogtum
Kgr. Königreich
Lgft. Landgrafschaft
Mgft. Markgrafschaft
Prov. Provinz
Rep. Republik

Der Deutsche Bund tritt in Kraft

Am 08.06.1815 trat der Deutsche Bund an die Stelle des Heiligen Römischen Reichs Deutscher Nation. Er setzte sich aus 35 Fürstenstaaten und den vier freien Reichsstädten Frankfurt, Hamburg, Lübeck und Bremen zusammen. Das Bündnis erhielt weder ein gemeinsames Staatsoberhaupt noch eine gemeinsame Regierung. Die einzige gesamtdeutsche Einrichtung war der Bundestag in Frankfurt, ein ständig tagender Gesandtenkongress, bei dem Österreich mit dem Fürsten von Metternich den Vorsitz führte. Metternich ging es vor allem darum, die Macht der Fürsten zu erhalten und zu stabilisieren. Die Politik des österreichischen Staatskanzlers innerhalb des Deutschen Bundes beeinflusste die europäische Politik maßgeblich.

Q1 In der Urkunde über die Gründung der „Heiligen Allianz" 1815 heißt es:
In Übereinstimmung mit den Worten der heiligen Schrift, welche allen Menschen befiehlt, sich als Brüder zu betrachten, werden die vertragschließenden Monarchen durch die Bande einer wahren und unauflöslichen Brüderlichkeit verbunden bleiben und werden sich bei jeder Gelegenheit Unterstützung, Beistand und Hilfe leisten; indem sie sich im Verhältnis zu ihren Untertanen als Familienväter betrachten, werden sie dieselben in dem Geiste der Brüderlichkeit regieren, der sie beseelt, um die Religion, den Frieden und die Gerechtigkeit zu schützen.

❶ Ordne die in Bild 1 abgebildeten Herrscher Alexander I., Franz I. und Friedrich Wilhelm III. den Gründungsländern der Heiligen Allianz zu. Nimm den Text zu Hilfe.

❷ Vergleiche die Ausdehnung Preußens und Österreichs auf der Karte mit der des Deutschen Bundes. Erkläre die Auffälligkeit.

❸ Fasse mithilfe von Q1 in eigenen Worten die Ziele zusammen, die mit der Bildung der Heiligen Allianz verbunden waren. Weise nach, wie man diese Ziele auch in Bild 1 erkennen kann.

❹ Erkläre anhand des Textes, zu welchem Zweck der Deutsche Bund gegründet wurde.

❺ Nenne anhand der Karte die wichtigsten Länder des Deutschen Bundes. Begründe deine Entscheidung.

❻ Die deutsche Bevölkerung war mit der Gründung des Deutschen Bundes unzufrieden. Verfasse einen Beschwerdebrief.

▶ *Die Gründung des Deutschen Bundes entspricht in keinster Weise den Bedürfnissen des Volkes. Wir hätten uns ...*

Warum wächst die politische Unzufriedenheit der Menschen?

Die Gesetze des Denker-Clubs auf dem rechten Schild:
1. Der Präsident eröffnet präzise 8 Uhr die Sitzung.
2. Schweigen ist das erste Gesetz dieser gelehrten Gesellschaft.
3. Auf das kein Mitglied in Versuchung geraten möge, seiner Zunge freien Lauf zulassen. So werden beim Eintritt Maulkörbe ausgeteilt.
4. Der Gegenstand, welcher in jedesmaliger Sitzung durch ein reifes Nachdenken gründlich erörtert werden soll, befindet sich auf einer Tafel mit großen Buchstaben deutlich geschrieben.

1 – „Der Denker-Club". Karikatur, um 1820.

Enttäuschte Hoffnungen

Viele Menschen in Deutschland waren von den Beschlüssen des Wiener Kongresses enttäuscht. Ein großer Teil der Bevölkerung zeigte daher kein Interesse mehr am politischen Geschehen und zog sich lieber ins Privatleben zurück. An den Universitäten hingegen setzten sich Studenten und fortschrittliche Professoren für neue politische Denkweisen ein und zeigten damit ihre Unzufriedenheit mit den politischen Verhältnissen am deutlichsten. Die einen forderten ein geeintes Vaterland mit demokratischer Verfassung, in dem sich das Volk als eine Nation verstand (Nationalismus). Die anderen kämpften für das politische Mitspracherecht des Einzelnen und forderten die Garantie von Grundrechten, ohne dabei vom Staat wesentlich eingeschränkt zu werden (Liberalismus). Liberale traten auch für die Gewaltenteilung, Rechtsstaat und Pressefreiheit ein.

Das Wartburgfest 1817

1815 schlossen sich Studenten in Jena zur Deutschen Burschenschaft zusammen, um symbolisch die deutsche Einheit anzudeuten. Die Farben ihrer Verbindung waren schwarz-rot-gold. Von Jena aus verbreitete sich die studentische Bewegung schnell. Am 18. 10. 1817 kam es zu einer politischen Demonstration auf der Wartburg bei Eisenach: Es wurde ein Feuer entzündet, in das man die Zeichen der Fürstenherrschaft warf: eine preußische Polizeiordnung und Bücher, die die Herrschaft der Fürsten verherrlichten.

Die Fürsten reagierten auf dieses und anderes revolutionäres Vorgehen im August 1819 mit den „Karlsbader Beschlüssen". Darin wurden die Burschenschaften verboten, die Zensur verschärft und die Versammlungsfreiheit eingeschränkt.

Europäischer Völkerfrühling

Trotzdem regten sich die Kräfte der liberalen und demokratischen Bewegung weiter. Einen Anstoß dafür gab die erfolgreiche Julirevolution in Paris im Jahr 1830, durch die Versuche der Rückkehr zur absoluten Herrschaft verhindert wurden. Sie war Vorbild für Erhebungen in anderen europäischen Ländern. Auch auf Deutschland war die Wirkung gewaltig: Am 27. 05. 1832 versammelten sich über 30 000 Demonstranten beim Schloss Hambach in der Pfalz. Im Zentrum

2 – Der Zug auf das Hambacher Schloss am 27. 05. 1832. Radierung, 1832.

standen Themen wie die nationale Einheit, politische Freiheit, soziale Gerechtigkeit sowie die rechtliche Gleichstellung von Frau und Mann. In Reden und auch Liedern wurden Wünsche und Kritik der Teilnehmenden vorgetragen. Obwohl sich die Teilnehmer sehr diszipliniert verhielten, wurden Hunderte von Personen verhaftet. In der Folge verschärften die Regierungen der deutschen Einzelstaaten die Zensur und hoben die Rede- und Versammlungsfreiheit auf. Die nationale Bewegung blieb dennoch lebendig: Gleichgesinnte fanden sich in vermeintlich unpolitischen Sänger-, Turn- und Schützenvereinen zusammen.

Q1 Der Student Heinrich von Gagern (1799–1880) schrieb am 17. 07. 1818 in einem Brief über die Ziele der Burschenschaft:

Überhaupt wünschen wir, dass Deutschland als ein Land und das deutsche Volk als ein Volk angesehen werden. ... Wir leben in einer deutschen Burschenschaft, im Geiste als ein Volk, wie wir es in ganz Deutschland gerne in der Wirklichkeit täten. Wir geben uns die freieste Verfassung, so wie wir sie gerne in Deutschland möglichst frei hätten.

Q2 Aus der Rede des Journalisten und Juristen Philipp Jakob Siebenpfeiffer (1789–1845) auf dem Hambacher Fest am 27. 05. 1832:

Ja, es wird kommen, der Tag, wo ein gemeinsames deutsches Vaterland sich erhebt ...!
Es lebe das freie, das einige Deutschland! ...
Hoch lebe jedes Volk, das seine Ketten bricht und mit uns den Bund der Freiheit schwört!
... Bald muss es geschehen, soll die europäische Freiheit nicht erdrosselt werden von den Mörderhänden der Aristokratie ... .
Auf ein Ziel nur lasset uns blicken, auf das leuchtende Ziel deutscher Nationaleinheit, deutscher Größe, deutscher Macht.

❶ ▶ Suche die im Text erwähnten Orte in der Karte auf S. 83.

❷ Beschreibe Bild 1 und erkläre, was der Zeichner über die Zustände in Deutschland aussagen will.
▶ *Nimm hierfür die Methode „Karikaturen entschlüsseln" auf S. 28/29 zu Hilfe.*

❸ Untersuche Bild 2 und ermittle, was es zu bedeuten hatte, wenn die Menschen die schwarz-rot-goldene Flagge mit sich führten.

❹ Partnerarbeit: Nennt mithilfe von Q1 und Q2 die Vorstellungen der Revolutionäre über ein zukünftiges Deutschland. Erklärt, worin diese Wünsche begründet liegen.
▶ *Nehmt die Karte auf S. 83 zu Hilfe.*

❺ Bewerte die Ziele Siebenpfeiffers in Q2. Welche erscheinen dir nachvollziehbar, welche nicht?
▶ *Nimm hierfür die Methode „Ein persönliches Werturteil bilden" auf S. 215 zu Hilfe.*

Methode

Ein historisches Lied untersuchen

Lieder sind wichtige Quellen

Das Lied bzw. das Singen von Liedern ist bis zum heutigen multimedialen Zeitalter ein wichtiger Bestandteil des alltäglichen Lebens. In Liedern werden Stimmungen, Empfindungen und Haltungen der jeweiligen Zeit deutlich. Historische Lieder entstanden schon seit Jahrhunderten, um Einfluss auf Politik und Gesellschaft zu nehmen. Entweder dienten diese Lieder dem Zweck, politische Verhältnisse zu stützen oder bestehende Zustände zu kritisieren und eine Veränderung herbeizuführen. Daher muss dem Textinhalt besondere Beachtung geschenkt werden.

Folgende Hinweise helfen dir bei der Untersuchung von historischen Liedern:

Schritt 1 **Ersten Eindruck festhalten**	■ Welche Wirkung hat das Lied auf dich?
Schritt 2 **Wichtige Informationen sammeln**	■ Um welche Liedart handelt es sich (z. B. Volkslied, Liebeslied, politisches Lied)? ■ Wie lautet der Titel des Liedes? ■ Wer ist der Textdichter bzw. der Komponist? ■ Wann und wo wurde das Lied verfasst? ■ Welche Informationen, Grundeinstellungen und Anspielungen enthält der Liedtext in den einzelnen Strophen?
Schritt 3 **Zusätzliche Informationen heranziehen**	■ Was kannst du über die Hintergründe der Entstehung des Liedes in Erfahrung bringen? ■ Wie verbreitet/bekannt war das Lied? ■ Welchen Bezug zu historischen Ereignissen enthält es? Welches Ereignis/Problem steht im Zentrum des Textes?
Schritt 4 **Die Aussagekraft des Liedes**	■ Mit welcher Absicht wurde dieses Lied gesungen? ■ Kannst du den Inhalt des Liedes in einen historischen Zusammenhang bringen? ■ Welche Wirkung erzielte das Lied in seiner Zeit tatsächlich? ■ Welche Gesamtaussage lässt sich formulieren?

❶ ▪ Vollziehe nach, wie man mit den Methodenschritten arbeiten kann, indem du dir das Lösungsbeispiel durchliest.

❷ ▪ Untersuche mithilfe der Schritte 1 bis 4 das Lied Q2 „Bienenlos".

❸ ▪ Recherchiere, wo das Lied Q1 bis heute Verwendung findet.

▶ *Nimm die Methode „Im Internet recherchieren" auf S. 211/212 zu Hilfe.*

❹ ▪ Bearbeite die Lernaufgabe „Kann Singen zu einer Revolution führen?" auf S. 208

Q1 „Die Gedanken sind frei" ist ein deutsches Volkslied aus dem Jahr 1812, das vor allem in der Zeit der Nationalbewegung in Deutschland gerne gesungen wurde:

1. Die Gedanken sind frei!
Wer kann sie erraten?
Sie fliehen vorbei
Wie nächtliche Schatten.
Kein Mensch kann sie wissen,
Kein Jäger erschießen.
Es bleibet dabei:
Die Gedanken sind frei.
...
3. Und sperrt man mich ein
Im finstern Kerker,
Das alles sind rein
Vergebliche Werke;
Denn meine Gedanken
Zerreißen die Schranken
Und Mauern entzwei:
Die Gedanken sind frei.
...
5. Ich liebe den Wein,
Mein Mädchen vor allen,
Die tut mir allein
Am besten gefallen.
Ich sitz nicht alleine
Bei meinem Glas Weine,
Mein Mädchen dabei:
Die Gedanken sind frei.

Q2 „Bienenlos" (1840) ist ein weiteres Lied von Hoffmann von Fallersleben:

Wir geben und der König nimmt,
wir sind zum Geben nur bestimmt,
Wir sind nichts weiter als die Bienen,
arbeiten müssen wir und dienen.

Und statt des Stachels gab Natur
uns eine stumpfe Zunge nur,
die dürfen wir nie unseretwegen
und nur im Dienst des Königs regen.

1 – August Heinrich Hoffmann von Fallersleben. Radierung von C. Hoffmeister, ohne Datum.

Das Lied „Die Gedanken sind frei" wurde 1842 in seinem Buch „Schlesische Volkslieder" erstmals veröffentlicht. Der Text des Liedes ist aber bereits 1780 auf Flugblättern abgedruckt worden, der eigentliche Autor ist unbekannt. Die Melodie dazu entstand erst zwischen 1810 und 1820.

Populär wurde das Lied erneut, als Sophie Scholl, eine Widerstandskämpferin (siehe S. 69 während des Nationalsozialismus, es 1942 ihrem verhafteten Vater vor dem Gefängnis auf ihrer Flöte vorspielte.

Lösungsbeispiel zu Lied 1:

Schritt 1:
Schon in den ersten Textzeilen spürt man die Sehnsucht nach Unabhängigkeit, nicht nur der Gedanken, sondern auch im Handeln. Unterdrückung und Unzufriedenheit waren meist ursächlich für diesen Wunsch.

Schritt 2:
Es handelt sich um ein Volkslied, da Verfasser und Komponist unbekannt sind. Es trägt den Titel „Die Gedanken sind frei". Der Autor ist unbekannt. Es wurde erstmals 1842 im Buch „Schlesische Volkslieder" veröffentlicht. In den einzelnen Strophen kann man erkennen, dass sich der Sänger das Denken nicht verbieten lässt, auch wenn mit Gewalt und Brutalität gegen ihn vorgegangen wird.

Schritt 3:
Um 1780 wurde der Text wohl erstmals auf Flugblättern verbreitet, erst zu Beginn des 19. Jahrhunderts wurde er vertont. Das Lied weist auf die Zeit der Unterdrückung durch absolutistische Herrscher hin, von denen es innerhalb des Deutschen Bundes viele gab. Nach den Karlsbader Beschlüssen 1819 wurde es zum Lied der freiheitlichen Bewegungen. Nach dem Hambacher Fest 1832 wurde es in ganz Deutschland populär.

Schritt 4:
Lieder der Nationalbewegung wurden im 19. Jahrhundert vor allem für politische Zwecke gesungen. Jedoch begegnen einem diese Texte bis heute häufig, oft auch in anderem Zusammenhang. Aber die Botschaft, sich im Denken niemals einschränken zu lassen und hinter seiner Meinung zu stehen, ist bis heute aktuell.

Die Revolution von 1848/49

Warum ging das Volk auf die Barrikaden?

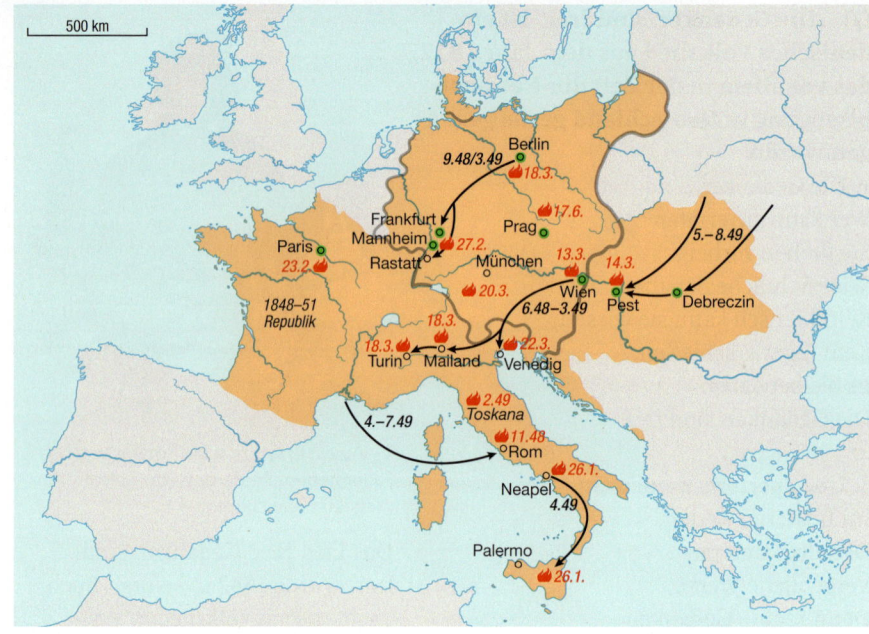

1 – Revolutionen in Europa 1848/49.

Legende:
- von Revolutionen betroffene Staaten
- erste liberale oder nationale Aufstände *13.3.* in wichtigen Städten
- Tagungsort einer Nationalversammlung
- erfolgreiche Militäraktionen *3.49* gegen revolutionäre Bewegungen
- Grenze des Deutschen Bundes

1848/49 Revolution in Deutschland

Paris gibt das Signal für Erhebungen in Europa

Im Februar 1848 kam es in Paris zu Massendemonstrationen gegen König Louis-Philipp (Regierungszeit 1830–1848) und seine Regierung. Die Menschen forderten ein neues Wahlrecht. Bisher durften nur diejenigen zur Wahl gehen, die über ein hohes Einkommen verfügten. Den aufgebrachten Bürgern rief ein Minister zu: „Werdet doch reiche Leute." Die Arbeiter, Tagelöhner und Handwerker fühlten sich hierdurch verhöhnt. Sie stürmten Ende Februar 1848 den Königspalast. Der König musste fliehen und die Republik wurde ausgerufen.

Aufstände in Deutschland

Dies war das Signal zu zahlreichen Revolutionen in ganz Europa. Davon wurden im Deutschen Bund zuerst die Staaten und Provinzen erfasst, die an Frankreich grenzten. Die Menschen in vielen deutschen Staaten verlangten Freiheiten, eine Verfassung und ein deutsches Parlament eines künftigen Nationalstaates. Dem großen Druck der Bürger gaben die Fürsten zunächst kampflos nach.

Revolution in Wien und Berlin

Gewaltsame Formen nahm die Revolution in den Hauptstädten der beiden Großmächte des Deutschen Bundes an.

In Wien kämpfte man für eine liberale und demokratische Veränderung der Regierungspolitik. Die Straßenkämpfe zeigten erste Erfolge und führten zum Rücktritt des Staatskanzlers Metternich; zusätzlich machte Kaiser Ferdinand I. (Regierungszeit 1835–1848) Zugeständnisse. Auch in Berlin spitzte sich die Lage immer mehr zu. Auf zahlreichen politischen Versammlungen forderten die Arbeiter von der Regierung Maßnahmen gegen die Arbeitslosigkeit. Bürger, Studenten und Arbeiter verlangten zudem gemeinsam Presse- und Redefreiheit, Versammlungsfreiheit, eine freiheitliche Verfassung und eine allgemeine deutsche Volksvertretung.

Der preußische König Friedrich Wilhelm IV. (Regierungszeit 1840–1858) war zunächst nicht bereit, den Forderungen nachzugeben. Um die politischen Versammlungen auseinanderzutreiben, ließ der König sogar Truppen in die Stadt einrücken. Aber die Protestierenden ließen sich nicht einschüchtern. Der König gab schließlich nach und versprach dem Land eine Verfassung zu geben.

Das Volk geht auf die Barrikaden

Am 18.03.1848 versammelten sich etwa 10 000 Berliner vor dem Schloss, um ihrem König für die Zusage einer Verfassung zu danken. Plötzlich fielen – vermutlich aus Versehen – zwei Schüsse. Die Bürger fühlten sich betrogen. In aller Eile errichteten sie Straßenbarrikaden, auf denen schwarz-rot-goldene Fahnen wehten. Die Bürger wehrten die gut ausgebildeten Armeeeinheiten mit den einfachsten Waffen ab. Um weiteres Blutvergießen zu vermeiden, zog der König seine Truppen ab.

Am folgenden Tag trugen die Bürger die Leichen von 150 Barrikadenkämpfern vor das königliche Schloss. Der König wurde gezwungen, sich vor den Särgen der Gefallenen zu verneigen. Mit einer schwarz-rot-goldenen Armbinde musste er durch die Straßen reiten.

Neue Freiheiten

Die Revolution ermöglichte den Berlinern neue Freiheiten. Auf Flugblättern und Plakaten konnte nun jeder seine politischen Ansichten äußern. Diese Presse- und Versammlungsfreiheit führten zu einem lebhaften öffentlichen Leben. Jetzt schlossen sich Gleichgesinnte in „Klubs" zusammen. Das waren die Vorläufer der politischen Parteien.

2 – Barrikadenszene am Alexanderplatz in Berlin. Kolorierter Holzstich von J. Kirchhoff, 18.03.1848.

Q2 Aus dem Erlass Friedrich Wilhelms IV. vom 21. März 1848:

Ich übernehme heute diese Leitung für die Tage der Gefahr. Mein Volk, das die Gefahr nicht scheut, wird mich nicht verlassen und Deutschland wird sich mir mit Vertrauen anschließen. Ich habe heute die alten deutschen Farben angenommen und mich und mein Volk unter das ehrwürdige Banner des Deutschen Reichs gestellt. Preußen geht fortan in Deutschland auf!

Q1 Auszug aus einem anonymen Flugblatt, verbreitet Anfang März 1848 im Gebiet Frankfurt, Mainz und Mannheim:

Das deutsche Volk will: Pressefreiheit, Glaubensfreiheit, allgemeines Parlament, Aufhebung der stehenden Heere, dieser Zwangsjacke für die Völker und Puppenspiels der Fürsten und dagegen allgemeine Volksbewaffnung. Es lebe Frankreich! Es lebe das vereinigte Deutschland!

Gedruckt in Deutschland bei Schlagdrauf und Hilfdirselbst.

1 🔲 Erstelle anhand der Karte in Bild 1 eine Liste, in welchen Städten im Frühjahr 1848 Aufstände ausbrachen.

2 🔲 Fasse anhand Q1 und des Textes zusammen, welche Forderungen das Volk an den König stellte.

3 🔲 Erkläre den abschließenden Satz in Q1.

4 🔲 Beschreibe Bild 2 und kläre den Ursprung des nationalen Symbols, das darauf zu erkennen ist.

▶ *Nimm hierfür die Methode „Bilder untersuchen" auf S. 213 sowie die Informationen auf S. 84 zu Hilfe.*

5 🔲 Erläutere, wie der König in Q2 seine Position in der Revolution darstellt. Überlege, was es bedeutet, dass er die „alten deutschen Farben" (schwarz-rot-gold) anlegt.

6 🔲 Partnerarbeit: Verfasst mithilfe von Q1 und Bild 2 einen Zeitungsbericht über die Ereignisse in Berlin im März 1848.

▶ *Überlegt euch im Vorfeld, welchen Blickwinkel ihr dabei einnehmen möchtet.*

Die Revolution in Berlin

1 – Barrikade an der Kronen- und Friedrichstraße am 18. März in Berlin. Farblithografie 1848 von F. C. Nordmann.

Schauplatz Geschichte

Nachdem Revolutionäre Freiheitsrechte von der preußischen Monarchie gefordert hatten, ging ab dem 13.03.1848 das Militär gegen sie vor. Aber nicht nur erwachsene Männer beteiligten sich an den Kämpfen. Zeitgenössische Darstellungen zeigen Kinder und Jugendliche beim Bleigießen, um Kugeln für Gewehre herzustellen. Sie nahmen ebenfalls, freiwillig oder verpflichtet, an den Kämpfen teil.

Bildet Gruppen und bearbeitet eine der Aufgaben 1–3, die euch zugeteilt wurde. Stellt eure Ergebnisse anschließend den anderen Gruppen vor.

❶ Betrachtet das Bild genau und achtet auf die Einzelheiten, z. B. die Waffen, Werkzeuge … Verfasst eine genaue Bildbeschreibung, in der ihr die Tätigkeiten in eine historische Situation einbindet.

▶ *Nehmt die Methode „Bilder untersuchen" von S. 213 zu Hilfe.*

❷ Versetzt euch in die Jungen im Bildmittelpunkt hinein und betrachtet ihre Tätigkeit genau. Verfasst eine Erzählung aus Sicht eines der Jungen über die Erfahrungen hinter den Barrikaden, in die ihr auch Gefühle und Gedanken einbindet.

▶ *Eigentlich wäre ich lieber einfach nach Hause gegangen, aber es wurde von mir erwartet zu helfen …*

❸ Einer der Jungen in der Bildmitte schreibt an einen Freund, was er bei den Barrikadenkämpfen erlebt hat.

▶ *Benutzt das Bild und die Informationen auf S. 88/89 dafür als Grundlage.*

Welche Aufgaben hatte die Nationalversammlung?

1 – Unter diesem Symbolbild der Germania diskutierten die Abgeordneten in der Frankfurter Paulskirche. Gemälde von Philipp Veit, 1848.

tritt gezwungen. Erstmalig sollten in allen Ländern des Deutschen Bundes allgemeine und gleiche Wahlen zu einer Nationalversammlung stattfinden. Allerdings war nicht das gesamte Volk stimmberechtigt: Frauen sowie wenig gebildete Männer waren ausgeschlossen (z. B. Dienstboten, Handwerkergesellen).

Am 18. 05. 1848 kamen in der Paulskirche in Frankfurt am Main (siehe Bild 3, S. 79) etwa 600 frei gewählte Abgeordnete zusammen. Es handelte sich vor allem um Männer mit gehobenen Berufen. Bauern waren kaum, Arbeiter gar nicht vertreten.

Entstehung von politischen Gruppen

Parteien gab es in der Nationalversammlung noch nicht. Die verschiedenen politischen Gruppierungen wurden aber entsprechend ihrer Sitzordnung im Versammlungssaal als „Linke" und „Rechte" oder als „die Mitte" bezeichnet. Abgeordnete mit ähnlichen politischen Zielen trafen sich in Frankfurter Gasthöfen, um ihre Arbeit für das Parlament und die Ausschüsse vorzubereiten. Aus diesen Zusammenschlüssen entstanden *Fraktionen, deren Mitglieder dann in umstrittenen Fragen geschlossen abstimmten.

＊Bundesversammlung
Gemeint ist die ständig tagende Versammlung der Gesandten des Deutschen Bundes.

＊Fraktion
Das Wort stammt vom lateinischen fractio = Bruch ab und bezeichnet bis heute den Zusammenschluss aller Abgeordneten einer Partei oder befreundeter Parteien.

Das Vorparlament trifft erste Entscheidungen

Während der Märzunruhen richtete sich die Aufmerksamkeit auch auf Frankfurt am Main, den Sitz der Bundesversammlung. Mit Zustimmung der Bundesversammlung fanden sich 574 ausgesuchte Männer aus allen deutschen Staaten zusammen. Dieses sogenannte „Vorparlament" traf ab dem 31. 03. 1848 die Vorbereitungen für die Wahlen zu einer Nationalversammlung, die eine Verfassung für ganz Deutschland ausarbeiten sollte.

Die erste deutsche Nationalversammlung

Zeitgleich wurden – bedingt durch die voranschreitende Revolution überall in Deutschland – die Regierungen zum Rück-

Schwierige Aufgaben der Nationalversammlung

Eine der ersten Amtshandlungen war die Berufung einer vorläufigen Reichsregierung. Sie hatte aber keine Macht, da ihr weder feste Einkünfte noch eine Verwaltung oder gar Truppen zur Verfügung standen. Als vorläufiges Staatsoberhaupt wurde Erzherzog Johann von Österreich berufen.

Ihre wichtigste Aufgabe sahen die Abgeordneten in der Ausarbeitung einer Verfassung. Dabei konzentrierten sie sich vor allem auf die Festlegung der Grundrechte und die Gewaltenteilung.

Außerdem musste die Gründung eines deutschen Nationalstaates beschlossen werden. Hierbei herrschte jedoch Uneinigkeit, welche Gebiete die Nation umfassen sollte.

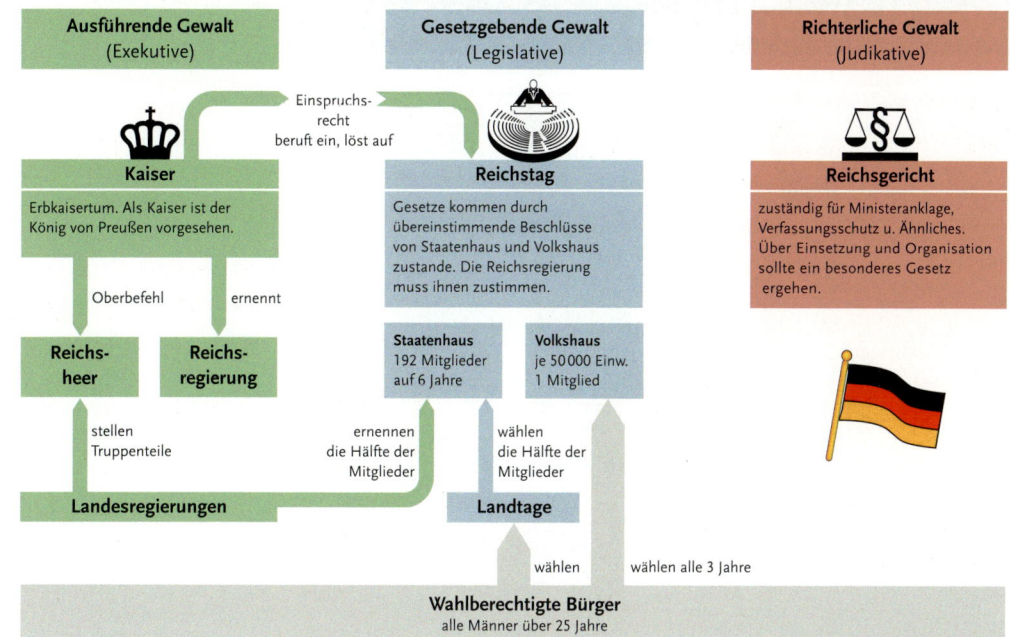

Ausführende Gewalt (Exekutive)	Gesetzgebende Gewalt (Legislative)	Richterliche Gewalt (Judikative)

Kaiser
Erbkaisertum. Als Kaiser ist der König von Preußen vorgesehen.

Einspruchs-recht beruft ein, löst auf

Reichstag
Gesetze kommen durch übereinstimmende Beschlüsse von Staatenhaus und Volkshaus zustande. Die Reichsregierung muss ihnen zustimmen.

Reichsgericht
zuständig für Ministeranklage, Verfassungsschutz u. Ähnliches. Über Einsetzung und Organisation sollte ein besonderes Gesetz ergehen.

Oberbefehl   ernennt

Reichs-heer   **Reichs-regierung**

Staatenhaus 192 Mitglieder auf 6 Jahre

Volkshaus je 50 000 Einw. 1 Mitglied

stellen Truppenteile

ernennen die Hälfte der Mitglieder

wählen die Hälfte der Mitglieder

Landesregierungen   **Landtage**

wählen   wählen alle 3 Jahre

Wahlberechtigte Bürger
alle Männer über 25 Jahre

2 – Die Reichs-verfassung vom 28.03.1849.

Zur Diskussion standen drei Varianten:
– „kleindeutsche Lösung", bei der Deutschland und Österreich getrennt verwaltet werden sollten,
– „großdeutsche Lösung", wobei Österreich mit den zum Deutschen Bund gehörenden Gebieten ins Reich (Böhmen, Mähren, Trient und Triest) aufgenommen werden sollte, nicht aber die anderen Teile des Vielvölkerstaates,
– „großösterreichische Lösung", ein Zusammenschluss der deutschen Einzelstaaten mit dem gesamten Kaiserreich Österreich.

Verkündigung der Grundrechte
Noch vor der Verabschiedung der Reichsverfassung wurden im Dezember 1848 die Grundrechte des deutschen Volkes verkündet. Diese beinhalteten u. a. die Gleichheit aller vor dem Gesetz, die Glaubens- und Gewissens- sowie die Meinungs-, Versammlungs- und Pressefreiheit. Zum ersten Mal erlangten damit in Deutschland Menschen- und Bürgerrechte Gesetzeskraft. Sie wurden 100 Jahre später fast unverändert in das Grundgesetz der Bundesrepublik Deutschland übernommen. Im März 1849 fanden sich diese auch in der Reichsverfassung wieder.

Q1 Auszug aus der Reichsverfassung von 1849:
§ 137 Vor dem Gesetz gilt kein Unterschied der Stände. Der Adel als Stand ist aufgehoben. … Die Deutschen sind vor dem Gesetz gleich. …
§ 138 Die Freiheit der Person ist unverletzlich. …
§ 140 Die Wohnung ist unverletzlich. …
§ 143 Jeder Deutsche hat das Recht, … seine Meinung frei zu äußern. …
§ 144 Jeder Deutsche hat volle Glaubens- und Gewissensfreiheit. …
§ 161 Die Deutschen haben das Recht, sich friedlich und ohne Waffen zu versammeln.

❶ Beschreibe Bild 1 genau und beachte vor allem die dir bekannten nationalen Symbole.
❷ Fasse mithilfe des Textes die Aufgaben der Nationalversammlung zusammen.
❸ Überlege, was die gesprengte Fessel in Bild 1 in Bezug auf die Geschehnisse im Jahr 1848 bedeuten könnte.
❹ Untersuche anhand von Bild 2 die Rollen von Kaiser, Reichsregierung, Reichstag und Volk in der neuen Verfassung.
▶ *Nimm die Methode „Ein Verfassungsschema lesen und verstehen" von S. 38/39 zu Hilfe.*
❺ Bewerte, welche Grundrechte aus Q1 besonders wichtig sind. Begründe deine Meinung.
▶ *Nimm hierfür die Methode „Ein persönliches Werturteil bilden" von S. 215 zu Hilfe.*

War die Revolution erfolgreich?

1 – Während in der Frankfurter Paulskirche die Nationalversammlung tagt, beginnt am 18.09.1848 ein republikanischer Volksaufstand. Neuruppiner Bilderbogen, 1848.

Die Grenzen des Staates

Mit der Verabschiedung der Reichsverfassung waren aber noch nicht alle Probleme der Nationalversammlung gelöst: Es musste noch über die Reichsgrenzen und die Herrschaftsform entschieden werden.

Die Frage nach dem Staatsgebiet löste sich im Laufe des Jahres 1848 nahezu von selbst. In Wien war die Märzrevolution niedergeschlagen worden und der neue Staatskanzler Fürst Schwarzenberg hatte Österreich eine neue Verfassung gegeben, die einen österreichischen Gesamtstaat festschrieb. Damit war die Festlegung der Grenzen für den deutschen Staat entschieden – es kam nur noch die kleindeutsche Lösung in Frage. Das neue Reich sollte ein *❋Bundesstaat werden.

Der König lehnt die Kaiserkrone ab

Die Mitglieder der Nationalversammlung hatten lange die Frage diskutiert, ob das Deutsche Reich eine Republik oder eine Monarchie sein sollte. Schließlich entschied man sich für die konstitutionelle Monarchie: An der Spitze des Staates sollte ein Kaiser stehen, dessen Macht aber durch die Verfassung und das Parlament eingeschränkt war. Als Kaiser kam durch Beschluss der kleindeutschen Lösung nur der preußische König Friedrich Wilhelm IV. in Frage. Er sollte „Kaiser der Deutschen" werden. Doch als eine Abordnung der Nationalversammlung die Kaiserwürde überbrachte, lehnte Friedrich Wilhelm IV. diese ab.

Probleme der Nationalversammlung

Mit dieser Reaktion des preußischen Königs hatten die Abgeordneten nicht gerechnet. Sie hatten aber auch nicht die Macht, ihre Beschlüsse durchzusetzen. Deshalb traten die meisten Abgeordneten aus der Nationalversammlung aus. Nur 100 Abgeordnete blieben und bildeten Anfang Mai in Stuttgart ein „*❋Rumpfparlament", das bereits im Juli von württembergischen Truppen aufgelöst wurde. Auch die Reichsverfassung hatte durch die Ablehnung der Krone keinen Bestand mehr.

Im April 1849 begannen revolutionäre Bürger mit Waffengewalt um die Anerkennung der Reichsverfassung zu kämpfen. Die Aufstände erfassten Teile Preußens, Sachsens, die Pfalz und Baden. Sie griffen auch auf Bayern und Württemberg über. Schnell stellten die Fürsten die alte Ordnung und den Obrigkeitsstaat wieder her und ließen die Aufstände blutig niederschlagen. In den meisten Staaten wurden alle Reformen von 1848 wieder zurückgenommen. Viele Revolutionäre wurden hingerichtet oder zu hohen Haftstrafen verurteilt. 1850 stellten Preußen und Österreich den Deutschen Bund wieder her; die Grundrechte wurden 1851 durch den neu zusammengetretenen Frankfurter Bundestag aufgehoben.

2 – „Das Volk ist mir zum Kotzen". Lithografie von C. Böhme, um 1848.

Q1 Friedrich Wilhelm IV. schrieb zur angebotenen Kaiserkrone in einem Brief an den Gesandten Bunsen am 13. 12. 1848:

Ich will weder der Fürsten Zustimmung zu der Wahl noch die Krone. ... Die Krone, die ein Hohenzoller nehmen dürfte, ... ist keine, die eine ... revolutionäre ... Versammlung macht, ... sondern eine, die den Stempel Gottes trägt, die den, dem sie aufgesetzt wird, nach der heiligen Ölung, „von Gottes Gnaden" macht ... . Die aber, die sie ... meinen, verunehrt ... mit ihrem Ludergeruch der Revolution von 1848, der albernsten, dümmsten, schlechtesten ... dieses Jahrhunderts. Einen solchen imaginären Reif, aus Dreck und *Letten gebacken, soll ein legitimer König von Gottes Gnaden und nun gar der König Preußens sich geben lassen ... ? Soll die tausendjährige Krone deutscher Nation wieder einmal vergeben werden, so bin ich es und meinesgleichen, die sie vergeben werden.

Q2 Die deutsche Schriftstellerin Malvida von Meysenburg (1816–1903) schrieb 1848:

Als ich zuletzt den Weg mit der Eisenbahn zwischen Köln und dem Norden zurücklegte, da war es Frühling 1848. Von unserem Zug flatterten schwarzrotgoldene Fahnen; eine lange Reihe Waggons, eingenommen von Freischaren junger entflammter Männer. ... Ich mischte mich unter sie und hörte, wie sie Hoffnungen und Wünsche austauschten. ... Und nun? Keine Fahnen flatterten, keine Jünglinge schwärmten von Kampf und Sieg; lautlos schoss der Zug dahin, aber im Herzen brannte die tausendfache Schmach des Vaterlandes, die getäuschten Erwartungen und die vielleicht auf lange hinausgeschobene Entwicklung des politischen und sozialen Lebens.

✻ Letten
Dies ist ein veralteter Ausdruck für ein tonartiges Gestein oder tonartigen Boden. Beides ist nicht für eine Funktion geeignet.

❶ ▣ Beschreibe Bild 1 genau und beziehe dabei die Stimmung, die in der Bevölkerung herrscht, mit ein.

❷ ▣ Erkläre, was in Q2 mit den „getäuschten Erwartungen" gemeint ist.

❸ ▣ Beantworte die Frage der Überschrift und begründe deine Meinung.

❹ ▣ Bewerte die Einstellung des Königs zur Kaiserkrone anhand von Bild 2 und Q1.

▶ *Nimm die Methode „Ein persönliches Werturteil bilden" auf S. 215 zu Hilfe.*

❺ ▣ Verfasse aus der Sicht eines revolutionären Bürgers im April 1849 eine Flugschrift, die sich überzeugend für das Beibehalten der neuen Grundrechte ausspricht.

▶ *Wir müssen uns gemeinsam dafür stark machen, unsere neuen Rechte behalten zu dürfen. Vorbei ist die Unterdrückung, die neue Zeit soll uns ...*

Robert Blum – ein Vorkämpfer für die Freiheit

Robert Blum (1807–1848)

Robert Blum war ein deutscher Politiker
während der Revolution von 1848. Er
stammte aus der Unterschicht und hatte
keinen Schulabschluss, bildete sich aber
zeitlebens eigenständig weiter. Ab 1839
stand für ihn die Politik im Mittelpunkt
und er wurde einer der führenden Köpfe
der liberalen Opposition in Sachsen und
der Demokraten in der Frankfurter Nationalversammlung. Dabei setzte er sich leiden-
schaftlich für Menschenrechte, das Selbst-
bestimmungsrecht aller Europäer und für
die Republik ein.

M1 Stationen seines politischen Lebens:
- März 1848: Entsendung ins Vorparlament,
- Mai 1848: Vertreter Leipzigs in der Frankfurter Nationalversammlung,
- Einsatz auf Seite der Demokraten für
  einen deutschen Nationalstaat,
- Oktober 1848: Teilnahme am Aufstand
  1848 auf der Seite der Revolutionäre
  an der Verteidigung Wiens gegen die
  kaiserlich-österreichischen Truppen,
- 09. 11. 1848 Hinrichtung in Wien
  (Brigittenau) wegen seiner Unterstützung
  der revolutionären Bewegung

1 – Robert Blums Leben und Tod. Neuruppiner Bilderbogen, 1848.

**Q1 Die Frauenrechtlerin Louise Otto (1819–1895)
schrieb 1850 in der von ihr gegründeten Frauenzeitung:**

Ich habe sie gesehen, die Macht, als ich … ihn sprechen
hörte, in jenen Versammlungen im August 1845 im
Leipziger Schützenhaus, wo die empörten Massen Rache
schrien … . Damals, als diese klangvolle Stimme den
Aufgeregten zurief: „Verlasset den Boden des Gesetzes
nicht!" und sie überredete, nur Forderungen der Sühne
zu stellen – damals zeigte es sich, wie er allein durch
seine Besonnenheit … und durch das Schlagende seiner
Worte und Gründe allerdings eine Art von Zauber auch
auf die aufgeregtesten Massen ausübte.

**Q2 Während der Unruhen in Wien schrieb Robert
Blum 1848 an seine Frau Jenny:**

In Wien entscheidet sich das Schicksal Deutschlands,
vielleicht Europas. Siegt die Revolution hier, dann beginnt sie von neuem ihren Kreislauf, erliegt sie, dann ist
wenigstens für eine Zeit lang Kirchhofsruhe in Deutschland.

Q3 Das Lied „Was zieht dort zur Brigittenau im blutigen Morgenrot" entstand nach der Hinrichtung Robert Blums am 09. 11. 1848:

Was zieht dort zur Brigittenau
Im blut'gen Morgenrot?
Das sind die kroatischen Jäger
Die führen den Fahnenträger
Der Freiheit hin zum Tod.

Sie haben ihn gefangen
Trotz Recht und Reichsgesetz
Es hat ihm das Urteil gesprochen
Es hat ihm den Stab gebrochen
Der Mörder Windisch-Grätz!

Zum Richtplatz sie ihn führen
Ihn schreckt nicht Tod noch Grab;
Doch als er denkt der Lieben
Die ihm daheim sind geblieben
Fällt still eine Träne herab. ...

Er schlingt sich selbst die Binde
Wohl um der Augen Licht:
O du Deutschland, für das ich gestritten
Für das ich im Leben gelitten
Verlass die Freiheit nicht.

Es krachen die Gewehre.
Im Blute liegt der Held.
Es haben die Büchsen der Jäger,
Der Freiheit Fahnenträger,
Den Robert Blum gefällt.

Der Fähnrich ist erschlagen,
Es fiel der Robert Blum.
Auf Brüder, die Fahne zu retten
Der Freiheit aus Banden und Ketten
Zu Deutschlands Eigentum!

Q4 Aus der Rede Robert Blums vor einer Wählerversammlung in Leipzig am 16. 08. 1848:

Dass dieses Jahrhunderte lang zerrissene, zersplitterte und dadurch tief gesunkene Deutschland eins werde – eins auf der Grundlage der Freiheit, und des schwer gedrückten Volkes Last, soweit es die großen Bedürfnisse einer Revolution zulassen, gemindert und gelindert würde. ... Was die Einheit unseres Vaterlandes zu stören drohte, das haben wir bekämpft. ... Gefährlich für die Einheit erachten wir es, wenn es einzelnen Staaten gestatte wäre, Friedensschlüsse nach eigener Willkür abzuschließen, weil dann leicht das Interesse dieser einzelnen Staaten dem der Gesamtheit vorgezogen werde, nur die republikanische Regierungsform ist für den Gesamtstaat gut und heilsam. ... Aber wir weisen es entschieden zurück, dass wir jemals die Hände an die Umgestaltung der Verhältnisse in den Einzelstaaten legen wollen ..., die nur aus der freien Entwicklung der Teile hervorgehen kann.

Bildet Gruppen und bearbeitet die Aufgaben für die Gruppe A, B oder C, die euch zugeteilt wurden. Stellt eure Ergebnisse den anderen Gruppen anschließend vor.

Gruppe A:
❶ 🔲 Fasst Robert Blums Lebensstationen anhand der Kurzbiografie und Bild 1 zusammen. Erstellt ein Plakat mit den wichtigsten Ereignissen.
❷ 🔲 Setzt euch kritisch mit der Auswahl der Stationen in Bild 1 auseinander, indem ihr erklärt, mit welcher Absicht diese Auswahl getroffen wurde.

Gruppe B:
❸ 🔲 Stellt Robert Blums Handeln und seine politische Einstellung anhand der Lebensstationen sowie Q1 und Q4 dar.
❹ 🔲 Bereitet ein kurzes Rollenspiel vor, in dem Blum seine politische Überzeugung vor Gegnern verteidigt.

Gruppe C:
❺ 🔲 Erklärt anhand von Q2 und Q4 Blums Vorstellung einer neuen politischen Ordnung in Deutschland. Geht dabei auch darauf ein, wie Blum das Handeln anderer beurteilt.
❻ 🔲 Verfasst einen kritischen Artikel über Blum, in dem ihr darstellt, ob er als Vorkämpfer für die Freiheit Deutschlands und Europas bezeichnet werden kann.

Ergänzende Aufgabe für alle Gruppen:
❼ 🔲 Untersucht das Lied Q3 und bringt die Inhalte in einen historischen Zusammenhang.
▶ *Nehmt hierfür die Methode „Ein historisches Lied untersuchen" auf S. 86/87 zu Hilfe.*

Geschichte vor Ort

Kam die Revolution auch in Bayern an?

1 – König Ludwig I. im Kreise von Künstlern. Gemälde von Wilhelm Kaulbach, 1848.

Lola Montez (1818–1861). Die Tänzerin war seit 1846 die Geliebte König Ludwigs I., der sie 1847 zur Gräfin Landsfeld erhob.

✻ **Zeughaus**
Dies ist ein Gebäude, in dem Waffen gelagert und repariert werden.

✻ **neuromanisch**
Dies ist ein Baustil des 19. Jahrhunderts, der dem mittelalterlichen Stil der Romanik (ca. 1000–1250) nachempfunden ist. Typisch dafür sind gewölbte Rundbögen, kleine Fenster und dicke Mauern.

✻ **neubyzantinisch**
Diese Art, im 19. Jahrhundert Kirchen zu errichten, geht auf den Baustil zurück, der im mittelalterlichen Byzantinischen Reich (300–1453) vorherrschte. Kennzeichnend sind viele Rundkuppeln und Mosaiken.

Bayern erhält eine Verfassung

Schon während des Wiener Kongresses 1815 berieten Vertreter des Adels, der Geistlichkeit und der Städte über eine bayerische Verfassung. Diese wurde 1818 veröffentlicht und sah neben vielen Freiheits- und Gleichheitsrechten auch die Einrichtung einer Volksvertretung vor. Der erste Versuch einer Demokratie wurde allerdings dadurch getrübt, dass diese erste Verfassung von König Maximilian I. Joseph (siehe S. 58) ohne Mitwirkung des Volkes erlassen wurde. Nach Bekanntwerden der Karlsbader Beschlüsse 1819 setzte der König viele der in der Verfassung festgelegten Rechte nicht um.

König Ludwig I. weckt Hoffnungen

Sein Sohn Ludwig hatte schon als Kronprinz seine Begeisterung für eine freiheitliche Verfassung zum Ausdruck gebracht. Als dieser 1825 König wurde, hofften die Liberalen auf eine baldige Veränderung der Bedingungen. Anfangs schienen sich diese Erwartungen auch zu erfüllen: Der neue König berief freiheitlich denkende Minister ins Parlament und führte die Pressefreiheit wieder ein. Bedingt durch die Julirevolution 1830 in Frankreich wandelte sich aber die Stimmung und der König fürchtete das Übergreifen der

Revolution auf Bayern. 1834 verstärkte das Hambacher Fest (siehe S. 84/85) seine Angst vor Unruhen. Erneut wurde die bayerische Verfassung eingeschränkt und gegen demokratische Zeitungen, fortschrittliche Professoren und Liberale vorgegangen. Zudem sollten die Bewohner Untertanen und keine Staatsbürger sein. Nach ersten demokratischen Tendenzen erfolgte in Bayern eine Rückkehr zu einem nahezu absolutistischen Herrschaftsstil.

Demonstrationen weiten sich aus

Bayerische Demokraten nahmen die Februarrevolution in Frankreich 1848 zum Vorbild, um gegen die bestehenden Bedingungen zu protestieren. Zudem wurde Ludwigs Ansehen durch eine Affäre mit der Tänzerin Lola Montez stark geschädigt, was zu öffentlichen Demonstrationen führte. Diese weiteten sich zu einer Revolution aus. In München fanden vom 2. bis 4. März 1848 gewalttätige Auseinandersetzungen statt, in der Pfalz und in Franken kam es zu Aufständen. Am 4. März stürmte eine Menschenmenge das Münchner Zeughaus und bewaffnete sich. Sie forderten unter anderem die Pressefreiheit und ein besseres Wahlrecht. Um Blutvergießen zu vermeiden, zeigte sich

König Ludwig I. zu einigen Kompromissen bereit und gab den Forderungen nach. Er war aber vom Verhalten des Bürgertums so enttäuscht, dass er am 20. 03. 1848 zurücktrat.

Konzentration auf Kunst und Wissenschaft

Neben der Politik widmete Ludwig I. viel Zeit der Förderung der Kunst. Auch nach seiner Abdankung 1848 führte er dies fort. Insbesondere München hat er nachhaltig geprägt. Große Teile seines ehrgeizigen Bauprogramms sind bis heute erhalten. Die nach ihm benannte Ludwigstraße prägt bis heute das Münchner Stadtbild ganz wesentlich. Auffallend sind hierbei die verschiedenartigen Stilrichtungen, die nebeneinander stehen. Während Feldherrnhalle und Siegestor antike Vorbilder hatten, ist das heutige Hauptstaatsarchiv (damals Kriegsministerium) der Renaissance zuzuordnen. Die Ludwigskirche ist ein *neuromanisch-byzantinischer Bau, die Universität *romantisch-klassizistisch. Die besondere Vorliebe für die griechische Antike beweist noch heute der von Leo von Klenze geschaffene Königsplatz. Die dortigen Gebäude sind verschiedenen griechischen Stilformen nachempfunden. Ludwig machte diese Museen der Öffentlichkeit zugänglich. Der Herrscher glaubte, sein Volk mithilfe der Kunst zu einem Geschichtsbewusstsein erziehen zu können.

2 – Ansicht der Ludwigstraße in München mit Ludwigskirche und Staatsbibliothek. Stahlstich von G. W. Kraus, ca. 1842.

Q1 Aus der bayerischen Verfassung von 1818:

Freiheit der Gewissen und gewissenhafte Scheidung und Schützung dessen, was des Staates und der Kirche ist. Freiheit der Meinungen, mit gesetzlichen Beschränkungen gegen den Missbrauch. Gleiches Recht der Eingeborenen zu allen Graden des Staatsdienstes und zu allen Bezeichnungen des Verdienestes. Gleiche Berufung zur Pflicht und zur Ehre der Waffen. Gleichheit der Gesetze und vor dem Gesetze. Unparteilichkeit und Unaufhaltbarkeit der Rechtspflege ...

Q2 Ein preußischer Gesandter berichtete über die Bautätigkeit des bayerischen Königs Ludwig I.:

Die Gebäude, die Seine Majestät ... bauen ließ und die aus München eine der schönsten Städte Europas machen, hatten immer einen Nützlichkeitszweck. ... Aber die Öffentlichkeit findet keinen in der Mehrzahl der neuen Bauten ... wie z. B. der Befreiungshalle bei Kelheim, deren Kostenvoranschlag sich auf zweieinhalb Millionen Gulden beläuft, wie das Siegestor, das am Anfang der Ludwigstraße ... errichtet wird. Es steht fest, dass diese Denkmäler auf Kosten der Privatkasse des Königs errichtet werden. ... Ihre Errichtung gibt vielen Händen Arbeit, lässt die Künste aufblühen und zieht die Fremden an.

* romantisch
Dieser Baustil des 19. Jahrhunderts orientiert sich ebenfalls an vergangenen Epochen, indem z. B. Gebäude, deren Bau im Mittelalter begonnen wurden, im 19. Jahrhundert im nachempfundenen Stil zu Ende gebaut wurden.

* klassizistisch
Dies ist ein Baustil, der zwischen 1770 und 1840 vorherrschte und der sich an der Antike orientierte. Die Gebäude erinnern mit vielen Säulen an griechische oder römische Tempel.

1 ◼ Erkläre, welche politischen und kulturellen Sichtweisen des Königs in Bild 1 deutlich werden.
▶ *Achte dabei auf die Körperhaltung des Königs und der Künstler.*

2 ◼ Partnerarbeit: Fasst zusammen, welche Rechte in der Bayerischen Verfassung von 1818 in Q1 festgeschrieben waren. Recherchiert, welche dieser Rechte noch heute zu unserer Verfassung gehören.
▶ *Nehmt die Methode „Eine Internetrecherche durchführen" von S. 211/212 zu Hilfe.*

3 ◼ Arbeite anhand des Texts und Q2 heraus, wofür Ludwig I. bewundert wurde, welche Kritik aber auch an ihm bestand.

4 ◼ Verfasse einen Stadtrundgang durch die Münchner Ludwigstraße.
▶ *Informiere dich im Internet über die Gebäude, die sich dort befinden.*

Welche Rolle spielen nationale Symbole heute?

1 – Das Fotoprojekt „Lebendige Flagge" ist quer durch Deutschland unterwegs, um die Vielfältigkeit des Landes zu zeigen. Foto, ohne Jahr.

Die Nationalhymne (siehe S. 103) verfolgt ebenfalls diese Absicht, wobei sich diese in Deutschland im Laufe der Geschichte gewandelt hat. Seit 1922 wurde vornehmlich die erste Strophe des „Liedes der Deutschen" – verfasst von August Heinrich Hoffmann von Fallersleben – gesungen, welche, bedingt durch die Zeit des Nationalsozialismus (1933–1945) dann aber wegen des starken nationalen Gedankens in Misskredit fiel. 1991 wurde die dritte Strophe zur offiziellen Nationalhymne erklärt und ist es bis heute. Besonders diskutiert wurde in Deutschland aber über den Nationalfeiertag. Auf den 9. November fallen eine Reihe von Ereignissen, die für die deutsche Geschichte als politische Wendepunkte gelten. So wurde am 9. November 1848 der Abgeordnete der Paulskirche Robert Blum hingerichtet (siehe S. 96/97). Später folgten die Novemberrevolution 1918, der Hitler-Ludendorff-Putsch 1923, die Reichspogromnacht 1938 sowie der Fall der Berliner Mauer 1989. Allerdings sind nicht alle diese Ereignisse positiv behaftet. Der Nationalfeiertag sollte aber ein Ereignis mit einer aufbauenden Symbolwirkung darstellen, das die Menschen zusammenschweißt und sie mit Optimismus in die Zukunft schauen lässt. Aus diesem Grund wurde der 3. Oktober als Nationalfeiertag ausgewählt.

Deutsches Nationalitätsbewusstsein
Wie jedes Land hat auch Deutschland seine Wahrzeichen und Symbole. Diese Örtlichkeiten, Bauwerke, Bilder und Lieder, die dem Land und seinen Bürgern ein Zusammengehörigkeitsgefühl vermitteln, sind wichtig für das nationale Identitätsbewusstsein. Flaggen und Wappen sind Sinnbilder der nationalen Zusammengehörigkeit. Die Farben schwarz-rot-gold stehen seit dem 19. Jahrhundert für die Freiheit und die nationale Einheit aller Deutschen. Die Flagge erfüllt aber nicht nur einen politischen Zweck, sondern symbolisiert bei gesellschaftlichen Ereignissen, z. B. bei Fußballspielen, die Zugehörigkeit zu einer Gruppe.

❶ ▫ Finde heraus, was in Deutschland am 3. Oktober gefeiert wird.
❷ ▪ Erkläre die Bedeutung der im Text erwähnten nationalen Symbole.
❸ ▪ Auch Bauwerke gelten als Symbole. Erstelle eine Liste der bekanntesten deutschen Wahrzeichen.
▶ *Nimm hierfür die Methode „Eine Internetrecherche durchführen" auf S. 211/212 zu Hilfe.*

Zusammenfassung

Deutschland zwischen Freiheitsstreben und Fürstenmacht

Enttäuschte Hoffnungen

Für viele Menschen in Deutschland waren die Beschlüsse des Wiener Kongresses enttäuschend. Sie hätten sich mehr Rechte und Eigenständigkeit erhofft. Auch der Deutsche Bund, der 1815 in Kraft trat, konnte diese Erwartungen nicht erfüllen. Vor allem die Studenten zeigten ihre Unzufriedenheit mit den politischen Verhältnissen. Auf dem Wartburgfest 1817 forderten sie einen einheitlichen deutschen Staat und Freiheit im Sinne des Liberalismus. Dafür wurden sie von den Fürsten verfolgt und häufig zu harten Gefängnisstrafen verurteilt. Dennoch begehrten viele Bürger weiterhin auf. Anlässlich des Hambacher Festes 1832 versammelten sich 30 000 Demonstranten beim Hambacher Schloss. Es war die erste politische Massenveranstaltung Deutschlands.

Revolution

In vielen europäischen und deutschen Ländern kam es schließlich zu Revolutionen, weil die Menschen unzufrieden mit der Herrschaft der Fürsten sowie den bestehenden gesellschaftlichen und politischen Verhältnissen waren. Von Paris aus, wo im Februar 1848 der König vertrieben und eine Republik ausgerufen wurde, breiteten sich Aufstände über ganz Europa aus. In Deutschland fanden allgemeine und geheime Wahlen zur Nationalversammlung statt. Die Nationalversammlung tagte in Frankfurt und erarbeitete die erste gemeinsame deutsche Verfassung, die auch die Grundrechte des deutschen Volkes enthielt. Dem ersten deutschen Parlament gehörten vor allem Akademiker, aber keine Arbeiter und Frauen an.

Gegenrevolution

Dem preußischen König Friedrich Wilhelm IV. wurde 1849 die Kaiserkrone angeboten, doch er lehnte die Krone aus der Hand des Volkes ab. Noch im gleichen Jahr ließ Friedrich Wilhelm IV. Berlin durch Soldaten besetzen und die preußische Nationalversammlung auflösen. Wie in Berlin, so wurden überall in den deutschen Staaten die Aufstände vor allem mithilfe preußischer Truppen niedergeschlagen. Zahlreiche Anhänger einer Demokratie für Deutschland kamen ins Gefängnis, mussten ins Ausland fliehen oder wurden hingerichtet.

Das Königreich Bayern zur Zeit der Revolution

In Bayern bestieg 1825 König Ludwig I. den Thron. Seine anfangs liberale Politik gab er nach der Julirevolution von 1830 auf und herrschte zunehmend autoritär. Der wachsende Widerstand gegen ihn wurde durch die Affäre um die Tänzerin Lola Montez verstärkt. Nach den Märzunruhen 1848 trat er zurück. Seinen Platz in der Geschichte erwarb sich Ludwig als Förderer von Kunst und Kultur, da seine Bauwerke München bis heute prägen.

1815–1832

Der Zug auf das Hambacher Schloss 1832.

1848/49

Barrikadenkämpfe in Berlin.

1849

Niederschlagung der Revolution.

1825–1848

König Ludwig I. regiert Bayern.

Das kann ich …

Deutschland zwischen Freiheitsstreben und Fürstenmacht

Ich kann wichtige Begriffe und Daten im Zusammenhang erklären (Sachkompetenz):

1815 Wiener Kongress
1832 Hambacher Fest
1848/49 Revolution in Deutschland
Nation
Nationalismus
Liberalismus
Deutscher Bund

1 Wähle ein Datum aus und erzähle deiner Partnerin oder deinem Partner, was du darüber weißt.

2 In der Karte auf S. 88 sind die Orte der Revolutionen und Aufstände 1848/49 eingetragen. Erläutere, zu welchen du Informationen erhalten hast.

3 Erkläre die Kapitelüberschrift „Deutschland zwischen Freiheitsstreben und Fürstenmacht".

Ich kann folgende Aufgaben zum Thema lösen (Sachkompetenz):

4 Beschreibe die wichtigsten Grundsätze der Neuordnung Europas 1814/15.

5 Nenne die Ziele des Deutschen Bundes und die Veränderungen, die diese für Deutschland nach sich zogen.

6 Liste auf, womit die Bevölkerung vor Beginn der Revolution unzufrieden war.

7 Erkläre anhand Bild 1 die Entstehung der politischen Richtungen „Linke", „Rechte" und „die Mitte". Informiere dich, welche Parteien heutzutage in diese Gruppierungen einzuordnen sind.

▶ *Nimm die Methode „Eine Internetrecherche durchführen" von S. 211/212 zu Hilfe.*

Ich kann Geschichte verständlich darstellen (narrative Kompetenz):

8 Partnerarbeit: Entwickelt ein Interview mit Robert Blum. Befragt ihn zu seiner Sichtweise der Revolution und lasst ihn seine Handlungen begründen. Präsentiert euer Interview vor der Klasse.

▶ *Überlegt euch auch, wie ihr dieses Interview szenisch gestalten könnt.*

Ich kann die Methode „Ein historisches Lied analysieren" anwenden (Methodenkompetenz):

9 Die in Q1 unterstrichenen geografischen Angaben geben dir Informationen zur Ausdehung Deutschlands zur Entstehungszeit des Liedes. Vergleiche das damalige Deutschland mit dem heutigen auf einer aktuellen Karte.

10 Untersuche Q1. Gehe dabei so vor, wie du es bei der Methode „Ein historisches Lied analysieren" auf S. 86/87 gelernt hast.

Ich verstehe, warum das Thema für uns heute noch wichtig ist (Orientierungskompetenz):

11 Erläutere, wie es zur Revolution 1848/49 kam und welches Ergebnis schließlich erzielt wurde. Vergleiche anhand eines selbstgewählten Beispiels, wie es heute zu Konflikten oder Kriegen kommen kann und mit welchen Möglichkeiten diese gelöst werden. Vergleicht eure Ergebnisse in der Klasse.

Ich kann mir ein Urteil bilden und es begründen (Urteilskompetenz):

12 Der Zeichner der Karikatur in Bild 2 macht sowohl den Präsidenten der Frankfurter Nationalversammlung Heinrich von Gagern als auch den preußischen König lächerlich, indem er sie als Kinder darstellt. Also richtet er seine Kritik sowohl gegen die Revolutionäre als auch gegen deren wichtigsten Gegner, den mächtigsten Monarchen der deutschen Länder. Beurteile das politische Verhalten von Revolutionären und Machtinhabern im Hinblick auf das Ende der Revolution 1848.

▶ *Nimm die Methode „Ein eigenes Urteil bilden" von S. 215 zu Hilfe.*

13 Beurteile das Scheitern der Revolution 1848/49 anhand verschiedener Aspekte. Beziehe dich dabei auf verschiedene Blickwinkel: Obrigkeit, Revolutionäre, normale Bevölkerung.

Verstehen

1 – Blick in die Frankfurter Nationalversammlung. Lithografie nach einer Zeichnung von Fritz Bamberger, 1848.

2 – Karikatur zur Ablehnung der deutschen Kaiserkrone.
Die Sätze sind im Berliner Dialekt gesprochen. Auf Hochdeutsch würde es heißen: „Was heulst Du denn, kleiner Hampelmann?" (gesprochen von Borussia, der Frau in der Mitte) – „Ich hab Ihrem Kleinen eine Krone geschnitzt, nun will er sie nicht!" (gesprochen von Heinrich von Gagern, dem Jungen links). Rechts im Hinter-grund spielt Friedrich Wilhelm IV. mit dem russischen Bären. Karikatur von Ferdinand Schröder, 1849.

Q1 „Das Lied der Deutschen" wurde von August Heinrich Hoffmann von Fallersleben am 26. August 1841 auf Helgoland gedichtet.
Deutschland, Deutschland über alles,
Über alles in der Welt,
Wenn es stets zu Schutz und Trutze
Brüderlich zusammenhält,
Von der <u>Maas</u> bis an die <u>Memel</u>,
Von der <u>Etsch</u> bis an den <u>Belt</u> –
Deutschland, Deutschland über alles,
Über alles in der Welt!

Deutsche Frauen, deutsche Treue,
Deutscher Wein und deutscher Sang
Sollen in der Welt behalten
Ihren alten schönen Klang,
Uns zu edler Tat begeistern
Unser ganzes Leben lang –
Deutsche Frauen, deutsche Treue,
Deutscher Wein und deutscher Sang!

Einigkeit und Recht und Freiheit
Für das deutsche Vaterland!
Danach lasst uns alle streben
Brüderlich mit Herz und Hand!
Einigkeit und Recht und Freiheit
Sind des Glückes Unterpfand –
Blüh' im Glanze dieses Glückes,
Blühe, deutsches Vaterland!

4 Industrialisierung und soziale Frage

Dieses Bild von 1882 zeigt die Lokomotivenfabrik Maffei in München mit der festlich geschmückten 1000. Lokomotive. Rauchende Schornsteine, riesige Gebäude und die Menschen auf den Straßen zeigen die Bedeutung dieses Unternehmens für die Stadt.
Welche Veränderungen brachte diese sogenannte Industrialisierung mit sich? Welche Vorteile entstanden und wie gingen die Menschen mit den negativen Folgen um?

Industrialisierung
und **soziale Frage**

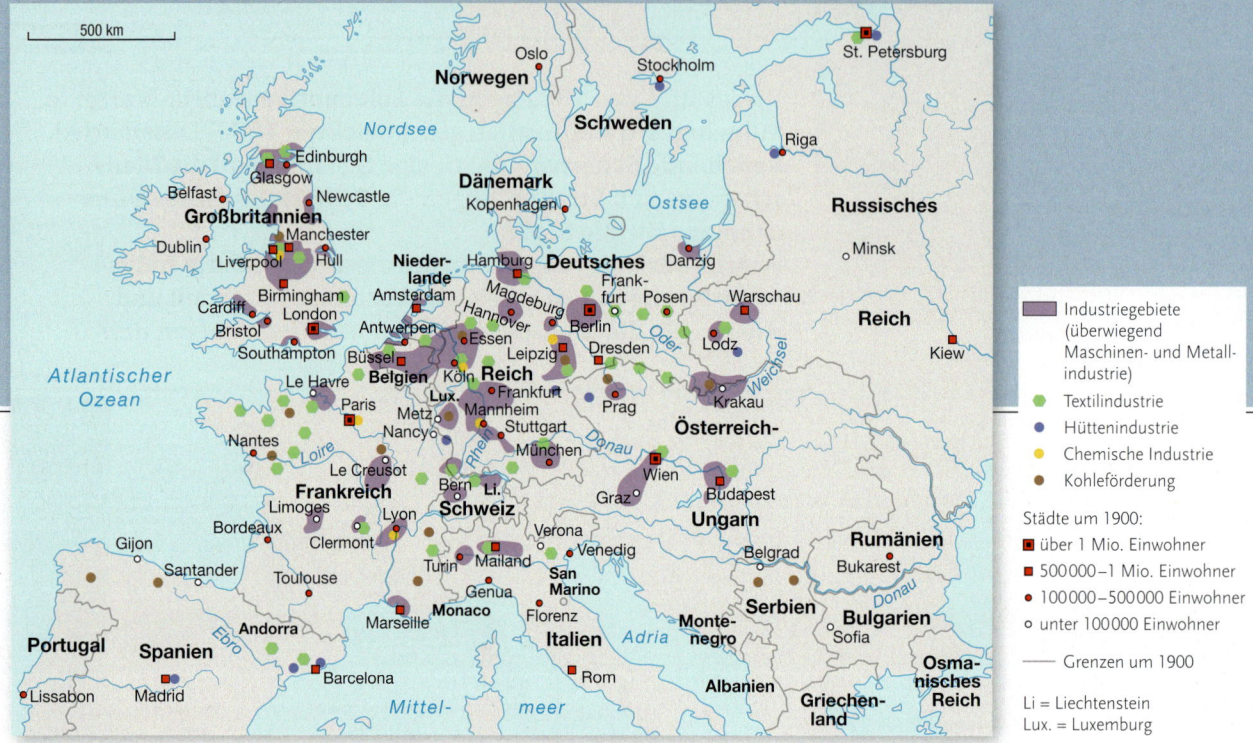

1 – Die Industrialisierung in Europa bis um 1900.

Über viele Jahrhunderte hatte sich das Leben der Menschen nur sehr wenig verändert. Große Teile der Bevölkerung lebten als Bauern in kleinen Dörfern, als Handwerker und Händler in den Städten. Nur Adlige waren reich. Mit Beginn der Industrialisierung im 19. Jahrhundert änderte sich das Leben vieler Menschen schlagartig. Es gab grundlegende Veränderungen im Bereich der Fertigung, aber auch im Leben der Menschen, für die Städte und auch für die Umwelt.

Am Ende des Kapitels kannst du folgende Fragen beantworten:

- Welche grundlegenden Veränderungen brachte die Industrialisierung mit sich?
- Weshalb begann die Industrialisierung in England?
- Wie begann die Industrialisierung in Deutschland?
- Welche technischen Entwicklungen gab es in dieser Zeit?

- Welche Besonderheiten wies die Industrialisierung in Bayern auf?
- Wie und warum organisierten sich Arbeiter und Frauen?
- Wie versuchten der Staat, die Kirche und Privatpersonen die entstandenen Probleme zu lösen?
- Welche Aufschlüsse kann ich in einem Museum erhalten?

❶ ◼ Beschreibe mithilfe der Karte, wo sich in Europa hauptsächlich Zentren der Industrialisierung befanden.
❷ ◻ Ordne die Bilder auf der rechten Seite den Einträgen auf dem Zeitstrahl zu.
❸ ◼ Berichte, was du schon über die Industrialisierung weißt.

1769

Dampfmaschine von James Watt

um 1770

Beginn der Industrialisierung in England

1835

Erste Eisenbahnstrecke Nürnberg-Fürth

1863

Gründung des Allgemeinen Deutschen Arbeitervereins

ab 1883

Sozialgesetzgebung

2 – Ein Dampfhammer in einem Stahlwerk in der Nähe von Manchester. Gemälde, 1842.

4 – Fahne des Allgemeinen Deutschen Arbeitervereins von 1873.

3 – Tausende Menschen begleiten die erste sechs Kilometer lange Fahrt der Adler-Lokomotive von Nürnberg nach Fürth 1835. Kolorierter Stich von Carl von Heideloff (1789–1865).

5 – Leistungen der deutschen Sozialversicherung. Plakat von 1913.

Der Beginn der Industrialisierung

Wie kam es zur Industrialisierung in England?

1 – Verarbeitung von Wolle zu Garn 1783. Die Fäden werden zunächst auf dem Spinnrad gesponnen und dann auf eine Garnwinde gewickelt. Illustration, vermutlich 19. Jahrhundert.

2 – Die „Spinning Jenny" von 1767. Drehte man das Rad, zogen und drehten die Spindeln die Wolle automatisch zu Fäden. Ein Mensch konnte daran so viel Garn spinnen wie acht Leute mit herkömmlichen Spinnrädern. Kolorierter Stich, 19. Jh.

Industrialisierung
Darunter versteht man Veränderungen der Wirtschafts-, Arbeits- und Lebensweise seit Anfang des 19. Jahrhunderts. Ursachen waren unter anderem Erfindungen wie Spinn- und Dampfmaschine. Die Umwälzung der Arbeitswelt und der Gesellschaft ist durch verbreitete Anwendung von Maschinen geprägt.

✳ **Flachs**
Dies ist eine pflanzliche Faser, aus der Garn gesponnen wird.

✳ **Fruchtwechselwirtschaft**
Die Fruchtbarkeit des Ackerbodens konnte durch den regelmäßigen Wechsel von Anbaupflanzen verbessert werden.

In England fing es an

Um 1750 war England ein Land wie viele andere mit kleinen Städten und zahllosen Dörfern. Frauen spannen dort Wolle und ✳Flachs zu Garn. Die Männer stellten daraus Wolltuch und Leinenstoff her. So wurden in Heimarbeit Textilien hergestellt (Bild 1). Doch um 1800 vollzog sich ein Wandel. Diese Art der Produktion reichte nicht mehr aus, da die Bevölkerungszahl zwischen 1750 und 1850 rasant von 7 Millionen auf 21 Millionen anstieg. Somit gab es mehrere Bereiche, in denen sich Veränderungen ergaben: Im Bereich der Landwirtschaft wurden neue Anbaumethoden und Techniken entwickelt, die zu höheren Ernteerträgen führten. Pferde wurden als Zugtiere für Pflüge eingesetzt. Kunstdünger und die Einführung der ✳Fruchtwechselwirtschaft steigerten den Ertrag und führten somit zu einer besseren Versorgung der Bevölkerung. Auch die hygienischen Bedingungen hatten sich verbessert. Die Menschen achteten mehr auf Sauberkeit im Haushalt und so

traten Seuchen und Epidemien seltener auf. Der Ausbruch von Krankheiten konnte auch durch Fortschritte in der Medizin erreicht werden, wie z. B. durch die Pockenschutzimpfung.

Die „Spinning Jenny"

Den wachsenden Bedarf an Stoffen konnten die kleinen Heimbetriebe irgendwann nicht mehr decken. Vor allem die Herstellung von Garn nahm zu viel Zeit in Anspruch, da man mit einer Spindel immer nur einen Faden herstellen konnte. Die Erfindung von James Hargreaves (1720–1778) brachte die Lösung. Seine Spinnmaschine, „Spinning Jenny" genannt, konnte 16 Fäden gleichzeitig spinnen. Obwohl es sehr schnell Proteste gegen neue Erfindungen gab und Hargreaves Werkstatt von aufgebrachten Heimwerkern zerstört wurde, die um ihre Arbeitsplätze bangten, ließ sich die Industrialisierung nicht mehr aufhalten. Immer mehr Maschinen entstanden, veränderten und erleichterten das Leben der Menschen.

Mit Volldampf in die Zukunft

Mit den neuen Spinnmaschinen, die ständig verbessert wurden, gab es Garn im Überfluss. Daher verlangten die Besitzer von Webereien nach leistungsfähigeren Webstühlen. 1785 baute Edmund Cartwright (1743–1823) die ersten mechanischen Webstühle. Sie wurden von einer Dampfmaschine angetrieben, die ursprünglich von Thomas Newcomen (1663–1729) 1712 entwickelt wurde und von dem Mechaniker James Watt (1736–1819) verbessert worden war.

Dampfmaschinen trieben aber auch Mühlen und Dreschmaschinen an. Auf den Feldern von großen landwirtschaftlichen Betrieben zogen Lokomobile die schweren Pflüge aus Stahl.

Die ersten Dampfmaschinen waren so schwer, dass man sie nicht von der Stelle bewegen konnte. 1814 gelang es dem englischen Konstrukteur George Stephenson (1781–1848), die Dampfmaschine auf Räder zu setzen. 1825 wurde die erste Bahnlinie zwischen den Bergwerken in Darlington und der Hafenstadt Stockton-on-Tees eröffnet. Die Lokomotive mit 34 Wagen brauchte für die 15 km lange Strecke 65 Minuten. Wie keine andere Erfindung dieser Zeit hat die Dampfmaschine die Welt verändert: Menschen und Waren konnten nun in kurzer Zeit über große Strecken transportiert werden.

Die Arbeitswelt in England veränderte sich innerhalb weniger Generationen völlig. Von der Heimarbeit, die die Menschen neben der Landwirtschaft ausüben konnten, kam es jetzt zur Vollarbeitszeit in großen Fabriken mit oft mehreren hundert Arbeiterinnen und Arbeitern. Diese Fabriken entstanden in Städten, sodass die Menschen, die nicht mehr genügend Arbeit auf dem Land fanden, in die Städte abwanderten und diese sich erheblich vergrößerten.

Der Dampfmaschine folgten im 19. Jahrhundert noch weitere Erfindungen und Entdeckungen, die die Industrialisierung immer weiter vorantrieben.

① Wasser wird im Kessel erhitzt
② Dampf strömt in den Zylinder
③ Der Dampfdruck im Zylinder treibt den Kolben nach oben
④ Der Kolben überträgt die Bewegung auf den Balancier.
⑤ Die Kraft wird auf ein Schwungrad übertragen und treibt den Transmissionsriemen an.

3 – Modell der Dampfmaschine von James Watt.

M1 Wichtige Erfinder und Entdecker im 19. Jahrhundert:

Erfinder und Entdecker

Benz – Edison – Fulton – Daimler – Liebig – Otto – Siemens – Stephenson – Daguerre – Newcomen

Erfindungen und Entdeckungen

Glühlampe – erstes Automobil – Dynamo – Viertaktmotor – Kunstdünger – Dampflokomotive – Benzinmotor – Fotografie – Dampfschiff – erste echte verwendbare Dampfmaschine

❶ ▸ Beschreibe mithilfe des Textes die Vor- und Nachteile der mechanischen Spinnmaschine.

❷ ▸ Ordne mithilfe des Internets den Erfindungen und Entdeckungen in M1 die jeweiligen Erfinder und Entdecker zu. Schreibe die Ergebnisse in dein Heft.

❸ ▸ Erkläre mithilfe der Bilder 1, 2 und des Texts, welche Veränderungen sich durch die Industrialisierung für die Menschen ergaben.

❹ ▸ Ordne in Bild 3 den Buchstaben die richtige Erklärung in der Legende rechts zu und erläutere anschließend die Funktionsweise der Dampfmaschine von James Watt.

❺ ▸ Erkläre, warum man von einer Industriellen Revolution sprechen kann.

❻ ▸ Partnerarbeit: Erstellt eine Mindmap zum Thema „Industrialisierung in England". Berücksichtigt Voraussetzungen, Verlauf und Folgen.

▸ *Nehmt die Methode „Eine Mindmap erstellen" auf S. 212 zu Hilfe.*

Die Industrialisierung in Deutschland

Wie begann die Industrialisierung in Deutschland?

1 – Eisenbahnnetz in Deutschland 1855.

2 – Eisenbahnnetz in Deutschland 1866.

Grenzen überall

Anders als in England war Deutschland nicht ein einheitliches Ganzes, sondern setzte sich aus 39 Einzelstaaten zusammen. Dies führte dazu, dass jeder Staat für sich selber entschied, welche Gewichts-, Maß- und Münzeinheiten er verwendete und an welchen Grenzen er Zölle erhob. Dies erschwerte den Handel sehr. Erst als im Jahr 1834 der Deutsche Zollverein gegründet wurde, war in Deutschland der Weg für die Industrialisierung in Deutschland geschaffen. Fast alle deutschen Staaten traten dem Verein bei und schufen ein einheitliches Wirtschaftsgebiet. Zollschranken wurden aufgehoben und Münz-, Maß- und Gewichtssysteme wurden vereinheitlicht. Die Einwohner konnten sich nun auch frei in jedem Staat einen Arbeitsplatz suchen. All diese Maßnahmen führten dazu, dass Waren schneller und günstiger transportiert werden konnten.

Die Eisenbahn als Motor der Industrialisierung

In England hatte die Industrialisierung in der Textilindustrie begonnen. In Deutschland trieb die Eisenbahn die Industrialisierung voran. Deutschlands „erste Eisenbahn mit Dampf" fuhr am 07. 12. 1835 die sechs

Kilometer lange Strecke von Nürnberg nach Fürth (Bild 3). Drei Jahre später wurde die Linie Potsdam–Berlin in Betrieb genommen. In den folgenden Jahren wurde in vielen deutschen Staaten das Schienennetz ausgebaut – von etwa 550 Kilometern im Jahre 1840 auf ungefähr 34 000 Kilometer im Jahre 1880.

Eine wichtige Rolle spielte die Eisenbahn im Güterverkehr. Kohle und Eisenerze aus Oberschlesien, dem Ruhrgebiet oder dem Saarland konnten jetzt schnell und preiswert zu den sich entwickelnden Industriezentren gebracht werden (Karte 1). Dies ermöglichte den raschen Ausbau des Kohlebergbaus und der Eisen- und Stahlindustrie, die in Deutschland zu den wichtigsten Industriezweigen wurden. Durch das Knüpfen eines engmaschigen Schienennetzes wurde die Eisenbahn zu einer wichtigen Triebkraft der Industrialisierung. Die Eisenbahn schuf auch zahlreiche Arbeitsplätze: Lokomotiven und Wagen wurden gebaut, Bette und Gleise angelegt, Tunnel- und Brücken gebaut. Auch Bahnhöfe, Lokomotiven- und Wagenhallen sowie Wasserstationen mussten errichtet werden. So entwickelte sich der Eisenbahnbau innerhalb weniger Jahre zu einem führenden Wirtschaftszweig. Dies wiederum

3 – Die Strecke von Nürnberg nach Fürth war die erste Eisenbahnlinie Deutschlands. Zu sehen ist die erste Fahrt der Adler-Lokomotive am 07.12.1835. Kolorierter Stich von Carl von Heideloff (1789–1865).

führte auch dazu, dass zahlreiche Menschen in den dafür nötigen Stahlwerken Arbeit fanden. In großen Mengen kamen sie vom Land in die Stadt, was wiederum Wohnraum nötig machte. Große Mietshäuser und Arbeitersiedlungen mussten errichtet werden und so erzielte auch das Baugewerbe hohe Gewinne.

Sehr schnell wurden Bedenken gegenüber dem neuen Transportmittel beseitegeräumt. Der schnellere und günstigere Transport und neue Arbeitsplätze ließen Zweifler verstummen. Auch Bayern wurde mit einem dichten Netz an Eisenbahnlinien überzogen. Bis 1880 war der Bau der wichtigsten Hauptstrecken abgeschlossen.

Q1 Der Wirtschaftswissenschaftler Friedrich List (1789–1846) schrieb 1819 über Gründe für die späte Industrialisierung in Deutschland:

38 Zolllinien in Deutschland lähmen den Verkehr im Inneren ….Um von Hamburg nach Österreich, von Berlin in die Schweiz zu handeln, hat man zehn Staaten zu durchschneiden, zehn Zollordnungen zu studieren, zehnmal Durchgangszoll zu bezahlen. … Trostlos ist dieser Zustand für Männer, welche wirken und handeln möchten.

❶ ◼ Nenne mithilfe von Q1 und des Texts Gründe, die für den erschwerten Handel in Deutschland verantwortlich waren.

❷ ◼ Beschreibe mithilfe von Bild 3 die Ausstattung der ersten Eisenbahn und welche Menschen als Passagiere in Frage kamen.

❸ ◼ Benenne mithilfe der Karte 2 die Gebiete, in denen das Eisenbahnnetz am deutlichsten ausgebaut wurde. Begründe anhand der hinteren Klappenkarte zur industriellen Entwicklung 1850 bis 1910, warum dies genau dort geschehen ist.

❹ ◼ Nimm Stellung zu der Behauptung, der Deutsche Zollverein förderte die deutsche Einheit.

❺ ◼ Informiere dich im Internet nach der Geschichte der Eisenbahn in deinem Wohn- oder Schulort und berichte deiner Klasse darüber.
▶ *Nimm die Methode „Eine Internetrecherche durchführen" von S. 211/212 zu Hilfe.*

❻ ◼ Partnerarbeit: Vergleicht die industrielle Entwicklung in England mit der in Deutschland:
a Erarbeitet mithilfe der Materialien dieser Doppelseite Voraussetzungen, Verlauf und Folgen der Industrialisierung in Deutschland.
b Vergleicht eure Ergebnisse mit dem Resultat aus der Aufgabe 5 auf S. 109.

Wie verlief die Industrialisierung in Bayern?

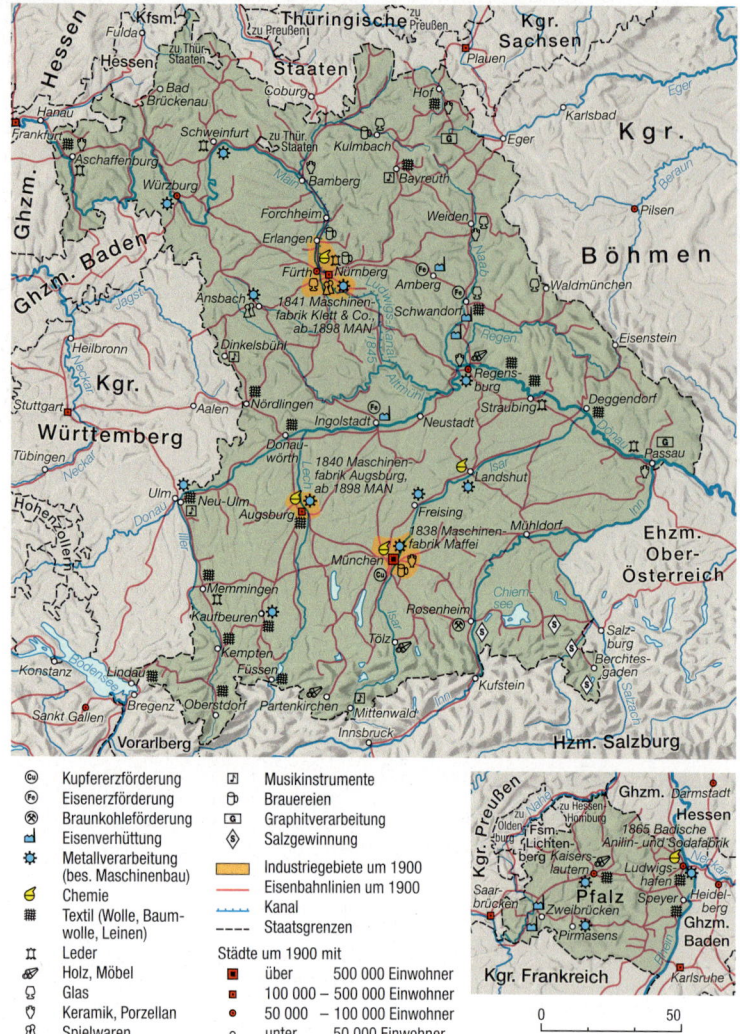

1 – Industrialisierung in Bayern um 1900.

Diese Situation besserte sich um die Mitte des 19. Jahrhunderts durch den Ausbau des Eisenbahnnetzes und den Bau schiffbarer Kanäle. Der Eröffnung der ersten Eisenbahnstrecke von Nürnberg nach Fürth 1835 (siehe S. 110/111) folgten schnell viele weitere Linien. Nun konnten zu verarbeitende Rohstoffe ins Land transportiert, Fertigwaren ein- und ausgeführt werden. Kohle blieb aber dennoch durch den langen Transport viel teurer als im Ruhrgebiet.

So kam man dazu, die Wasserkraft – statt der Kohle – zum Antrieb von Maschinen zu nutzen. Deshalb entstanden Fabriken in Bayern häufig an Gewässern.

Woher kam das Geld?

Alle diese Maßnahmen kosteten viel Geld. Hierbei teilten sich der Staat und wohlhabende Bürger die Kosten. Unter Maximilian II. floss ab 1848 Geld durch einen staatlichen Unterstützungsfonds in industrielle Zwecke.

Zahlungskräftige Investoren wurden nicht nur für den Ausbau des Verkehrsnetzes benötigt, sondern auch, um Fabriken zu errichten. Hier machten sich zahlreiche Unternehmer einen Namen (Bild 2), wie z. B. der Augsburger Textilfabrikant Ludwig August Riedinger, im Bereich der chemischen Industrie Friedrich Engelhorn, der Gründer der BASF (Badische Anilin- & Sodafabrik), der Feinmechaniker Ernst Sachs in Schweinfurt. „Unternehmergeist" bedeutete hier nicht nur, Gewinn durch die Technisierung der Arbeitsumgebung zu erzeugen, sondern auch Erfindungen durch Finanzierung für die Massenherstellung tauglich zu machen. Erfinder und Unternehmer gingen auch häufig Partnerschaften ein, wie z. B. Ernst Sachs, der Erfinder der Fahrradnaben und Kugellager, mit Karl Fichtel.

Weitere Rahmenbedingungen förderten Handel und Wirtschaft: Durch die Einrichtung eines Staatsministeriums des Handels unter Maximilian II. wurde eine Zentrale geschaffen, in der alle Fäden zusammenliefen.

Ungünstige Ausgangsbedingungen

Die Industrialisierung in Bayern begann im Vergleich zu England und dem Ruhrgebiet spät – erst ab 1850. Die Startbedingungen waren im landwirtschaftlich geprägten Bayern nicht so gut wie im Ruhrgebiet oder vielen anderen Teilen des Kaiserreichs. So fehlte es an Rohstoffen wie z. B. der Kohle und Eisenerz als Basis der industriellen Produktion. Sie mussten teuer eingekauft werden. Die wenigen, schlecht ausgebauten Straßen machten den Transport langwierig und kostspielig. Die Wasserwege waren nur zum Teil schiffbar.

Friedrich
Engelhorn
(1821–1902)

Ernst Sachs
(1867–1932)

Ludwig August
Riedinger
(1809–1879)

Friedrich König
(1774–1833)

Theodor
von Cramer-Klett
(1817–1884)

2 – Gesichter der bayerischen Industrialisierung.

M1 Entwicklung bayerischer Städte von 1840 bis 1910:

	1840	1855	1871	1880	1890	1910
München	96 000	132 000	170 000	23 0000	351 000	596 000
Nürnberg	47 000	56 000	93 000	100 000	143 000	333 000
Augsburg	37 000	41 000	51 000	61 000	76 000	123 000
Würzburg	27 000	33 000	40 000	51 000	61 000	84 000

❶ ▸ Nenne mithilfe des Texts Faktoren, die die Industrialisierung in Bayern ermöglichten.

❷ ▸ Partnerarbeit:
 a Erklärt und sucht Beispiele, inwiefern diese Faktoren förderlich waren.
 ▸ *Ein Zollverein verringert den zu zahlenden Zoll und vergrößert den Markt ...*
 b Leitet mithilfe eurer Ergebnisse aus den Aufgaben 1 und 2 Kriterien ab, die für eine erfolgreiche Industrialisierung gegeben sein müssen.

❸ ▸ Werte die Karte aus.
 ▸ *Nimm die Methode „Geschichtskarten auswerten" von S. 213 zu Hilfe.*

❹ ▸ Vergleiche deine Ergebnisse aus Aufgabe 3 mit der industriellen Entwicklung in ganz Deutschland 1850–1910 (untere Karte auf der hinteren Umschlagklappe). Ermittle, welche Industriezweige besonders in Bayern gehäuft auftreten.

❺ ▸a Untersuche M1.
 ▸b Begründe das Ergebnis aus Aufgabe a mithilfe des Texts auf dieser Seite.
 ▸ *Nimm die Methode „Statistiken und Diagramme untersuchen" von S. 214 zu Hilfe.*

❻ ▸ Gruppenarbeit: Erstellt Steckbriefe zu einer der oben abgebildeten Unternehmerpersönlichkeiten aus Bayern. Berücksichtigt Namen, Daten, Lebenslauf und das Produkt, das in ihren Fabriken produziert wurde. Ergänzt eure Steckbriefe durch Bildmaterial.
 ▸ *Nehmt die Methode „Eine Internetrecherche durchführen" von S. 211/212 zu Hilfe.*

Ein eigener bayerisch-württembergischer Zollverein, der 1829 gegründet wurde, vereinfachte durch geringere Vorschriften den Handel innerhalb dieses Gebietes. Die Zölle wurden gleichfalls verringert. Somit vergrößerte sich der Markt für bayerische Produkte.

Auswirkungen
Die Schaffung der notwendigen Infrastruktur bewirkte einen Modernisierungsschub: Viele neue Fabriken entstanden – vor allem Fabriken boten Arbeitsplätze und ein Auskommen, wenn die Heimarbeit zu Hause, z. B. die der Weber (siehe S. 108 und S. 176/177 sich nicht mehr lohnte. So kam es zu einem Zuzug in die Städte, die stetig wuchsen (M1).

Methode

Ein Industriemuseum besuchen

Um mehr darüber zu erfahren, wie die Industrialisierung eure Umgebung verändert und beeinflusst hat, bietet sich der Besuch eines Industriemuseums in deiner Nähe an. Viele Städte haben für ihre Industriedenkmäler Museen geschaffen.

Die Stadt Lauf hat Teile eines ganzen Industrieviertels zu einem Industriemuseum umgewandelt. In 14 Gebäuden zeigt das Museum historische Technik zwischen 1890 und 1970 und stellt auch das Leben der Menschen zur damaligen Zeit dar.

Folgende Schritte helfen euch, den Besuch eines Industriemuseums durchzuführen:

Schritt 1: Vorbereitung des Museumsbesuchs	Bildet in der Klasse verschiedene Arbeitsgruppen: ■ Ruft die Website des Museums auf und bittet per E-Mail oder telefonisch um Informationsmaterial. ■ Wie gelangt ihr zu dem Museum? Gibt es öffentliche Verkehrsmittel? ■ Welche Öffnungszeiten gelten für das Museum? Was kostet der Eintritt? ■ Gibt es einen Museumsplan? Welche Themen werden im Museum behandelt? ■ Gibt es Führungen, Vorführungen oder ein spezielles Programm für Schulklassen? Gibt es vorgefertigte Erkundungsbögen? Gibt es digitales Material als Zusatzinformation? Stattet eure Handys mit entsprechenden Apps aus.
Schritt 2: Themen auswählen	Da es selten möglich ist, in einem Industriemuseum alle Bereiche intensiv zu besichtigen, solltet ihr Schwerpunkte setzen und euch für bestimmte Themen bzw. Bereiche entscheiden. Fragen zu den Bereichen könnten z. B. sein: ■ Welche Firma hat hier produziert? Was wurde produziert und wie lief die Produktion ab? ■ Wie sahen die Arbeitsbedingungen in diesem Betrieb aus? Wer arbeitete wie lange zu welchen Löhnen? Gab es Schutzvorrichtungen? ■ Wie veränderte sich die Umgebung (Wohnverhältnisse, Verkehr, Umwelt)?
Schritt 3: Vor Ort im Museum	■ Verschafft euch am Eingang einen Überblick darüber, was es wo zu sehen gibt (Plan an der Eingangshalle, Infobereich) und wie ihr zu dem Teil mit dem von euch ausgewählten Themenbereich gelangt. ■ Besichtigt den Bereich mit einem Erkundungsbogen und fertigt eigene Notizen an. Holt euch zusätzliche Informationen, z. B. mithilfe von QR-Codes. ■ Dokumentiert eure Ergebnisse auch mit Fotos. Erkundigt euch vorher, ob dies erlaubt ist.
Schritt 4: Auswertung des Museumsbesuches	■ Was hat euch überrascht und besonders beeindruckt? Könnt ihr zusätzliche Informationen zu bestimmten Firmen im Internet finden? ■ Was würdet ihr beim nächsten Besuch eines Museums anders planen? ■ Präsentiert eure Ergebnisse der Klasse.

❶ ◨ Gruppenarbeit: Bildet Arbeitsgruppen und bereitet mithilfe der Klappenkarte vorne und den vier Schritten auf dieser Seite einen Besuch in einem Industriemuseum in eurer Nähe vor.

❷ ◨ Erkundigt euch während eures Besuchs, wie es zur Gründung des Museums kam.

1 – Das Industriemuseum Lauf. Foto, ohne Jahr.

2 – Die Dampfmaschine der Holzwarenfabrik Christof Döring aus dem Jahr 1902 trieb zunächst Sägen und andere Maschinen an und erzeugte später auch Strom. Foto, 04.11.2018.

3 – An Spindelpressen wurden von der Firma Dietz und Pfriem Ventile für Eisenbahn, Schiffe und Automobile hergestellt. Foto, 04.11.2018.

Zum Schritt 1:

Die wichtigsten Informationen zu Anfahrt, Öffnungszeiten, Preisen und Programm des Industriemuseums Lauf erhaltet ihr bereits online auf der Website des Museums.

Zum Schritt 2:

Das Museum in Lauf beherbergt die Produktionsstätten verschiedenster Richtungen, z. B. ein Eisenhammerwerk, ein Elektrizitätswerk, eine Mühle. Jede Gruppe kann sich mit einem anderen Bereich beschäftigen.

Zum Schritt 3:

Schülerinnen besuchen das Industriemuseum in Lauf (Bilder 2 und 3). Hier sammeln sie Informationen, indem sie die Ausstellungsstücke genau unter die Lupe nehmen und ihre Ergebnisse notieren. Mit ihren Smartphones fertigen sie Fotos an. Vor dem Besuch hatten sie sich zudem bereits QR-Code-Scanner auf ihre Smartphones installiert und können so an den einzelnen Objekten zusätzliche Informationen erhalten.

Zum Schritt 4:

Falls es Fragen während des Besuchs im Museum gab, die ihr nicht klären konntet, versucht Informationen im Internet zu finden. Macht eure Präsentationen mit euren Fotos anschaulicher und interessanter.

Die Folgen der Industrialisierung

Wie veränderte sich die Gesellschaft?

1 – Kesselschmiede in der Maffei'schen Lokomotivfabrik. Foto, um 1914.

2 – Büroangestellte um 1900.

Proletariat
So bezeichnet man die Klasse der Lohnarbeiter in der industrialisierten Gesellschaft. Sie besitzen nichts außer ihren Nachkommen (= lat. proles), verfügen über keine Produktionsmittel wie Maschinen oder Fabriken und müssen vom Verkauf ihrer Arbeitskraft leben.

＊ **Dreher**
Dies ist eine frühere Bezeichnung für einen Mechaniker. Dieser fertigt durch Drehen, Fräsen oder Schleifen Präzisionsbauteile aus unterschiedlichen Werkstoffen an.

Die Arbeiter – eine neue Klasse?

Die großen Fabriken brauchten sehr viele Arbeitskräfte. Zu Hunderttausenden zogen Landarbeiter und Bauern, die nicht genügend Land besaßen, aus den Dörfern in die Städte, um hier Arbeit zu finden.

Die Arbeiterinnen und Arbeiter bildeten nach ihrer Herkunft und Ausbildung aber keine einheitliche Gruppe. Einerseits fanden sich gelernte Arbeiter, die entweder ein Handwerk bei einem Handwerksmeister oder in der Fabrik einen Beruf wie Schlosser, ＊Dreher oder Stahlkocher gelernt hatten. Andererseits besaßen die ungelernten Arbeiter keine Berufsausbildung. Sie hatten oft vorher als Gelegenheitsarbeiter (Tagelöhner) in der Landwirtschaft gearbeitet.

Trotz dieser Unterschiede mussten fast alle Industriearbeiter die gleichen Erfahrungen machen: Sie besaßen zunächst nichts weiter als ihre Arbeitskraft, die sie gegen Lohn dem Fabrikherrn zur Verfügung stellten, und waren vom Unternehmer völlig abhängig. Obwohl sie jahrzehntelang hart arbeiteten, verbrachten die Arbeiter ihr Leben in Armut. Durch diese gemeinsamen Erfahrungen entwickelte sich allmählich ein Gefühl der Zusammengehörigkeit. Sie bildeten gemein-

sam die Arbeiterklasse, die mit der Zeit immer erfolgreicher ihre Interessen gegenüber den Unternehmen vertrat. Im 19. Jahrhundert wurde „Proletarier" zur geläufigen Bezeichnung für diese Menschen.

Angestellte – nicht mehr als „Stehkragenproletarier"?

Um sich deutlich von den Arbeitern abzugrenzen, trugen die Angestellten stets einen Anzug und ein Hemd mit weißem Stehkragen. Sie erledigten jegliche Verwaltungsarbeit in einer Fabrik. So waren sie als Buchhalter, Schreiber, Kassierer, Ingenieure, Werkmeister oder Zeichner tätig.

Gegenüber den Arbeitern genossen die Angestellten Vergünstigungen, wie z. B. kürzere Arbeitszeiten oder bezahlten Urlaub.

Fabrikbesitzer – die neuen Industriefürsten?

In der Zeit vor der Industrialisierung nahm der Adel eine führende Stellung ein, weil er über Eigentum an Grund und Boden verfügte. In der Industriegesellschaft zählte zunehmend auch das Geldvermögen, über das man verfügte. So entstand eine neue gesellschaftliche Schicht: das Wirtschaftsbürger-

3 – Ansicht der Lokomotivfabrik Josef Anton Maffei in der Hirschau. Foto, um 1910.

4 – Der Industrielle Josef Anton von Maffei. Foto, 1860.

tum. Erfolgreiche Unternehmer nahmen in dieser Gesellschaft eine herausragende Rolle ein. Sie herrschten oft über mehrere Tausend Menschen, die in ihren Fabriken arbeiteten. Man bezeichnete sie daher auch als „Industriefürsten".

Zu diesen Unternehmern zählte auch Josef Anton von Maffei (1790–1870), der 1838 ein Eisenwerk in der Hirschau bei München kaufte und dort eine Lokomotivfabrik eröffnete. In den folgenden Jahren wurde das Maffeiwerk zu einem weltweit bekannten Unternehmen und Maffei selbst zu einem der wichtigsten Großindustriellen Münchens.

M1 Der Historiker Jürgen Kocka schrieb 1981 über die neue Gruppe der Angestellten:

Obwohl die Angestellten keinen festen Anspruch darauf hatten, erstattete die Firma (Siemens & Halske) ihnen Krankheits- und Kurkosten, gewährte ihnen familienbedingte Unterstützung und Wohngelder sowie gegebenenfalls Vorschüsse und Prämien. Solche nicht fest einkalkulierten Geschenke banden den Empfänger eng an das Unternehmen und seinen Chef. Anders als Rechtsansprüche verlangten und stärkten solche freiwilligen Leistungen das Vertrauen aufseiten des Beamten [= kaufmännische, technische und sonstige Angestellte in der Industrie] und bewirkten so ein hohes Maß an persönlicher Abhängigkeit der Beamten gegenüber dem Unternehmer.

❶ ▪ Trage in einer Tabelle ein, was du auf dieser Doppelseite über jede Gesellschaftsschicht erfahren hast.

Proletarier	Angestellte	Fabrikbesitzer
besitzen nichts als ihre Arbeitskraft	...	...
...	...	...

❷ ▪ Erkläre mithilfe der Bilder 1 und 2 sowie M1, woran man die unterschiedliche Stellung von Arbeitern und Angestellten erkennen kann.

❸ ▪ Erläutere, warum die Angestellten auch als „Stehkragenproletarier" bezeichnet wurden, und begründe, warum sie sich nicht dem Proletariat zugehörig fühlten.

❹ ▪ Josef Anton von Maffei hat dich als persönlichen Biografen ausgewählt. Verfasse mithilfe von Bild 4 und dem Auftaktseitenbild den Klappentext für die Biografie mit dem Titel „Maffei – ein Industriefürst".

Wie sahen die Arbeitsbedingungen in den Fabriken aus?

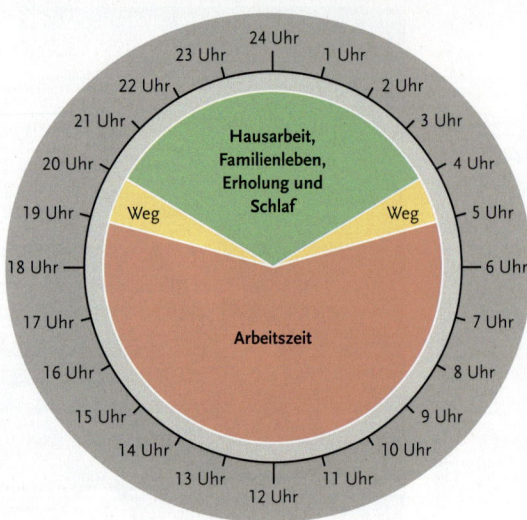

1 – Tagesablauf von Arbeiterinnen und Arbeitern in der Industrie um 1860.

2 – Der Arbeitstag einer Industriearbeiterin. Karikatur, ca. 1920.

* **Akkordarbeit**
Unter Akkordarbeit versteht man eine Tätigkeit, die nach der produzierten Stückzahl bezahlt wird.

Hohe Anforderungen

Die Landarbeiter und Bauern, welche vom Land in die neuen Industriegebiete zogen, um dort Arbeit zu finden, waren bisher familiäre Unterstützung gewohnt. Nun gehörte ein langer Weg von der Wohnung in die Fabrik und eine harte Arbeit, die vom Takt der Maschinen bestimmt wurde, zum Alltag. Sobald die Maschinen frühmorgens angestellt wurden, mussten alle Arbeiter an ihrem Arbeitsplatz sein. Hielten sich die Arbeiterinnen und Arbeiter nicht an die strenge Fabrikordnung (Q1) oder widersprachen sie den Anordnungen des Meisters, so konnte dies eine sofortige Entlassung nach sich ziehen.

Unwürdige Arbeitsbedingungen

Eine Fabrikordnung kannte ein Handwerker, der bisher in einer kleinen Werkstätte selbstständig ein Produkt hergestellt hatte, nicht. Ebenso neu war für ihn die häufig sehr eintönige Fabrikarbeit. Jetzt musste er oft nur wenige Handgriffe ausführen, das Fließband bzw. die *Akkordarbeit war erfunden. Hinzu kamen schlechte Licht- und Luftverhältnisse in den engen oder schmutzigen Hallen der Fabriken und der von allen Seiten dröhnende Maschinenlärm. Außerdem war die Zahl der Unfälle in den Fabriken hoch, da es überall offene Getriebe oder freilaufende Treibriemen, aber kaum Schutzschilder oder Sicherheitsbremsen gab.

Geringster Verdienst

Der Lohn eines Arbeiters reichte meist nicht aus, um seine Familie vor dem Verhungern zu retten. Aus diesem Grund waren Frauen und Kinder zur Mitarbeit gezwungen. Von den Unternehmern wurden sie als Arbeitskräfte geschätzt, denn sie erhielten oft nur die Hälfte des Arbeitslohnes. Neben der Arbeit in einer Fabrik waren auch Anstellungen in der Krankenpflege oder als Dienstmädchen bei wohlhabenden Familien in den Städten keine Seltenheit.

Eine weitere Einkunftsquelle stellte auch die Prostitution dar. Sie stieg im 19. Jahrhundert in den Städten sprunghaft an.

Kinderarbeit

Besonders in der Textilindustrie, aber auch im Bergbau arbeiteten Kinder, teilweise schon ab dem sechsten Lebensjahr. Für die Unternehmer waren die Kinder vor allem billige Arbeitskräfte: Für einen Arbeitstag von 10 Stunden erhielt ein Kind 85 Pfennige Lohn. Besonders Waisenkinder waren beliebte Arbeitskräfte, da sie ohne Familie den Fabrikbesitzern besonders ausgeliefert waren.

3 – Kinderarbeit in einem englischen Bergwerk. Holzstich, spätere Kolorierung von 1844.

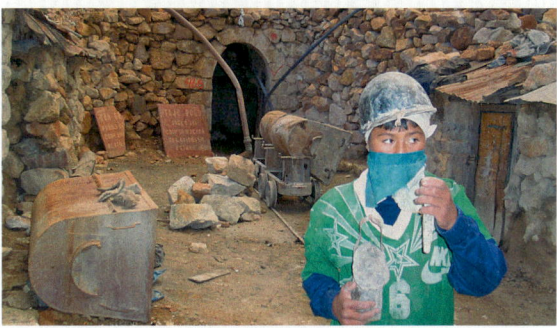

4 – Kinderarbeit in einem Bergwerk in Bolivien. Die Kinder graben nach Silber, Zinn und Blei und sind dabei von giftigen Schwefeldämpfen, herabstürzenden Steinen und Sprengstoffunfällen bedroht. Dieser Junge schützt sich mit einem Tuch vor Mund und Nase vor den Dämpfen. Foto, 2014.

Kinderarbeit beeinträchtigte deren Entwicklung. Die schlechten Bedingungen verursachten Wachstumsstörungen; oft führte die Arbeit auch zum Tod der Kinder.

Gegen eine Einschränkung der Kinderarbeit wehrten sich die Fabrikanten. Nur durch die billige Arbeit der Kinder konnten sie mit ihren Waren auf dem Weltmarkt konkurrenzfähig bleiben. In Preußen wurde ab 1839 die Kinderarbeit eingeschränkt, Bayern folgte ein Jahr später mit ähnlichen Bestimmungen.

Q1 Bestimmungen der Fabrikordnung der Firma Krupp (Gussstahlherstellung) von 1838:

Jeder Arbeiter muss treu und unbedingt folgsam sein, sich in- und außerhalb der Fabrik anständig betragen, pünktlich die Arbeitsstunden halten und durch seinen Fleiß beweisen, dass er die Absicht hat, zum Nutzen der Fabrik zu arbeiten. Wer dies befolgt, hat zu erwarten, dass dem Wert der Arbeit nach auch sein Lohn erhöht wird. Wer aus Nachlässigkeit oder bösem Willen sich vergeht, wird bestraft. Branntweintrinken in der Fabrik wird nicht geduldet. Wer ein Stück Arbeit, ein Werkzeug und dergleichen verdirbt oder umkommen lässt, muss dasselbe vergüten. Wer fünf Minuten nach dem Läuten zur Arbeit kommt, verliert ¼ Tag, wer ¼ Tag eigenmächtig fortbleibt, verliert ½ Tag, für ½ Tag Fortbleiben wird ¾ Tag abgezogen.

Q2 Eine Fabrikarbeiterin beschrieb um 1900 ihren Tagesablauf:

Meine tägliche Arbeitszeit in Haushalt und Fabrik beträgt 16 bis 18 Stunden. Unsere Familie zählt fünf erwachsene Köpfe. Frühmorgens 4.30 Uhr ist die Nacht vorbei. Dann ist es höchste Zeit, mich anzukleiden, mich zu waschen, alle zu wecken und das Frühstück zu bereiten, denn um 6 Uhr beginnt die Arbeit in der Tuchfabrik. Wir arbeiten in Schichten von 6 bis 14 Uhr und von 14 bis 22 Uhr. Arbeite ich in der Vormittagsschicht, so fängt um 14 Uhr die häusliche Arbeit an. Ich muss dann auf dem Weg von der Fabrik nach Hause die Einkäufe erledigen, sodass es 16 Uhr ist, bis ich zu Hause bin. Hier angekommen, geht es sofort weiter. Das Essen ist zu kochen, denn der Ehemann und die Kinder haben bald Feierabend. In der Zeit von 18 bis 19 Uhr essen wir. Während das Essen kocht und danach, werden andere häusliche Arbeiten erledigt.

❶ Beschreibe mithilfe des Textes stichpunktartig, mit welchen Lebensumständen die ehemaligen Landarbeiter und Bauern in einer Fabrik zurechtkommen mussten.

❷ Sieh dir Grafik 1 an. Zeichne ein Schema, das die Arbeits- und Freizeiten eines Arbeiters von heute wiedergibt. Arbeite Unterschiede und Gemeinsamkeiten heraus.

❸ Kinderarbeit spielte in der Industrialisierung eine große Rolle. Arbeite anhand von Bild 3 und des Texts Gründe für den Einsatz von Kindern als Arbeitskräfte und die Folgen der Kinderarbeit heraus.

❹ Bild 2 könnte den Titel „Die geteilte Frau" tragen. Erläutere diese Aussage mithilfe von Q2.

❺ Ein achtjähriger Junge arbeitet, um seine Familie zu ernähren, in einem Bergwerk. Auf seinem Weg dorthin denkt er über seine Situation nach. Verfasse mithilfe des Texts und Bild 4 einen inneren Monolog des Jungen.

▶ *Beschreibe die Gefühle, Ängste und Träume des Jungen.*

Wie (über-)lebte man in einem Labyrinth aus Schmutz und Armut?

1 – Küche in einer Berliner Mietskaserne. Foto, 1916.

Wohnungselend im Arbeiterviertel

Genauso wie in England stieg die Bevölkerung in den Städten rapide an. Mit diesem explosionsartigen Städtewachstum konnte die Bauwirtschaft nicht Schritt halten und in vielen deutschen Städten herrschte um die Jahrhundertwende Wohnungsnot. Angesichts dessen zimmerten sich kinderreiche Arbeiterfamilien am Rand der Großstädte Hütten mit undichten Fenstern oder sie suchten in Kellern, Ställen und auf Dachböden Unterschlupf. Wer konnte, zog mit seiner Familie in eine der großen „Mietskasernen". Hierbei handelte es sich um Wohnblöcke, die von wohlhabenden Bürgern errichtet wurden, weil sie sich davon hohe Einnahmen versprachen. Bedrückend für viele Arbeiterfamilien waren somit neben der Arbeitsbelastung und der ständigen Geldnot die engen und ärmlichen Wohnungen, in denen sie leben mussten.

Die Ausstattung war dürftig und der einzig beheizbare Raum war die Küche, die zugleich Wohnzimmer war. Wasserleitungen in den Wohnungen gab es noch nicht. Da eine Wohnung mit Zimmer und Küche im Schnitt den Wochenlohn eines Arbeiters kostete, vermieteten viele Familien ein Bett oder den Teil eines Bettes an einen alleinstehenden jungen Mann oder eine junge

Frau. Diese Personen wurden „Schlafgänger" genannt. In einem Zimmer wurden oft drei oder vier von ihnen untergebracht. Den bedrückenden Lebensverhältnissen versuchten viele Menschen zum Beispiel auch durch die Flucht in den Alkohol zu entkommen.

Krankheit und Tod – die düstere Seite des Fortschritts

Die im Osten der Ballungszentren gelegenen Wohnviertel wurden häufig den Arbeiterfamilien zugewiesen, denn dorthin wehten die in Europa vorherrschenden Winde die giftigen Abgase der Fabriken, z. B. Schwefeldioxid. Folglich gehörten umweltbedingte Atemwegserkrankungen zum Alltag der Menschen. Außerdem gelangten giftige Chemikalien wie Blei oder Quecksilber aus den Fabriken durch ungeklärte Abwässer direkt in den Boden und somit in das Grundwasser oder in Flüsse, die als natürliche Abflussrinnen galten. Die Versorgung mit Trinkwasser erfolgte jedoch meist direkt aus eben diesen Flüssen. So gelangten Giftstoffe, auch über den Verzehr der Fische, in den menschlichen Organismus.

Die durch Wohn- und Arbeitsverhältnisse bedingten Krankheiten verursachten einen Lohnausfall, den sich die meisten Familien

2 – Ansicht der Badischen Anilin- und Soda-Fabrik (BASF) in der damals bayerischen Pfalz. Gemälde von Robert Stieler, 1881.

nicht leisten konnten, sodass die Kranken dennoch zur Arbeit gingen. Hierdurch verschlechterte sich ihr Zustand natürlich, was bis zum Tode führen konnte.

Q1 Aus einem Bericht eines Arztes von 1908 über Wohnungen von Industriearbeitern:

Fast 40–50 Prozent aller Arbeiterwohnungen bestehen aus 2 Zimmern, werden bewohnt von Familien, die 6–10 Köpfe stark sind und … noch 2–3 Kostgänger beherbergen. In gesundheitlicher Beziehung jeder Beschreibung spottend, wie den elenden, krankhaft aussehenden Insassen unschwer anzusehen ist. … In einem Schlafraum mit zwei Bettgestellen ausgestattet, der nie gelüftet, noch seltener gereinigt wird und dessen Bettzeug daher einem Haufen stinkender Lumpen ähnlich ist, kampieren oft bis 10 Personen, vier Kinder in einem Bette, zwei am Kopf und zwei am Fußende, ohne Rücksicht auf Alter und Geschlecht. Wie viele Schlafräume gibt es außerdem, wo es sogar an dem notwendigsten Hausrat völlig mangelt. Man schläft dann auf Dielen, auf ausgebreiteten Strohsäcken, die größtenteils durch allzu reichliche Benutzung und seltene Erneuerung, durch Ungeziefer weit eher einem Misthaufen ähneln denn einer Lagerstätte für Menschen.

3 – Pfui Deibel (Der Teufel riecht am Fabrikschornstein). Zeichnung von Heinrich Kley, 1909.

❶▣ Beschreibe mithilfe des Textes, Q1 und Bild 1 die damaligen Wohnverhältnisse der Arbeiterfamilien.

❷▣ Erkläre anhand der Bilder 2, 3 und des Textes, welche Auswirkungen die Industrialisierung für Mensch und Natur hatte.

❸▣ Ein Schlafgänger ist auf der Suche nach einer Unterkunft. Verfasse mithilfe von Q1 einen inneren Monolog zu dem Moment, in welchem er das Zimmer einer Arbeiterfamilie betritt.

▶ *Berücksichtige hierbei die Gedanken und Gefühle, die dem jungen Mann durch den Kopf gehen, ebenso wie die Umgebung, die er reflektiert.*

▶ *Verwende für das gedankliche Selbstgespräch viele Frage- und Ausrufesätze und schreibe im Präsens.*

❹▣ Bearbeite die Lernaufgabe „Industrialisierung – alles auf Kosten der Umwelt?" auf S. 209.

Die Cholera – der Tod aus dem Wasser

Die Verhältnisse in Hamburgs Gängevierteln – ein idealer Seuchenherd

Es war eng und stank nach Fäkalien: In den Gängevierteln nahe des Hafens lebten die ärmsten Einwohner Hamburgs in elenden Verhältnissen. Um 1890 verfügte nahezu jedes Haus der Stadt wenigstens auf dem Hof über einen Wasseranschluss, was für diese Zeit sehr fortschrittlich war. Das Trinkwasser wurde aus der Elbe entnommen. Das städtische Wasserwerk mit der einzigen Entnahmestelle lag in Rothenburgsort; dort wurde das Wasser in drei große Klärbecken geleitet, damit sich Schweb- und Trübstoffe absetzen können. In die Elbe wurden jedoch auch die Abwässer der Stadt geleitet. Durch Ebbe und Flut gelangte das mit Fäkalien verunreinigte Wasser in die Absetzbecken des Wasserwerkes. Längst wäre für die beständig steigende Zahl von Einwohnern eine wirksame Sandfiltrationsanlage erforderlich, wie es sie im preußischen Altona schon seit mehr als 30 Jahren gab. Im August 1892 verzeichnete die Elbe den niedrigsten Wasserstand seit Jahren, die Schmutzstoffe waren also in besonders hoher Konzentration vorhanden. Gleichzeitig gab es die seit Jahren höchste Luft- und Wassertemperatur: Schon morgens um 8 Uhr lag sie bei 20 – 22 °C. Dies waren ideale Bedingungen für die Vermehrung von Bakterien.

Insgesamt erkrankten in Hamburg 16 596 Menschen an der Cholera, 8605 von ihnen starben. Zwar gab es auch in anderen Orten Deutschlands Cholerafälle, doch keine Epidemie verlief so dramatisch wie die in Hamburg.

2 – Ein Hof im Gängeviertel im Jahr 1892. Viele Hinterhofwohnungen sind nur durch schmale und niedrige Gänge zu erreichen. Oft teilen sich acht bis neun Personen eine Wohnung.

Q1 Die Stadt Hamburg verkündete am 24.08.1892 offiziell den Ausbruch der Cholera. Über die Auswirkungen auf die Stadt schrieb das Hamburger Fremdenblatt am 13.09.1892:

Die sonst bis auf den letzten Platz besetzten Hotels erscheinen wie ausgestorben. ... Viele Gasthöfe haben geschlossen. Hamburg ist in Acht und Bann erklärt worden. Unsere Haupterwerbsquelle, die Schifffahrt, ist lahmgelegt. ... Viele Firmen mussten, wenn auch mit schwerem Herzen, einen Theil ihres Personals entlassen. ... Traurig sieht es mit dem Fischfang aus. ... Ganze Ladungen der herrlichsten Seefische sind in der letzten Zeit in den am St. Pauli-Markt veranstalteten Auctionen unverkauft geblieben und aus diesem Grunde als Dünger abgefahren worden. ... Sehr schlimm betroffen sind die von den Vierlanden, der Schatzkammer unserer Vaterstadt, kommenden Frucht- und Gemüsegärtner. Wer kauft jetzt Obst und Gemüsewaren?!

1 – Ein Klosettschuppen im Hof „Langer Jammer" im Brauerknechtsgraben, Neustadt. Es gab noch keine Wasserleitungen und Toiletten in den Wohnungen. Bis zu sechs Familien teilten sich solche „Plumpstoiletten", die in den Höfen untergebracht waren – ebenso die Zapfstellen für Wasser. Foto, 1902.

ent tdecken

Ich habe noch nie solche ungesunden Wohnungen, Pesthöhlen und Brutstätten für jeden Ansteckungskeim angetroffen wie in den sogenannten Gängevierteln, die man mir gezeigt hat, am Hafen, an der Steinstraße, an der Spitalerstraße oder an der Niedernstraße. ... Ich vergesse, dass ich mich in Europa befinde.

3 – Noch vor der offiziellen Bekanntgabe der Epidemie schickte der preußische Gesundheitsminister den Bakteriologen Robert Koch nach Hamburg. Dort äußerte er sich gegenüber der Hamburger Freien Presse am 14. 11. 1892. Anschließend setzte Koch Seuchenbekämpfungsmaßnahmen durch, die von einem Bakterium als Ursache ausgingen. Die Bevölkerung wurde aufgefordert, auf peinliche Sauberkeit zu achten und Trinkwasser abzukochen. Auf rohes Obst und Gemüse sollte vorübergehend verzichtet werden. Wohnungen von Erkrankten wurden von speziellen Desinfektionskolonnen gereinigt.

M1 Das Tropeninstitut informiert auf seiner Homepage über die Cholera:

Cholera kommt vor allem in Ländern mit schlechten Sanitäranlagen und Mangel an sauberem Trinkwasser sowie in Kriegs- und Katastrophengebieten vor, in denen die Infrastruktur zusammengebrochen ist. Die Infektion erfolgt über die Aufnahme von Lebensmitteln oder Wasser, welches direkt oder indirekt durch Fäkalien oder Erbrochenes infizierter Personen verunreinigt wurde. Cholera befällt ausschließlich Menschen. Die klassische Cholera ist durch dünnflüssige Durchfälle sowie durch Erbrechen von wässrigem Mageninhalt gekennzeichnet. Die Durchfälle nehmen während des Krankheitsverlaufes zu. Das Hauptproblem der Erkrankung ist ein starker Wasser- und Elektrolytverlust. Die Erkrankung kann innerhalb weniger Stunden durch Kreislaufversagen tödlich enden.

M2 Aus einem Zeitungsartikel am 08. 11. 2016 im Alt-Neuöttinger Anzeiger:

Wegen PFOA-Belastung: Zwei Brunnen abgestellt

Im Altöttinger Forst sind am Dienstagnachmittag zwei Brunnen abgestellt worden, die die Kreisstadt Altötting sowie Neuötting und Winhöring mit Trinkwasser versorgen. Dies ist die Reaktion auf die erhöhte Belastung mit gesundheitsbelastendem PFOA ... sowie die Senkung des Leitwerts durch das Umweltbundesamt und die Trinkwasserkommission des Bundes von bislang 0,3 auf jetzt 0,1 Mikrogramm/Liter.
... [E]s [PFOA= Perfluoroctansäure] handelt sich um einen Produktionsstoff für spezielle Wasser, Schmutz und Fett abweisende Beschichtungen auf Kleidungsstücken (Goretex) oder Gebrauchsgegenständen wie Pfannen (Teflon). Entgegen der früher vorherrschenden Meinung wird PFOA mittlerweile potenziell gesundheitsgefährdende Wirkung zugeschrieben.

Bildet Gruppen und bearbeitet die Aufgaben für die Gruppen A, B oder C, die euch zugeteilt wurden. Stellt eure Ergebnisse anschließend den anderen Gruppen vor.

Gruppe A:

1 Als Reporter der Tageszeitung „Hamburger Abendblatt" bereitet ihr euch auf ein Interview mit einer Arbeiterfamilie im Gängeviertel vor. Erstellt mithilfe der Bilder 1 und 2 sowie dem Informationstext einen Fragenkatalog zu den Umständen in diesem Wohnviertel.

2 Entwickelt mithilfe eurer Liste aus Aufgabe 1 ein Gespräch zwischen Reporter und Arbeiterfamilie, wie es damals hätte stattfinden können.

Gruppe B:

3 Informiert euch mithilfe von M1, Bild 2 und Q1 darüber, wie es zur Ausbreitung der Cholera kommen kann. Erstellt mithilfe dieser Informationen ein Plakat, das 1892 auf einer Litfasssäule angeschlagen wurde, um die Bevölkerung vor der Cholera zu warnen.

4 Der Zeitungsartikel M2 zeigt, dass es auch in heutiger Zeit zur Verunreinigung von Flüssen kommen kann. Recherchiert dazu im Internet.

▶ *Die Stichworte Wasserverunreinigung – Altötting – 2017 können euch die Suche im Internet erleichtern.*

Gruppe C:

5 Die Epidemie tötete etwa 8600 Menschen, die meisten von ihnen lebten im Gängeviertel. Analysiert unter Zuhilfenahme des Textes, der Bilder 1 und 2 , warum gerade die Arbeiterschaft von dieser Seuche betroffen war.

6 Die Sozialdemokraten unterstützten 1892 Robert Koch und verteilten Flugblätter mit Verhaltensregeln an alle Haushalte. Gestaltet dieses mithilfe von Bild 3.

Aufgabe für alle:

7 Stellt einen Zusammenhang zwischen der Hamburger Cholera-Epidemie und der Überschrift „Die Folgen der Industrialisierung" her.

Die Lösung der sozialen Frage

Wer linderte die Not der Arbeiter?

1 – Werkstatt des „Rauhen Hauses", das 1833 gegründet wurde. Holzstich von 1855, spätere Kolorierung.

Soziale Frage
So nennt man die Notlage und die ungelösten sozialen Probleme der Arbeiterschaft im 19. Jahrhundert, die mit der Industrialisierung entstanden waren.

✳ **Genossenschaft**
So nennt man einen Zusammenschluss von Menschen, um Arbeitsbedingungen in einem Betrieb oder einem Gewerbe zu verbessern. Dies beinhaltete oft eine Unterstützungskasse für in Not geratene Handwerker und Arbeiter.

Was bezeichnet man als soziale Frage?

Angesichts des Elends, in dem die Arbeiter, ihre Frauen und Kinder leben mussten, stellte sich immer dringender die Frage: Was muss geschehen, um diese menschenunwürdigen Lebensverhältnisse zu bessern? Auf diese Frage, die man als soziale Frage bezeichnete, gab es im 19. Jahrhundert ganz unterschiedliche Antworten.

Beiträge der Kirchen

Schon in der ersten Hälfte des 19. Jahrhunderts setzten sich evangelische und katholische Priester mit den Problemen der Arbeiter auseinander.
Der evangelische Pfarrer Johann Hinrich Wichern (1808–1881) erinnerte in seinen Predigten die Menschen an ihre Pflicht zur christlichen Nächstenliebe. Er selbst gründete 1833 in Hamburg das „Rauhe Haus", in das er verwaiste und obdachlose Kinder aufnahm.
Der Mainzer Bischof Wilhelm Emmanuel Ketteler (1811–1877) forderte 1864, die tägliche Arbeitszeit solle verkürzt, der Arbeitslohn gerechter bemessen und die Kinderarbeit verboten werden. Des Weiteren ermutigte er die Arbeiter, sich in Vereinen zu organisieren und ✳Genossenschaften zu gründen.

Aufsehen erregte das katholische Kirchenoberhaupt Papst Leo XIII. (Amtszeit 1878–1903) mit einem Rundschreiben von 1891, in welchem er nicht nur die Arbeiter zur treuen Pflichterfüllung ermahnte, sondern auch die Arbeitgeber.
Großen Einfluss übte auch Adolf Kolping (1813–1865) aus, der als Schuhmachergeselle die Lebensumstände der wandernden Handwerksgesellen kennenlernte. Er wurde Priester und gründete überall in Deutschland „Kolpinghäuser". Hier erhielten die wandernden Handwerksgesellen Unterkunft und Verpflegung.

Maßnahmen der Unternehmer

Einzelne Unternehmer versuchten, wenigstens in ihren Betrieben das Elend der der Arbeiter zu mildern. Im August 1817 unterzeichneten der Drucker König (1774–1833, siehe S. 113) und der Techniker Bauer (1783–1860), einen Gesellschaftsvertrag und legten damit den Grundstein für die älteste Druckmaschinenfabrik der Welt, die im Kloster Oberzell bei Würzburg eingerichtet wurde. Weil die Arbeiter dem Unternehmer besonders wichtig waren, wurde 1855, fast 30 Jahre vor der Sozialgesetzgebung durch Reichskanzler Otto von Bismarck (siehe S. 130), eine Fabrikkrankenkasse gegründet. Darauf

2 – Gründung der Fabrikfortbildungsschule der Firma König und Bauer, 1868.

3 – Erste bayerische Sozialsiedlung der Baumwollspinnerei Bayreuth, ab 1861.

folgte eine Fabrik-Fortbildungsschule (Bild 2), die bis heute als Werkberufschule Fachkräfte hervorragend ausbildet. Außerdem gab es eine Invaliden-, Witwen- und Waisenkasse und weitere Sozialeinrichtungen. Für die Arbeiter waren bereits 1866 in Zell Häuser errichtet worden.

Auch in anderen deutschen und bayerischen Städten wurden Arbeitersiedlungen erbaut. Beispielsweise in Bayreuth errichtete ab 1861 der Textilunternehmer Ludwig August Riedinger (1809–1879, siehe S. 113) die erste bayerische Sozialsiedlung (Bild 3). Mit jeweils 52 m² Wohnfläche auf zwei Etagen und einem kleinen Garten waren die Häuser für damalige Verhältnisse großzügig konzipiert. Insgesamt entstanden bis 1909 mehr als 180 Wohnungen für die Spinnereiarbeiter und ihre Familien.

Q1 Papst Leo XIII. (1810–1903) erklärte 1891 in einem Rundschreiben:

Unehrenhaft und unmenschlich ist es, Menschen wie eine Ware nur zum eigenen Gewinn auszubeuten. ... Zu den wichtigsten Pflichten der Arbeitsherren gehört es, Jedem das Seine zu geben. ... Dem Arbeiter den verdienten Lohn vorzuenthalten, ist ein großes Verbrechen.

M2 Aufruf von Papst Franziskus während seiner Brasilienreise 2013:

Mit einem eindringlichen Appell hat Papst Franziskus bei seiner Brasilienreise die Menschheit zu mehr Solidarität und sozialer Gerechtigkeit aufgerufen. „Niemand kann gegenüber den Ungleichheiten, die weiterhin in der Welt bestehen, gefühllos bleiben", sagte er am Donnerstag beim Besuch der Armensiedlung Varginha im Norden von Rio de Janeiro. „Werdet nicht müde, für eine gerechtere und solidarischere Welt zu arbeiten!", rief er den Reicheren und den Vertretern des öffentlichen Lebens entgegen.

1 ▪ Fasse zusammen, was unter dem Begriff „soziale Frage" zu verstehen ist.

2 ▪ Gib die Aussage von Papst Leo XIII. in eigenen Worten wieder.

3 ▪ Erkläre mithilfe des Texts und Bild 1, welche Antworten die christlichen Kirchen auf die soziale Frage boten.

4 ▪ Erläutere mithilfe des Textes und der Bilder 2 und 3, mit welchen Maßnahmen einzelne Unternehmer das Leben der Arbeiter verbessern wollten.

5 ▪ Nicht alle Arbeiter hatten sozial eingestellte Unternehmer. Berichte in einem Brief von den Maßnahmen bei der Firma König und Bauer und bitte deinen Fabrikanten, seinen Arbeitern in ähnlicher Weise entgegenzukommen.

▶ *Nimm deine Ergebnisse aus Aufgabe 4 zu Hilfe und überlege mithilfe der vorausgegangenen Seiten, ob weitere Hilfen nötig sind und wie diese aussehen könnten.*

6 ▪ Gut 100 Jahre nach dem Rundschreiben von Papst Leo XIII. richtet sich Papst Franziskus mit einem Appell an die Reichen und die Vertreter des öffentlichen Lebens (Q2). Überlege, warum dies auch im Jahr 2013 nicht an Gültigkeit verloren hat.

Wie organisierten sich die Arbeiter?

Sozialismus

(vom Lateinischen socius = Bundesgenosse; gemeinsam). Diese Lehre geht auf Karl Marx und Friedrich Engels (siehe unten) zurück. So bezeichnet man eine Lehre, deren Ziel eine ideale Gesellschaft darstellt, in der die Ungerechtigkeit der Lebensverhältnisse in der industriellen Zeit überwunden wird. Die sozialistische Bewegung teilte sich in zwei Lager: den „demokratischen" Sozialismus, der das Ziel auf parlamentarisch-demokratischem Wege erlangen will (SPD), und einen sozialistisch-kommunistischen Weg, der dies mittels eines revolutionären Umsturzes erreichen will (Marx und Engels).

Wir sollten den Fabrikbesitzern die Maschinen wegnehmen. Alles soll der gesamten Gesellschaft zugute kommen.

Alles ist Gemeineigentum und die Menschen nehmen sich, was sie zum Leben brauchen, wie in einer Kommune.

1 – Karl Marx und Friedrich Engels erklären dem Volk ihre Idee des Sozialismus. Auszug aus dem Comic „Karl Marx. Die Idee der Macht", 2017.

Karl Marx (1818–1883) war ein deutscher Philosoph aus Trier, Journalist und Ökonom, der mit seinen Büchern „Das kommunistische Manifest" (1848) und „Das Kapital" (1867–1894, drei Bände) die Ideen des Sozialismus begründet hat.

Friedrich Engels (1820–1895, geboren in Barmen) war Historiker, Journalist und erfolgreicher Textilunternehmer, der an der Seite von Marx die bestehende Wirtschafts- und Gesellschaftsordnung kritisierte und ihr mit dem Sozialismus einen eigenen Entwurf entgegenstellte.

Streiks und Proteste

Die Maßnahmen von Kirchen und einzelnen Unternehmern reichten nicht aus, um die Notlage der Arbeiter entscheidend zu verbessern. Viele Unternehmer lehnten Bitten und Forderungen der Arbeiter um bessere Bedingungen auch einfach ab. Deshalb begannen die Arbeiter in einzelnen Betrieben zu protestieren und zu streiken. Die Unternehmer antworteten darauf mit Strafen, im schlimmsten Fall drohte die Entlassung. Diese Maßnahmen zeigten den Arbeitern, dass sie ihre Forderungen nur durchsetzen konnten, wenn sie alle gemeinsam handelten. Sie brauchten eine Organisation, die alle Arbeiter vertrat und direkt mit den Fabrikanten verhandelte.

Die Gründung von Gewerkschaften

Die Unternehmer sahen es als eine Bedrohung an, dass die Arbeiter sich in Vereinen und *Gewerkschaften zusammenschließen wollten. Deshalb sorgten sie dafür, dass den Arbeitern derartige Zusammenschlüsse gesetzlich verboten wurden. Erst nach langen Auseinandersetzungen erhielten die Arbeiter das Recht, sich zusammenzufinden. Die ersten Gewerkschaften entstanden im Jahre 1848, die sich von da an immer weiter verbreiteten.

In den Gewerkschaftsversammlungen konnten die Arbeiter gemeinsame Aktionen vorbereiten. Sie forderten vor allem höhere Löhne, eine Beschränkung der Arbeitszeit auf täglich zehn Stunden und bei Schwerarbeit auf acht Stunden sowie Schutz und Unterstützung bei Krankheit, Unfällen oder Arbeitslosigkeit.

Außerdem richteten die Gewerkschaften Streikkassen ein, aus denen Arbeiter und ihre Familien bei länger andauernden Streiks unterstützt wurden.

Politische Organisation

Die Gewerkschaften kämpften für bessere Arbeitsbedingungen. Das war dem Journalisten und sozialistischem Politiker Ferdinand Lassalle (1825–1864) zu wenig. Die Lage der Arbeiter würde sich nur grundlegend verändern, wenn sie ihre Interessen selbst im Parlament vertreten könnten. Er hoffte, dass die Arbeiterschaft als politische Partei mithilfe von Gesetzen die soziale Frage lösen würde. Um dieses Ziel zu erreichen, gründete Lassalle 1863 den „Allgemeinen Deutschen Arbeiterverein".

2 – Karl Marx erklärt seinem Verleger den Inhalt seines Werkes „Kapital". Auszug aus dem Comic „Karl Marx. Die Idee der Macht", 2017.

Der Drechslermeister August Bebel (1840–1913) und der Zeitungsredakteur Wilhelm Liebknecht (1826–1900) gründeten 1869 in Eisenach eine zweite Arbeiterpartei. Beide Parteien schlossen sich im Jahr 1875 zur „Sozialistischen Arbeiterpartei Deutschlands" zusammen, die seit 1890 „Sozialdemokratische Partei Deutschlands" (SPD) heißt.

Eine weitere, ganz eigene Richtung des Sozialismus bildete sich schließlich durch Karl Marx (1818–1883) und Friedrich Engels (1820–1895) vertraten die Ideologie des Sozialismus, auf die sich auch Bebel und Liebknecht mit ihrer Partei beriefen. Der Sozialismus kritisiert die Ausbeutung des Proletariats durch die *Kapitalisten, welche dadurch immer mehr Reichtum anhäuften.

Q1 August Bebel (SPD) sprach 1900 über die Aufgaben der Gewerkschaften:
Der einzelne Arbeiter ist dem Unternehmer gegenüber machtlos. Jeder Versuch, auf eigene Faust seine Lage zu verbessern, endet in der Regel mit einer Niederlage. ... Die einzige Möglichkeit, seine Arbeit und damit seine Lebensbedingungen auf einige Dauer zu verbessern, ist die Vereinigung mit seinesgleichen. Deshalb ist der Beitritt zu einer Gewerkschaft eine Lebensnotwendigkeit für jeden Arbeiter. Die Gewerkschaft erstrebt: Erhöhung des Lohnes nach Maßgabe der Verhältnisse des Arbeitsmarktes, Verkür-

zung der Arbeitszeit, Herbeiführung menschenwürdiger Zustände im Betrieb, Rechtsschutz, Arbeitslosenunterstützung. ... Ferner stärkt sie das Solidaritätsgefühl, ohne das kein großes Ziel erreicht werden kann.

Q2 Aus dem Parteiprogramm der SPD von 1891:
– Festsetzung eines höchstens 8 Stunden betragenden Normalarbeitstages,
– Verbot der Erwerbsarbeit für Kinder unter 14 Jahren,
– Verbot der Nachtarbeit ...,
– eine ununterbrochene Ruhepause von mindestens 36 Stunden in der Woche für jeden Arbeiter.

* Gewerkschaft
So bezeichnet man die Vereinigung abhängig Beschäftigter zur Vertretung ihrer Interessen gegenüber dem Arbeitgeber.

* Kapitalist
Nach der Lehre von Marx und Engels sind Kapitalisten diejenigen, die die Produktionsmittel (Maschinen und Produktionsanlagen) besitzen und damit die Macht über die Arbeiter und das mit den Produkten erwirtschaftete Geld haben. Gemeint sind in erster Linie die Unternehmer, aber z. B. auch Großgrundbesitzer.

❶ Beschreibe mithilfe des Textes deinem Banknachbarn, warum es zu Streiks und Protesten durch die Arbeiterschaft kam.

❷ Vergleiche anhand des Textes und von Q2, inwiefern die SPD die Forderungen der Gewerkschaften in ihrem Programm aufgenommen hat.

❸ Informiere dich, welche Gewerkschaften es heute gibt und wofür sie sich einsetzen.
▶ *Nimm die Methode „Eine Internetrecherche durchführen" auf S. 211/212 zu Hilfe.*

❹ Ergänze die Begriffserklärung zu „Sozialismus" (Randspalte) um eine inhaltliche Definition.
▶ *Nimm dazu die Bilder 1 und 2 und den Text zu Hilfe.*

❺ Lasst in einem Rollenspiel Josef Anton von Maffei, Vertreter der Gewerkschaft und einige Arbeiter aufeinandertreffen. Diskutiert mithilfe von Q1 folgende Aspekte: höhere Löhne, Verkürzung der Arbeitszeit, Rechtsschutz, Arbeitslosenunterstützung, ...

Ein Streik beginnt

1 – Ein Streik bricht aus. Gemälde von Robert Koehler, 1886.

Schauplatz 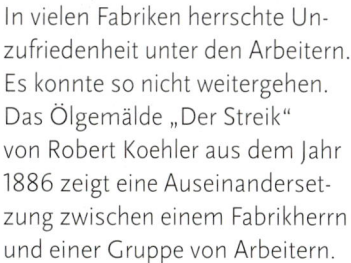 Geschichte

In vielen Fabriken herrschte Unzufriedenheit unter den Arbeitern. Es konnte so nicht weitergehen. Das Ölgemälde „Der Streik" von Robert Koehler aus dem Jahr 1886 zeigt eine Auseinandersetzung zwischen einem Fabrikherrn und einer Gruppe von Arbeitern.

Bildet Gruppen und bearbeitet eine der Aufgaben 1–3, die euch zugeteilt wurde. Stellt eure Ergebnisse anschließend den anderen vor.

❶ Kopiert das Gemälde deutlich größer und gestaltet Sprechblasen für einzelne Personen. Überlegt euch, welche unterschiedlichen Forderungen sie haben könnten und in welcher Stimmung sie diese vortragen könnten.

❷ Der Anführer der Streikbewegung im roten Hemd schildert dem Fabrikherrn die Nöte und Sorgen seiner Kollegen.

▶ *Setzt die folgende Rede fort und stellt Forderungen an den Fabrikanten: „Sehen Sie nicht, wie Ihre Arbeiter, die zu Ihrem Reichtum beigetragen haben, im Elend leben …"*

❸ Als Reporter der Tageszeitung „Münchner Neueste Nachrichten" verfolgt ihr die auf dem Gemälde abgebildete Szene und verfasst einen Zeitungsartikel.

▶ *Achtet darauf, dass ihr als Reporter neutral berichten solltet und sowohl die Argumente der Arbeiter als auch die Meinung des Fabrikanten erwähnen müsst.*

▶ *Geht außerdem darauf ein, dass auch die Arbeiterschaft gespalten ist und nicht jeder die Meinung des Anführers teilt.*

Warum schuf die Reichsregierung Sozialgesetze?

1 – Leistungen der deutschen Sozialversicherung. Plakat von 1913.

Otto von Bismarck wurde 1871 Reichskanzler des deutschen Kaiserreichs, dessen Innen- und Außenpolitik er maßgeblich mitbestimmte (weitere Informationen auf S. 140/141).

Anfänge staatlicher Sozialpolitik

Die Arbeiterinnen und Arbeiter hatten eine sehr hohe Arbeitsbelastung. Diese führte immer häufiger zu Unfällen in den Fabriken, zu Erkrankungen und zu früher Arbeitsunfähigkeit. Deshalb fühlten sich die Arbeiter vom Staat im Stich gelassen und große Teile der Arbeiterschaft sahen ihre Interessen von den Sozialdemokraten vertreten. Reichskanzler *Otto von Bismarck befürchtete, dass sich mit dem Anwachsen der Arbeiterpartei eine Bedrohung der politischen Verhältnisse entwickeln könnte. Gleichzeitig erkannte Bismarck, dass die Arbeiter nur hinter einem Staat stehen können, der sie in ihrer Notlage unterstützt. Deshalb baute er ab 1883 ein Sozialversicherungssystem auf.

Ausbau der Sozialversicherung

Das im Juni 1883 verabschiedete Gesetz über die Krankenversicherung für Arbeiter sah vor, dass im Krankheitsfall eine staatliche Kasse die Kosten der ärztlichen Behandlung sowie der Medikamente trug. Das Krankengeld bewahrte nicht vor materieller Not, aber der Krankenversicherung war es zu verdanken, dass eine ärztliche Behandlung nun zumindest auch für versicherte Arbeiter die Regel werden konnte. Die Beiträge bezahlten die Arbeiter zu zwei Dritteln selbst, ein Drittel übernahm der Arbeitgeber.

Anders verhielt es sich beim Unfallversicherungsgesetz. Beitragspflichtig waren nun allein die Unternehmer. Bei einem Betriebsunfall wurde der Verunglückte unabhängig von der Schuldfrage ab der 14. Woche und damit nach Ablauf der Krankenversicherung entschädigt. War der Betriebsunfall tödlich, kamen die Gelder den Hinterbliebenen zugute.

Im Mai 1889 wurde schließlich das Gesetz über die Alters- und Invalidenversicherung verabschiedet, welches eine Invalidenrente bei Erwerbsunfähigkeit und eine Altersrente vom 70. Lebensjahr an beinhaltete. Die Beiträge teilten sich Arbeitnehmer und Arbeitgeber.

Diese von der Reichsregierung verabschiedeten Sozialgesetze sollten der Arbeiterbewegung den Nährboden entziehen und die Arbeiterschaft beruhigen.

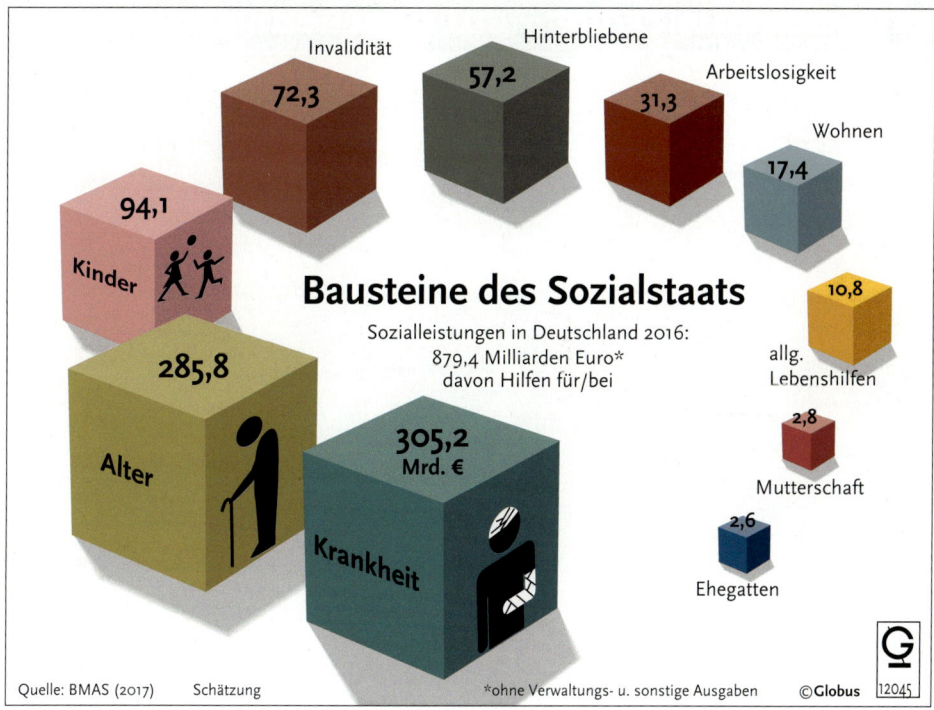

Bausteine des Sozialstaats
Sozialleistungen in Deutschland 2016:
879,4 Milliarden Euro*
davon Hilfen für/bei

Invalidität 72,3 | Hinterbliebene 57,2 | Arbeitslosigkeit 31,3 | Wohnen 17,4 | Kinder 94,1 | allg. Lebenshilfen 10,8 | Alter 285,8 | Krankheit 305,2 Mrd. € | Mutterschaft 2,8 | Ehegatten 2,6

Quelle: BMAS (2017)   Schätzung   *ohne Verwaltungs- u. sonstige Ausgaben   ©Globus   12045

2 – Bausteine des Sozial-
staates. Grafik von 2016.

Vorbild und Kritik

Die Sozialgesetzgebung machte die soziale Absicherung der Arbeiter zur Aufgabe des Staates. Diese neue Form staatlicher Sozialpolitik sah man im Ausland als bedeutende Neuerung und ahmte sie nach. Auch Unternehmer unterstützten die Sozialpolitik. Im Kaiserreich stießen die Sozialversicherungsgesetze dennoch auf massive Kritik: Vor allem die Sozialdemokraten kritisierten die damaligen geringen Leistungen der Sozialversicherungsgesetze.

Heutiges Erbe

Dennoch ist festzuhalten, dass mit ihnen der stetige Ausbau der sozialen Leistungen begann und diese Gesetze den heutigen Sozialstaat in Deutschland begründeten.

M1 Definition des Begriffes „Sozialstaat" durch die Bundeszentrale für politische Bildung nach Artikel 20 des Grundgesetzes:
Unter einem Sozialstaat versteht man einen Staat, „... der sich um soziale Gerechtigkeit bemüht und sich um die soziale Sicherheit seiner Bürgerinnen und Bürger kümmert.

Das Grundgesetz legt fest, dass die Bundesrepublik Deutschland ,ein demokratischer und sozialer Bundesstaat' ist (Art. 20 GG)."

❶ ▶ Nenne mithilfe des Textes und Bild 1 die Versicherungen des ab 1883 eingeführten Sozialversicherungssystems.

❷ ▶ Fasse anhand des Textes die Beweggründe des Reichskanzlers Bismarck, eine Sozialversicherung für die Arbeiterschaft einzuführen, zusammen.

❸ ▪ Erkläre den Begriff „Sozialstaat" mit eigenen Worten.
  ▶ *Bild 2 und M1 liefern dir wichtige Informationen.*
  ▶ *Schlage unbekannte Begriffe im Lexikon nach.*

❹ ▪ Vergleiche die Sozialleistungen in der Bundesrepublik (Bild 2) mit dem Sozialstaat zu Beginn des 20. Jahrhunderts.
  ▶ *Nimm deine Ergebnisse aus Aufgabe 1 zu Hilfe.*

❺ ▪ Beurteile, ob du, wie in Artikel 20 des Grundgesetzes festgehalten, in einem demokratischen und sozialen Bundesstaat lebst. Diskutiere dein Ergebnis mit deinem Partner.
  ▶ *Nimm die Methode „Ein eigenes Urteil bilden" auf S. 215 zu Hilfe.*

❻ ▪ Die bayerischen Unternehmer Hugo von Maffei (Neffe und Erbe von Anton von Maffei, siehe S. 110 f. und Edgar König (Druckmaschinenfabrik König und Bauer, siehe S. 125) unterhalten sich über die Einführung der Sozialversicherungsgesetze im Kaiserreich.
  ▶ *Überlege dir mit einem Partner, welcher Unternehmer welche Argumente vorgebracht haben könnte.*
  ▶ *Verfasst gemeinsam ein Rollenspiel, welches ihr der Klasse vortragt.*

Die Industrialisierung – ein Epochenwandel?

1 – Ansicht der Stadt Fürth im Jahr 1828.

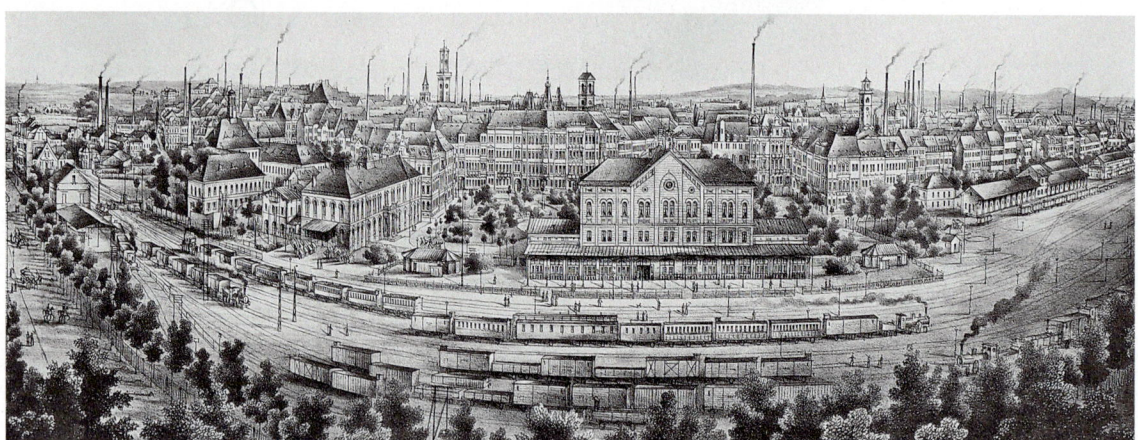

2 – Ansicht der Stadt Fürth im Jahr 1890.

Macht die Industrialisierung Epoche?
Wird durch eine besondere Leistung ein neuer Zeitabschnitt eingeleitet oder eine Wende herbeigeführt, so spricht man von einem „Epochenwandel".

Die Industrialisierung der Städte brachte Veränderungen im Stadtbild, in der Gesellschaftsordnung und in der Arbeitswelt mit sich. Ebenso hatte die Herausbildung von Industrielandschaften Auswirkungen auf Natur und Umwelt.

Mit der Industrialisierung einher ging die Notlage der Arbeiter, die durch Hilfe der Kirche, bedeutende Unternehmer und staatliche Reaktionen nur langsam überwunden werden konnten.

❶ ▪ Betrachte die Ansichten der Stadt Fürth vor und nach der Industrialisierung und beschreibe die wesentlichen Veränderungen.

❷ ▪ Fasse mithilfe deines Wissens aus diesem Kapitel stichpunktartig zusammen, welche Vorteile durch die Industrialisierung der Städte entstanden und wie die Menschen mit den negativen Folgen umgingen.

❸ ▪ Partnerarbeit: Diskutiert, ob die Veränderungen durch die Industrialisierung so bedeutend sind, dass von einem Epochenwandel gesprochen werden kann.

▶ *Nutzt hierfür eure Ergebnisse aus Aufgabe 2 und euer Wissen, das ihr aus diesem Kapitel gewonnen habt.*

Zusammenfassung

Industrialisierung und soziale Frage

Technische Neuerungen

Die Industrialisierung begann im 18. Jahrhundert in England. Technische Erfindungen, wie z. B. die Dampfmaschine, führten zu einem tiefgreifenden Wandel in der Arbeitswelt. Die mit Dampfkraft angetriebene Spinnmaschine und die Erfindung der Eisenbahn waren zukunftsweisende Neuerungen. Große Mengen an Waren konnten nun preiswert produziert und mit den neuen Transportmöglichkeiten beinahe an jeden Ort befördert werden. In Deutschland fuhr die erste Eisenbahn 1835 von Nürnberg nach Fürth. Kurze Zeit später wurde Bayern mit einem dichten Netz an Eisenbahnlinien überzogen. 1834 hatten sich alle deutschen Länder zum „Deutschen Zollverein" zusammengeschlossen mit dem Ziel, einen ungehinderten Warenverkehr zu ermöglichen.

Folgen der Industrialisierung

Mit der fortschreitenden Industrialisierung änderten sich die soziale Ordnung und die Machtverhältnisse. Erfolgreiche Unternehmer, mit oft mehreren tausend Arbeitern in ihren Fabriken, nahmen einen vorrangigen Platz in der Gesellschaft ein. Eine angesehene Stellung besaßen auch die Angestellten, z. B. Ingenieure oder Buchhalter. Für die Arbeiter wurde die Bezeichnung „Proletarier" gebräuchlich. Ihre Arbeits- und Lebensbedingungen waren zunächst äußerst schlecht: Verelendung aufgrund niedriger Löhne und hoher Arbeitslosigkeit, unzumutbare Arbeitsbedingungen und menschenunwürdige Wohnverhältnisse zählten zu den ungelösten sozialen Problemen der Arbeiter. Doch schon seit etwa 1880 begann sich die Situation spürbar zu verbessern, denn neue Arbeitsplätze entstanden, die Einkommen stiegen und verbesserte Sozialleistungen machten die Situation der Arbeiter erträglicher. Neben den sozialen Folgen hatte die Herausbildung von Industrielandschaften jedoch auch Auswirkungen auf die Natur und die Umwelt.

Lösungsversuche der sozialen Frage

Die Kirche und verantwortungsbewusste Unternehmer versuchten, die Lebens- und Arbeitsbedingungen der Arbeiterfamilien zu verbessern. Mit der Gründung von Gewerkschaften, der Gründung der Sozialdemokratischen Partei Deutschlands nahmen die Arbeiter ihr Geschick selbst in die Hand und konnten z. B. durch Streiks ihre Situation schrittweise verbessern. Das Anwachsen der Arbeiterbewegung bewirkte, dass die Reichsregierung ab 1883 versuchte, mit Sozialgesetzen den Einfluss der Arbeiterbewegung zurückzudrängen. Diese Sozialgesetzgebung machte die soziale Absicherung der Arbeiter zur Aufgabe des Staates und begründete den heutigen Sozialstaat in Deutschland.

1835

Die Eisenbahn als Motor der Industrialisierung in Deutschland.

1906

Leben in einer Berliner Mietskaserne.

ab 1883

Aufbau des Sozialversicherungssystems.

Das kann ich ...

Ich kann wichtige Begriffe und Daten im Zusammenhang erklären (Sachkompetenz):

Industrialisierung
Proletariat
Soziale Frage
Sozialismus
Sozialgesetzgebung

❶ Erläutere, welche neuen Gesellschaftsschichten zur Zeit der Industrialisierung entstanden und welche Umstände das Leben in der jeweiligen Schicht prägten.

❷ Erkläre den Begriff „soziale Frage".

Ich kann folgende Aufgaben zum Thema lösen (Sachkompetenz):

❸ Zähle verschiedene Erfindungen und Entdeckungen im 19. Jahrhundert auf und nenne den zugehörigen Erfinder oder Entdecker.

❹ Erkläre, warum die Eisenbahn als Motor der Industrialisierung bezeichnet wird.

❺ Beschreibe Kennzeichen der Industrialisierung in England, Deutschland und Bayern.

Ich kann Geschichte verständlich darstellen (narrative Kompetenz):

❻ In einer Ausstellung im Deutschen Museum für Karikatur und Zeichenkunst in Hannover war die Karikatur „A Peep at the Gas Lights in Pall-Mall" aus dem Jahre 1809 zu sehen (Bild 1). Die Straßenszene in London zeigt, wie sich Bürger an den damals neu eingeführten Gaslaternen versammeln und eifrig über diese neue technische Errungenschaft diskutieren. Schreibe eine Drehbuchszene zu dieser Karikatur.

▶ *Welche Personen (Beruf, Alter, Gesellschaftsschicht) sind zu sehen und wie könnten sie sich zu den neu eingeführten Gaslaternen äußern?*

Ich kann die Methode „Besuch eines Industriemuseums" anwenden:

❼ Wähle auf der vorderen Umschlagkarte ein weiteres Museum aus und bereite einen Besuch darin vor.

▶ *Nimm die Methode „Ein Industriemuseum besuchen" auf S. 114/115 zu Hilfe.*

Ich verstehe, warum das Thema für uns heute noch wichtig ist (Orientierungskompetenz):

❽ Immer mehr Lebens- und Arbeitsbereiche werden heute digitalisiert und die Welt wird über das Internet vernetzt. Immer häufiger fällt der Begriff „Industrie 4.0". Erkläre mithilfe von M1 und deinem Wissen aus diesem Kapitel, was darunter zu verstehen ist.

▶ *Falls du weitere Informationen benötigst, kannst du im Internet recherchieren. Die Suchstichwörter „Industrie 4.0" – „Digitaler Wandel" – „Industrialisierung" können dir dabei helfen. Nimm die Methode „Eine Internetrecherche durchführen" auf S. 211/212 zu Hilfe.*

Ich kann mir ein Urteil bilden und es begründen (Urteilskompetenz):

❾ Das Gemälde „Das Eisenwalzwerk" (Bild 2) gilt als „das" Bild, das die Industrialisierung in Szene setzt. Verfasse eine Bildbeschreibung und begründe darin, warum dieses Bild für die Industrialisierung steht.

❿ Trage Bismarcks Motive, eine Sozialgesetzgebung für die Arbeiterschaft einzuführen, zusammen. Beurteile anschließend die Aussage über Bismarck in M2.

▶ *Denke bei deiner Beurteilung daran, auf die damalige und die heutige Sichtweise einzugehen. Nimm dazu die Methoden „Ein eigenes Urteil bilden" und „Ein persönliches Werturteil bilden" auf S. 215 zu Hilfe.*

Verstehen

1 – A Peep at the Gas Lights in Pall-Mall". Karikatur von Thomas Rowlandson, 1809.

M1 Auf der Website des Ministeriums für Wirtschaft und Energie sowie für Bildung und Forschung ist über die Zukunft der Industrie zu lesen: Was ist Industrie 4.0?
Schrauben kommunizieren mit Montagerobotern, selbstständig fahrende Gabelstapler lagern Waren in Hochregale ein, intelligente Maschinen koordinieren selbstständig Fertigungsprozesse. Menschen, Maschi-

nen und Produkte sind direkt miteinander vernetzt: Die vierte industrielle Revolution hat begonnen.
Industrie 4.0 bezeichnet die intelligente Vernetzung von Maschinen und Abläufen in der Industrie mithilfe von Informations- und Kommunikationstechnologie. Für Unternehmen gibt es viele Möglichkeiten, intelligente Vernetzung zu nutzen.

2 – Das Eisenwalzwerk. Das Bild zeigt die Fertigung von Eisenbahnschienen in einem Walzwerk. Ölbild von Adolph von Menzel, 1875.

M2 Der Politologe Tilman Mayer beurteilte Bismarck am 20. 03. 2015 auf der Website der Bundeszentrale für politische Bildung folgendermaßen:
Der Name Bismarcks steht bis heute unstrittig für seine europaweit beispielhafte sozialgesetzgeberische Reformpolitik. ...
Diese tiefgreifenden sozialen Reformen gehören zweifelsfrei zu dem, was bis heute von Bismarck geblieben ist.

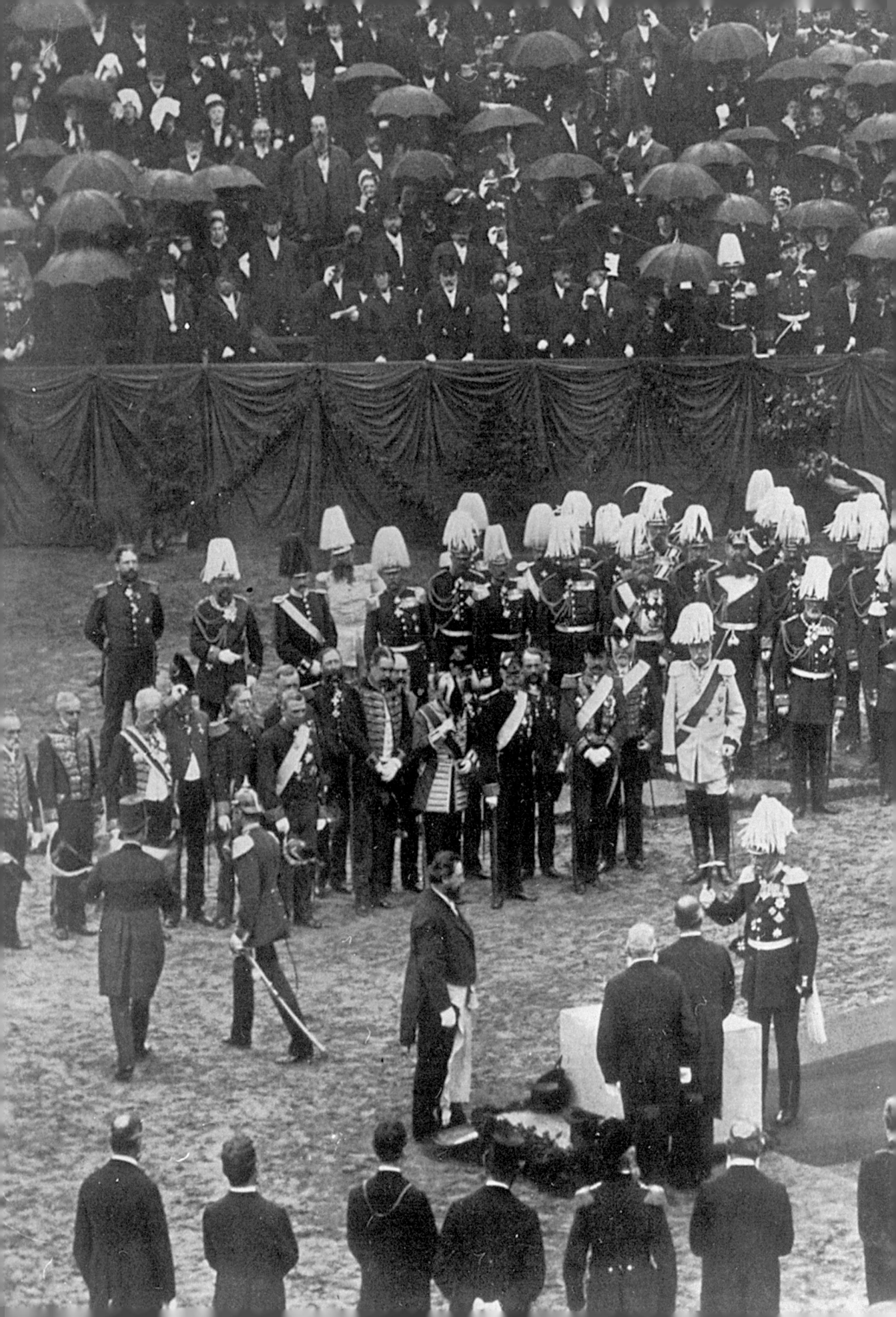

5 Das deutsche Kaiserreich

9. Juni 1884: Tag der Grundsteinlegung für ein Gebäude, das heute als Wahrzeichen der Demokratie in Deutschland gilt: der Reichstag in Berlin. Waren die Ziele der deutschen Revolution von 1848 also tatsächlich erreicht? Durften die Bürger eines deutschen Nationalstaats ihr Parlament frei wählen?

Allerdings stehen die Bürger an diesem Tag nur am Rande. Der Festakt wird bestimmt vom deutschen Kaiser Wilhelm I., der mit dem Hammer in der rechten Hand die ersten Schläge auf den Grundstein ausführt. Um ihn herum stehen hochrangige Militärs, aus denen ein Mann in weißer Uniform besonders hervorsticht: Otto von Bismarck, deutscher Reichskanzler und einflussreichster Politiker im Kaiserreich.

Dürfen die Bürger also nur zusehen, wenn im noch jungen deutschen Kaiserreich Politik gemacht wird?

Das deutsche Kaiserreich

1 – Choreografie vor einem Spiel der deutschen Fußball-Nationalmannschaft. Foto, 11.06.2019.

„Schwarz und weiß: Wir steh'n auf eurer Seite!"
Mit diesem Lied unterstützen heutzutage viele Fans die
Spieler der deutschen Fußball-Nationalmannschaft. Aber
warum eigentlich „schwarz und weiß", wenn die Natio-
nalfarben Deutschlands doch schwarz-rot-gold sind?
Dieses Beispiel zeigt, dass das deutsche Kaiserreich bis
in unsere Gegenwart – wenn auch unbewusst – Spuren
hinterlassen hat. Für Zeitzeugen jedoch war die Epoche
des „Deutschen Reichs" sicht- und spürbar durch das
Königreich Preußen in seinen Farben schwarz und weiß
geprägt.
Die Gründung des „Deutschen Reichs" im Jahr 1871
bedeutete für viele die Erfüllung eines langen Traums:
Endlich war man Teil eines geeinten und mächtigen
deutschen Nationalstaates. Jedoch nicht überall wurde
dieses neue deutsche Kaiserreich so positiv betrachtet.

**Am Ende des Kapitels kannst du folgende Fragen
beantworten:**
- Wie kam es zur Gründung des deutschen Kaiserreiches?
- Wie beurteilten die anderen europäischen Großmächte
das neue deutsche Kaiserreich?
- Wie war die politische Macht im Deutschen Reich
verteilt?
- Wie gestaltete Bismarck die Politik des Kaiserreichs?
- Welche Möglichkeiten nutzten die Machthaber, um
ihre Bedeutung zu demonstrieren?

- Wie lebten die Menschen im Kaiserreich?
- Inwiefern bereitete das deutsche Kaiserreich den Weg
in die Moderne?
- Welche Unterschiede gibt es zwischen dem Leben im
Kaiserreich und in der Bundesrepublik Deutschland?
- Wie analysiert man ein Historiengemälde?

❶ ▶ Ordne die Bilder 2–6 den Ereignissen in der Zeitleiste
zu.
❷ ▶ Suche Bilder von deutschen Nationalmannschaften
in anderen Sportarten, die heute noch die historische
Bedeutung der preußischen Farben schwarz und weiß
erahnen lassen. Recherchiere dazu auch im Internet.
▶ *Nimm die Methode „Eine Internetrecherche durchführen" auf S. 211/212 zu Hilfe.*
❸ ▶ Beschreibe, wie Wilhelm I., aber auch Wilhelm II. in
den Bildern dargestellt ist. Überlege, was dies über ihre
jeweilige Bedeutung und die Entwicklungen in Preußen
bzw. dem Kaiserreich aussagen könnte.
Lege dazu eine Tabelle in deinem Heft an.

Bild	Wer?	Darstellung?	Bedeutung?
2	Wilhelm I.	…	…
3	…	…	…
4	…	…	…
5	…	…	…
6	…	…	…

1871

Gründung
des deutschen
Kaiserreichs

1888

Wilhelm II. wird
deutscher Kaiser

1890

Entlassung Otto
von Bismarcks

1914

Beginn des Ersten
Weltkriegs

1918

Ende des
Kaiserreichs

2 – Krönung König Wilhelms I. in Königsberg am
18. Oktober 1861. Holzschnitt, 1900.

4 – Ausrufung des preußischen Königs Wilhelms I. als deutscher Kaiser im
Spiegelsaal von Versailles. Gemälde von Anton von Werner, 1885.

3 – Kaiser Wilhelm II. Gemälde von Max
Johann Bernhard Koner, 1890.

5 – „Der Lotse geht von Bord". Karikatur,
1890.

6 – Wilhelm II. mit seiner zweiten Frau
Hermine bei einem Spaziergang im Exil in
Doorn (Niederlande). Foto, 1920er Jahre.

Von Preußen zum deutschen Kaiserreich

Wie konnte Preußen mächtiger werden?

Legende:
- Kgr. Preußen 1864
- preußische Erwerbungen bis 1866
- x wichtige Schlacht
- Grenze des Deutschen Bundes 1864
- Südgrenze des Norddeutschen Bundes 1867–1871
- Grenze des Deutschen Reiches 1871

1 Grhzm. Mecklenbg.-Strelitz
2 Fsm. Schaumburg-Lippe
3 Fsm. Hohenzollern

1 – Deutscher Bund, Norddeutscher Bund und Deutsches Reich.

Otto von Bismarck (1815–1898)

Otto Fürst von Bismarck war ein preußischer Politiker, der von 1815–1898 gelebt hatte. Der Sohn eines Landadligen wurde 1847 Abgeordneter im preußischen Landtag. Von 1851 bis 1862 war er preußischer Gesandter in Frankfurt, St. Petersburg und Paris, bevor er 1862 von König Wilhelm I. zum preußischen Ministerpräsidenten und Außenminister ernannt wurde. Ab 1871 bekleidete er außerdem bis zu seiner Entlassung im Jahr 1890 das Amt des ersten deutschen Reichskanzlers. Bismarck gilt bis heute als der eigentliche Gründer des deutschen Kaiserreichs.

Wilhelm I.: Preußen statt Deutschland

Die Revolution von 1848 war zwar gescheitert, aber die Idee eines einheitlichen deutschen Nationalstaates lebte weiter. Als 1861 der fast 64-jährige Wilhelm I. preußischer König wurde, sah er seine eigene Herrschaft und die Macht Preußens durch diese nationale Bewegung gefährdet. Entsprechend versuchte er durch eine Modernisierung und Vergrößerung der preußischen Armee auf die Bedrohung zu reagieren. Doch die Abgeordneten des preußischen Parlaments, die über den Haushalt mitbestimmen durften, verweigerten ihm das dafür notwendige Geld. Wilhelm I. sah seinen Plan gescheitert und plante bereits seinen Rücktritt.

Bismarck: Preußen durch Deutschland

In dieser verfahrenen Situation ließ sich Wilhelm I. dazu überreden, den Juristen und Diplomaten Otto von *Bismarck 1862 zum preußischen Ministerpräsidenten zu ernennen. Dieser verfolgte mit aller Kraft dasselbe politische Ziel wie der König: die Stärkung der preußischen Monarchie. Anders als Wil-

helm I. sah Bismarck jedoch in den Forderungen nach einem deutschen Nationalstaat keine Gefahr, sondern eine Chance für das Königreich Preußen. Aus diesem Grund befürwortete er ein geeintes Deutschland – aber nur unter der Führung des preußischen Königs. Zielstrebig verfolgte Bismarck diesen Plan in den folgenden Jahren gegen alle Widerstände und manchmal sogar gegen den Willen seines eigenen Königs:

- Im Oktober 1862 löste Bismarck das preußische Parlament auf und regierte fortan ohne dessen Kontrolle.
- 1864 provozierte der Ministerpräsident einen Krieg gegen das Königreich Dänemark. Preußen siegte zusammen mit Österreich, beide Großmächte teilten sich anschließend die Verwaltung in den Herzogtümern Schleswig und Holstein.
- Durch immer neue Forderungen brachte Bismarck schließlich Österreich dazu, zusammen mit den süddeutschen Staaten im Jahre 1866 Preußen den Krieg zu erklären. Diese Schlacht um die Vorherrschaft im Deutschen Bund gewann das

2 – „König Wilhelm frisst die deutschen Kleinstaaten". Französische Karikatur auf Preußens Politik unter König Wilhelm I., Ende 19. Jh.

3 – Otto von Bismarck (1815–1898), preußischer Ministerpräsident. Gemälde, um 1870.

preußische Militär aufgrund seiner technischen und taktischen Überlegenheit nach nur wenigen Wochen.

Durch die militärischen Erfolge brachte Bismarck die liberalen Kritiker, die ihm die Auflösung des Parlaments übel nahmen, auf seine Seite. Und auch die unterlegenen Gegner wurden durch einen maßvollen Frieden milde gestimmt. Bismarck brauchte Österreich und die süddeutschen Staaten als künftige Bundesgenossen: Er wusste, dass Frankreich den Machtzuwachs Preußens als Bedrohung empfand. Und als Preußen schließlich den Norddeutschen Bund gründete, dem alle Staaten nördlich des Mains angehörten, drohte bereits der nächste militärische Konflikt innerhalb weniger Jahre – dieses Mal mit Frankreich.

Q1 Im Preußischen Parlament sagte Bismarck am 30. 09. 1862:

Nicht auf Preußens Liberalismus sieht Deutschland, sondern auf seine Macht; … Preußens Grenzen … sind zu einem gesunden Staatsleben nicht günstig; nicht durch Reden und *Majoritätsbeschlüsse werden die großen Fragen der Zeit entschieden – das ist der große Fehler von 1848 und 1849 gewesen – sondern durch Eisen und Blut … .

* Majoritätsbeschlüsse
Gemeint sind Beschlüsse der Mehrheit.

❶ Nenne die Namen und Titel der beiden Hauptpersonen, die über die Zukunft Preußens bestimmten.

❷ Beschreibe mithilfe des Texts und Q1, welche Ziele die beiden Hauptpersonen für Preußen hatten, und finde heraus, inwiefern sich die Vorstellungen glichen, aber auch unterschieden.

❸ Betrachte die Karte und erkläre, welche Auswirkungen die Veränderungen der Grenzen für Preußen wohl hatten.

❹ Partnerarbeit: Erstellt mithilfe der Informationen dieser Seite einen Steckbrief zur Person Bismarcks. Zieht ggf. noch Informationen aus dem Internet heran und vergleicht eure Ergebnisse mit einem weiteren Team in eurer Klasse.

❺ Beurteile die Politik des preußischen Ministerpräsidenten, indem du seine Maßnahmen und den Erfolg auf einer Skala von 0–10 (= nicht bis sehr erfolgreich) einordnest und deine Meinung dazu begründest. Verwende verschiedene Farben für die Maßnahmen und den Erfolg.

0 ————————————————————— 10

▶ *Betrachte dazu auch die Karte und Q1.*

❻ Erkläre, wie die Politik von Wilhelm I. in der Karikatur dargestellt wird. Bewerte, ob diese Darstellung zutrifft, und widersprich gegebenenfalls.

Wie wurde das deutsche Kaiserreich gegründet?

1 – Die Ausrufung (= Proklamierung) des deutschen Kaiserreichs am 18.01.1871 im Spiegelsaal von Schloss Versailles. Gemälde von Anton von Werner, 1877, erste Fassung.

1871 Reichsgründung

Deutsches Kaiserreich
Das deutsche Kaiserreich existierte von 1871–1918. Es stellte nach dem Ende des Heiligen Römischen Reiches Deutscher Nation im Jahr 1806 das zweite Kaiserreich auf deutschem Boden dar. An diese Zählweise anknüpfend sprachen die Nationalsozialisten zwischen 1933 und 1945 vom sogenannten „Dritten Reich". Als erster deutscher Kaiser wurde der preußische König Wilhelm I. erhoben.

Über den Krieg mit Frankreich zur Einheit Deutschlands

Die Spannungen mit dem französischen Nachbarn verschärften sich, als 1870 ein naher Verwandter Wilhelms I. zum Nachfolger des spanischen Königs vorgeschlagen wurde. Frankreich wollte jedoch jeden weiteren Machtzuwachs der Hohenzollern-Familie verhindern. Deshalb kam es zum offenen Streit mit Preußen. Bismarck nutzte diesen Anlass, um den Konflikt mit dem französischen Kaiser Napoleon III. immer weiter zu verschärfen. Daraufhin erklärte Frankreich am 19.07.1870 Preußen den Krieg. Die süddeutschen Staaten, die zuvor nur geheime Militärbündnisse mit dem Norddeutschen Bund geschlossen hatten, kämpften nun gemeinsam mit Preußen gegen Frankreich. Eine Welle anti-französischer und nationaler Begeisterung erfasste sämtliche deutsche Staaten.

Kapitulation bei Sedan

Schon am 02.09.1870 musste die französische Armee bei Sedan in Nordostfrankreich kapitulieren. Mit fast 100 000 Soldaten geriet auch der französische Kaiser in Gefangenschaft. Die endgültige Kapitulation erfolgte schließlich im Januar 1871. Im Vorfrieden von Versailles vom 26.02.1871 wurde Frankreich zu einer hohen Entschädigungssumme verpflichtet. Außerdem musste es das Elsass und Teile Lothringens abtreten. Diese Gebietsverluste und die damit verbundene Demütigung führten zu einer tiefen Verbitterung der Franzosen.

Wilhelm I. wird deutscher Kaiser

Im deutschen Volk hofften nun viele auf die Gründung eines Deutschen Reiches. Bismarck hatte dafür schon während des Krieges intensive Verhandlungen geführt. Vor allem musste geklärt werden, welche Befugnisse der deutsche Kaiser haben sollte und auf welche Rechte die regierenden Fürsten verzichten mussten. Und außerdem galt es auch noch Wilhelm I. von dem neuen Kaisertitel zu überzeugen, da diesem sein preußischer Königsthron viel mehr wert war. Bismarck gelang beides, sodass am 18.01.1871 – genau 170 Jahre nach der Krönung Friedrichs I. zum ersten König in Preußen – der preußische König zum Kaiser des neuen Deutschen Reiches ausgerufen werden konnte. Dadurch wurde ein einheitliches Deutsches Reich durch Bismarck und die Fürsten „von oben" gegründet. 1848/49 waren die Bürger noch mit ihrer langen Forderung gescheitert, einen Nationalstaat „von unten" durchzusetzen.

2 – Das Treffen von Otto von Bismarck und Napoleon III. zur Kapitulation am 02.09.1870 nach der Schlacht von Sedan. Holzstich, 1870.

3 – „Die Enthüllung des Siegesdenkmals auf dem Königsplatz in Berlin am 2. September" (1873). Holzstich nach Zeichnung von Hermann Lüders (1836–1908), spätere Kolorierung.

Q1 Im Frühjahr 1870 sagte Bismarck in einem vertraulichen Gespräch mit dem sächsischen Staatsminister von Friesen:

Er [Bismarck] sehe einen baldigen Krieg mit Frankreich als eine unabweisliche Notwendigkeit an. … Napoleon III. werde in seiner Stellung nach innen immer unsicherer. … Es werde daher dem Kaiser bald nichts übrig bleiben, als durch einen Krieg die Aufmerksamkeit der Nation von der inneren Lage ab nach außen zu wenden und womöglich durch einen siegreichen Feldzug der Eitelkeit der Franzosen … zu schmeicheln, um dadurch seine eigene Stellung und die seiner Dynastie von Neuem zu befestigen. … Der Norddeutsche Bund müsse sich zwar für alle Fälle vorbereiten, habe aber gar keinen Grund, selbst den Ausbruch eines Krieges zu veranlassen. … Auch mit Rücksicht auf … die süddeutschen Staaten liege es … in unserem Interesse, nicht selbst den Anlass zu einem Kriege zu geben, denn auf Grund der mit diesen Staaten … 1866 abgeschlossenen Verträge könnten wir, wenn der Krieg von Frankreich erklärt oder unvermeidlich gemacht würde, mit voller Bestimmtheit auf ihre Hilfe rechnen, was, wenn wir der angreifende und provozierende Teil wären, wohl kaum der Fall sein dürfte.

M2 In der Dokumentation „Bismarck und das Deutsche Reich" findet sich folgende Aussage über die Schlacht bei Sedan:

Der Generalstabschef [von Moltke] setzt diesmal nicht auf Gewehre, sondern auf Artillerie. Der Einsatz von Geschützen aus der Waffenschmiede Krupp soll nach Moltkes Plan die Entscheidung bringen. In ihren improvisierten Stellungen sind die Franzosen dem deutschen Feuer fast schutzlos ausgeliefert. Drei Salven pro Minute, bis zu 800 an diesem Tag: Im Trommelfeuer der deutschen Artillerie zerbricht die französische Armee.

❶ ▣ Beschreibe mithilfe des Textes, warum es zum Krieg zwischen Frankreich und Preußen kam.

❷ ▣ Untersuche Q1 und arbeite die Position Bismarcks zu einem möglichen Krieg mit Frankreich heraus.

❸ ▣ Finde mithilfe von M2 heraus, wie die Erfolgschancen für Preußen in einem Krieg gegen Frankreich dargestellt werden und womit dies begründet wird.

▶ *Die Erfolgschancen sind …, weil …*

❹ ▣ Begründe anhand des Texts und der Bilder 1 und 3, warum das Ergebnis des deutsch-französischen Krieges für Frankreich demütigend und frustrierend war.

❺ ▣ Betrachte die beiden Personen (Gesichtsausdruck, Körperhaltung usw.) in Bild 2 und arbeite anhand dessen die Stimmung heraus.

❻ ▣ Beschreibe Bild 1 und überlege, wie zahlreiche Franzosen die Krönung des deutschen Kaisers empfunden haben. Erstelle dazu in deinem Heft Gedankenblasen, in denen die Gefühle zum Ausdruck kommen.

▶ *Berücksichtige, an welchem Ort das Ereignis stattfand.*

❼ ▣ Beantworte die Frage der Überschrift dieser Doppelseite, beurteile und begründe, inwiefern mit Bismarck und seinem Handeln auch Gefahren für das deutsche Kaiserreich verbunden sein könnten.

Methode

Historienbilder untersuchen

Historienbilder sind „Geschichtsbilder". Oft stellen sie einen besonders Aufsehen erregenden Moment der Vergangenheit dar. In der Regel sind Historiengemälde als Auftragsarbeiten entstanden – also zu einem bestimmten Anlass und mit einer bestimmten Zielsetzung. Im Mittelpunkt des Bildes steht meistens eine große, handelnde Einzelpersönlichkeit, die für den Betrachter in einem bestimmten Licht erscheinen soll. Die Erinnerung an das abgebildete Ereignis oder an die Person soll häufig Handlungen in der Gegenwart, in der das Bild gemalt wurde, rechtfertigen. Historiengemälde verraten uns deshalb oft mehr über die Zeit, in der sie entstanden sind, als über das abgebildete Ereignis selbst.

Diese vier Schritte helfen dir, ein Historienbild zu untersuchen:

Schritt 1 **Bild beschreiben**	■ Welches Ereignis ist dargestellt? ■ An welchem Ort spielt sich das Geschehen ab? ■ Welche Personen sind zu sehen? ■ Welche Personen stehen im Mittelpunkt, welche im Hintergrund oder am Rand? Beschreibe die Personen.
Schritt 2 **Entstehung untersuchen**	■ Wer hat das Bild gemalt? ■ Wer hat das Bild in Auftrag gegeben? ■ Zu welchem Anlass wurde das Bild geschaffen? ■ Welcher Zeitraum liegt zwischen dem dargestellten Ereignis und der Entstehung des Bildes? ■ Hat der Maler das Geschehen selbst miterlebt?
Schritt 3 **Bild und Wirklichkeit vergleichen**	■ Welche weiteren Bilder (Fotos, Gemälde, Zeichnungen usw.) gibt es, die das gleiche Ereignis zeigen? ■ Findest du schriftliche Quellen und Darstellungen, die dir beim Vergleich helfen?
Schritt 4 **Aussage erschließen**	■ Welchen Eindruck will der Maler oder sein Auftraggeber mit der Darstellung beim Betrachter wecken? Berücksichtige, ob es Abweichungen zwischen den Bild- und weiteren Quellenaussagen gibt. ■ Welche Informationen erhalten wir über das zentrale Thema des Bildes hinaus, die z. B. Aufschluss geben über politische, gesellschaftliche oder kulturelle Verhältnisse (zur Zeit des dargestellten Ereignisses bzw. des Künstlers)?

❶ Untersuche Bild 1 mithilfe der vier Schritte. Vergleiche deine Lösung mit der Musterlösung. Erkläre, warum du in bestimmten Punkten anderer Meinung bist.

❷ Lies Q1 und erkläre, was Q1 im Vergleich zum Bild über den Kaiser aussagt. Nimm deine Ergebnisse aus Aufgabe 1 zu Hilfe.

❸ Untersuche Bild 1 auf S. 142 mithilfe der vier Schritte. Vergleiche die Bilder und achte dabei vor allem auf die beiden Hauptpersonen.

❹ Untersuche Bild 2, das aus der heutigen Zeit stammt, mithilfe der Methodenschritte. Überlege anschließend, warum auch ein Foto ein Historienbild sein kann.

1 – Die Proklamierung des deutschen Kaiserreichs im Spiegelsaal zu Versailles am 18.01.1871. Zu sehen sind: ① Kaiser Wilhelm I., ② Großherzog Friedrich von Baden, ③ Reichskanzler Bismarck sowie die Reichsfürsten, ranghohe Offiziere und Beamte. Bismarck ist hier in einer festlichen weißen Uniform dargestellt, obwohl er am Tag der Proklamierung eine blaue Uniform trug. Das 1,70 × 2,00 m große Bild (3. Fassung von 1885) des Malers Anton von Werner war ein Geschenk Kaiser Wilhelms I. an Bismarck zu dessen 70. Geburtstag. Es hängt heute im Bismarck-Museum in Friedrichsruh (Schleswig-Holstein).

Q1 **Der eben zum Kaiser gekrönte Wilhelm I. schrieb am 18.01.1871 aus Versailles an seine Frau Augusta:**

Eben kehre ich vom Schlosse nach vollbrachtem Kaiserakt zurück! Ich kann Dir nicht sagen, in welcher morosen [= mürrischen] Emotion ich in diesen letzten Tagen war, teils wegen der hohen Verantwortung, die ich nun zu übernehmen habe, teils und vor allem über den Schmerz, den preußischen Titel verdrängt zu sehen! In einer Konferenz gestern mit Fritz [dem Kronprinzen], Bismarck und Schleinitz [Minister des Königlichen Hauses] war ich zuletzt so moros, dass ich drauf und dran war, zurückzutreten und Fritz alles zu übertragen! Erst nachdem ich in inbrünstigem Gebet mich an Gott gewendet habe, habe ich Fassung und Kraft gewonnen!

2 – Bundeskanzlerin Angela Merkel vor den Gemälden ihrer Vorgänger Willy Brandt (Amtszeit: 1969–1974) und Kurt Georg Kiesinger (Amtszeit: 1966–1969). Foto, 27.04.2016.

Lösungsbeispiel zu Bild 1:

Zu Schritt 1:

Dargestellt ist die Ausrufung des preußischen Königs Wilhelm I. zum deutschen Kaiser im Spiegelsaal des Schlosses Versailles. Wilhelm I. steht auf einem Podest neben dem badischen Großherzog Friedrich. Im Zentrum des Bildes befindet sich jedoch Bismarck, von den übrigen deutschen Fürsten deutlich unterscheidbar in einer weißen Uniform dargestellt.

Zu Schritt 2:

Anton von Werner vollendete das Gemälde im Jahre 1885, also 14 Jahre nach der Proklamierung des deutschen Kaiserreichs. Auftraggeber war Kaiser Wilhelm I., der Bismarck das Bild zu dessen 70. Geburtstag schenken wollte.

Zu Schritt 3:

Das Gemälde stellt die dritte von insgesamt vier Fassungen Anton von Werners zu der „Proklamierung des deutschen Kaiserreichs" dar. Im Vergleich zur ersten Fassung von 1877 (siehe S. 142) ist Bismarck, der an diesem Tag eine blaue Uniform trug, deutlich ins Zentrum des Bildes gerückt. Darüber hinaus hatte es bis zuletzt Widerstände Wilhelms I., der seinem Titel als preußischer König nachtrauerte, gegen die Kaiserkrönung gegeben.

Zu Schritt 4:

14 Jahre nach dem Ereignis wollte auch Kaiser Wilhelm I. anlässlich Bismarcks 70. Geburtstag nach außen hin deutlich machen, dass er den Reichskanzler als treibende Kraft für die Errichtung des deutschen Kaiserreichs ansah. Diese Meinung herrscht bis heute vor.

Politik im deutschen Kaiserreich

Wer hatte die Macht im deutschen Kaiserreich?

1 – Die Einweihung des Bismarck-Nationaldenkmals vor dem Reichstagsgebäude in Berlin am 16.06.1901. Zeichnung von Emil Limmer, 1901.

Reichstag
So wurde das Parlament während der Zeit des deutschen Kaiserreichs 1871–1918 genannt. Dort versammelten sich die vom Volk gewählten Abgeordneten. Der Begriff bezeichnet zudem das 1894 in Berlin vollendete Gebäude. Die Aufschrift „Dem Deutschen Volke" kennzeichnet seinen Zweck. Das Reichstagsgebäude ist auch heute Sitz des Deutschen Bundestages.

Das deutsche Kaiserreich erhält eine Verfassung

Die Freude über die Gründung des Deutschen Reiches war groß, aber von der neuen Verfassung waren viele Demokraten enttäuscht. Denn im Unterschied zur Verfassung der Frankfurter Nationalversammlung von 1849 enthielt diese keinen Katalog von Grundrechten. Die oberste Gewalt im Reich lag nicht beim Volk, sondern beim Kaiser und den 25 Landesregierungen. Alle Gesetze, welche die Abgeordneten des Volkes im neuen Reichstag beschlossen, mussten von den Vertretern der Fürsten im Bundesrat bestätigt werden. Dort konnte kein Gesetz gegen die Stimmen Preußens beschlossen werden.

Alle Macht dem Kaiser

Das Recht, über Krieg oder Frieden zu entscheiden, lag beim Kaiser. Er war der alleinige Oberbefehlshaber der Armee. Er ernannte den Reichskanzler, der als Regierungschef nur von seinem Vertrauen und nicht von den Abgeordneten des Volkes im Reichstag abhängig war. Der Kaiser konnte außerdem den Reichstag einberufen oder auch auflösen.

In der Außen- und Militärpolitik des Kaiserreichs hatte das Parlament kein Mitspracherecht. Im Wesentlichen entschied der Reichstag über die Bewilligung von Steuern und über den Haushalt. Bei der Gesetzgebung wirkte er ebenfalls mit.

Die Parteien im Reichstag

In den Jahren vor und nach der Reichsgründung waren verschiedene Parteien gegründet worden. Alle drei Jahre – ab 1893 alle fünf Jahre – wurden nun Politiker aus den Parteien neu in den Reichstag gewählt, um dort die Interessen ihrer Wählerschaft zu vertreten.

- Die Nationalliberale Partei hatte ihre Anhänger im Bürgertum und in der Wirtschaft.
- Die Konservativen wurden meist von Gutsbesitzern und Offizieren gewählt.
- Das Zentrum vertrat überwiegend die Interessen der Katholiken.
- Die Sozialdemokraten wurden hauptsächlich von den Arbeitern unterstützt.

Durch das allgemeine (Männer-)Wahlrecht zum deutschen Reichstag waren die Männer aller Bevölkerungsschichten stimmberechtigt. Frauen durften in Deutschland am 19.11.1919 zum ersten Mal an Wahlen teilnehmen.

Der Einfluss des Reichstages auf die Reichsregierung vergrößerte sich im Laufe der Zeit, da die Regierung immer häufiger um die Bewilligung neuer Steuern und Ausgaben für die Verwaltung und das Militär bat.

Ausführende Gewalt (Exekutive)	Gesetzgebende Gewalt (Legislative)	Richterliche Gewalt (Judikative)

Deutscher Kaiser
(König von Preußen)
Oberbefehlshaber von
Heer und Marine

ernennt | entlässt

Reichskanzler
Reichsregierung

Der Reichskanzler ist zugleich
Ministerpräsident von Preußen,
hat den Vorsitz im Bundesrat.

Reichsgericht
1879 eingeführt

Richter werden auf Vorschlag
des Bundesrates vom Kaiser
ernannt.

Bundesrat
25 ernannte
Vertreter
der
Landes-
regierungen

Reichstag
397
Abgeordnete

Gesetze kommen durch überein-
stimmende Beschlüsse von
Bundesrat und Reichstag zustande.
Der Kaiser verkündet die Gesetze.

wählen alle 3 Jahre

Wahlberechtigte Bürger:
Männer ab 25 Jahre, keine Bindung an Besitz.

2 – Die Reichsver-
fassung von 1871.

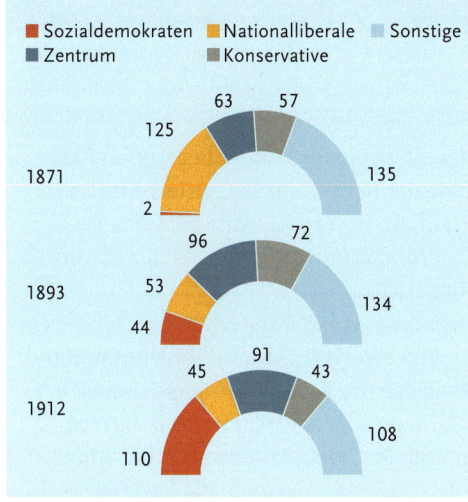

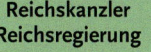

3 – Sitzverteilung der Parteien im deutschen
Reichstag 1871–1912 (Auswahl).

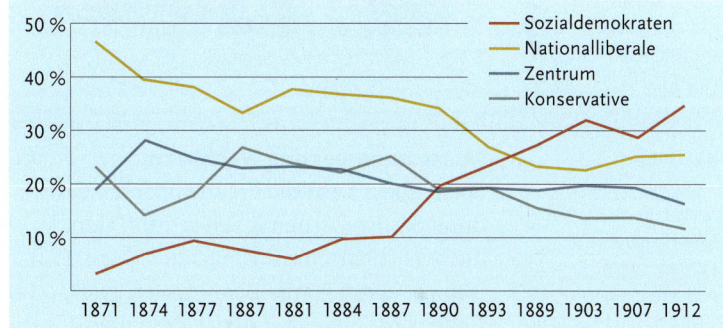

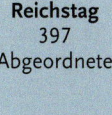

4 – Verlauf der Reichstagswahlergebnisse 1871–1912.

❶ Nenne anhand des Texts und des Schaubildes 2 die Befugnisse
des Kaisers.

❷ Erstelle mithilfe von Schaubild 3 vier Säulendiagramme in deinem
Heft, die die Entwicklung der im Text beschriebenen Parteien
aufzeigen.

▶ *Lege dein Diagramm folgendermaßen an:*
x-Achse = 1871–1893–1912
y-Achse = 20–40–60–80 bis 140

❸ Beschreibe anhand der Schaubilder 3 und 4 und deiner Diagramme
die Entwicklung der vier genannten Parteien von 1871 bis 1912.

❹ **a** Finde heraus, wer neben dem Kaiser die eigentliche Macht hatte.
Begründe deine Meinung. Schaubild 2 und der Text helfen dir dabei.
b Beschreibe Bild 1, das aus dem Jahr 1901 stammt. Erkläre, inwiefern dein Ergebnis aus Aufgabe 4a hier immer noch gültig ist.

❺ Erkläre mithilfe des Schaubildes 2, des Texts und deines Ergebnisses aus den Aufgaben 1 und 4a, was der Historiker Heinrich August
Winkler in M1 mit „ein Stück Demokratie" für die Deutschen 1871
meint und warum er gleichzeitig sagt, dass die Deutschen keine
verantwortliche Regierung im Kaiserreich erhielten.

**M1 Der Historiker Heinrich August
Winkler urteilte im Film „Bismarck und
das Deutsche Reich. Vom Kleinstaatler
zum Nationalkämpfer" über die Verfassung des deutschen Kaiserreichs:**
Bismarck gab den Deutschen zwar in Gestalt
des allgemeinen gleichen Reichstagswahl-
rechts für Männer ein Stück Demokratie,
und zwar ein kräftigeres Stück Demokratie,
als liberale Muster-Monarchien wie Großbritannien oder Belgien damals kannten.
Aber eine verantwortliche Regierung erhielten die Deutschen im Kaiserreich nicht.

Wie reagierten die Nachbarn auf das Deutsche Reich?

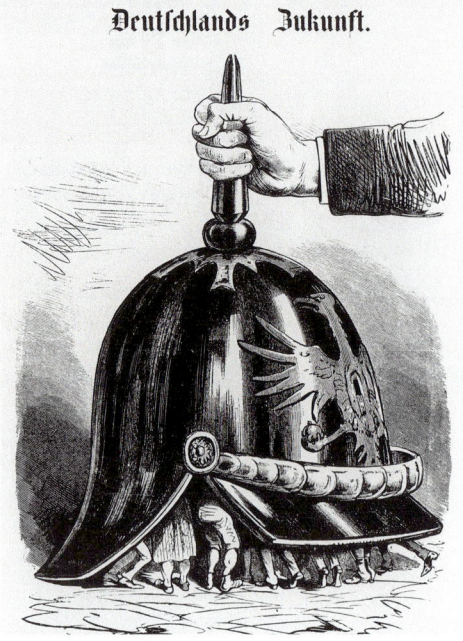

1 – „Deutschlands Zu-
kunft". Zu sehen ist eine
deutsche *Pickelhaube.
Der Text lautet: „Kommt
es unter einen Hut? Ich
glaube, 's kommt eher
unter eine Pickelhaube."
Österreichische Karika-
tur von 1870.

2 – „Die Genies des Todes". Französische Karikatur
von 1870.

* **Pickelhaube**
  Dies waren Helme, die
  zunächst die deutschen
  Offiziere, später auch
  Polizisten trugen. Sie wurde
  auf Bildern als Symbol für
  das deutsche Kaiserreich
  und die hohe Bedeutung
  des Militärs verwendet.

* **Mittelstaaten**
  Dies sind mittelgroße Mitgliedstaaten des Deutschen
  Bundes (wie die Königreiche Bayern, Württemberg,
  Sachsen, Hannover), die
  neben den Großmächten
  Österreich und Preußen
  eigene politische Ziele
  verfolgten.

* **Schutz- und Trutzbündnis**
  Dies ist eine veraltete Bezeichnung für ein Militärbündnis.

Misstrauen bei den Nachbarn

Nicht überall war die Freude über die Gründung des Deutschen Reiches groß: Gerade
die benachbarten Großmächte – Österreich
und vor allem Frankreich – hatten große
Bedenken gegenüber dem vereinigten
Deutschland. Doch während Österreich
dank Bismarcks kluger Außenpolitik vom
Kriegsgegner zu einem wichtigen Verbündeten wurde, blieb Frankreich nach der
Niederlage 1870/71 ein erbitterter Gegner
Deutschlands.

Bayern: Vom Gegner Preußens …

Nach der deutschen Revolution im Jahre
1848 und der Wiederherstellung des Deutschen Bundes wollte der neue bayerische
König Maximilian II. Joseph (Regierungszeit
1848–1864) die deutschen *Mittelstaaten unter Führung Bayerns, neben Preußen und
Österreich, zu einem „dritten Deutschland"
vereinen. Als dieses Vorhaben scheiterte, nä-
herten sich die Mittelstaaten verstärkt Österreich an, das deren Bemühungen um eine
selbstständige Politik unterstützte.
Nach Maximilians Tod trat sein ältester
Sohn Ludwig als Ludwig II. (1864–1886)
am 10.03.1864 seine Nachfolge an.

Bereits zwei Jahre später begann im Juni
1866 der Krieg zwischen Österreich und
Preußen. Bayern kämpfte an der Seite
Österreichs und erlitt dabei eine schwere
Niederlage.

… zur zweiten „Macht" in Deutschland

Als Folge des Krieges gründete Preußen
1867 den Norddeutschen Bund. Bayern
musste ein *Schutz- und Trutzbündnis
unterzeichnen, wodurch die bayerische
Armee im Kriegsfall dem preußischen
König unterstellt war.
Nach der Reichsgründung im Januar 1871
stimmte das bayerische Parlament der
Reichsverfassung und dem Beitritt zum
deutschen Kaiserreich nur widerwillig zu.
Die Widerstände gegen ein von Preußen
dominiertes Deutschland waren enorm.
Dennoch konnte sich Bayern als zweitgröß-
ter Staat einige Vorrechte sichern, wie die
Beibehaltung der eigenen Armee sowie der
Post- und Eisenbahnverwaltung. Außerdem
hatte das bayerische Königreich weiterhin
das Recht auf eine eigene „Außenpolitik"
im Deutschen Reich und beschäftigte daher
eigene Diplomaten.

3 – „Mit Blut getauft – Die wahrhafte Mainbrücke". Zu sehen ist die Personifizierung Bayerns (links) und Preußens (rechts) unter den Armen der Germania (Mitte). Karikatur in der Zeitschrift „Kladderadatsch" von 1870.

4 – Hase und Schlange. Der Text lautet: „Preußens idealer Reichsgedanke und sein Verhältnis zu Bayern. Das Häslein wird vielleicht zuletzt gefressen, aber gefressen wird es." Karikatur vom 04.04.1874 in der Zeitschrift „Die Bremse".

Q1 Der bayerische Landtagsabgeordnete Nepomuk Sepp (1816–1909, bayerische Patriotenpartei) sagte am 12.01.1871 in einer Rede vor dem bayerischen Landtag: Wir können und wollen Stellung einnehmen im Reiche für alle Zukunft. Das ist eine erfolgreiche deutsche That! Die ganze Nation hat sich wie ein Riese erhoben und den *Franzmann niedergeschlagen ... . Wir stehen am Ende der alten Zeit ... . Bayern ist keine Großmacht, aber es macht durch seinen Anschluss an die übrigen Stämme Deutschland zu einer Weltmacht.

Q2 Der bayerische Landtagsabgeordnete Edmund Jörg (1819–1901, bayerische Patriotenpartei) äußerte sich ebenfalls am 21.01.1871 vor dem bayerischen Landtag zum Verhältnis zwischen Bayern und Preußen: Ja, dieses unser bayerisches Volk und das ganze süddeutsche Volk hat nicht eine militärische Vergangenheit hinter sich, wie das norddeutsche, das preußische schon seit hundert Jahren. Dieses Volk ist für den Frieden geboren, es ist den Frieden gewohnt und es wird unendlich bitter fühlen, was es heißt,

das dienende Glied eines großen Militärnationalstaates zu sein.
... In wenig Jahren würden wir wieder einen Krieg haben, den Rachekrieg mit Frankreich, das dann nicht mehr ohne *Alliierte sein wird.

* Franzmann
Dies ist ein abwertender altertümlicher Ausdruck für Franzosen.

* Alliierte
Gemeint sind verbündete Staaten.

❶ ▶ Nenne die beiden Nachbarstaaten, die die Reichsgründung kritisch sahen.

❷ ▶ Erläutere mithilfe des Textes das Verhältnis zwischen Bayern und Preußen im 19. Jahrhundert. Gehe darauf ein, wie die Bayern die Gründung des Kaiserreichs beurteilten.

❸ ▶ Erkläre anhand von Q1 und Q2, welche Rolle Bayern nach Meinung der beiden Abgeordneten im Kaiserreich spielt und von welchen Gefühlen für Bayern ihre Aussagen geprägt sind.

❹ ▶ Arbeite mithilfe der Karikaturen 1 und 2 die Einstellung Frankreichs und Österreichs zur Reichsgründung heraus.

▶ *Nimm die Methoden „Karikaturen entschlüsseln" von S. 28/29 zu Hilfe.*

▶ *Berücksichtige auch das Entstehungsdatum der Karikaturen.*

❺ ▶ Partnerarbeit: Untersucht die Karikaturen 3 und 4. Beurteilt, welche Karikatur aus damaliger bayerischer Sicht als positiv und welche als negativ betrachtet werden kann.

▶ *Nehmt die Methode „Ein eigenes Urteil bilden" von S. 215 zu Hilfe.*

Wie sah die Innenpolitik im Kaiserreich aus?

1 – Sitzung des deutschen Reichstags am 06.02.1888. Gemälde von Ernst Henseler, 1901.

2 – Der Papst und Bismarck fordern sich gegenseitig zum *Fußkuss auf. Der Text lautet: Papst Leo XIII.: „Nun, bitte *genieren Sie sich nicht!" Bismarck: „Bitte gleichfalls!" Karikatur von Wilhelm Scholz aus der Zeitschrift „Kladderadatsch" von 1878.

---

*Fußkuss
Dies ist eine Tradition, die aus dem Mittelalter stammt. Der Kaiser küsst die Füße des Papstes und erkennt damit dessen Vorrangstellung an. Allerdings gab es auch den Fußkuss des Lehnsmanns gegenüber dem Kaiser.

*genieren
Dies ist ein altertümlicher Ausdruck für „schämen".

*Unfehlbarkeitsdogma
Am 18. 07. 1870 wurde auf dem Ersten Vatikanischen Konzil (= Zusammenkunft aller Kardinäle und Bischöfe) die Unfehlbarkeit (= Fehlerlosigkeit) des Papstes als Glaubensgrundsatz festgeschrieben.

*siecher Körper
Gemeint ist ein kranker Körper.

Politik für den Kaiser

Auch nach der Gründung des Deutschen Reiches blieb die Stärkung der Macht des (preußisch-)deutschen Kaisers das oberste Ziel des ersten Reichskanzlers Otto von Bismarck. Daher stand er den demokratisch gewählten Abgeordneten des Reichstags besonders misstrauisch gegenüber.

Bismarck gegen die Katholiken

Im Deutschen Reich lag der Gesamtanteil der katholischen Bevölkerung bei etwa 36 %, in den süddeutschen Ländern bildeten sie sogar die Mehrheit. Ab 1871 vertrat das Zentrum als zweitstärkste Partei im Reichstag die politischen Interessen der Katholiken. Die Anhänger und Politiker der Partei verdächtigte Bismarck, die Haltung der katholischen Kirche über die Autorität des protestantischen Kaisers zu stellen. Ab 1870 entließ Papst Pius IX. katholische Staatsbeamte, die seinem Anspruch auf *Unfehlbarkeit nicht folgen wollten, aus ihren Ämtern. Dies fasste Bismarck als Einmischung in staatliche Rechte auf („Kulturkampf"). Er schränkte daraufhin den Einfluss der Kirche ein und unterstellte die Schulen der staatlichen Aufsicht. Auch Ehen waren nur noch gültig, wenn sie auf dem Standesamt geschlossen wurden. Diese Maßnahmen führten letztlich jedoch dazu, dass das Zentrum

seine Stimmenzahl bei der Reichstagswahl 1874 verdoppeln konnte. Ende der 1870er Jahre beendete Bismarck zwar den Kulturkampf, die staatliche Schulaufsicht und die Standesämter blieben aber bestehen.

Bismarck gegen die Sozialdemokraten

Auch die immer größer werdende Gruppe der Arbeiter und deren politische Vertretung, die Sozialdemokratie, betrachtete Bismarck mit großem Misstrauen. 1878 nahm Bismarck zwei Attentate auf ihn zum Vorwand, um mit dem sogenannten „Sozialistengesetz" den Sozialdemokraten jegliche politische Betätigung zu verbieten. Wer gegen dieses Gesetz verstieß, wurde innerhalb von 48 Stunden ausgewiesen. Die Arbeiterbewegung organisierte sich jedoch im Untergrund weiter, oft unter großen Gefahren für ihre Mitglieder. Bismarck erkannte, dass er die Arbeiter nicht durch Verbote für den Staat gewinnen konnte. Um diese von ihrem Wunsch nach politischer Beteiligung abzubringen, führte er zwischen 1883 und 1889 die Kranken-, Unfall-, Invaliditäts- und Altersversicherung ein (siehe S. 130). Die Forderungen der Arbeiter nach eigenen Vereinen und Parteien wurden trotzdem immer lauter. 1890 hob der Reichstag deshalb das Sozialistengesetz wieder auf.

3 – „Keeping it down". Karikatur aus der englischen Zeitschrift „Punch" von 1878.

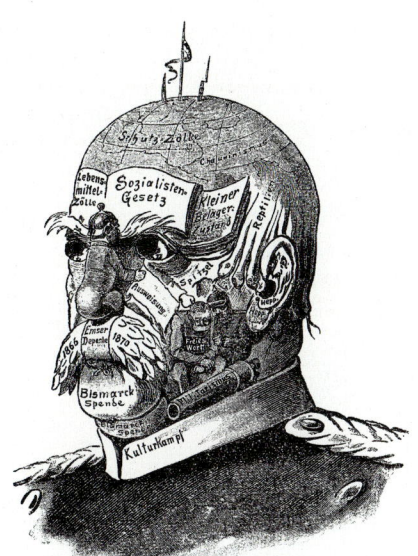

4 – „Bismarck ohne Maske". Karikatur von Robert Holoch aus dem Jahr 1879 aus der sozialistischen Zeitschrift „Der wahre Jacob".

Q1 In einem Bericht aus dem Jahr 1882 zur Verfolgung eines Sozialdemokraten heißt es:

Unser Genosse Julius Lewin, im Februar dieses Jahres aus Berlin ausgewiesen und erbarmungslos von Ort zu Ort gehetzt, hatte schließlich in Magdeburg Arbeit gefunden; aber auch dort wurde er von der Polizei mit raffinierter Bosheit aus der Arbeit getrieben, von Fabrik zu Fabrik gejagt, und so traf er dann endlich, nachdem er abermals dazu gezwungen war, den Wanderstab zu ergreifen, vor fünf Wochen mit *siechem und gebrochenem Körper hier ... ein.

Q2 In seiner Rede 1889 vor dem Reichstag sagte Bismarck zur Einführung der Altersversicherung:

Ferner erwarte ich durch das Gesetz noch eine nützliche Wirkung: Wenn wir 700 000 kleine Rentner haben, die vom Staat ihre Rente beziehen, dann werden sie Interesse für den Staat haben. Die Leute sagen: Wenn der Staat zu Schaden geht, verliere ich meine Rente. Also werden sie den Staat als eine wichtige und wohltätige Einrichtung ansehen.

❶ Nenne die beiden Gruppen, denen Bismarck kritisch gegenüberstand.

❷ Erkläre, warum Bismarck den Abgeordneten des Reichstags gegenüber misstrauisch war.

❸ Erarbeite den Begriff „Kulturkampf", indem du mithilfe des Texts die folgende Tabelle in deinem Heft füllst:

▶

Wer?	Warum?	Was?	Ergebnis?
Bismarck und ...	...	...	...

❹ Beschreibe und erkläre mithilfe deiner Ergebnisse aus Aufgabe 3 und den Erklärungen der Randspalte die Karikatur 2.

▶ *Nimm die Methode „Karikaturen entschlüsseln" von S. 28/29 zu Hilfe.*

❺ Karikatur 3 stellt dar, wie Bismarck nach Meinung des Malers die Sozialisten sieht. Überlege, welche Gedanken Bismarck in dieser Bildquelle durch den Kopf gehen könnten, und schreibe sie als Gedankenblasen in dein Heft.

❻a Beschreibe, wie die Innenpolitik Bismarcks in der Karikatur 4 gesehen wird.

b Beurteile auf dem Hintergrund der damaligen Zeit, warum Bismarck so dargestellt wurde.

▶ *Schaue dir an, wo die Karikatur erschien (Bildunterschrift).*

❼ Bewerte anhand von Q1 und Q2 die Innenpolitik Bismarcks. Finde abschließend eine passende Überschrift für sein politisches Handeln.

Wie sicherte Bismarck die Macht des neuen Reiches?

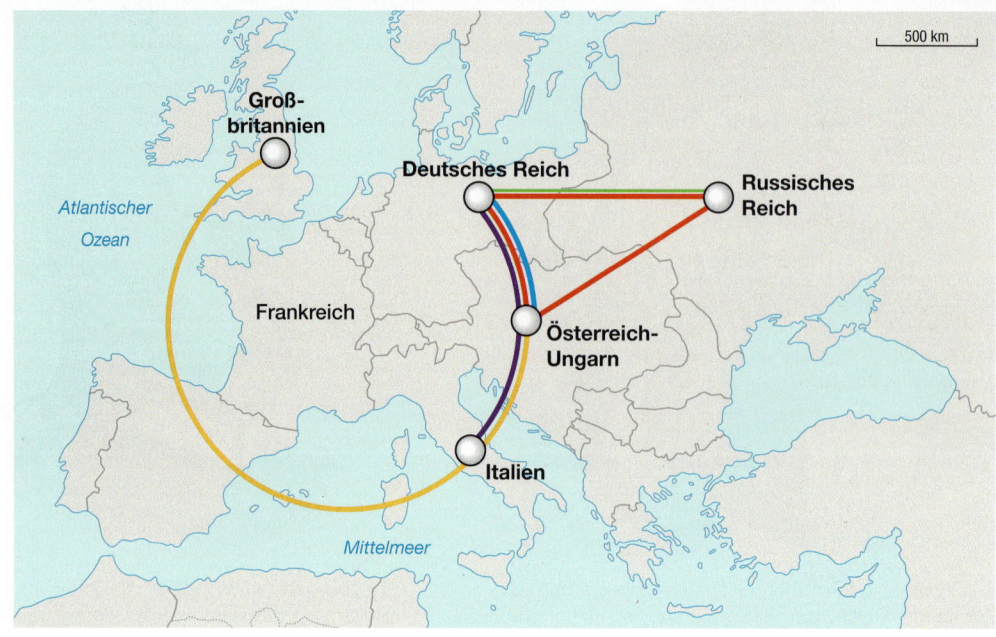

Zweibund 1879
Dreikaiserbündnis 1881
Dreibund 1882
* Mittelmeerabkommen 1887
Rückversicherungsvertrag 1887

Grenzen um 1887

1 – Das europäische Bündnissystem zur Zeit Bismarcks.

---

* Mittelmeerabkommen
Dies war ein 1887 geschlossenes Bündnis zwischen Großbritannien, Italien und Österreich-Ungarn, in dem sich diese Staaten gegenseitig versicherten, den gegenwärtigen Zustand aufrechtzuerhalten bzw. die gegenwärtigen Grenzen zu akzeptieren. Das Bündnis entstand auf Betreiben Bismarcks, um England an den Dreibund heranzuführen, und zur Stärkung Österreichs gegenüber Russland. 1896 erlosch das Bündnis.

Europa nach 1871

Mit der Gründung des Deutschen Reiches 1871 war im Zentrum Westeuropas ein neuer, starker Flächenstaat entstanden. Das europäische Mächtegleichgewicht zwischen England, Frankreich, Preußen, Österreich-Ungarn und Russland, das seit dem Wiener Kongress 1815 Bestand hatte, war ins Wanken geraten.

Bismarck war sich bewusst, dass mit dem Ende des deutsch-französischen Krieges die Spannungen in Europa keineswegs beigelegt waren. Alle europäischen Staaten beobachteten das Deutsche Reich voller Misstrauen, allen voran Frankreich. Die Franzosen waren durch die militärische Niederlage von 1871, die Ausrufung des deutschen Kaiserreiches ausgerechnet im Schloss von Versailles und die gewaltsame Abtretung Elsass-Lothringens gedemütigt worden. Ein wichtiges Ziel der französischen Außenpolitik war daher, sich für die Demütigungen zu revanchieren und die verlorenen Gebiete zurückzugewinnen. Bismarck hielt deshalb eine Versöhnung mit Frankreich grundsätzlich für unmöglich.

Bismarcks Bündnissystem

Stattdessen wollte er das neu gegründete Kaiserreich durch Bündnisse mit allen anderen Großmächten vor Angriffen von außen schützen. 1879 vereinbarten das Deutsche Reich und Österreich-Ungarn gegenseitige Unterstützung, falls sie von einem anderen Land angegriffen würden (Zweibund).

1881 versicherten sich Deutschland, Österreich-Ungarn und Russland gegenseitig neutral zu bleiben für den Fall, dass eine vierte Macht einen von ihnen angreift (Dreikaiserbündnis).

1882 erweiterte Italien den Zweibund von 1879 zu einem Verteidigungsbündnis: Bei einem Angriff Frankreichs auf Italien sollte für das Deutsche Reich und Österreich-Ungarn eine Beistandspflicht bestehen, bei einem Angriff Frankreichs auf Deutschland nur für Italien.

Nachdem der Dreikaiserbund zerbrochen war, verpflichtete der 1887 zwischen dem Deutschen Reich und Russland geschlossene Rückversicherungsvertrag Russland zur Neutralität im Falle eines französischen Angriffs auf Deutschland.

2 – Reichskanzler Bismarck balanciert auf der Welt-kugel. Unter seinem linken Stiefel befindet sich Frank-reich. Französische Karikatur von Jules Draner, 1870.

3 – „Die dreizehnte Arbeit des Herkules". Bismarck balanciert einen Ölzweig als Friedenssymbol zwischen dem französischen Kaiser (links) und dem russischen Zaren (rechts). Zur Erklärung: Der Halbgott Herkules aus der antiken griechischen Sagenwelt musste zwölf schwere Aufgaben lösen. Karikatur aus der Zeitschrift „Kladderadatsch" von 1888.

Q1 **Reichskanzler Bismarck sagte während eines Kuraufenthalts in Bad Kissingen 1877 („Kissinger Diktat"):**
Wenn ich arbeitsfähig wäre, könnte ich das Bild vervollständigen und feiner ausarbeiten, welches mir vorschwebt: nicht das irgend-eines Ländererwerbes, sondern das einer politischen Gesamtsituation, in welcher alle Mächte außer Frankreich unser bedürfen, und von Koalitionen gegen uns durch ihre Beziehungen zueinander nach Möglichkeit abgehalten werden.

❶ ▪ Beschreibe, warum das Gleichgewicht der Mächte in Europa im Jahr 1871 ins Wanken geraten war.

❷ ▪ Ordne die im Text erwähnten Bündnisse denen in Bild 1 zu.

❸ ▪ Erkläre, warum Frankreich eine Gefahr für das deutsche Kaiserreich darstellen könnte.

❹ ▪ Erkläre mithilfe von Q1 das Ziel, das Bismarck verfolgte.

❺ ▪ Arbeite heraus, unter welchen Bedingungen die Bündnisse Bismarcks wirksam werden. Erkennst du eine Gemeinsamkeit?

❻ ▪ **a** Gruppenarbeit: Baut mit vier Partnern das Bündnissystem Bismarcks anhand von Bild 1 nach, sodass ein Standbild entsteht. Jeder von euch stellt ein Land dar: deutsches Kaiserreich, Öster-reich-Ungarn, Russland, Italien, Frankreich.
b Beschreibt, zu welchem Ergebnis ihr kommt, und bewertet das Bündnissystem aus der Sicht des Deutschen Reiches und Frank-reichs.
▶ *Nehmt das Schaubild links zu Hilfe.*

❼ ▪ Vergleiche mithilfe der Tabelle die Karikaturen 2 und 3, die eine deutsche und eine französische Sicht auf Bismarck geben. Begrün-de mithilfe deines Wissens aus den vorhergehenden Seiten, welche Perspektive deiner Meinung nach eher Bismarck in der damaligen Zeit entspricht.

▶

	deutsche Sicht	*französische Sicht*
Darstellung	...	...
Bedeutung	...	...

Was war das „Deutsche" im Kaiserreich?

1 – Die Länder des Deutschen Reichs 1871. Elsass-Lothringen war als „Reichsland" direkt dem deutschen Kaiser unterstellt

Wilhelm II. folgte seinem Vater Friedrich III., der nur 88 Tage regierte, 1888 auf dem Thron. Er wollte stärker als Wilhelm I. in die Regierungsgeschäfte eingreifen („Persönliches Regiment"). Dies brachte ihn auch in Konfrontation mit Reichskanzler Bismarck, den er 1890 entließ. Wilhelm II. liebte das Militär und ließ sich häufig in verschiedenen Uniformen abbilden. 1918 musste er in der Folge des Ersten Weltkriegs abdanken.

Das Kaiserreich: ein instabiles Gebilde

Mit dem Deutschen Reich war 1871 zwar ein neuer Nationalstaat entstanden. Dieser setzte sich jedoch aus 25 ehemals freien und selbstständigen Einzelstaaten zusammen, darunter vier Königreiche und drei freie Städte. Dabei nahm das Königreich Preußen, das drei Fünftel des Reichsgebiets umfasste, eine überaus dominante Stellung ein. Entsprechend misstrauisch waren die Könige und Fürsten im Süden und Westen des Reichs dem neuen Nationalstaat gegenüber eingestellt. Auch viele Bürger waren nur wenig begeistert von einem Kaiserreich, an dessen Entstehung sie überhaupt nicht mitgewirkt hatten, sondern das ihnen „von oben" gegeben worden war.

Moderne Gesetze – moderne Wirtschaft

Ein erstes „Markenzeichen" des neuen Deutschen Reichs sollte der rasante wirtschaftliche Aufschwung in den sogenannten „Gründerjahren" nach 1871 werden. Begünstigt wurde dieser durch hohe Entschädigungen, die Frankreich nach dem verlorenen Krieg zahlen musste.

Außerdem wurden in dieser Zeit zahlreiche Unternehmerverbände gegründet. Ihre Aufgabe war es, zusammen mit den Beamten des Kaiserreichs eine moderne Gesetzgebung zu entwickeln, die ein schnelles Wachstum der Wirtschaft ermöglichte. Die Folge war, dass das Deutsche Reich zur stärksten Wirtschaftsmacht in Europa aufstieg, in dem sich Großunternehmen mit mehreren zehntausend Beschäftigten entwickelten.

Wirtschaft und Wissenschaft als „Klebstoff der jungen Nation"

Um die Jahrhundertwende veränderten technische Neuerungen wie Auto und Telefon zunehmend den Alltag, aber auch die deutsche Wissenschaft erregte internationales Aufsehen. Zwischen 1901 und 1914 ging jeder dritte Nobelpreis für Naturwissenschaften an einen Deutschen. Kaiser Wilhelm II. (Randspalte) förderte diese Entwicklung. So verlieh er beispielsweise Forschungsgesellschaften, die von Privatleuten finanziert wurden, seinen Namen.

2 – Zeitschriftenanzeige der Allgemeinen Elektricitäts-Gesellschaft Berlin. Dargestellt ist die Göttin des Lichts, die auf einem geflügelten Rad sitzt. Holzstich, um 1902.

3 – Kaiser Wilhelm II. nach der Eröffnung der ersten beiden Kaiser-Wilhelm-Institute für Chemie und Physikalische Chemie. Foto, 1912.

M1 Der Journalist Cay Rademacher berichtete 2013 über die Kaiserzeit:

Allein zwischen 1890 und 1913 nimmt die Bevölkerungszahl von 49,4 auf 66,9 Millionen Menschen zu – um ein Drittel in nicht einmal einer Generation. Hunger und Seuchen sind zum ersten Mal nicht mehr alltäglich. Neue Techniken erhöhen die Ernten, Waren können per Zug und Schiff über weite Strecken herangeschafft werden, Frischwasserleitungen und Kanäle verbessern die öffentliche Hygiene. In Laboratorien … ersinnen Ärzte, Physiker und Chemiker … revolutionäre neue Medikamente und Heilverfahren. … So stolz die Zeitgenossen auf die Entwicklung sind, so verunsichert sind sie auch über die in dieser Zeit entstehende „Massengesellschaft".

Q1 Baronin Hildegard von Spitzenberg (1843–1914) notierte 1895 über den Verkehr in Berlin in ihrem Tagebuch:

Das Getriebe in den Hauptverkehrsstraßen … ist förmlich betäubend; die elektrischen Wagen und die Trams [= Straßenbahnen] bilden eine ununterbrochene Linie, Wagen aller Art … Drei- und Zweiräder zu Hunderten fahren neben-, vor-, hinter- und oft aufeinander, das Läuten aller dieser Vehikel [= Verkehrsmittel], das Rasseln der Räder ist ohrenzerreißend, der Übergang der Straßen ein Kunststück für den Großstädter … .

❶ ▶ Nenne mithilfe der Karte die Länder, die zum neu gegründeten Nationalstaat gehörten.

❷ ▶ Erläutere, warum das Deutsche Reich wirtschaftlich so schnell aufsteigen konnte. Stelle die Zusammenhänge verständlich und einfach grafisch dar.

❸ ▶ Erkläre, woran ersichtlich ist, dass die Förderung der Wissenschaft für Kaiser Wilhelm II. eine wichtige Rolle spielte. Gehe dabei auch auf Bild 3 ein.

❹ ▶ Arbeite mithilfe von M1 und Q1 Vor- und Nachteile der Veränderungen in Technik und Wissenschaft heraus.

❺ ▶ „Das deutsche Kaiserreich bereitet den Weg in die Moderne".
Bewerte diese Aussage und begründe deine Meinung.

▶ *Beginne mit: Ich stimme (nicht) zu, weil …*

❻ ▶ Beschreibe, was du in Bild 2 sehen kannst. Überlege, warum diese Elemente verwendet wurden, und beurteile, ob das Plakat werbewirksam für die Menschen der damaligen Zeit war.

▶ *Erstelle dazu ein einfaches Schema mit drei Spalten.*

Was?	Warum?	Wirkung?
…	…	…

❼ ▶ Recherchiere im Internet nach Personen (z. B. Ärzte oder Physiker), die zwischen 1901 und 1914 den Nobelpreis erhielten. Erstelle dazu ein Kurzreferat, das du in der Klasse präsentierst.

Wie lebte man in der Hauptstadt des Kaiserreichs?

1 – Die Stadtbahnanlagen an der Jannowitzbrücke in Berlin. Gemälde von Julius Jacob, um 1891.

Schauplatz Geschichte

	Bevölke-rung 1875	Bevölke-rung 1910
Essen	54 790	294 653
Leipzig	127 387	589 850
Düsseldorf	80 695	358 728
Frankfurt/M.	103 136	414 576
Köln	135 371	516 527
Chemnitz	78 209	287 807
Nürnberg	91 018	333 142
Hamburg	264 675	931 035
München	193 024	596 467
Berlin	966 859	2 071 257

2 – Das Wachstum deutscher Großstädte.

Bildet Gruppen und bearbeitet eine der Aufgaben 1–3, die euch zugeteilt wurde. Präsentiert anschließend eure Ergebnisse den anderen Gruppen.

❶ Schaut euch das Bild genau an und beschreibt die einzelnen Szenen.

❷ Als Reporter/-in erlebt ihr die Szene im Bild. Beschreibt, was ihr seht, und führt Interviews mit verschiedenen Menschen im Bild. Überlegt euch sinnvolle Fragen, um etwas über das Leben bzw. Veränderungen in dieser Zeit herauszufinden.

▶ Nehmt die Tabelle oben, euer Wissen aus Kap. 4 und S. 154/155 zum Thema „Veränderung" zu Hilfe.

❸ Verfasst eine Drehbuchszene zu einer Situation im Bild. Denkt euch dazu eine kurze Handlung aus und entwerft einen Dialog. Achtet darauf, in der Anweisung von Mimik und Gestik sowie für Geräusche die Stimmung wiederzugeben.

Warum war das Militär so wichtig im Kaiserreich?

1 – Vorbeimarsch von Reserveoffizieren bei einer Parade in Ulm. Spazierstöcke und Schirme dienten als Säbelersatz. Foto, um 1900.

* **„Einigungskriege"**
So bezeichnete man den deutsch-dänischen Krieg (1864), den deutsch-österreichischen Krieg (1866) und den deutsch-französischen Krieg (1870).

* **Minderheiten im Deutschen Reich**
Durch den deutsch-dänischen und deutsch-französischen Krieg gewann Deutschland Gebiete mit französischsprachiger und dänisch sprechender Bevölkerung hinzu. Desgleichen gab es auch polnischsprechende Bevölkerung, deren Territorium im 18. Jahrhundert an Preußen gefallen war. Diese Deutschen sollten nun „germanisiert" werden, d. h. man verbot ihnen z. B. den Gebrauch ihrer Muttersprache.

* **aktiver Offizier**
Ein Offizier ist ein leitender Soldat im höheren Rang. „Aktiver Offizier" zu sein bedeutet, dass man dieses Amt jetzt ausübt. Der „Reserveoffizier" ist im Gegensatz dazu nicht aktiver Soldat, sondern geht nach seiner Ausbildung wieder seinem bürgerlichen Beruf nach. Im Kriegsfall wurden die Reserveoffiziere dann wieder aktiviert.

Ein neuer Nationalismus

Das Deutsche Reich wurde im Vergleich zu anderen europäischen Ländern sehr spät zu einer geeinten Nation, einem sogenannten Nationalstaat. Die entscheidende Rolle kam dabei dem Militär zu, das durch drei siegreiche „*Einigungskriege" innerhalb weniger Jahre die deutsche Einheit überhaupt erst möglich gemacht hatte. Entsprechend feierte man an besonderen Tagen – wie etwa dem Nationalfeiertag am 2. September, dem Tag des Sieges in der Schlacht von Sedan 1870 über Frankreich – das neue Deutschland und den Kaiser mit Militärparaden. Überall im Reich wurden Denkmäler errichtet, die – wie die Siegessäule in Berlin (siehe S. 143) – die eigene militärische Stärke hervorhoben. Eine riesige Anzahl an Liedern und Gedichten, auf Postkarten, Plakaten oder in Zeitschriften gedruckt, vermittelten den Menschen in ganz Deutschland den Stolz auf das Erreichte: nun endlich ein deutscher Staat zu sein. Alles, was zu seiner Schaffung beigetragen hatte, wurde glorifiziert: das Militär sowie Reichskanzler Bismarck. Ihm zu Ehren wurden unzählige Denkmäler errichtet. Während alles Deutsche überhöht wurde, wurden gleichzeitig alle „Nicht-Deutschen" im Reich, wie die Angehörigen der polnischen und französischen *Minderheiten im Reich ausgeschlossen. Besonders das Nachbarland Frankreich wurde als „Erbfeind" angesehen.

Militarismus und Obrigkeitsstaat

Das Militär hatte im Kaiserreich eine besonders herausragende Stellung. Wenn jemand eine Uniform trug, dann musste man ihm Respekt erweisen. Das höchste Ansehen genoss ein *aktiver Offizier. Gab dieser einen Befehl, so hatte man ihn auch als einfacher Bürger zu befolgen. Dieses Obrigkeitsdenken übertrug sich auch auf Lebensbereiche außerhalb der Armee, wie zum Beispiel auf einfache Beamte bei der Post oder der Bahn. Auch sie waren Vertreter der staatlichen Obrigkeit, denen man als einfacher Bürger zu gehorchen hatte. War ein Mann zumindest Reserveoffizier, konnte das sehr vorteilhaft für seine berufliche Karriere im zivilen Leben sein.

Uniformen bestimmten daher überall das Straßenbild und stellten ein Symbol für Autorität dar. Dementsprechend zeigten sich Adlige, Fürsten und auch der Kaiser zu festlichen Anlässen in prunkvollen Uniformen. Bei Kindern waren vor allem Matrosenuniformen beliebte Kleidungsstücke.

2 – Nationaldenkmäler Deutschlands. Postkarte, um 1900.

3 – „Vorwärts mit frischem Mut". Kinder mit der Reichskriegsflagge der Marine. Postkarte, um 1910.

Q1 Lied aus der Operette von Walter Kollo „Immer feste druff" von 1914:

Der Soldate ist ein Mann,
der sich sehen lassen kann.
Durch die graue Uniform
imponiert er enorm!
Wenn wir durch die Straßen ziehen,
alle Herzen für uns blühen –
Frieda, Emma und Marie
schwärmen für *Infanterie.

Eine gute Leberwurst
stärkt des Kriegers Tatendurst.
Liebesgaben allerhand,
kriegt er von zarter Hand.
Stramm gestanden, Brust heraus!
Nach Paris geht's geradeaus –
denn der brave Landwehrmann
zeigt jetzt, was er kann.

Der Soldate, der Soldate
ist der schönste Mann bei uns im Staate.
Darum schwärmen auch die Mädchen sehr
für das liebe, liebe, liebe Militär.

❶ ▶ Nenne Beispiele, die zeigen, wann und wie das Militär gefeiert wurde.

❷ ▶ Betrachte Bild 1. Überlege mithilfe des Texts, wie dieser Aufmarsch auf die Menschen damals wirkte, und beschreibe, wie das Bild auf dich heute wirkt.

❸ ▶ Arbeite heraus, wie der Soldat im Lied (Q1) dargestellt wird. Nenne Beispiele aus dem Text und finde eine Überschrift für das Lied.

❹ ▶ Beantworte die Frage in der Überschrift der Doppelseite.

❺ ▶ Gruppenarbeit: Wählt ein Denkmal in Bild 2 aus und recherchiert arbeitsteilig, welchem Ereignis oder welcher Person zu Ehren dieses Denkmal aufgestellt wurde. Ermittelt die Gemeinsamkeit.

▶ *Nehmt die Methode „Eine Internetrecherche durchführen" auf S. 211/212 zu Hilfe.*

❻ ▶ Beurteile Bild 3. Gehe auf die Bedeutung von „Kindern und Militär" damals sowie heute ein und vergleiche die Ergebnisse.

❼ ▶ Bearbeite die Lernaufgabe „Was macht ein Bismarckdenkmal in Bayern?" auf S. 210.

*Infanterie
Dies meint die zu Fuß
kämpfenden Soldaten
in einer Armee.

Familie und Erziehung im Kaiserreich

1 – „Unser Kaiserpaar im Familien-kreise.** Erinnerungsblatt an die Geburt der ersten Kaiserlichen Prinzessin Viktoria, 13. September 1892". Zu sehen ist das Kaiserpaar Wilhelm II. und Auguste Victoria. Fotografische Reproduktion einer Zeichnung, 1892.

Die Rollen der Familienmitglieder im Kaiserreich

M1 Der Historiker Gert Richter schrieb 1974 über die bürgerliche Familie im Kaiserreich:
In der „guten alten Zeit" ist ... der Vater noch fast überall der Mittelpunkt, die Frau in erster Linie Hausfrau und Mutter, die sich, wie die Kinder, diesem Mann unterordnet, wie sie es vor dem Traualtar geschworen hat, die ihn umsorgt, ihm alle Wünsche von den Augen abliest, „nur für ihn da ist". ... Die Erziehung der Kinder war streng und autoritär. Den Anweisungen und Wünschen des Vaters müssen alle widerspruchslos Folge leisten. Zweifel an dieser Familienordnung gibt es kaum. Wie im Staat der Kaiser, so ist in der Familie der Vater das unbestrittene Oberhaupt.

Q1 Max Planck, Direktor eines Universitätsinstituts in Berlin, äußerte sich 1900 zur Stellung der Frau:
Man kann doch nicht stark genug betonen, dass die Natur selbst der Frau ihren Beruf als Mutter und Hausfrau vorgeschrieben hat und Naturgesetze unter keinen Umständen ohne schwere Schädigungen umgangen werden können ... .

Q2 Gegen Ende des 19. Jahrhunderts setzten sich immer mehr Frauen für die politische Gleichberechtigung und das Frauenwahlrecht ein. Die deutsche Schriftstellerin und Frauenrechtlerin Hedwig Dohm schrieb beispielsweise 1893:
Die Frauen fordern das Stimmrecht als ein ihnen natürlich zukommendes Recht ... . Der Mann bedarf, um das Stimmrecht zu üben, eines bestimmten Wohnsitzes, eines bestimmten Alters, eines Besitzes, warum braucht die Frau mehr?
Warum wird die Frau Idioten und Verbrechern gleichgestellt? Nein, nicht Verbrechern. Der Verbrecher wird nur zeitweilig seiner politischen Rechte beraubt. ... Die Gesellschaft hat keine Befugnis, mich meines natürlichen politischen Rechts zu berauben.

Schule in der Kaiserzeit

Q3 In den Anweisungen eines Schulrates für Lehrer aus dem Jahre 1903 steht:
Damit jede Störung des Unterrichts unmöglich gemacht werde, hat der Lehrer ... darauf zu halten:
a) dass alle Schüler gerade und in Reihen hintereinander sitzen

enttdecken

2 – Aufnahme einer Mädchenklasse mit Lehrer. Foto, 1910.

Fortschritt im Schulwesen

3 – In den preußischen Schulen soll jetzt ein neues Unterrichtsfach Staatsbürgerkunde eingeführt werden. Es ist wohl selbstverständlich, dass der Unterricht von Schutzleuten (= Polizisten) erteilt wird." Karikatur von Thomas Theodor Heine, 1911.

b) dass jedes Kind seine Hände geschlossen auf die Schultafel legt
c) dass die Füße parallel nebeneinander auf den Boden gestellt werden …
(Zur Heraufnahme von Büchern gilt Folgendes): Die Kinder haben die betreffenden Lehrmittel in drei Zeichen heraufzunehmen. … Gibt der Lehrer … das Zeichen „1", dann erfassen die Kinder das unter der Schultafel liegende Buch; bei „2" erheben sie das Buch über die Schultafel; bei „3" legen sie es geräuschlos auf die Schultafel nieder, schließen die Hände und blicken den Lehrer an. … Alle breiten Auseinandersetzungen und Reden müssen wegfallen; hier muss ein Wink des Auges … oder der einzige … Ausruf: „Klasse – Achtung!" genügen, um die gesamte Schulordnung herzustellen.

Q4 Paul Eipper (geboren 1891) berichtete über seine Schulzeit:
Alle … Lehrer waren unnahbar streng, betätigten sich eigentlich nur mit Forderungen, Rügen, mit Rohrstock-Schwingen für Schläge auf das Gesäß und die Hände. … Ich kann es nicht ändern: Meine Schuljahre liegen noch immer als Albdruck auf mir, sie schrecken mich auch jetzt noch dann und wann aus dem Nachtschlaf hoch, aus verängstigten Schülerträumen.

Bildet Gruppen und bearbeitet eine der folgenden Aufgaben A, B oder C, die euch zugeteilt wurde. Stellt eure Ergebnisse vor und vergleicht sie jeweils mit der heutigen Zeit.

Gruppe A:
1 Beschreibt Bild 1 und stellt fest, wer in der Familie welche Rolle spielte.
2 Erstellt anhand von Bild 1, M1 und Q1 ein Schaubild, das die Familienordnung der damaligen Zeit darstellt. Überlegt, wer an der Spitze der Familie steht, wer welche Aufgaben hat und wie die Beziehungen der Familienmitglieder untereinander sind.

Gruppe B:
3 Nenne die Argumente in Q2, mit denen Hedwig Dohm versucht, ihre Forderungen durchzusetzen.
4 Recherchiert im Internet oder in Sachbüchern über die Geschichte der Frauenbewegung an der Wende vom 19. zum 20. Jahrhundert. Erstellt dazu ein Lernplakat. Ermittelt
a weitere Forderungen der Frauen damals,
b weitere Frauenrechtlerinnen und
c deren Erfolge.
▶ *Nehmt die Methode „Eine Internetrecherche durchführen" von S. 207 zu Hilfe.*

Gruppe C:
5 Beschreibt mithilfe von Q3 und Q4 sowie der Bilder 2 und 3 die Schule im Kaiserreich.
6 Erstellt eine Schulhausordnung, wie sie im Kaiserreich ausgesehen haben könnte. Nutzt die Ergebnisse von Aufgabe 5.

Die Nationalhymne – Symbol der Einigkeit?

1 – „Deutschland über alles." Der Text unten links lautet: „Nie kann unser Vaterland untergehen in Haders Flammen. Denn es hält ein dreifach Band: Schwarz-weiss-rot das Reich zusammen." Postkarte von 1915 mit Kaiser Wilhelm II. in der deutschen Flagge.

2 – Begrüßung der deutschen Fußball-Nationalmannschaft in Berlin nach deren WM-Erfolg 2014. Berlin, 15.07.2014.

✳ **Identifikation**
Sich mit einer Person oder einer Gruppe gleichsetzen.

Die Nationalhymne damals

Bei vielen „Neu-Deutschen" wurde aus dem Stolz auf die geglückte Gründung des Kaiserreichs sehr schnell ein nationalistisches Überlegenheitsgefühl. In dieser Gesinnung sang man nun das Deutschlandlied von Heinrich v. Fallersleben und dessen erste Zeilen: „Deutschland, Deutschland über alles, über alles in der Welt" (siehe S. 100). Das Lied war ursprünglich ein Bekenntnis der Revolutionäre von 1848 zur deutschen Einheit, die bedeutender sei als eine Vielzahl deutscher Einzelstaaten wie Preußen oder Bayern (siehe S. 100, 103). Jetzt aber wollten viele Deutsche damit eine vermeintliche Überlegenheit des Deutschen Reiches gegenüber anderen Staaten zum Ausdruck bringen.

Unsere Nationalhymne heute

Heute singen wir – besonders bei Sportveranstaltungen – die dritte Strophe des Deutschlandlieds „Einigkeit und Recht und Freiheit für das deutsche Vaterland". Dabei kommt es jedoch immer wieder zu Auseinandersetzungen zwischen verschiedenen Fangruppen, die auf das Abspielen der Nationalhymne des sportlichen Konkurrenten mit unsportlichen Pfiffen reagieren.

M1 Der Psychologieprofessor Ulrich Schmidt-Denter äußerte sich in einem Interview in Bezug auf die Fußball-WM 2018 in Russland:

Der Nationalstaat repräsentiert sich ja wie eine Familie: Man gehört zusammen. Um diese sinnbildliche Verwandtschaft herzustellen, braucht man gewisse Symbole wie die Flagge oder eben die Nationalhymne. Sie hat einen besonders hohen Stellenwert, weil Musik stärker an die Emotionen heranreicht als etwa die Verfassung.

❶ Erinnere dich, wie du dich fühlst, wenn du die Nationalhymne hörst oder singst. Beschreibe deine Gefühle.

❷ **a** Ermittle mithilfe des Texts, welche Strophe des „Liedes der Deutschen" im Kaiserreich und welche Strophe heute als Nationalhymne gesungen wird.

b Vergleiche anhand von Q1 auf S. 103 den Text der beiden Strophenanfänge miteinander.

❸ Beschreibe die Bilder 1 und 2. Vergleiche die Rolle der Hymne im jeweiligen Bild.

❹ Erkläre, welche Bedeutung viele Menschen dem „Lied der Deutschen" im Kaiserreich zuwiesen und welche Bedeutung der heutigen Hymne zukommt. Lies dazu auch M1. Bewerte die Haltungen.

Zusammenfassung

Das deutsche Kaiserreich

Der Weg zum Kaiserreich

Nach dem Scheitern der Revolution von 1848 lebte die Idee eines einheitlichen deutschen Nationalstaates weiter. Der preußische Ministerpräsident Otto von Bismarck sah darin die Chance, die Macht Preußens zu vergrößern und König Wilhelm I. zum Kaiser eines geeinten Deutschen Reichs zu machen.

Diese Einigung wurde nach drei siegreichen Kriegen gegen Dänemark (1864), Österreich (1866) und Frankreich (1870/1871) erreicht. Am 18. 01. 1871 ernannten die deutschen Fürsten König Wilhelm I. im Spiegelsaal des Schlosses Versailles zum Kaiser eines vereinigten Deutschland. Sie schufen damit einen Nationalstaat, den die Revolutionäre von 1848 nicht erreicht hatten. Um das neue Reich vor künftigen Angriffen – insbesondere von Frankreich – zu schützen, schloss Bismarck in den folgenden Jahren eine Reihe von Bündnissen mit allen anderen europäischen Großmächten.

Das aufstrebende Kaiserreich

Politisch hatte im neuen Reich der Kaiser eine dominante Stellung: Er ernannte die Reichsregierung, er war der alleinige Oberbefehlshaber der Armee, er entschied über Krieg oder Frieden. Der Reichstag dagegen erhielt laut Verfassung nur eine untergeordnete Rolle.

In der Anfangszeit des Deutschen Reichs – den sogenannten Gründerjahren – gab es einen starken wirtschaftlichen Aufschwung. Dieser wurde begünstigt durch französische Kriegsentschädigungen und eine moderne unternehmerfreundliche Gesetzgebung. Es entstanden riesige Unternehmen, die wiederum Millionen Menschen wegen der besseren Verdienstmöglichkeiten vom Land in die Städte zogen. Die Bevölkerung wuchs rasant. Daneben erlangten in dieser Zeit auch die deutschen Forschungsinstitute internationalen Ruhm.

Obrigkeitsdenken, Nationalismus und Militarismus

Der rasante Aufstieg des neuen Kaiserreichs hatte viele Deutsche selbstbewusst und teilweise auch überheblich gegenüber anderen Nationen werden lassen. Man war stolz auf das geeinte Deutschland, auf seinen Kaiser und die militärische Führung, die durch die siegreichen Kriege die Einheit erst möglich gemacht hatte. Der Staat und die Gesellschaft waren daher militärisch geprägt. Fürsten, Adel und Offiziere besaßen die Vorherrschaft, und wer eine Uniform trug, genoss besonderes Ansehen. Dementsprechend war Unterordnung unter die politische Führung für die meisten Bürger eine selbstverständliche Pflicht.

Ausgrenzung gesellschaftlicher Gruppen im Reich

Bismarck wollte zwar einen gemeinsamen Staat unter preußischer Führung, in dem aber die Bürger keine Mitsprache haben sollten. Insbesondere Frauen mussten sich politische Mitbestimmungsrechte und ein höheres Ansehen in der Gesellschaft erst mühsam erkämpfen.

Außerdem versuchte Bismarck, die immer größere Zustimmung zu den Arbeiterparteien mithilfe von „Sozialistengesetzen" und Sozialversicherungen zu unterbinden. Auch den Einfluss der katholischen Kirche und der Zentrumspartei wollte Bismarck während des „Kulturkampfes" eindämmen.

1871

Gründung des deutschen Kaiserreiches.

ab 1871

Verfassung des Kaiserreichs.

ab 1871

Militarismus im Kaiserreich.

1878–1890

Bismarcks Kampf gegen die Sozialdemokratie.

Das kann ich …

Das deutsche Kaiserreich

Ich kann wichtige Begriffe und Daten im Zusammenhang erklären (Sachkompetenz):

1871 Reichsgründung
Deutsches Kaiserreich
Bismarck
Reichstag

❶ Erkläre einem Partner den Begriff „Reichstag".

❷ Vervollständige die in Bild 1 begonnene Mindmap zum deutschen Kaiserreich in deinem Heft. Achte darauf, dass alle wichtigen Begriffe und Daten vorkommen. Stelle dabei einen Zusammenhang zwischen den Begriffen her. Nutze die Informationen, die du in diesem Kapitel erhalten hast.

Ich kann folgende Aufgaben zum Thema lösen (Sachkompetenz):

❸ Beschreibe den Verlauf der Gründung des deutschen Kaiserreichs.

❹ Partnerarbeit: Erstellt ein Lernposter, auf dem ihr in übersichtlicher und kreativer Form die Innen- und Außenpolitik von Bismarck darstellt. Gestaltet so, dass der Inhalt auch ohne mündliche Erklärungen von euch für die Klasse verständlich ist.

❺ Erkläre, inwiefern sich das Familienleben im Kaiserreich vom Leben in einer Familie heute unterscheidet. Beziehe dich auf Bild 3 und nutze die Seiten 160/161.

❻ „Das Kaiserreich wurde mit Blut und Eisen gegründet". Erkläre diesen Ausspruch.

Ich kann Geschichte verständlich darstellen (narrative Kompetenz):

❼ Du bist als Experte für das Kaiserreich zu einer Gedenkfeier bei einem historischen Verein eingeladen. Du sollst eine würdigende Rede auf Reichskanzler Bismarck, Kaiser Wilhelm I. oder Wilhelm II. verfassen sowie vortragen. Berücksichtige dabei den Lebenslauf, Leistungen, aber auch Aspekte, die dir bei der Person negativ auffallen.

▶ *Nimm die entsprechenden Seiten dieses Kapitels zu Hilfe und recherchiere im Internet und/oder Sachbüchern weiter. Nimm die Methode „Eine Internetrecherche durchführen" von S. 211/212 zu Hilfe.*

Ich kann die Methode „Historienbilder untersuchen" anwenden (Methodenkompetenz):

❽ Untersuche Bild 2. Gehe dabei so vor, wie du es in der Methode „Historienbilder untersuchen" auf S. 144/145 gelernt hast.

▶ *Wenn du noch weitere Informationen zur Auswertung des Bildes benötigst, suche im Internet. Gib dazu „Kaiser Wilhelm II." und/oder Stichwörter aus der Bildunterschrift ein.*

Ich verstehe, warum das Thema für uns heute noch wichtig ist (Orientierungskompetenz):

❾ Man spricht über die Kaiserzeit als Anfänge eines modernen Deutschland.
a Erkläre, inwiefern dies zutrifft.
b Begründe mit Beispielen, die zeigen, dass sich dies bis heute auswirkt.

❿ Erkläre Bild 4. Finde heraus, ob das Thema „Frauenrechte" auch heute noch eine Rolle spielt, und nenne Beispiele. Beziehe dabei auch andere Länder ein. Bewerte die Wichtigkeit des Themas damals und heute.

Ich kann mir ein Urteil bilden und es begründen (Urteilskompetenz):

⓫ Auf der Auftaktseite 137 wird zum Kaiserreich eine Frage aufgeworfen: „Dürfen die Bürger also nur zusehen, wenn im noch jungen deutschen Kaiserreich Politik gemacht wird?" Beantworte diese Frage mit dem Wissen, das du aus diesem Kapitel gewonnen hast.

▶ *Nimm die Methode „Ein eigenes Urteil bilden" von S. 215 zu Hilfe.*

⓬ Wir leben heute in einem vereinten, demokratischen Bundesstaat.
a Finde anhand von konkreten Beispielen heraus, was dies bedeutet.
b Beurteile, ob dafür erste Grundsteine in der Kaiserzeit gelegt wurden.

Verstehen

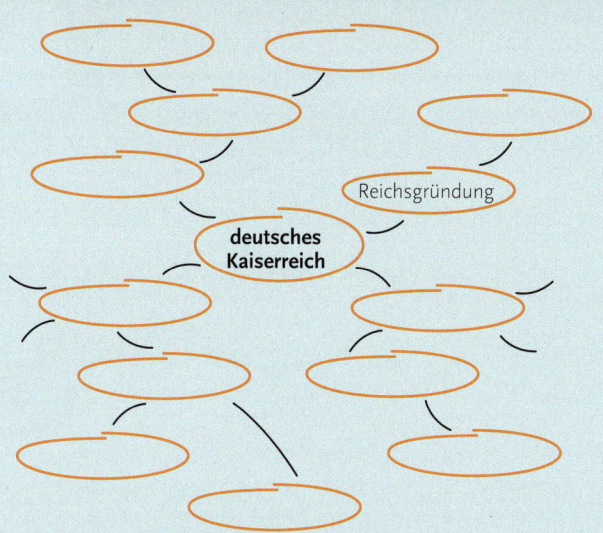

1 – Mindmap zum deutschen Kaiserreich.

deutsches Kaiserreich

Reichsgründung

3 – Die Familie des Industriellen Gustav von Bohlen und Halbach (Firma Krupp). Foto, um 1910.

2 – Kaiser Wilhelm II. Gemälde von Max Johann Bernhard Koner, 1890.

4 – Plakat von Carl Maria Stadler zum Internationalen Frauentag in München am 08.03.1914.

Längsschnitt

6 Protest, Aufstand und Revolution – Menschen kämpfen für ihre Freiheit

Das Bild zeigt die Barrikadenkämpfe in Paris während der Zeit der Julirevolution 1830. Die Bevölkerung von Paris erhob sich zu einem Aufstand, da König Karl X. die Zustände, wie sie vor der französischen Revolution 1789 geherrscht hatten, wieder durchsetzen wollte. Das Gemälde des französischen Malers Eugène Delacroix stellt eine Anführerin ins Zentrum, die unter dem Namen Marianne die Nationalfigur der Französischen Republik bildet und ihren Ursprung in der römischen Symbolgestalt für Freiheit (libertas) findet. Sie ist gerade über die Barrikaden gestürmt, auf dem Kopf die Freiheitsmütze der Jakobiner, in der Hand die verbotene Trikolore. Sie wendet sich mit aufforderndem Blick den Bürgern hinter sich zu, um diese zu ermuntern, ihr zu folgen. Ihr Handeln zeigt deutlich, dass Freiheit zu keiner Zeit selbstverständlich war und man für seine Rechte eintreten muss.

Aber welche Formen von Protest, Aufstand und Revolution gab es in der Vergangenheit und gibt es heute? Führten sie immer zum Erfolg?

Protest, Aufstand und Revolution – Menschen kämpfen für ihre Freiheit

494 v. Chr.

Ständekämpfe in Rom

1 – Sturm auf die Bastille am 14.07.1789. Gemälde eines unbekannten französischen Malers, undatiert.

2 – Schriftzug am Pariser Justizpalast. Foto aus heutiger Zeit.

„Freiheit, Gleichheit, Brüderlichkeit" (= Liberté, Egalité, Fraternité). Auf dieses Motto der Französischen Revolution sind die Franzosen sehr stolz und so begegnen einem diese drei Wörter in Frankreich bei jeder Gelegenheit.

Sie sind der beste Beweis dafür, wie groß die Strahlkraft einer Revolution sein und wie der Wille eines Volkes zur Veränderung Großes bewirken kann.

Doch ist die Französische Revolution ein einzigartiges Phänomen oder gab es Protest, Aufstand und Revolution auch schon in früheren Epochen und denen nach 1789? Auf diese Frage wird dir schon diese Seite eine erste Antwort geben können. Mehr hierzu und den Fragen in der rechten Spalte erfährst du auf den folgenden Seiten.

Am Ende des Kapitels kannst du folgende Fragen beantworten:

- Sind Aufstände und Revolutionen Ereignisse der neueren Zeit oder gab es sie schon immer?
- Aus welchen Gründen protestierten und protestieren Menschen?
- Welche Wirkungskraft können Protest, Aufstand und Revolution haben?
- Wie hat sich die Form von Protest, Aufstand und Revolution im Laufe der Zeit verändert?

❶▪ Überlege, was du über das Thema schon weißt.
▶ *Beziehe auch Beispiele aus anderen Kapiteln ein.*
❷▪ Beschreibe die Wirkung, die die Bilder auf dieser Doppelseite auf dich haben.
❸▪ Ordne die Bilder 1–7 den Ereignissen in der Zeitleiste zu.

1387	1789	1813	1844	2019
Konflikt um das Stadtregiment in Dinkelsbühl	**Beginn der Französischen Revolution**	**Unabhängigkeit Venezuelas von Spanien durch Simón Bolívar**	**Aufstand der schlesischen Weber**	**Demonstrationen gegen den „Brexit", Protestbewegung „Gelbe Westen" und „Fridays for Future"**

5 – Spruchband zur Beteiligung der Zünfte am Stadtregiment am Dinkelsbühler neuen Rathaus.

3 – Aufstand der Plebejer. Zeichnung, 1880.

6 – Der Aufstand der schlesischen Weber. Radierung von Käthe Kollwitz, 1897.

4 – Simón Bolívar, südamerikanischer Unabhängigkeitskämpfer und Nationalheld. Zu sehen ist sein Denkmal in Caracas/Venezuela. Foto, 2009.

7 – Demonstration für den Klimaschutz („Fridays for Future").

Welche Folgen hatten die Ständekämpfe im antiken Rom?

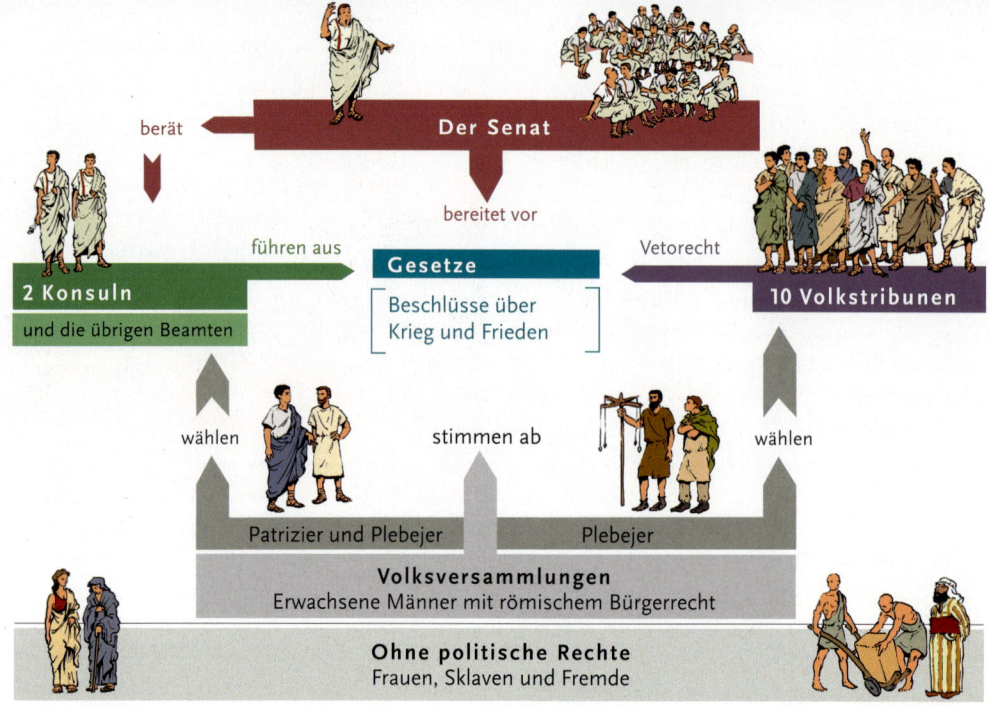

1 – Die römische Verfassung nach Beendigung der Ständekämpfe.

Monarchie

Monarchie bezeichnet einen Staat, in dem eine durch Vorrecht der Geburt, wie z. B. Abstammung aus dem Adel, ausgezeichnete Person an der Spitze eines Staates steht (König, Kaiser). Heutige Monarchien gibt es in Dänemark, Schweden, den Niederlanden und dem Vereinigten Königreich.

Republik

(lat.: res publica = die öffentliche Sache). Als Republik bezeichneten die Römer ihren Staat. Sie wollten damit deutlich machen, dass die Macht nicht mehr von einem König, sondern vom Volk oder von Teilen des Volkes ausgeübt wird.

Senat

(lat.: senex = Greis) Rat der Ältesten, eigentliches Regierungsorgan in der römischen Republik.

Ursachen der Ständekämpfe

Die Gesellschaft im antiken Rom war in zwei Stände gegliedert: die Patrizier und die Plebejer. Die Patrizier stammten aus reichen Adelsfamilien. Sie hatten Zugang zu den hohen politischen Ämtern und somit die meiste Macht im Staat. Die Plebejer (lat. plebs = das Volk) hingegen bildeten die große Masse der römischen Gesellschaft. Zu ihnen gehörten Bauern, Handwerker und Händler. Nachdem um 500 v. Chr. die Republik gegründet wurde, wollte man erreichen, dass die Politik nicht mehr wie in der Monarchie alleine von den Königen bestimmt wurde. Alle Bürger sollten Mitspracherecht haben. Die Realität sah jedoch ganz anders aus. Laut Verfassung wurden die Plebejer zwar als freie Bürger in der Volksversammlung befragt, die hohen politischen Ämter wie Konsuln, Richter oder Heerführer waren aber nach wie vor den Patriziern vorbehalten. Auch in anderen Bereichen waren sie benachteiligt. Aufgrund ihres geringen Ansehens waren Heiraten zwischen Plebejern und Patriziern verboten.

Gleichzeitig trugen sie aber mit ihren Steuern und mit dem Kriegsdienst, den sie leisten mussten, entscheidend zum Erfolg und Wohlstand des römischen Staates bei. Deswegen forderten sie für sich auch mehr politisches Mitspracherecht.

Der Verlauf der Ständekämpfe

494 v. Chr. beschlossen die Plebejer, sich diese ungerechte Behandlung nicht länger gefallen zu lassen. Sie zogen zu dem sogenannten Heiligen Berg außerhalb von Rom und schlugen dort ihr Lager auf. Sie sicherten es mit einem Wall und einem Graben. Die Plebejer waren fest entschlossen, eine eigene Stadt zu gründen, die sie selbst verwalten konnten und in der sie nicht mehr benachteiligt waren. Da Rom jedoch auf die Bauern, Handwerker und Kaufleute angewiesen war, mussten die Patrizier nachgeben.

Das Ergebnis der Ständekämpfe

Nachdem die Plebejer zur Rückkehr in die Stadt Rom überredet worden waren, erhielten sie mehr politisches Mitspracherecht. Sie bekamen eigene Beamte, die Volkstribunen. Diese sollten die Plebejer vor Ungerechtigkeiten schützen. Außerdem konnten sie ihr *Veto gegen Beschlüsse des Senats einlegen und somit Entscheidungen, welche nachteilig für die Plebejer gewesen wären, verhindern.

Auch in den nächsten Jahren wurde die rechtliche Stellung der Plebejer weiter gestärkt. So wurden 450 v. Chr. die Gesetze, die bisher nur mündlich überliefert und in der Regel als Gewohnheitsrecht zugunsten der Patrizier ausgelegt wurden, schriftlich festgehalten. Sie standen – in zwölf Bronzetafeln eingraviert – auf dem Markt und galten für Patrizier und Plebejer gleichermaßen. Sie hießen daher Zwölftafelgesetze.

445 v. Chr. wurde das Eheverbot zwischen Patriziern und Plebejern aufgehoben und 336 v. Chr. wurde beschlossen, dass jeweils einer der beiden Konsuln ein Plebejer sein musste.

287 v. Chr. konnten die Plebejer sogar durchsetzen, dass Gesetze, die sie in ihrer Versammlung beschlossen, für ganz Rom galten – auch ohne Zustimmung des Senats.

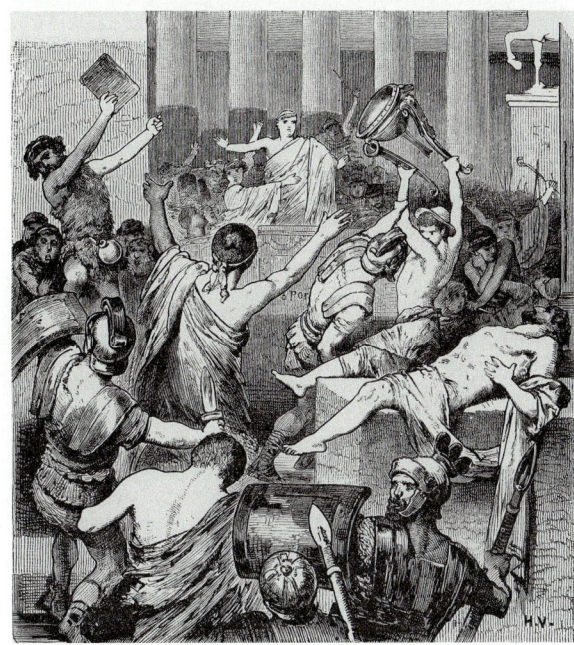

2 – Der Aufstand der Plebejer. Zeichnung, 1880.

was ihm dargeboten werde, nicht mehr aufnehmen und die Zähne sollten nicht mehr kauen. Indem sie in diesem Zorn den Magen durch Hunger zähmen wollten, habe zugleich die Glieder selbst und den ganzen Körper schlimmste Entkräftung befallen. Da sei dann klar geworden, dass auch der Magen eifrig seine Dienste tue.

* Veto

Dies ist lateinisch und bedeutet „ich verbiete". Man verwendet das Wort auch heute noch im Sinne von „Einspruch einlegen", um damit einen Beschluss zu blockieren.

Q1 Der römische Geschichtsschreiber Livius (59 v. Chr.–17 n. Chr.) berichtete in seinem Buch „Römische Geschichte", dass die Patrizier den Konsul Menenius Agrippa damit beauftragten, zwischen ihnen und den Plebejern zu vermitteln. Agrippa soll die Plebejer mit folgender Fabel zur Rückkehr bewegt haben:

Zu der Zeit, als im Menschen nicht wie jetzt alles im Einklang war, sondern von den Gliedern noch jedes für sich überlegte und für sich redete, hätten sich die übrigen Körperteile darüber geärgert, dass durch ihre Fürsorge, durch ihre Mühe und Dienstleistungen alles für den Magen getan werde, dass der Magen aber in der Mitte ruhig bleibe und nichts anderes tue, als sich der dargebotenen Genüsse zu erfreuen. Sie hätten sich daher geschworen, die Hände sollten keine Speise mehr zum Munde führen, der Mund solle,

❶ ▪ Beschreibe anhand des Texts und des Schaubilds Unterschiede in der Stellung von Patriziern und Plebejern.

❷ ▪ Nenne mithilfe des Texts die Ursachen für die Ständekämpfe.

❸ ▪ Beschreibe mithilfe der Informationen des Texts und des Bildes 2, wie die Plebejer die Patrizier unter Druck setzten.

❹ ▪ Erläutere anhand des Schaubildes und des Textes die Stellung der Volkstribunen.

❺ ▪ Erstelle einen Zeitstrahl zu den einzelnen Errungenschaften der Plebejer.

❻ ▪ Erkläre, was Menenius Agrippa den Plebejern mit seiner Geschichte sagen wollte (Q1).

▶ *Eine Fabel darf nicht wörtlich verstanden werden. Die einzelnen Figuren stehen immer für eine ganze Gruppe. Interpretiere die Fabel folgendermaßen:*
   Die Glieder stehen für …
   Der Magen steht für …
   Die Fabel möchte also aussagen, dass …

❼ ▪ Charakterisiere den Konflikt. Verwende darin auch die Begriffe in der Randspalte links.

▶ *Es geht um den Konflikt zwischen …*
   Die … wollten erreichen, dass …

Protest, Aufstand und Revolution im Mittelalter

Wer herrschte in der mittelalterlichen Stadt?

1 – Plan der Reichsstadt Dinkelsbühl. Die Ansicht von 1650 entspricht der der mittelalterlichen Stadt. Kupferstich von Matthäus Merian d. Älteren.

Bürger
Dies ist ursprünglich die Bezeichnung für die im Schutz einer Burg lebenden Menschen. Seit dem Mittelalter ist dies die Bezeichnung für die freien Stadtbewohner mit vollem Bürgerrecht.

*Patrizier
Dies war die städtische Oberschicht. Sie bestand aus den Kaufleuten und war sehr wohlhabend.

*Zunft
Dies sind Vereinigungen der Handwerker. Die Zunftmitgliedschaft war in den allermeisten Städten Pflicht, wenn man ein Handwerk ausüben wollte.

Städte als Grundlage des Reichtums

Im Mittelalter entwickelten sich auf dem Boden des Deutschen Reiches immer mehr Städte, die sehr bald zu Zentren des Handwerks, des Handels, aber auch der Information und Bildung wurden. Dabei gehörten diese Städte zunächst demjenigen, auf dessen Land sie gegründet worden waren. Dadurch waren sie ursprünglich nicht frei, sondern vom Landesherrn abhängig. Für diese bedeuteten die Städte und deren wachsender Wohlstand eine hervorragende Einnahmequelle in Form von Abgaben, Zöllen und Steuern.

Die Stadtbewohner lehnen sich auf

Als die Städte im Laufe der Jahrhunderte immer größer und die Bewohner, vor allem die Kaufleute, immer reicher wurden, wuchs auch deren Selbstbewusstsein. Sie verlangten nach Mitspracherechten wie beispielsweise einer eigenen Gerichtsbarkeit durch Richter aus ihren Reihen, anstatt weiterhin der Rechtsprechung durch den Stadtherrn zu unterstehen. Zudem forderten sie Zollfreiheit, das Recht, Münzen zu prägen, und

andere Handelsprivilegien. In vielen Städten kam es zu bewaffneten Kämpfen zwischen den Stadtbewohnern und den alten Herren. Doch häufig kauften die reichen Bürger, die *Patrizier, ihren Herren auch Rechte ab. Am Ende des 12. Jahrhunderts hatten fast alle Stadtherren ihre Rechte an das aufstrebende Bürgertum abgegeben. Nun wurden die Städte von einem Rat regiert, dem zunächst nur Patrizier angehörten. Diese wählten aus ihren Reihen den Bürgermeister.

Die Handwerker organisierten sich

Seit dem 14. Jahrhundert waren in vielen Städten die Handwerker in *Zünften zusammengeschlossen. Da sie einen großen Teil zur Finanzierung der Stadt beitrugen, verlangten die Handwerksmeister, auch in den Rat der Stadt aufgenommen zu werden, um nicht nur zu zahlen, sondern auch mitzubestimmen. Vielfach kam es dann vor, dass sich die Patrizier im Rat weigerten, den Forderungen der Zünfte nachzukommen. Die Handwerker legten aus Protest ihre Arbeit nieder; häufig kam es aber auch zu blutigen Kämpfen.

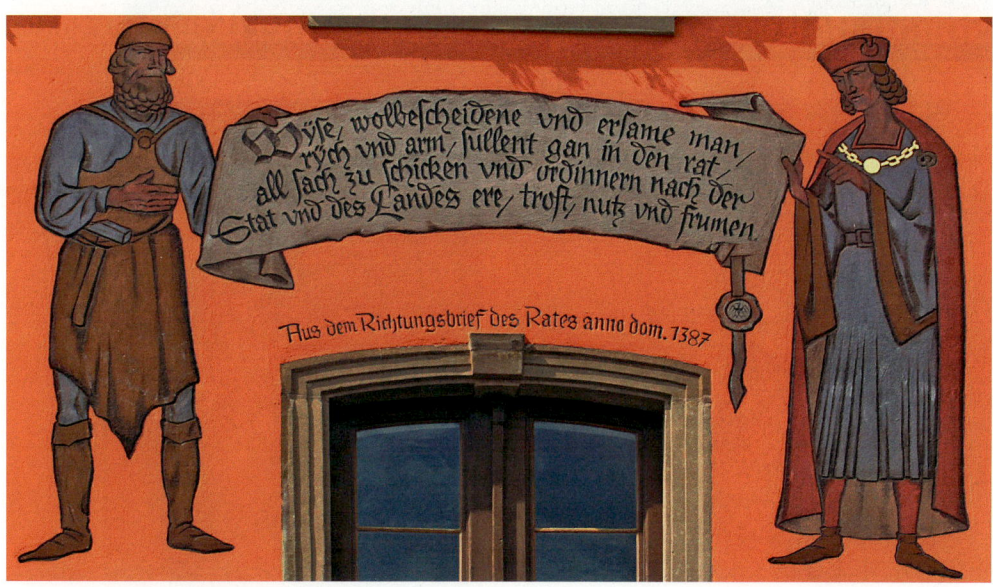

2 – Das Spruchband über dem Haupteingang des Neuen Rathauses zeigt ein Zitat aus dem sogenannten Richtungsbrief von 1387 (Q1). Foto, 2016.

Die Situation in einer kleinen Reichsstadt

Bis zu dem Ausbruch der Aufstände gab es in der Reichsstadt Dinkelsbühl wohl ungeschriebene Regelungen und Absprachen innerhalb der Handwerkszweige, jedoch keine wirtschaftlich organisierten Zünfte. Eine Zunftbildung wurde von den alten Patrizierfamilien verhindert, um die Macht weiterhin bei sich zu binden. In Dinkelsbühl ging die Bildung der Zünfte mit dem Handwerkeraufstand 1387 und der gleichberechtigten Aufnahme in das Stadtregiment im selben Jahr einher.

Q1 Im *Richtungsbrief der Stadt Dinkelsbühl vom 18. Februar 1387 wurde festgelegt:

Wir, der große und kleine Rat   der Stadt Dinkelsbühl bekennen für uns und für unsere Nachkommen öffentlich mit diesem Brief … , dass neun ehrsame, wohlbeschiedene Männer … , die auf ihren geschworenen Eid … alles ordnen sollen nach der Stadt und des Landes Ehre … [und] Nutzen …

Dieselben neun ehrsamen, vorsichtigen Männer haben … gesprochen …, dass unsere Stadt bei sechs Zünften bleiben soll, so wie es dieselben neun … geordnet haben; und von jeder Zunft sollen zwei Zunftmeister in den kleinen Rat gehen und zwölf der Alten sollen zu den zwölf Zunftmeistern in den kleinen Rat gehen, und in den großen Rat sollen zwölf des alten Rates und die zwölf Zunftmeister gehen und aus jeder Zunft sechs Mann zu ihren Zunftmeistern dazustoßen und nicht mehr.

* **Richtungsbrief**
Gemeint ist ein Beschluss über eine Stadtverfassung, die schriftlich niedergelegt wurde.

❶ ▶ Wiederhole mit Bild 1 Kennzeichen einer mittelalterlichen Stadt.

❷ ▶ Nenne mithilfe des Texts die Parteien, zwischen denen in mittelalterlichen Städten Konflikte entstanden.

❸ ▣ Erkläre die Gründe, aus denen dies geschah. Lege zur Übersicht in deinem Heft eine Tabelle an, in deren Kopf du die Konfliktparteien – dein Ergebnis aus Aufgabe 2 – schreibst. In die Zeile darunter trägst du für jede Konfliktpartei Gründe ein.

❹ ▣ Vergleiche die Forderungen der verschiedenen Konfliktparteien. Wie wurden diese Forderungen jeweils durchgesetzt?

❺ ▣ Partnerarbeit: Untersucht den Richtungsbrief (Q1) mithilfe der Methode „Textquellen untersuchen" von S. 214. Berücksichtigt folgende Schritte:

   a Gebt den Inhalt mit eigenen Worten wieder.

   b Beantwortet die W-Fragen: Wer, was, wann, wo?

   c Erstellt mithilfe der Ergebnisse aus Aufgabe a und b ein Schaubild, wie die Stadt Dinkelsbühl ab 1387 regiert wurde.

❻ ▣ Fasse den Konflikt zusammen und charakterisiere ihn: Erinnere dich an den Namen des Kapitels und stelle fest, um welche Art von Freiheit hier gekämpft wurde.

▶ *Du kannst folgendes Wortmaterial verwenden:*
In diesem Konflikt geht es um … . Vorher wurde die Stadt von … regiert, nachher … Erreicht wurde ….

Simón Bolívar – der Befreier Südamerikas?

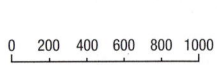

→ Feldzüge Simón Bolívars 1819–24

1821 Jahr der Unabhängigkeit

Strittige Gebiete

- - - - Heutige Grenzen

1 – Südamerika und die zu Beginn des 19. Jahrhunderts entstandenen Staaten.

2 – Simón Bolívar überquert die Anden. Gemälde von Arayo Gómez, 1857

1492
Entdeckung Amerikas

Aufklärung
Dies ist eine Reformbewegung, die im 18. Jahrhundert in fast allen Lebensbereichen zu neuen Ideen und Denkweisen führte. In der Politik richteten sich die Aufklärer gegen die uneingeschänkte Macht des Königs. Sie traten für Meinungsfreiheit, Menschenrechte und ein von Vernunft geprägtes Handeln ein.

Kolonialherrschaft
Die Eroberung zumeist überseeischer Gebiete durch militärisch überlegene Staaten (vor allem Europas) seit dem Ende des 15. Jahrhunderts wird als Kolonialismus bezeichnet. Die Kolonialmächte errichteten in den unterworfenen Ländern Handelsstützpunkte und Siedlungskolonien. Sie verfolgten vor allem wirtschaftliche und militärische Ziele.

Die Krise des spanischen Kolonialreichs

Amerika wurde durch die Kolonisation ab dem Beginn des 16. Jahrhunderts unter verschiedenen europäischen Mächten aufgeteilt. So rangen unter anderem Frankreich, Spanien und England um große Besitztümer, aber auch Portugal oder die Niederlande hatten Besitzungen in der „Neuen Welt". In Südamerika waren die beiden bedeutendsten Kolonialmächte Portugal und Spanien. Die spanischen Besitzungen reichten an der Westküste über die gesamte Länge des Kontinents. In diesen über 7000 km sich erstreckenden Kolonien lebten ursprünglich viele Völker, z. B. auch Hochkulturen wie die Inka. Nach deren Unterdrückung und teilweiser Vernichtung kamen mit den weißen Siedlern auch schwarze Sklaven aus Afrika auf den Kontinent. Dies bewirkte in den kommenden Jahrhunderten eine allmähliche Vermischung der Bevölkerung, die sich in unterschiedliche Schichten auffächerte. Ebenso wie in Nordamerika entstand gerade in den oberen Schichten das Gefühl, etwas Eigenes geworden zu sein. Das Wort „Amerikaner" wurde nun selbstbewusst in den Kolonien benutzt und der Widerstand gegen die strikte Regierungsweise durch das Mutterland wuchs bis zum Beginn des 19. Jahrhunderts weiter an. Insbesondere die *Kreolen führten viele der Unabhängig-keitsbewegungen an, welche zwischen 1804 und den 1830er Jahren fast alle Kolonien in Südamerika eigenständig werden ließen. Diese Unabhängigkeitsbewegungen verliefen allerdings sehr unterschiedlich und führten zu verschiedensten Ergebnissen. Verstärkt wurde die Krise des Kolonialreichs durch die Schwächung in den napoleonischen Kriegen.

Simón Bolívar – der Befreier?

Besonders hervorzuheben ist unter den vielen Persönlichkeiten dieser Zeit Simón Bolívar (1783–1830). Er stammte aus einer wohlhabenden venezoelanischen Kreolenfamilie und besuchte in jungen Jahren Spanien und Frankreich. Angespornt durch die Erfolge Napoleons, der französischen Revolution und der Unabhängigkeit Amerikas, kehrte er 1807 nach Venezuela zurück und kämpfte fortan gegen die Unterdrückung durch das Mutterland. Nach anfänglichen Misserfolgen erklärte er 1813 Venezuela für unabhängig und rief die Republik aus. Seitdem wurde er auch „El Libertador" (= der Befreier) genannt. Nach erneuten Rückschlägen konnte Bolívar 1821 den Staat Großkolumbien gründen, in dem auch Venezuela aufging. Anschließend wurde er im peruanischen Unabhängigkeitskampf zu Hilfe gerufen und 1824 dort vom Parlament zum Diktator ernannt.

Nach dem Sieg über die Spanier wurde Peru unabhängig und die bisherige nördliche peruanische Provinz nannte sich ihm zu Ehren in Bolivien um. Unterdessen drohte Großkolumbien aufgrund von Streitigkeiten in den Teilrepubliken zu zerfallen und Bolívar ernannte sich 1828 zum Diktator, um die Republik zu erhalten und wieder zu festigen. Dieses Vorgehen rief allerdings viel Kritik an seiner Politik hervor. Es wurde sogar ein Attentat auf Bolívar verübt. Nach einigen Aufständen in den Teilrepubliken trat Bolívar 1830 von allen Ämtern zurück und verstarb noch im gleichen Jahr. Kurz darauf zerbrach Großkolumbien in die Staaten Ecuador, Venezuela und Kolumbien. Sein Leben lang setzte Bolívar sich für die Abschaffung der Sklaverei ein, was stets am Widerstand der kreolischen Oberschicht und der Großgrundbesitzer scheiterte.

3 – „Simón Bolívar, der George Washington Südamerikas". Die Frauenfigur symbolisiert die Freiheit, um die Rute in ihrer Hand ist ein Band mit der Aufschrift „Kolumbien" gewickelt. Der Anker trägt die Inschrift „Verfassung". Kupferstich, ca. 1840.

Q1 Simón Bolívar schrieb über seine Motive und politischen Ziele in einem Brief aus Jamaika im Jahre 1815:

Das Schicksal Amerikas ist unwiderruflich festlegt, das Band, das es mit Spanien vereinte, ist zerschnitten. ... Wir haben schon das Licht gesehen, und nun will man uns in die Finsternis zurückstoßen. Die Ketten sind gesprengt, wir waren schon frei, und unsere Feinde wollen uns wieder in die Sklaverei zurückführen. ... Mag die spanische Nation einst auch das größte Imperium der Welt gewesen sein, so sind ihre Reste jetzt unfähig, die neue *Hemisphäre zu beherrschen, und behaupten sich nicht einmal in der alten. ... Man quälte uns mit einer Führung, welche uns der uns zustehenden Rechte beraubte und uns darüber hinaus in einer Art dauernden Kindheit in Bezug auf die Staatsgeschäfte ließ. ... Wir waren ... abwesend vom Universum in Bezug auf die Kunst des Regierens und die Verwaltung des Staates. Nie waren wir Vizekönige oder Gouverneure, außer in ganz außergewöhnlichen Fällen. Erzbischöfe und Bischöfe sehr selten, Diplomaten niemals, Militärs nur in untergeordneten Rängen, Adlige ohne königliche Privilegien. Wir waren schließlich weder Magistrate noch Finanzleute und fast noch nicht einmal Händler ... . „Es ist schwieriger", sagt Montesquieu, „ein Volk aus der Knechtschaft zu befreien, als ein freies zu unterwerfen!" [Das Streben nach größtmöglichem Glück] wird unfehlbar in den bürgerlichen Gesellschaften erreicht, sofern diese auf den Grundlagen Gerechtigkeit, Freiheit und Gleichheit errichtet wurden.

* **Kreolen**
Dieser Begriff bezeichnet meist die in den Kolonien geborenen Nachfahren von spanischen oder anderen europäischen Einwanderern.

* **Hemisphäre**
Hiermit wird in der Astronomie die nördliche und südliche Hälfte der Himmelskugel bezeichnet. Gemeint sind hier die spanischen Kolonien in Südamerika.

❶ Nenne mithilfe des Texts, Q1 und des Texts auf S. 12/13 die Strömungen und Einflüsse, welche Simón Bolívars Politik prägten.

❷ Untersuche Q1 und benenne die Hauptkritikpunkte Bolívars am spanischen Mutterland.

❸ Betrachte Bild 2 sowie Bild 3 auf S. 51 und erläutere, zu welcher historischen Persönlichkeit der Maler des Gemäldes einen Bezug herstellt. Beschreibe Gemeinsamkeiten und Unterschiede.

❹ Beantworte anhand der Karte und des Texts die Frage der Überschrift dieser Doppelseite. Begründe deine Entscheidung.

❺ Beschreibe und interpretiere Bild 3: Wie wird Simón Bolívar zehn Jahre nach seinem Tod dargestellt?

▶ *Denke an die Persönlichkeiten der amerikanischen Unabhängigkeitsbewegung.*

❻ Charakterisiere den Konflikt wie auf den vorangehenden Seiten. Verwende dabei auch die Begriffe in der Randspalte links.

Dürfen Maschinen Menschen ersetzen?

1 – Die Künstlerin Käthe Kollwitz stellt die Not der schlesischen Weber dar. Radierung, 1897.

Industrialisierung
So nennt man die Veränderungen in der Arbeits-, Wirtschafts- und Lebensweise seit dem Anfang des 19. Jahrhunderts.

Soziale Frage
Darunter versteht man die Notlage und ungelösten sozialen Probleme der Arbeiterschaft im 19. Jahrhundert.

Ursachen des Weberaufstandes

Im Zuge der Industrialisierung wurden immer mehr Maschinen entwickelt, welche es ermöglichten, in kürzerer Zeit eine größere Stückzahl zu produzieren. Vor allem in der Textilherstellung gab es Neuerungen. Wurden bisher Stoffe mit der Hand gewoben, konnte der mechanische Webstuhl in der gleichen Zeit die vierfache Menge an Tuch herstellen. Dies hatte natürlich weit reichende Folgen für die Weber, welche bisher in Heimarbeit die Stoffe herstellten. Hinzu kam, dass aus England billige Textilien importiert wurden, was zu einem Preisverfall der von Hand gewobenen Stoffe führte. Besonders schwierig war die Situation in Schlesien (heute eine Region in Polen). Missernten ließen hier die Lebensmittelpreise massiv steigen. Der Wochenverdienst reichte nicht, eine Weberfamilie zu ernähren. Ein weiteres Problem stellte das Verlagswesen dar, bei dem die Weber stark unter Druck gesetzt wurden. Wegen weltweiter Preisschwankungen, angeblich schlechter Qualität und ungenügender Tuchmengen wurden oft die Preisvereinbarungen ihrer Verleger, welche die Arbeitsmaterialien vor der Produktion auslegten, nicht eingehalten.

Der Aufstand bricht aus

Um auf ihre schwierige Lage aufmerksam zu machen, zogen am 03. 06. 1844 in Peterswaldau zwanzig Weber zum Haus der Fabrikanten Ernst und Friedrich Zwanziger. Diese waren aber nicht bereit, mit den Webern zu sprechen. Stattdessen ließen sie jene vertreiben. Ein Weber wurde sogar festgenommen. Die Reaktion der Fabrikanten führte dazu, dass die Weber nun auch Gewalt anwandten. Am folgenden Tag verwüsteten sie das Wohnhaus der Brüder Zwanziger, einen Tag später zerstörten sie in deren Fabrikgebäude Maschinen. Immer mehr Weber schlossen sich dem Protest an. Auch in anderen Ortschaften wie in Langenbielau wurden Fabriken zerstört und verwüstet.

Niederschlagung des Aufstandes

Nach diesen gewaltsamen Ausschreitungen wurde das Militär eingesetzt, um den Aufstand niederzuschlagen. Die Soldaten gingen mit großer Härte gegen die Weber vor. Dabei wurden zahlreiche Menschen verletzt. Elf Weber kamen sogar ums Leben. 80 Aufständische erhielten eine Haftstrafe. Am 06. 06. 1844 wurde der Weberaufstand schließlich endgültig beendet. Weberaufstände hatte es auch schon vor dem schlesischen Aufstand gegeben – dieser aber hatte eine große öffentliche Wirkung: Zeitungen berichteten über ihn, die bekannten Schriftsteller Heinrich Heine und Georg Weerth schrieben 1844 Gedichte, die sehr bekannt wurden (Q2). Der Dramatiker Gerhart Hauptmann verfasste ein Theaterstück, das zunächst Aufführungsverbot erhielt, 1893 auf einer kleinen Bühne dann doch aufgeführt werden durfte. Die Künstlerin Käthe Kollwitz illustrierte die Situation der Weber in einer Reihe von Bildern (Bilder 1 und 2 hier, Bild 6, S. 169). Selbst König Friedrich Wilhelm IV. nahm kurzzeitig Anteil am Schicksal der Weber. All diese Veröffentlichungen machten die Situation der Weber sehr bekannt, konnten aber langfristig keine Änderung bewirken.

2 – Der Weberaufstand.
Druck von Käthe Kollwitz, 1897.

Q1 Die Weber äußerten sich über ihre Beweggründe:
(D)rei Tage kein Brot. ... (L)änger erträgt das kein Mensch. Hätten wir trockene Kartoffeln gehabt, wir hätten nicht rebelliert, aber wir hatten auch die nicht, wir hatten gar nichts. Wenn man seine Kinder vor seinen Augen verhungern sieht, so kommt man in Verzweiflung. Schießen Sie uns nieder, so sind wir doch die Qual los ... .

Q2 Der Dichter Heinrich Heine schrieb 1844 das Gedicht „Die schlesischen Weber":
Im düstern Auge keine Träne,
Sie sitzen am Webstuhl und fletschen die Zähne:
Altdeutschland, wir weben dein Leichentuch,
Wir weben hinein den dreifachen Fluch!
Wir weben! Wir weben!

Ein Fluch dem Gotte, dem blinden, dem tauben,
Zu dem wir gebetet mit kindlichem Glauben;
Wir haben vergebens gehofft und geharrt,
Er hat uns geäfft und gefoppt und genarrt.
Wir weben! Wir weben!

Ein Fluch dem König', dem König' der Reichen,

Den unser Elend nicht konnte erweichen,
Der uns den letzten Groschen erpresst,
Und uns wie Hunde erschießen lässt!
Wir weben! Wir weben!

Ein Fluch dem falschen Vaterlande,
Wo nur gedeihen Lüg' und Schande,
Wo nur Verwesung und Totengeruch –
Altdeutschland, wir weben dein Leichentuch!
Wir weben! Wir weben!

❶ Beschreibe mithilfe des Textes, Bild 1 und Q1 die Gründe des Weberaufstandes.

❷ Fasse den Ablauf des Weberaufstandes zusammen und gehe darauf ein, welche Situation die Künstlerin im Bild 2 hier und im Bild 6, S. 169 festgehalten hat.

❸ Erläutere, wen die Weber in den verschiedenen Strophen des Gedichts (Q2) für ihre Lage verantwortlich machen.

❹ Versetze dich in die Lage der Weber und trage das Gedicht von Q2 entsprechend vor.

▶ *Passe deine Betonung der Stimmung der Weber an.*

❺ Partnerarbeit: Überlegt, welche Möglichkeiten es gegeben hätte, den Aufstand zu vermeiden oder friedlich beizulegen.

❻ Charakterisiere den Konflikt wie auf den vorangehenden Seiten. Verwende dabei auch die Begriffe in der Randspalte links.

❼ Gruppenarbeit: Diskutiert auf dem Hintergrund eurer Kenntnisse die Ausgangsfrage der Doppelseite „Dürfen Maschinen Menschen ersetzen?".

▶ *Erarbeitet zuvor Pro- und Kontra-Argumente.*

Protest, Aufstand und Revolution heute

Was treibt Menschen heute auf die Straße?

Proteste

Regierungssturz

Verfassungsreformen, Neuwahlen

bis heute Unruhen, Terror und/oder Bürgerkrieg

Proteste gewaltsam beendet

dpa•23556   Quelle: dpa, Bundeszentrale für politische Bildung

1 – Der „Arabische Frühling" und seine Folgen. Karte, 2016.

❋ **Korruption**
Hierbei handelt es sich um Bestechung. Durch Geldzahlungen erhofft sich jemand Vorteile. Korruption verstößt gegen das Gesetz.

❋ **Revolution**
So wird ein grundlegender Wandel in der Politik binnen kurzer Zeit bezeichnet, der zu völlig neuen Machtverhältnissen führen kann.

❋ **Fridays for Future**
Die Bewegung begann 2018 in Schweden, indem die damals 16-jährige Schülerin Greta Thunberg an jedem Freitag Schülerinnen und Schüler zu Demonstrationen zum Klimaschutz aufrief – statt in die Schule zu gehen. Mittlerweile gehen freitags in vielen europäischen Ländern Schülerinnen und Schüler für dieses Anliegen auf die Straße. Die Proteste haben dazu geführt, dass Klimaschutz in den Wahlkämpfen der einzelnen Ländern eine größere Rolle spielt als zuvor. In Deutschland wurde seitens der Regierung ein eigenes „Klimakabinett" geschaffen, deren Mitglieder ein Maßnahmenpaket im September 2019 zum Klimaschutz beschlossen haben.

Proteste erschüttern Nordafrika

Eine breite Protestwelle erschütterte ab 2010 ganz Nordafrika und den Nahen Osten. Die Bevölkerung begehrte auf. Streiks gegen ❋Korruption, soziale Not, wirtschaftliche Ungleichheit und Gewalt des Staates hatte es in arabischen Ländern schon vorher gegeben. Aber jetzt erreichten die Proteste eine neue Dimension. Dabei begann diese gewaltige Protestbewegung zunächst unspektakulär: Einem Gemüsehändler in Tunesien wurde Ende 2010 durch die lokalen Behörden verboten, weiter seinen Geschäften nachzugehen, da er keine Genehmigung dafür besaß. Aus Protest über die Beschlagnahmung seines Verkaufsstandes zündete sich der Gemüsehändler namens Mohammed Bouazizi an und starb auf offener Straße. Es kam erst zu lokalen, dann zu landesweiten Protesten. Die Demonstranten organisierten sich über die sozialen Medien, Handyvideos der Selbstverbrennung und Kundgebungen wurden online gestellt und das Fernsehen berichtete detailliert darüber. Der tunesische Staat konnte die Proteste nicht wie gewohnt mit Gewalt niederschlagen. Die alten Machtstrukturen funktionierten nicht mehr.

Diktatoren werden gestürzt

Binnen weniger Wochen wurde der langjährige Diktator Ben Ali 2011 gestürzt. Die Proteste griffen auf die Nachbarländer über. Auch der gefürchtete ägyptische Staatschef Moubarak wurde gestürzt. Die angestaute Wut der unterdrückten Bevölkerung in Teilen der arabischen Welt brach offen hervor. Der Westen bezeichnete diese Proteste und Aufstände mit dem Begriff „Arabischer Frühling". Und die ausbrechenden ❋Revolutionen erhielten so klangvolle Namen wie Jasminrevolution in Tunesien oder Lotusrevolution in Ägypten. Allerdings mündete dieser Frühling in einzelnen Staaten auch im Chaos und brachte weder die erhoffte Freiheit noch Wohlstand. In Libyen gelang der Sturz des mächtigen Staatschefs Gaddafi. Aber im Anschluss versank das einst reichste Land Afrikas ins Chaos. Es gab statt einer neuen Regierung sich bekämpfende Clans. Währung und Wirtschaft lagen am Boden. Flüchtlingswellen und islamistische Terrormilizen bestimmten die Meldungen über das Land. Einzig in Tunesien wurden staatlich geschützte Freiheitsrechte in die Verfassung aufgenommen.

2 – Eine „✳︎Fridays for Future"-Demonstration in München, an der mehr als 10 000 Schülerinnen und Schüler teilnahmen. Foto, 21.07.2019.

3 – Eine Demonstration von Brexit-Gegnern in London. Foto, 26.02.2019.

✳︎ Brexit
Die Zusammenfügung der englischen Worte „Britain" (= Großbritannien) und „exit" (= Ausstieg) kennzeichnet das Abstimmungsergebnis eines Referendums am 23.06.2016, in dem sich die Mehrheit der Briten für einen Ausstieg aus der europäischen Union ausgesprochen hatte.

Es brodelt in Europa

Menschen gehen wütend auf die Straße, protestieren gegen politische Entscheidungen, fordern mehr Mitbestimmung, Umweltschutz und soziale Gerechtigkeit. 2018/19 erleben Frankreich, Großbritannien und Deutschland solche Bürgerproteste. Die Protestanten organisieren sich über soziale Netzwerke. Es gibt keinen Anführer und manche Aktionen werden spontan durchgeführt. Auch gewaltbereite Protestanten mischen sich unter die Demonstranten und sorgen für sinnlose Zerstörungen.

Zum Beispiel in Frankreich protestieren seit 2018 Bürger, die sogenannten Gelbwesten, gegen Entscheidungen der französischen Regierung. Einige Forderungen sind:

– Mindestlohn von 1300 Euro
– Mindestrente von 1200 Euro
– Gerechtes Steuersystem
– Keine Erhöhung der Treibstoffsteuer
– Begrenzung der Mieten
– Stopp der Schließung von Postämtern, Schulen, Bahnlinien

Q1 Seit einem Volksentscheid 2016 geht es um den Ausstieg Großbritanniens aus der EU, den ✳︎Brexit. Die Internetseite „Kindersache" nennt folgende Ursachen:
Die Briten wollten nie alles mitmachen, was die EU beschlossen hat. Zum Beispiel haben sie als Währung das Pfund, in den meisten anderen EU-Mitgliedstaaten zahlt man mit dem Euro. Vielen gefällt es nicht, dass so viele EU-Bürger anderer Staaten in ihr Land kommen und dort arbeiten und leben dürfen. Auch befürchten viele, dass ihr Land an Souveränität verliert, also an Selbstbestimmung. Das Vereinigte Königreich soll ihrer Meinung nach über viele Dinge selbst bestimmen können, die in der EU beschlossen werden.

❶ ▶ Beschreibe die Bedeutung des Selbstmords von M. Bouazizi.

❷ ▶ Die Mobilisierung der Massen hat eine neue Form erreicht. Stelle mithilfe des Textes dar, was damit gemeint ist.

❸ ▶ Zeichne einen Zeitstrahl zu den Stationen der Proteste in der arabischen Welt. Verwende dazu die Karte auf der linken Seite.

❹ ▶ Gestalte eine Übersicht mit Ursachen, Forderungen und Formen der Bürgerproteste in Europa. Benutze dazu die Bilder und Informationen auf dieser Doppelseite.

	Ursachen	Forderungen	Formen
Gelbwesten	…	…	…
Fridays for Future	…	…	…
Brexit	…	…	…

❺ ▶ Partnerarbeit: Diskutiert die Möglichkeiten und Gefahren von Bürgerprotesten.

▶ *Folgende Schlagzeilen helfen euch:*
– „Der französische Präsident kommt der Protestbewegung entgegen. Viele Bürger fühlen sich von der Politik verlassen."
– „Ob Brexit oder gelbe Westen: Die westlichen Demokratien stecken in der Krise. Volksentscheide werden keine Heilung bringen. … Mehr Parlamentarismus, mehr indirekte Demokratie wagen."
– „Wer in diesen Tagen mit Politikern spricht, hört zwar freundlich-väterliche Worte über die jungen Menschen auf den Straßen, vernimmt aber nie, dass die Forderung nach einem höheren Tempo, die die Demonstranten erheben, irgendeine Beschleunigung bei den Verantwortlichen auslöst. Der Schwung der Jungen verläuft sich im Apparat."

❻ ▶ Charakterisiere den Konflikt wie auf den vorangehenden Seiten. Verwende dabei auch die Begriffe in der Randspalte links.

Protest von der Antike bis heute – alle gleich?

1 – Aufstand am 17. Juni 1953 in Ostberlin.
Foto, 17. 6. 1953.

2 – Marsch auf Washington 1963.
Martin Luther King hält die Rede
„I have a dream". Foto, 28.08.1963.

3 – Montagsdemonstration für freie Wahlen in
Leipzig (DDR). Foto, 13. 11. 1989.

Proteste im Wandel der Zeit

Die Seiten von den Ständekämpfen bis zu „Fridays for Future"-Demonstrationen zeigen, dass Menschen von der Antike bis heute gegen erlittenes Unrecht auf die Straße gehen, um für ihre Rechte zu kämpfen. Außerdem wird verdeutlicht, wie sich die Mobilisierung der Massen im Laufe der Zeit verändert hat.

In der Antike und im Mittelalter kämpfte man um persönliche und politische Freiheit. Politische Freiheit bedeutete, ein aktives Mitglied der Gemeinschaft zu sein und die damit verbundenen Rechte zu erlangen.

Das Beispiel aus der Neuzeit zeigt, wie der Einfluss der Aufklärung und der Französischen Revolution Simón Bolívar dazu bewog, für die Unabhängigkeit südamerikanischer Staaten zu kämpfen und sich von der Kolonialmacht Spanien zu befreien.

Soziale Not bewog die schlesischen Weber 1844 zum Aufstand gegen ihren Verleger. Durch Berichte in Zeitungen und künstlerische Unterstützung erhielt dieser Aufstand auch eine breite überregionale Öffentlichkeit.

Vielleicht kommt man in der heutigen Zeit zu der Ansicht, dass wir alle Freiheiten haben und deshalb Proteste ihre Daseinsberechtigung verloren haben, doch gerade die aktuellen Beispiele vom Arabischen Frühling oder den „Fridays for Future"-Demonstrationen zeigen ein anderes Bild.

Noch immer gibt es Teile der Welt, in denen Menschen gegen Ungerechtigkeit, persönliche und politische Abhängigkeiten kämpfen müssen. Allgemein gesellschaftliche Probleme werden immer größer und so zum Grund, auf die Straße zu gehen. Besonders der Einsatz von sozialen Medien spielt bei heutigen Protesten eine große Rolle, um die Massen zu mobilisieren.

❶ Nenne Gründe für einen Protest.
▶ *Nimm die Seiten dieses Kapitels zu Hilfe.*
❷ Vergleiche die Proteste des Kapitels unter den Gesichtspunkten Ursache, Verlauf und Folgen miteinander. Erstelle hierzu eine Tabelle.

	Ursache	Verlauf	Folgen
Ständekämpfe	...	...	...
Kampf um das Stadtregiment	...	...	...
Unabhängigkeit Südamerikas	...	...	...
Weberaufstand	...	...	...
Arabischer Frühling	...	...	...

❸ Gruppenarbeit: Recherchiert, welche Protestbewegungen es seit 1950 gab. Wählt einen Konflikt aus und erstellt nach den in Aufgabe 2 genannten Kriterien ein Lernplakat.
▶ *Nehmt die Bilder dieser Seite und die Methode „Eine Internetrecherche durchführen" von S. 211 zu Hilfe.*
❹ Beantworte mithilfe deiner Ergebnisse aus den Aufgaben 2, 3 und des Texts die Frage der Doppelseite. Charakterisiere Gemeinsamkeiten und Unterschiede.

Zusammenfassung

Protest, Aufstand und Revolution – Menschen kämpfen für ihre Freiheit

Beispiele aus Antike und Mittelalter

Ein Beispiel der Antike ist der Ständekampf im 4. Jahrhundert v. Chr. in Rom. Die Plebejer als Bauern, Handwerker und Händler besaßen nur eingeschränktes politisches Mitspracherecht, zahlten aber Steuern und leisteten Kriegsdienst. Die wohlhabenden Patrizier besetzten hingegen alle politischen Ämter und bestimmten das politische Geschehen. Die Plebejer wollten dies nicht länger dulden und beschlossen, sich in einer eigenen Stadt selbst zu verwalten. Sehr schnell merkten die Patrizier, dass sie auf die Plebejer angewiesen waren, und lenkten ein. Nun erhielten die Plebejer ein größeres politisches Mitsprache- und Vetorecht sowie eigene Beamte, die Volkstribunen. Die Rechte der Plebejer wurden über die Jahre weiterhin gestärkt.

In einer ähnlichen Situation befanden sich die Patrizier und Handwerker in den mittelalterlichen Städten. Zunächst wünschten die wohlhabenden Kaufleute Mitspracherecht in der Stadtverwaltung vom Stadtherrn. Später erstritten sich die Handwerker der Zünfte Mitsprache in den Räten der Städte.

Beispiel Neuzeit

Ein Mann, der sich für die Unabhängigkeit Südamerikas eingesetzt hat, war Simón Bolívar. Geprägt von den Ideen der Aufklärung und Napoleons Erfolgen kämpfte er für die Unabhängigkeit seines Landes vom spanischen „Mutterland". Im Jahr 1813 wurde unter ihm Venezuela zur Republik und er wurde fortan „El Libertador" genannt. Sein größter Erfolg war die Gründung des Staates Großkolumbiens im Jahr 1821. Allerdings konnte er dessen Zerfall auch durch die eigene Ernennung zum Diktator nicht verhindern und starb 1830, nachdem er alle seine Ämter niedergelegt hatte.

Beispiel 19. Jahrhundert

Mit dem Beginn der Industrialisierung veränderte sich das Arbeitsleben vieler Menschen. In der Textilindustrie waren es besonders die Weber, die diese Veränderung zu spüren bekamen. Mechanische Webstühle erledigten deren Arbeit in kürzerer Zeit mit größerem Ertrag. Dazu kam, dass die Verleger der Weber deren Verträge nach ihrem Gefallen auslegten und so die Preisvereinbarungen nur selten eingehalten wurden. Als dann die Lebensmittelpreise aufgrund von Missernten stiegen, nahm die Not der Weber ein unerträgliches Ausmaß an. Am 03. 06. 1844 beschlossen zwanzig Weber in Peterswaldau, zu den Fabrikanten Zwanziger zu ziehen und ihren Unmut kundzutun. Doch die Fabrikbesitzer ließen die Weber vertreiben. Darauf antworteten die Weber mit Gewalt. Sie zerstörten zunächst das Haus der Fabrikanten und dann deren Fabrik. Das Militär schlug den Aufstand am 6. Juni endgültig nieder.

Beispiel Gegenwart

Auch heute gehen die Menschen für ihre Rechte auf die Straße. Zum Beispiel erhoben sich 2010 im sogenannten Arabischen Frühling Menschen in Nordafrika gegen ihre autoritären Machthaber und stürzten diese. Die mit dem Sturz des Regimes erhoffte Freiheit blieb aber für viele weiter ein Traum. Für und gegen den Ausstieg Großbritanniens aus der Europäischen Union gingen und gehen Briten auf die Straße. Für das Klima demonstrieren regelmäßig junge Menschen auf den „Fridays for Future"-Demonstrationen. Die Mobilisation dazu erfolgt weitgehend über soziale Netzwerke.

494 v. Chr.

Der Aufstand der Plebejer in Rom.

1813

Simón Bolívar als Befreier Südamerikas.

1844

Aufstand der schlesischen Weber.

2019

„Fridays for Future"-Demonstrationen.

Das kann ich …

Protest, Aufstand und Revolution – Menschen kämpfen für ihre Freiheit

Ich kann wichtige Begriffe und Daten im Zusammenhang erklären (Sachkompetenz):

1492
Entdeckung Amerikas

Republik
Monarchie
Senat
Bürger
Patrizier
Zunft
Kolonialherrschaft
Aufklärung
Industrialisierung
Soziale Frage
Revolution

❶ Partnerarbeit: Erklärt euch gegenseitig mindestens drei Begriffe aus der Liste.

❷ a Erkläre, auf welchem historischen Hintergrund die Motive der Bilder 1–4 sowie Q1 stehen.
b Stelle einen Zusammenhang zum Thema dieses Kapitels her.

Ich kann folgende Aufgaben zum Thema lösen (Sachkompetenz):

❸ Nenne die Mittel, die die Aufständischen in den Beispielen dieses Kapitels nutzten, um ihre Rechte einzufordern.

❹ Erläutere die Motive der Protestierenden in den Beispielen dieses Kapitels.

Ich kann Geschichte verständlich darstellen (narrative Kompetenz):

❺ Du bist ein Journalist und sollst einen Artikel über Proteste, Aufstände und Revolutionen in der Geschichte schreiben. Baue deinen Artikel so auf, dass alle Proteste dieses Kapitels erwähnt werden und deren Charakteristika deutlich zum Ausdruck kommen.

Ich kann die Methode „Textquellen untersuchen" anwenden (Methodenkompetenz):

❻ Beantworte die W-Fragen zu Q1 (Wer, was, wann, wo?).

❼ Benenne die Errungenschaften und erkläre die Vorgehensweise der Protestierenden.

▶ *Warum wählten sie diese Vorgehensweise? Welche Gründe hatten sie für ihr Handeln?*

❽ Vergleiche Q1 hier und Q1 auf S. 173 miteinander.

Ich verstehe, warum das Thema für uns heute noch wichtig ist (Orientierungskompetenz):

❾ Erläutere, was es für uns heute bedeutet, dass es Protest, Aufstand und Revolution in jeder Epoche der Geschichte gegeben hat.

❿ Die Jury der amerikanischen Zeitung „Time" hatte 2011 „den Demonstranten" zur Person des Jahres gewählt (M1). Arbeite die Gründe für ihre Entscheidung heraus.

Ich kann mir ein Urteil bilden und es begründen (Urteilskompetenz):

⓫ Beurteile die Entscheidung der Times „den Demonstranten" als Person des Jahres zu wählen. Gehe dabei auch auf die Proteste in diesem Kapitel ein.

▶ *Nimm die Methode „Ein eigenes Urteil bilden" auf S. 215 zu Hilfe.*

Verstehen

Q1 In der Chronik der Stadt Augsburg aus dem Jahre von 1368 wird berichtet:
Sturmglocken riefen in der Frühe des 23. Oktober 1368 die Ratsherren zu einer außerordentlichen Ratssitzung zusammen. Schweigend eilten die Ratsherren durch die Reihen der bewaffneten Handwerker dem Rathaus zu. Dann besetzten Wachen der Zünfte die Rathauspforten und schlossen so die Falle. Sechs ehrenwerte Zunftmeister traten vor den Rat der Stadt und Hans Weiß [ihr Sprecher] forderte in schlichten Worten die Teilnahme der Zünfte an der städtischen Regierung. Nach stundenlangen Debatten gaben die Ratsherren schließlich nach. Der auf dem Perlachplatz ausharrenden Menge verkündete man die alsbaldige Einführung der Zunftverfassung. Der Rat übergab die Hoheitszeichen der Stadtregierung: die Türschlüssel und die Schlüssel zur Sturmglocke und zum Ratsarchiv, das Stadtsiegel und das Stadtrechtsbuch. Dann schworen „Reich und Arm", Ratsherren und Handwerker, eine „zünftliche Regierung" zu führen.

3 – Das Reiterstandbild des englischen Königs Georg III. wurde am 9. Juli 1776 in New York gestürzt. Aus der Statue wurden Kanonenkugeln gegossen. Gemälde von William Walcutt, 1854.

4 – Der Sturm auf die Bastille am 14. Juli 1789. Gemälde, Ende 18. Jh. nach Entwürfen von Charles Monnet.

1 – Barrikade an der Kronen- und Friedrichstraße am 18. März in Berlin. Farblithografie 1848 von F. C. Nordmann.

M1 Die Zeitung „Die Welt" berichtete am 15. 11. 2011 über die Wahl der „Person des Jahres" 2011 der Zeitschrift „Time":
Das Nachrichtenmagazin „Time" hat bei seiner Wahl der „Person des Jahres 2011" die Protestbewegung rund um den Globus gewürdigt. Als den Menschen, der das auslaufende Jahr am meisten geprägt habe, stellte die New Yorker Zeitschrift eine anonyme Person vor: „Der Demonstrant". ...
[Die Bewegung habe sich] über den Nahen Osten nach Europa und die USA ausgedehnt, die globale Politik verändert und die Macht des Volkes neu definiert, erläuterte „Time" die Entscheidung. Weiter heißt es in der jüngsten Ausgabe des Magazins: „Es ist bemerkenswert, wie viel die Spitzen der Protestbewegungen gemein haben. Überall sind sie zum großen Teil jung, der Mittelklasse zugehörig und gebildet." Fast alle Bewegungen dieses Jahres hätten unabhängig von bestehenden politischen Parteien oder oppositionellen Gruppen begonnen. „Time"-Chefredakteur Rick Stengel fügt hinzu ... : „ Sie leisteten Widerstand, stellten Forderungen, ohne aufzugeben, selbst wenn die Antwort in Form einer Tränengaswolke oder eines Kugelhagels kam."

2 – Ein Streik bricht aus. Gemälde von Robert Koehler, 1886.

7 Längsschnitt
Kriege und ihre Folgen

Kriege gibt es, seit es Menschen gibt. Die Art bzw. die Waffen, mit denen sie geführt werden, haben sich im Laufe der Zeit stark verändert. Was jedoch gleich geblieben ist, sind die Folgen: Tod, Zerstörung, Angst und Schrecken sowie die Trauer um Verstorbene.

Fast schutzlos waren die Soldaten im Ersten Weltkrieg (1914–1918) dem Granatenhagel ausgesetzt. Tagtäglich mussten sie mit der Angst leben, verletzt oder getötet zu werden. Hinzu kam der Verlust von Kameraden. Doch wofür kämpften sie? Warum setzten sie ihr Leben aufs Spiel? Geht es wirklich immer nur um den augenscheinlichen Grund oder spielen vielleicht auch andere Motive eine Rolle? Und welche Folgen ergeben sich daraus für die Menschen?

Kriege und ihre Folgen

1 – Kriege und Konflikte seit 1945.

Von „Krieg" spricht man, wenn ein Konflikt zwischen zwei Parteien mit Waffen ausgetragen wird. Doch welche Gründe kann es dafür geben, dass Spannungen so groß werden, dass sie scheinbar nur mit Gewalt zu lösen sind?

Im Verlauf der Geschichte kam es zu zahlreichen kriegerischen Auseinandersetzungen, deren Motivation von unterschiedlicher Natur war und die in der damaligen Situation immer als notwendig betrachten wurden. Doch ist jeder Krieg aufgrund einer scheinbaren Berechtigung immer notwendig oder ist Frieden nicht stets die bessere Alternative?

Am Ende des Kapitels kannst du folgende Fragen beantworten:

- Wie rechtfertigte Caesar seine Eroberungen in Gallien und welche Ziele verfolgte er tatsächlich damit?
- Warum versuchten Europäer in den Kreuzzügen das Heilige Land zu erobern?
- Wie und warum wurde der Dreißigjährige Krieg ausgetragen und welche Folgen ergaben sich für die Bevölkerung und die Soldaten?

- Welche neuen Waffentechniken wurden im Ersten Weltkrieg eingesetzt und welche Folgen hatten sie für die Menschen und die Umwelt?
- Womit rechtfertigten Politiker den Einsatz von atomaren Waffen im Zweiten Weltkrieg und welche Folgen ergaben sich für Mensch und Umwelt?
- Warum ist die friedliche Lösung eines Konfliktes die beste Option?
- Wie werden Kriege in der Öffentlichkeit gerechtfertigt?

❶ Betrachte die Karte und beschreibe ihre Inhalte.

❷ Ordne die Bilder 2–5 den in der Zeitleiste eingetragenen Kriegen zu und benenne die Epochen, in denen sie stattgefunden haben.

❸ Informiere dich in Zeitungen, Nachrichtensendungen oder im Internet über Länder, in denen momentan Kriege herrschen.

▶ *Nimm die Methode „Eine Internetrecherche durchführen" von S. 211/212 zu Hilfe.*

58–50 v. Chr.	1095–1291	1618–1648	1914–1918	06./09.08.1945
Gallische Kriege	Kreuzzüge	Dreißigjähriger Krieg	Erster Weltkrieg	Atombombenabwurf

3 – Die zerstörte Stadt Hiroshima. Foto, 1945.

2 – Kreuzritter. Zeichnung, 14. Jahrhundert.

4 – Schlacht am Weißen Berg in der Nähe von Prag.
Gemälde von Pieter Snayers (1592–1667).

5 – Soldaten auf dem Schlachtfeld. Foto, 1918.

Krieg in der Antike

Warum führte Caesar die gallischen Kriege?

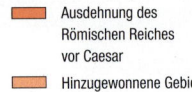

■ Ausdehnung des
Römischen Reiches
vor Caesar

■ Hinzugewonnene Gebiete
durch Caesar

■ Abhängige Staaten

1 – Die Ausdehnung des Römischen Reiches im 1. Jh. v. Chr.

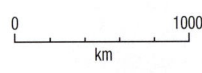

Gaius Julius Caesar
(100– 44 v. Chr.). Caesar
war eine der bedeutendsten
Persönlichkeiten in der römischen Antike. Er stamm-
te aus der Patrizierfamilie
der Julier und machte
schnell Karriere in verschiedenen Ämtern. 59 v. Chr.
wurde er Konsul, 46 v. Chr.
Diktator auf Lebenszeit.
44. v. Chr. wurde Caesar
ermordet.

Limes
Der Limes war eine Grenz-
befestigung zwischen dem
Römischen Reich und den
von verschiedenen germa-
nischen Völkern beherrsch-
ten Gebieten.

✳ **Prokonsul**
Dies ist ein Beamter, der
stellvertretend für Rom
Verwaltungsaufgaben in
einem Bezirk übernimmt.

Gründe für die gallischen Kriege

Gaius Julius Caesar (100–44 v. Chr.), ein bedeutender Feldherr der Römer, führte von
58 bis 50 v. Chr. die sogenannten gallischen
Kriege. Gallien, das sich ungefähr auf der
Fläche des heutigen Frankreichs befand, war
kein einheitliches Land, sondern wurde von
Bevölkerungsgruppen besiedelt, die untereinander zerstritten waren. Hierin sah Caesar
eine Gelegenheit, mehr Macht zu erlangen.
Da ihm bewusst war, dass politische Erfolge
stark von einer militärischen Karriere abhän-
gen, wollte er den Herrschaftsbereich von
Rom ausweiten. Als er ✳Prokonsul in Gallien
wurde, nutzte er die dortigen Unruhen, um
auch dieses Gebiet für Rom zu erobern. Um
den Eindruck zu erwecken, dass es sich bei
seinen Feldzügen um einen notwendigen
Krieg handelt, brauchte er eine Rechtferti-
gung. Diese fand er, als der germanische
Heerführer Ariovist Germanen westlich des
Rheins ansiedeln wollte. Die Ufer dieses
Flusses waren Teil des Limes und somit
Grenze zwischen Germanien und Gallien.
Caesar unterstellte Ariovist, ganz Gallien
beherrschen zu wollen, und zog 58 v. Chr.
gegen ihn in den Krieg, um die gallische Bevölkerung angeblich vor ihm zu schützen.

Die Folgen der gallischen Kriege

Caesar gelang es sehr schnell, Ariovist zu
besiegen. Doch er gab sich damit noch nicht
zufrieden. Er wollte ganz Gallien bis zum
Rhein erobern. Für seine Feldzüge fand er
immer wieder scheinbar notwendige Gründe. So führte Caesar in den nächsten acht
Jahren Krieg gegen verschiedene gallische
Bevölkerungsgruppen, bis sich schließlich
50 v. Chr. die letzten Fürsten ergaben. Die
Bewohner wurden gezwungen, die römische
Kultur anzunehmen. Die Verluste waren
dennoch enorm. Weite Teile Galliens wurden durch Plünderungen zerstört. Mit den
dabei erbeuteten Reichtümern versuchte
Caesar seine Soldaten für weitere Kriegszüge
zu motivieren und sicherzustellen, dass sie
ihm treu ergeben bleiben. Der römische
Geschichtsschreiber Plutarch (ca. 45–
125 n. Chr.) geht in seiner Biografie über
Caesar davon aus, dass etwa eine Million
Menschen den gallischen Kriegen zum Opfer fielen, das ist etwa ein Drittel der gallischen Bevölkerung. Caesar hingegen konnte
sein Ziel erreichen. Nicht zuletzt wegen der
Eroberung Galliens wurde er wenige Jahre
später zum mächtigsten Mann in Rom.

2 – Die Urne enthält ein Relief mit Kampfszenen aus den gallischen Kriegen. Undatiert, vermutlich zweite Hälfte des 1. Jh. v. Chr.

Q1 Der römische Schriftsteller und Politiker Cicero (106–43 v. Chr.) äußerte sich in seinem Buch „Über den Staat" über Kriege:

Das sind ungerechte Kriege, die ohne Grund unternommen worden sind. Denn nur dann kann ein Krieg, der geführt wird, als gerecht gelten, wenn es sich darum handelt, Rache an den Feinden zu üben oder diese abzuwehren; sonst nicht. Kein Krieg gilt für gerecht, wenn er nicht vorher angekündigt, wenn er nicht formell erklärt ist, wenn er nicht aus Gründen der Wiedergutmachung geführt wird. Unser Volk aber hat dadurch, dass es seine Bundesgenossen verteidigte, sich bereits aller Länder bemächtigt.

Q2 Caesar schrieb in seinem Buch „Über den gallischen Krieg", dass ein Fürst zu ihm kam und ihm über den germanischen Heerführer Ariovist berichtete:

... Ariovist ... regiere ... selbstherrlich und grausam, fordere die Kinder des höchsten Adels als Geiseln und strafe und foltere sie auf jede Weise, wenn etwas nicht nach seinem ... Willen geschehe.
Er sei ein jähzorniger und unberechenbarer Barbar, sie könnten die Art seiner Herrschaft nicht länger ertragen. Wenn die Gallier bei Caesar und dem römischen Volk keine Unterstützung fänden, bleibe ihnen allen nur ... übrig, auszuwandern, um fern von den Germanen eine neue Heimat und neue Wohnsitze zu finden, und so ihr Glück zu versuchen ... .

Q3 Der römische Geschichtsschreiber Cassius Dio (ca. 163–229 n. Chr.) beschrieb in seinem Buch „Römische Geschichte", wie Caesars Soldaten reagierten, als sie gegen Ariovist in den Krieg ziehen sollten:

Und sie redeten davon, dass sie nur um Caesars persönlichen Ehrgeiz einen Krieg anfingen, mit dem sie nichts zu tun hätten und der auch nicht beschlossen sei. Dazu wurden auch Drohungen laut, sie wollten ihn verlassen, wenn er seinen Sinn nicht ändere.

❶ Benenne auf der Karte die Gebiete, die Caesar mit den gallischen Kriegen eroberte.

❷ Fasse mithilfe des Textes zusammen, welche Folgen die gallischen Kriege für Caesar bzw. für die gallische Bevölkerung hatten.

❸ Arbeite anhand des Textes heraus, welche Gründe Caesar hatte, die gallischen Kriege zu führen.

❹ Beschreibe, wie auf Bild 2 die römischen Soldaten und wie die gallischen Kämpfer dargestellt werden.

❺ Partnerarbeit: Erläutert mithilfe von Q2, wie Caesar seine Feldzüge in Gallien in seinem Buch rechtfertigte, und vergleicht seine Argumente mit den in Q1 genannten Voraussetzungen für einen gerechten Krieg.

❻ Überlege, inwiefern es für Caesar wichtig war, über seine Feldzüge in Gallien ein Buch zu schreiben.

▶ Beziehe Ciceros Vorstellung von einem „gerechten Krieg" und deine Ergebnisse von Aufgabe 3 mit ein.

❼ Stell dir vor, du bist einer von Caesars Soldaten. Verfasse einen Brief an deine Familie, in dem du Bedenken darüber äußerst, ob es richtig ist, gegen die gallischen Stämme Krieg zu führen.

▶ Begründe deine Meinung, indem du dich auf Q3 und auf die Informationen des Textes beziehst.

▶ Berücksichtige auch die grundlegenden Begriffe in der Randspalte.

Krieg im Mittelalter

Die Kreuzzüge – „Gott will es?"

1 – Die Eroberung Jerusalems durch die Kreuzritter. Buchmalerei, 1440.

Kreuzzüge
So nennt man die Kriege zwischen Christen und Muslimen im Mittelalter. Der Grund hierfür war die Besetzung der Stadt Jerusalem durch die Muslime und die damit verbundene Unterbrechung der christlichen Pilgerwege.

Mittelalter
So bezeichnet man den Zeitraum zwischen 500 n. Chr. und 1500 n. Chr., der Zeit zwischen Antike und Neuzeit in der Geschichte Europas.

✳ **Seldschuken**
Die Seldschuken gehörten einem islamischen Herrscherhaus aus Zentralasien an.

✳ **Heiden**
Dies ist ein abwertender Ausdruck von Christen, um Andersgläubige zu bezeichnen. Hier sind Muslime gemeint.

Gründe für die Kreuzzüge
Ein Beispiel für Kriege im Mittelalter sind die Kreuzzüge. Sieben Kreuzzüge fanden in der Zeit von 1095 bis 1291 statt. Als Papst Urban II. 1095 dazu aufrief, „Jerusalem von den Muslimen zu befreien", reagierte er auf ein Hilfegesuch des byzantinischen Kaisers. Die ✳Seldschuken eroberten seit dem 7. Jh. Teile seines Reiches, so auch Jerusalem. Dies war eine wichtige Pilgerstätte für Christen. Umso schlimmer war es für sie, dass Jerusalem im Besitz von „✳Heiden" war. Deswegen wurde der Aufruf des Papstes in ganz Europa begeistert aufgenommen. Um zum Ausdruck zu bringen, dass sich die gläubigen Christen ihrer Sünden bewusst waren, hefteten sie sich Stoffkreuze an die Kleidung. Von diesen leitet sich auch der Begriff „Kreuzzüge" ab. Da die Kirche den Kreuzfahrern einen ✳Ablass versprach, glaubten jene, dass sie so nach dem Tod in den Himmel kommen. Aber auch wirtschaftliche Motive waren entscheidend. Besonders für Adelsfamilien mit mehreren Söhnen waren die Kreuzzüge eine Möglichkeit für die Jüngeren, Eroberungen zu machen. Die Landbevölkerung hoffte, ihrer Armut zu entfliehen.

Hohe Opferzahlen bei den Kreuzfahrern
Aufgrund der Versprechungen der Kirche schlossen sich Tausende den Kreuzzügen an. Die Erwartungen vieler blieben jedoch unerfüllt. Ein Großteil starb bereits auf dem Jahre dauernden Marsch ins „Heilige Land" an den Folgen von Erschöpfung, Mangelernährung oder an Infektionskrankheiten. Dazu kam, dass sich bei den sogenannten Volkskreuzzügen kaum Ritter, sondern hauptsächlich Frauen, Kinder und Männer aus den unteren Bevölkerungsschichten befanden. Viele von ihnen fielen in Schlachten, bevor sie überhaupt Kleinasien erreichten. Man nimmt an, dass am ersten Kreuzzug (1096–1099) etwa 300 000 Menschen teilnahmen. Von ihnen erreichten jedoch nur ca. 45 000 Palästina.

Ausschreitungen gegen Juden
Auf dem Weg nach Palästina überfielen die Kreuzritter mehrere jüdische Gemeinden und töteten tausende Menschen. Zu diesen Pogromen kam es vermutlich, da Papst Urban in seinem Aufruf Gewalt gegen Muslime legitimierte, die sich dann auch gegen Juden als vermeintlich Schuldige am Tode Jesu richtete. Hinzu kamen materielle Motive durch Plünderungen.

Die Eroberung Jerusalems und Folgen
1099 erreichten die Teilnehmer des ersten Kreuzzuges Jerusalem. Nach mehrwöchiger Belagerung konnte schließlich die Stadt erobert werden. Dabei richteten die Kreuzfahrer ein regelrechtes Blutbad an. Unter dem Schlachtruf „Gott will es" ermordeten sie fast alle muslimischen und jüdischen Bewohner Jerusalems.
Die Europäer gründeten in den eroberten Gebieten Kreuzfahrerstaaten. Nachdem sich die arabischen Völker gegen sie verbündet hatten, mussten sie diese bis 1291 wieder aufgeben. Die Kreuzzüge brachten also keinen dauerhaften Erfolg. Die verübten Gräueltaten hingegen führten dazu, dass das Verhältnis zwischen Christen und Muslimen für die nächsten Jahrhunderte einen tiefen Bruch erlitten hatte.

2 – Blutbad bei der Eroberung Jerusalems. Ölgemälde von Emile Signol, 1847.

Q1 Am 27. November 1095 hielt Papst Urban II. eine Rede, die der Mönch Robert von Reims rund 100 Jahre später wiedergab:

Ihr Volk der Franken, ... ihr seid ... Gottes geliebtes und auserwähltes Volk. An euch richtet sich unsere Rede: Aus dem Land Jerusalem und der Stadt Konstantinopel kam schlimme Nachricht. Ein fremdes, ein ganz gottfernes Volk ... hat die Länder der dortigen Christen besetzt, durch Mord, Raub und Brand entvölkert ...; ... die Kirchen gründlich zerstört ... . Ihr überaus tapferen Ritter, ... dieses Land, in dem ihr wohnt, ... ist von euch beängstigend dicht bevölkert. Es hat keinen Überfluss an Reichtum und liefert seinen Bauern kaum die nötigste Nahrung. Tretet den Weg zum Heiligen Grab an, nehmt das Land dort dem gottlosen Volk, macht es euch untertan. Jerusalem ist der Mittelpunkt der Erde, das fruchtbarste aller Länder. Wir aber erlassen allen gläubigen Christen, die gegen die *Heiden die Waffen erheben, alle Strafen, die die Kirche für ihre Sünden über sie verhängt hat. ... Gott will es.

Q2 Der jüdische Dichter Elieser ben Nathan erlebte die Judenverfolgungen in Mainz (1096):

Als die Kreuzfahrer durch die Städte kamen, in denen Juden wohnten, sprachen sie ...: Wir ziehen dahin, das Heilige Grab aufzusuchen und Rache an den Muslimen zu üben, und hier sind die Juden, die Jesus umgebracht und gekreuzigt haben. Lasst uns

zuerst an ihnen Rache nehmen und sie austilgen, sodass sie kein Volk mehr bilden ... .“ Sie überfielen die Juden in ihren Häusern und brachten sie um, Männer, Frauen und Kinder, Jünglinge und Greise ... . Sie nahmen die heilige Thora und traten sie in den Straßenkot.

Q3 Christliche Kreuzfahrer beschreiben die Eroberung Jerusalems durch die Europäer:

Frauen, die in Palästen und Gebäuden Zuflucht gesucht hatten, machten sie nieder mit der Schärfe des Schwertes; Kinder, Säuglinge noch, traten sie mit dem flachen Fuß den Müttern von der Brust oder rissen sie aus den Wiegen, um sie sodann gegen Mauer und Türschwelle zu schmettern.

* Ablass
Damit versprach die Kirche den Gläubigen, dass ihnen die Strafen für ihre Sünden erlassen werden.

---

❶ ▶ Beschreibe mithilfe des Textes, warum so viele Kreuzfahrer erst gar nicht im Heiligen Land ankamen.

❷ ▶ Nenne mithilfe des Textes und von Q1 Gründe, die Menschen dazu brachten, sich den Kreuzzügen anzuschließen.

❸ ▶ Arbeite aus dem Text und Q2 Gründe für die Ausschreitungen gegen Juden heraus.

❹ ▶ Betrachte Bild 1 und ermittle, welches Ziel die hier zu sehenden Kreuzfahrer mit der Eroberung Jerusalems erreicht haben.

❺ ▶ Erläutere mithilfe des Textes, Q3 sowie Bild 2, welche Folgen die Eroberung Jerusalems für die dort lebenden Menschen hatte.

❻ ▶ Bewerte das Vorgehen der Kreuzfahrer.

▶ *Beziehe die Frage der Doppelseite „Gott will es?" mit ein.*

▶ *Nimm die Methode „Ein persönliches Werturteil bilden" von S. 215 zu Hilfe.*

Krieg in der Frühen Neuzeit

Welche Folgen hatte der Dreißigjährige Krieg?

Katholiken

Lutheraner

Calvinisten

1539 Einführungsjahr der Reformation

○ Stationen Luthers im Reformationsprozess

Grenze des Heiligen Römischen Reiches Deutscher Nation 1555

heutige Grenze der Bundesrepublik Deutschland

1 – Konfessionen in Mitteleuropa um 1555.

Reformation
So nennt man die Bewegung, die durch den Thesenanschlag an der Wittenberger Schlosskirche 1517 von dem Mönch Martin Luther ausgelöst wurde. Sie führte zur Gründung der evangelischen Kirche.

Hegemonie
Dies bedeutet „Vormachtstellung". Im 18. Jahrhundert strebten die europäischen Staaten danach, dass möglichst keiner von ihnen eine hegemoniale Stellung erlangte und ein Gleichgewicht der Kräfte herrschte.

Westfälischer Frieden
So nennt man den Friedensschluss zum Dreißigjährigen Krieg, der 1648 in Kraft trat.

✳ **Katholische Liga**
In der Katholischen Liga schlossen sich die katholischen Fürsten des Heiligen Römischen Reiches zusammen.

Ursachen des Dreißigjährigen Krieges

Der Dreißigjährige Krieg (1618–1648) stellte schon wegen seiner Dauer einen Einschnitt in der Geschichte Europas dar. Auf den ersten Blick handelt es sich hierbei um einen Religionskrieg, da seit der Reformation zwei Konfessionen miteinander konkurrierten. Sowohl die Katholiken als auch die Protestanten meinten, dass ihr Glaube der einzig Richtige sei. Doch es gab auch machtpolitische Interessen: So kämpften in Westeuropa Frankreich und Spanien um die Hegemonie, im Ostseeraum Dänemark und Schweden. Spanien wollte die Niederlande zurückgewinnen. Hinzu kam, dass die deutschen Fürsten ihre Selbstständigkeit gegenüber dem Kaiser bewahren wollten. Dies hatte zur Folge, dass die ✳Katholische Liga und die ✳Protestantische Union fast dreißig Jahre lang gegeneinander kämpften.

Das Leben der Söldner

Der Dreißigjährige Krieg wurde in erster Linie mit Söldnern ausgetragen. Dies waren Soldaten, die gegen Bezahlung für einen bestimmten Zeitraum angeworben wurden. Nur wenige zogen aus Abenteuerlust in den Krieg. Die meisten ließen sich aufgrund von wirtschaftlichen Gründen anwerben. Für Bauern, deren Höfe bei Plünderungen zerstört wurden, oder Handwerker, welche aufgrund der Armut kaum mehr Geschäfte machen konnten, schien der Dienst in der Armee sicherer zu sein. Auch verarmte Adlige erhofften sich eine militärische Karriere. Aufgrund von mangelnder Organisation wurden die Söldner jedoch völlig unzureichend mit Nahrung und Kleidung versorgt. Auch ihren Sold erhielten sie oft monatelang nicht. Deswegen waren die Söldner auf Plünderungen angewiesen. Gleichzeitig waren sie im Kampf ganz neuen Herausforderungen ausgesetzt, da sich die Waffentechnik rasant weiterentwickelte. Die Fußsoldaten kämpften neben den herkömmlichen Degen und Piken nun auch mit ✳Musketen. Außerdem gab es jetzt Kanonen. Die Reichweite der neuen Waffen betrug mehrere hundert Meter. Nun standen die Soldaten ihren Gegnern nicht mehr direkt gegenüber. Die Kriegsführung wurde somit unpersönlicher. Da der Einzelne die Folgen seines Tuns nicht mehr direkt sah, fiel es ihm auch leichter, zu töten.

Das Leid der Zivilbevölkerung

Die Menschen auf dem Land waren nahezu hilflos den umherziehenden Truppen ausgeliefert. Viele Bauern verloren ihre ganze Ernte bzw. ihr Vieh durch Plünderungen. Nicht selten wurden ganze Dörfer zerstört und die Menschen grausam getötet. Doch auch die Stadtbevölkerung war nicht sicher: Bei Belagerungen wurden Wertgegenstände geraubt. An den Einwohnern wurden Gräueltaten verübt. Außerdem belasteten Kontributionen die Bevölkerung: Bewohner der Gebiete, durch die Armeen zogen, mussten Zahlungen zur Finanzierung des Krieges leisten.

Die Folgen des Dreißigjährigen Krieges

Zwischen 1618 und 1648 verringerte sich die Bevölkerung im Heiligen Römischen Reich von ca. 16 auf 11 Millionen Menschen. Viele starben nicht an den direkten Folgen des Krieges, sondern an Krankheiten wie Typhus, Grippe oder der Pest. Die Überlebenden veränderten ihre Lebenseinstellung. Die Schrecken führten bei einigen zu Verrohung, indem sie Mitmenschen mit Brutalität begegneten. Als 1648 der Krieg durch den Westfälischen Frieden beendet wurde, verbesserte sich die Lage nicht schlagartig. Durch den Bevölkerungsrückgang gab es zu wenige Bauern und Handwerker litten unter der mangelnden Auftragslage. Die Söldner hatten nun kein Einkommen mehr. Viele von ihnen strichen obdachlos durchs Land.

2 – „Plünderung eines Dorfes". Gemälde von Sebastian Vrancx (1573–1647).

fürstlichen Durchlaucht ich mit Wahrheitsgrund eröffnen kann, dass durch Hunger und Kummer, Frost, Pest und durchs Wasser viele Hundert wackere und tapferer Soldaten in dieser kurzen Zeit umgekommen sind.

Q2 Der protestantische Pastor J. D. Minck (1611–1664) berichtete im Jahre 1634 über die Gräuel des Krieges:
Kein Mensch durfte sich auf dem Land blicken lassen, ihm wurde nachgejagt wie einem Wild, er wurde ergriffen, unbarmherzig geschlagen, nackt an den heißen Ofen gebunden, aufgehängt, mit Rauch erstickt, mit Wasser und Jauche getränkt, was die Soldaten den Leuten aus Zubern in den Mund schütteten und mit Füßen auf ihren dicken Bäuchen herumsprangen. Dieser barbarische Trunk wurde der „schwedische Trunk" genannt. Wegen dieser Tyrannei und weil es auf dem Land keine Lebensmittel mehr gab, waren sämtliche Dörfer ... verlassen.

✳ **Protestantische Union**
So bezeichnet man das Bündnis der protestantischen Reichsstände, die sich nach der gewaltsamen Gegenreformation in Donauwörth 1608 zusammengeschlossen hatten.

✳ **Musketen**
Dies ist ein langes, schweres Gewehr, dass man vorne laden muss.

Q1 Feldherr Tilly (1559–1632) schilderte Kurfürst Maximilian von Bayern (1573–1651) in einem Brief 1628 die Not der Söldner:
Zu diesem Elend kommt das andere, dass der Feind zuvor die Quartiere ganz aufgefressen hat, und also diesen armen Soldaten an Brot, Bier, Käse und Fleisch nichts übrig gelassen ist, und sie nur mit dem trockenen Kommissbrot (welches jedoch auch schwer zu bekommen ist) und kaltem Trunk Wasser sich zufrieden geben müssen. Noch eine andere Not und Elend schlägt zu diesem allem, nämlich die ... schrecklichen Stürme, Ungewitter und Wasserfluten. Daher Eurer Kur-

1 Nenne die verschiedenen Interessen der europäischen Großmächte vor Kriegsausbruch. Beziehe dabei die Karte und die Begriffe „Hegemonie" und „Reformation" mit ein.

2 Erläutere mithilfe des Textes und Q1 die Situation der Söldner. Gehe dabei auch auf die Gründe, als Söldner zu arbeiten, ein.

3 Erkläre anhand von Bild 2 und Q2, worunter die Bevölkerung litt.

4 Beurteile, ob es gerechtfertigt ist, den Dreißigjährigen Krieg als Religionskrieg zu bezeichnen.
▶ *Nimm die Methode „Ein eigenes Urteil bilden" auf S. 215 zu Hilfe.*

5 Versetze dich in die Lage eines Söldners. Deine Kameraden und du sind sehr unzufrieden. Deswegen schreibt ihr einen Beschwerdebrief an den Feldherrn Tilly. Beziehe die Inhalte von Q1 in deine Überlegungen ein.

Technisierung des Krieges in der Neuzeit

Wie veränderte der Erste Weltkrieg die Kriegsführung?

Deutschland und seine Verbündeten

deutsche Kolonien bei Kriegsbeginn

Gegner Deutschlands mit Kolonien und abhängigen Gebieten bis zum Kriegseintritt der USA 1917

seit 1917 in den Krieg gegen Deutschland eingetretene Staaten

neutrale Staaten

Abkürzungen:
Afgh. = Afghanistan
B. = Belgien
Bul. = Bulgarien
D.R. = Deutsches Reich
Gr. = Griechenland
Ital. = Italien
Ö.-U. = Österreich-Ungarn
Span. = Spanien

1 – Die Kriegsgegner im Ersten Weltkrieg.

❋ Imperialismus
Zur Zeit des Imperialismus strebten die Großmächte danach, wirtschaftlich und politisch die Vorherrschaft zu gewinnen. Dies wollten sie vor allem durch die Errichtung von überseeischen Kolonien erreichen, besonders auf dem afrikanischen Kontinent.

❋ Balkan
Der Balkan ist eine Region im Südosten Europas.

❋ Alliierte
Mit Alliierten sind die gegen Deutschland verbündeten Staaten gemeint. Der Begriff leitet sich vom französischen Wort allié (= verbunden) ab.

Der Kriegsausbruch

Zur Zeit des ❋Imperialismus entstand am Ende des 19. Jh. zwischen den Großmächten eine starke Konkurrenz. Insbesondere die Gebiete auf dem ❋Balkan waren für viele Länder sehr bedeutend. Deswegen herrschte v. a. zwischen Russland und Österreich-Ungarn ein sehr angespanntes Verhältnis. Seit nach dem deutsch-französischen Krieg 1871 das deutsche Kaiserreich gegründet und dabei Frankreich enorm von Deutschland gedemütigt wurde, bestand zwischen diesen beiden Staaten eine tiefe Feindschaft (siehe Seite 142/143). Bereits im ausgehenden 19. Jh. bereiteten sich die Großmächte mit massivem Aufrüsten auf einen Krieg vor. Als im Juni 1914 der österreichische Thronfolger Franz Ferdinand im serbischen Sarajevo bei einem Attentat getötet wurde, war dies schließlich der Anlass dafür, dass Österreich, welches von Deutschland bedingungslos unterstützt wurde, Serbien den Krieg erklärte. Aufgrund der Bündnislage folgten die Kriegserklärungen von Russland, Frankreich und England an Deutschland. 1917 traten auch noch die USA gegen Deutschland und Österreich in den Krieg mit ein, was letztendlich dazu führte, dass die ❋Alliierten endgültig den Ersten Weltkrieg für sich entscheiden konnten.

Die industrialisierte Kriegsführung

Die Industrialisierung brachte große Neuerungen in der Militärtechnik. Somit konnten im Ersten Weltkrieg völlig neuartige Waffen eingesetzt werden. Diese waren vor allem für den sogenannten Stellungskrieg an der Westfront notwendig: Da weder Deutschland noch Frankreich stark genug waren, entscheidende Siege zu erzielen, kam es zu erstarrten Fronten. Die Grenzverläufe verschoben sich lediglich um wenige Kilometer. Um sich vor den gegnerischen Angriffen zu schützen, verschanzten sich die Soldaten in Schützengräben. Deswegen mussten besondere Waffen eingesetzt werden. Tonnenschwere Granaten zerstörten die Region. Ganze Dörfer wurden einfach ausgelöscht. Ein weiteres Problem ist, dass die enthaltenen Stoffe wie Quecksilber und Blei bis heute den Boden verseuchen. Auch Maschinengewehre waren von großer Bedeutung. Hierbei handelt es sich um vollautomatische Schnellfeuerwaffen. Diese konnten sich selbst nachladen. Deswegen war es möglich, pro Minute bis zu 600 Schuss mit einer Reichweite von ca. 2000 m abzugeben. Um die gegnerischen Soldaten aus den Schützengräben in den Feuerbereich der herkömmlichen Waffen zu jagen, setzte man v. a. in der Region um die belgische Stadt Ypern Giftgas ein. Zunächst wurde Chlorgas

2 – Der Wald von Sabol im Osten Frankreichs. Foto, 1915.

3 – US-Soldaten werden angegriffen. Foto, 1918.

verwendet, was die Atemwege beeinträchtigt. Viele Soldaten erstickten grausam. Nach der Entwicklung von Gasmasken ging man dazu über, Kontaktgifte wie Phosgen oder Senfgas einzusetzen. Diese mussten nicht mehr eingeatmet werden, sondern wurden über die Haut aufgenommen. Die Opfer starben an inneren Verätzungen. Wer überlebte, behielt häufig bleibende Beeinträchtigungen, wie zum Beispiel eine Schädigung der Augen oder der Lunge. Auch psychische Schädigungen durch die Kriegserlebnisse wie z.B. Albträume, Schlafstörungen oder sogar Wahnzustände belasteten die Soldaten vielfach ihr Leben lang.

Q1 Ein Soldat beschreibt, wie er die Schlacht im nordfranzösischen Verdun am 02.07.1916 erlebte:

In der Stellung angekommen legten wir uns todmüde in Granatlöcher – von Schützengräben oder gar Unterständen keine Rede; das Gebiet war ja erst vor zwei Tagen erstürmt, dort lagen wir vier Tage lang zuerst ganz nass und 1/2 Meter tief im Dreck – ein Trommelfeuer ging auf uns los, dass es einem von einem Loch ins andere riss; die Schmerzensrufe und das Gestöhne der Verwundeten, die elend zu Grunde gehen müssen; – an ein Zurücktragen ist nicht zu denken. Tag und Nacht Granatfeuer – oft dass es in der Sekunde 10–20 Geschosse heranhagelte, uns verschüttete und wieder aufgrub. Unser Leutnant hat geweint wie ein Kind; ja wie sie da lagen, ein Fuß weg – Arme weg, ganz zerfetzt. Gott, das war furchtbar. Ihr könnt Euch keine Vorstellung von diesem Schrecken machen und niemand, der es nicht mitgemacht (hat).

Q2 Durch die Haager Landkriegsordnung hatten sich 1907 Großmächte wie Deutschland, England, Frankreich und die USA verpflichtet, gewisse Grundsätze bei der Kriegsführung einzuhalten:

Abgesehen von den durch Sonderverträge aufgestellten Verboten, ist namentlich untersagt:

a) die Verwendung von Gift oder vergifteten Waffen,

b) die meuchlerische Tötung oder Verwundung von Angehörigen des feindlichen Volkes oder Heeres,

c) die Tötung oder Verwundung eines die Waffen streckenden oder wehrlosen Feindes, der sich auf Gnade oder Ungnade ergeben hat,

d) die Erklärung, dass kein Pardon gegeben wird,

e) der Gebrauch von Waffen, Geschossen oder Stoffen, die geeignet sind, unnötig Leiden zu verursachen … .

❶▫ Beschreibe mithilfe der Karte, warum man von einem „Weltkrieg" spricht, und arbeite die Bündnispartner heraus.

❷▫ Erläutere mithilfe des Textes, wie es zum Ausbruch des Ersten Weltkrieges kam.

❸▫ Erkläre, warum im Ersten Weltkrieg völlig neuartige Waffensysteme eingesetzt werden konnten.

❹▫ Ermittle die im Text erwähnten Waffentypen und beschreibe ihre Wirkungsweise.

❺▫ Arbeite anhand des Textes und Q1 die Folgen heraus, die diese Waffen für die Soldaten hatten.

❻▫ Erläutere mithilfe des Textes und Bild 2 die Folgen für die Umwelt.

❼▫a Überlege, mit welchem Kampfstoff die Soldaten in Bild 3 angegriffen wurden.

▫b Bewerte die Anwendung dieses Einsatzes. Beziehe Q2 in deine Überlegungen mit ein.

▶ *Nimm die Methode „Ein persönliches Werturteil bilden" von S. 215 zu Hilfe.*

Welche Folgen hatte der Abwurf der Atombomben?

1 – Am 09.08.1945 wurde über der japanischen Stadt Nagasaki eine Atombombe abgeworfen. Bei der Explosion entsteht die typische Pilzform. Foto 09.08.1945.

2 – Das Gebäude der Industrie- und Handelskammer befand sich in unmittelbarer Nähe des Explosionsortes der Atombombe und brannte völlig aus. Keiner der darin arbeitenden Menschen überlebte. Heute ist es das Zentrum des Friedensparks in Hiroshima. Foto, 1945.

✳ **Atombombe**
Dies ist eine Waffentechnik, die auf der physikalischen Reaktion einer Kernspaltung beruht. Bei der Zerlegung des Atomkerns in zwei oder mehrere Teile wird Energie freigesetzt.

Gründe für die Atombombenabwürfe

Einen wichtigen Einschnitt in der Geschichte der Kriegsführung stellen die beiden ✳Atombombenabwürfe auf die japanischen Städte Hiroshima und Nagasaki durch die USA dar. Sie beendeten nicht nur den Zweiten Weltkrieg (1939–1945), sondern forderten auch eine hohe Zahl an Opfern.

Zu den Spannungen zwischen Japan und den USA kam es, weil Japan die Vorherrschaft in Südostasien anstrebte. Dadurch wurden die wirtschaftlichen Interessen der USA erheblich gefährdet. Nachdem die Japaner völlig überraschend den US-Marinestützpunkt Pearl Harbor auf Hawai angriffen und die Amerikaner schwere Verluste erleiden mussten, erfolgte die Kriegserklärung der USA und deren Bündnispartner England an Japan. Obwohl Japan im Kriegsverlauf weitgehend zurückgedrängt wurde und sogar die Flotte verlor, weigerte sich die Regierung aufzugeben. Um die Kapitulation zu erzwingen, beschloss der amerikanische Präsident Truman (1884–1972) den Atombombenabwurf. Man war der Ansicht, dass so weniger Menschen ums Leben kämen, als wenn man auf dem japanischen Festland einmarschiert wäre und dort gekämpft hätte.

Es gibt aber auch Historiker, die die Ansicht vertreten, dass die US-Regierung mit dem Atombombenabwurf ihrem Erzfeind, der Sowjetunion, drohen bzw. die neuartige Waffe testen wollte.

Die Folgen der Atombombenabwürfe

Der erste Atombombenabwurf erfolgte am 06.08.1945 auf die Stadt Hiroshima. Durch die hohe Hitzeentwicklung entstand im Umkreis von zehn Kilometern Feuer. Der typische Atompilz stieg 13 Kilometer in die Höhe und verteilte zwanzig Minuten lang radioaktiven Niederschlag (Bild 2). Bei der Explosion starben in Hiroshima 70 000 bis 80 000 Menschen sofort. Tausende erlagen in den nächsten Monaten den Folgen der Strahlenbelastung bzw. der Verbrennungen. Insgesamt schätzt man die Opfer in Hiroshima auf 90 000 bis 166 000. Am 09.08.1945 wurde auf die Stadt Nagasaki eine zweite Atombombe abgeworfen. 22 000 Menschen starben sofort, 39 000 in den nächsten Monaten. Aufgrund der radioaktiven Verseuchung sterben in diesen Regionen bis heute tausende Menschen an den Folgen von Krebserkrankungen. Es kamen in der Folge viele Kinder mit Behinderungen zur Welt.

Q1 Toshihiko Kondo war 1945 sechs Jahre alt und erinnert sich an den Atombombenabwurf auf Hiroshima:

Ich war allein zu Hause und spielte mit meinen Freunden beim Luftschutzunterstand in der Nähe. Plötzlich blitzte es grell auf, und gleich darauf waren wir von schwarzem Rauch umgeben. Während ich verwirrt dastand und nachdachte, was ich tun sollte, begann sich das Haus vor uns in unsere Richtung zu neigen. Wir konnten uns gerade noch in Sicherheit bringen. Auf dem Weg nach Hause sah ich Kinder, die nach ihren Müttern riefen, und Leute, die ihre Wunden mit den Händen zusammenpressten – schreckliche Bilder, die mir, wenn ich daran denke, noch heute Schauder über den Rücken laufen lassen. Zum Glück entkam ich ohne einen Kratzer. Als ich nach Hause kam, waren Vater und Mutter noch nicht zurück, und ich fürchtete mich noch mehr. … In dem Augenblick hörte ich meinen Vater rufen: „Ist Toshi da unten?" Ich rannte aus dem Unterstand, und draußen stand mein Vater. Ich war so froh, dass mir Tränen aus den Augen stiegen. Wenn er nun auch nicht gekommen wäre?, dachte ich, wo Mutter und mein Bruder doch noch nicht zurück sind. Dann sagte Vater: „Komm, lass uns nach Mutter und deinem Bruder suchen." Wir beide machten uns auf den Weg zum Rathaus. … Nach kurzer Zeit sahen wir einen Jungen, der uns entgegengestolpert kam. Es war mein Bruder. Er schien den Verstand verloren zu haben. „Wo ist Mutter?", fragte ich ihn. „Ich weiß nicht", antwortete er. Schließlich erfuhren wir, dass sie auf Ninoshima, einer Insel südlich von Hiroshima, war, und Vater entschloss sich, dorthin zu gehen. … Am Morgen war Vater zurück. „Was ist mit Mama?", fragte ich. Er sagte nur: „Sie war tot. Sie haben ihren Leichnam auf der Insel verbrannt." Sie sagten, dass Mutter am ganzen Körper schwarzverbrannt war und im Laufe des Tages gestorben sei. Vater forderte mich auf, eine Schachtel zu öffnen. In der

3 – Der Kenotaph (= Scheingrab) erinnert in Hiroshima an die Menschen, die an den Folgen der Atombombenabwürfe gestorben sind. Er enthält eine Liste mit den Namen der Opfer, welche stetig erweitert wird. Foto, ohne Datum.

Schachtel war ihre Asche. Einen Augenblick lang war mir, als sei ich auf den Boden des Meeres gesunken. Um etwa 12.30 Uhr in derselben Nacht tat mein Bruder seinen letzten Atemzug.

❶ ▶ Beschreibe die Wirkungsweise einer Atombombe.

❷ ▶ Fasse mithilfe der Materialien dieser Doppelseite
   a Folgen der Atombombenabwürfe,
   b unterschiedliche Ansichten zu den Gründen für die Atombombenabwürfe zusammen.

❸ ▶ Toshi sagt in Q1, dass ihm einen Augenblick lang war, als sei er „auf den Boden des Meeres gesunken". Erkläre die Bedeutung dieser Aussage.

❹ ▶ Toshi ist 1970 im Alter von 31 Jahren gestorben. Stelle mithilfe des Textes Vermutungen an, warum er so jung verstorben ist.

❺ ▶ Überlege, warum die Stadt Hiroshima bis heute mit Gedenkfeiern und dem Friedenspark (Bild 3) an die Atombombenabwürfe erinnert. Beziehe folgende Aufschrift des Kenotaphs (Bild 3) in deine Überlegungen mit ein:
   „Lasse alle Seelen hier in Frieden ruhen, denn wir werden das Böse nicht wiederholen."

❻ ▶ Partnerarbeit: Bewertet den Einsatz der Atombomben in Japan.
▶ *Nehmt die Methode „Ein persönliches Werturteil bilden" auf S. 215 zu Hilfe.*

Heutige Kriege

Sind Kriege heute anders als früher?

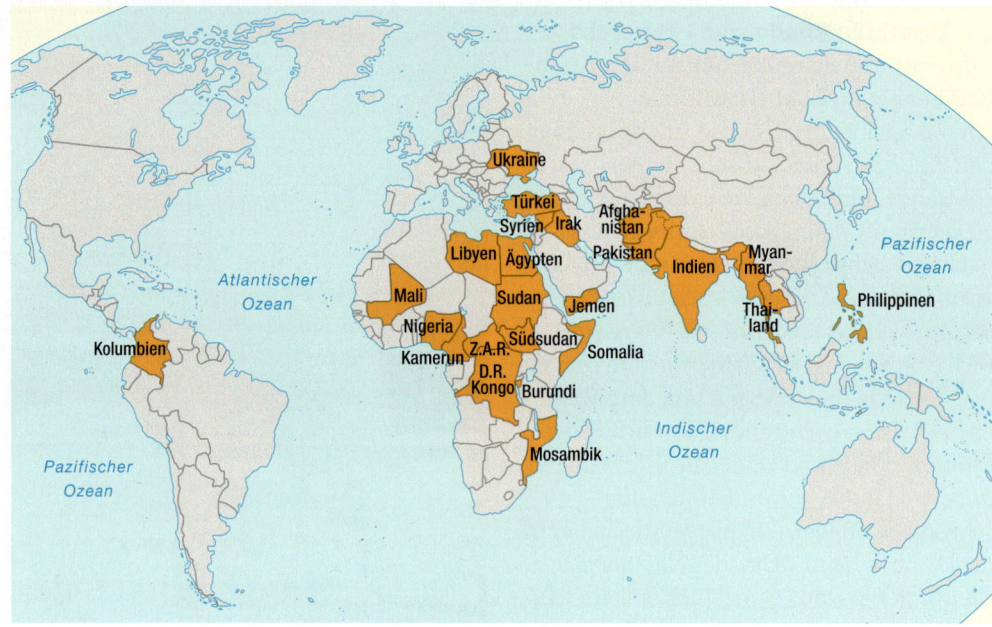

Staaten, in den Kriege oder bewaffnete Konflikte augetragen werden

Z.A.R. = Zentralafrikanische Republik

D.R. Kongo = Demokratische Republik Kongo

1 – Kriege im Jahr 2019.

*korrupt/Korruption
Korrupt ist jemand, der bestechlich ist. Ein korrupter Politiker handelt nicht zum Wohle des Staates, sondern zu seinem eigenen, wenn er z. B. Geld dafür annimmt, dass er die Interessen einer bestimmten Gruppe vertritt.

Kriege heute

Auch wenn Europa nach dem Ende des Zweiten Weltkrieges 1945 von größeren Kriegen verschont geblieben ist, so fanden doch weltweit immer wieder Kriege statt, so z. B. der Koreakrieg 1950–1953 und der Vietnamkrieg 1964–1973. Manche Kriege dauerten sehr lang oder sind bis heute nicht abgeschlossen; neue sind ausgebrochen, z. B. in Syrien oder der Ukraine (siehe S. 200/201).

Ursachen für Kriege

Ursachen für Kriege waren in früheren Zeiten meistens die Ausweitung oder Verteidigung des eigenen Territoriums und Machtgewinn. Auch in heutiger Zeit gibt es dies noch. Heute sind eher andere Motivationen Ursachen für Kriege, z. B. Konflikte zwischen Bevölkerungsgruppen unterschiedlicher Religionen (z. B. Sudan) und der Kampf gegen *korrupte und autoritäre Regierungen. Um eine solche Loslösung von diktatorischen Regimen ging es beim „Arabischen Frühling" (siehe S. 178). Auch Unabhängigkeitsbewegungen, wie z. B. die Tschetscheniens von Russland, verursachen kriegerische Konflikte. Dieser

Krieg begann 1990 und gehört zu den noch andauernden Konflikten. Um Rohstoffe wie Öl (erster und zweiter Golfkrieg 1980–1988, 1990–1991) oder um seltene Erden wie Coltan, das für die Herstellung von Handys benötigt wird, werden ebenfalls Kriege geführt, z. B. im Osten Kongos. Die Bekämpfung von Drogenbanden in Kolumbien sind Ursachen für kriegerische Auseinandersetzungen.

Wie werden heute Kriege geführt?

Truppen und Waffen sind heute schneller vor Ort. Gekämpft wird mit modernster Bewaffnung. Zum Einsatz kommen neben Schnellfeuerwaffen auch computergesteuerte Raketen und Drohnen mit längeren Reichweiten und Treffsicherheiten, die viele Todesopfer und größte Zerstörungen verursachen. Einsatzpläne werden durch Luftbildaufnahmen und Satellitentechnik erarbeitet. Die Zivilbevölkerung war immer Leidtragende von Kriegshandlungen. Im Zweiten Weltkrieg von 1939–1945 wurde sie bewusst als Ziel von Bomben genommen, um so den Durchhaltewillen auch in der Heimat zu untergraben. Auch heute werden Opfer in

2 – Rettungskräfte bringen Kinder aus Aleppo (Syrien) in Sicherheit. Foto, 31.05.2015.

3 – Flucht aus Syrien. Foto, 15.03.2018.

der Zivilbevölkerung bewusst in Kauf genommen. Es gibt viele Terrorakte.

Ein weiteres Kennzeichen heutiger Kriege ist die Vielzahl der Beteiligten. Es gibt nicht nur die zwei Parteien, die gegeneinander kämpfen, sondern auch solche, die Truppen entsenden, Waffen schicken oder Expertenwissen zur Verfügung stellen.

Terrorismus

Ein weiteres Merkmal in kriegerischen Auseinandersetzungen der heutigen Zeit ist die Zunahme von Terrorismus – besonders in den letzten 30 Jahren.

Terroristen gehören extremistischen Gruppen an, die Demokratien ablehnen und eigene Ordnungen errichten wollen. Ihr Mittel ist Gewalt, vor allem Attentate, mit denen sie Angst und Schrecken unter der Zivilbevölkerung verbreiten wollen.

Besonders prägend war der Anschlag auf das World Trade Center in New York am 11.09.2001, bei dem etwa 3000 Menschen getötet wurden. Verantwortlich hierfür war die *islamistische Terrorgruppe Al Qaida unter ihrem Anführer *Osama bin Laden. Es folgte seitdem eine weltweite Serie von Anschlägen – auch in vielen islamischen Ländern. 2015 und 2016 gab es eine Terrorwelle in Europa, die viele Todesopfer forderte. Auch diese Anschläge wurden von der islamistischen Gruppe „Islamischer Staat" organisiert.

M1 Aus einem Interview auf dem Webportal „Frieden Fragen" mit Jilan, 17, über ihre Flucht aus Syrien:

Frage: Warum musstet ihr Syrien verlassen?
Jilan: … Vom Balkon unseres Hauses aus sah ich, wie Bomben einschlugen und Menschen töteten. Das hat meine Seele kaputt gemacht. Schließlich zerstörte eine Bombe unser Haus und machte alles kaputt. Da mussten wir weg. Wir haben unseren Schmuck verkauft und unsere Familie um Geld gebeten, um die Flucht zu bezahlen.

✴ **islamistisch / Islamisten**
So bezeichnet man die Anhänger eines radikalen, antiwestlichen Islam. Sie werfen dem Westen vor, durch wirtschaftliche Globalisierung, Demokratie und westliche Werte den Islam zu zerstören.

✴ **Osama bin Laden**
(1957–2011) Dies war ein saudi-arabischer Multimillionär, radikaler Islamist und Gründer des Terrornetzwerks Al-Qaida. Er wurde 2011 von US-Militärs in Pakistan erschossen.

❶ ▪ Werte die Karte aus und ermittle, wo es besonders häufig zu Kriegen kam.

❷ ▪ Benenne Unterschiede zwischen Kriegen in früheren Zeiten und heute.

❸ ▪ Beschreibe mithilfe des Textes, der Bilder und M1 Folgen heutiger Kriege.

❹ ▪ Erkläre Terrorismus mit eigenen Worten.

❺ ▪ Erstelle mithilfe der Materialien dieser Doppelseite eine Mindmap zum Thema „Kriege heute". Berücksichtige als Äste Merkmale, Ursachen und Folgen sowie deine Ergebnisse aus den Aufgaben 2 und 3.

▶ *Nimm die Methode „Eine Mindmap erstellen" von S. 212 zu Hilfe.*

❻ ▪ Gruppenarbeit: Informiert euch in Sachbüchern, Zeitschriften oder im Internet über einen in der Karte oder im Text vorkommende Krieg und gestaltet dazu ein Lernplakat.

▶ *Nehmt die Methoden „Ein Lernplakat erstellen" von S. 216 und „Eine Internetrecherche durchführen" von S. 211/212 zu Hilfe.*

Ukraine – ein ewiger Kampf um Frieden?

1 –Der Osten der Ukraine um 2017.

✲ **Viktor Janukowitsch**
Er war Präsident der Ukraine von 2010 bis 2014.

✲ **Separatisten**
Dies sind Menschen, die sich mit ihrem Landesteil einem anderen Land angliedern oder einen eigenen Staat gründen wollen.

✲ **Europäische Union**
So nennt man den Zusammenschluss von 27 europäischen Staaten. Sie besteht aus verschiedenen Behörden, die sich um Politik, Finanzen und Recht innerhalb des Zusammenschlusses kümmern.

✲ **Sanktionen**
So bezeichnet man Strafmaßnahmen gegen ein Land. Meist betreffen diese Maßnahmen die Wirtschaft.

Unruhen in der Ukraine 2014

Nach dem Zerfall der Sowjetunion 1990 erlangte die ehemalige Teilrepublik die Unabhängigkeit. Im kulturell westlich geprägten Teil des Landes wollten viele Ukrainer eine Bindung an den Westen, wohingegen der durch Bergbau und Industrie geprägte Osten für eine Anbindung an Russland eintrat. Ein bereits mit der Europäischen Union (EU) ausgehandeltes Abkommen über engere Wirtschaftsbeziehungen wurde von dem damaligen pro-russisch eingestellten Präsidenten ✲Janukowitsch abgelehnt. Die ukrainische Bevölkerung reagierte mit Protestdemonstrationen, die sich gegen den autoritären Führungsstil des Präsidenten richteten und ihm Bereicherung auf Kosten des Staates vorwarfen. Schließlich wurden Präsident und Regierung abgelöst.

Der Osten strebt nach Russland

Da Russland befürchtete, an Einfluss durch eine mögliche Westorientierung zu verlieren, entsandte es Soldaten auf die zur Ukraine gehörende Halbinsel Krim. In den Medien betonte der russische Präsident Putin die Zugehörigkeit der Krim zu Russland, verneinte jedoch, aktiv an den Geschehnissen auf der Krim beteiligt zu sein. Im März 2014 entschied sich die Mehrheit der Bewohner der Krim durch eine Volksbefragung für einen Anschluss an Russland, der am

21. 03. 2014 vollzogen wurde. Das Ergebnis der Volksbefragung wird weder von der Ukraine noch vom Westen anerkannt. Im Osten der Ukraine besteht ebenfalls der Wunsch, zu Russland zu gehören. In den ukrainischen Grenzregionen Donezk und Luhansk begannen von Russland unterstützte Soldatenverbände (✲Separatisten) einen Krieg gegen die ukrainische Armee, um dieses Ziel zu erreichen. Die ukrainische Regierung will eine Abspaltung jedoch verhindern. Bei den Kampfhandlungen kamen über 10 000 Menschen zu Tode – neben Soldaten auch viele Zivilisten; Hunderttausende flohen.

Insbesondere die ✲Europäische Union und die USA bemühten sich um einen Waffenstillstand, der 2014 in Minsk zustande kam. Russland nahm an den Verhandlungsgesprächen teil und betonte stets, nicht aktiv an den Kampfhandlungen beteiligt zu sein. Da der Waffenstillstand aber immer wieder unterbrochen wurde, erließen die EU und die USA ✲Sanktionen gegen Russland in Form von Einreiseverboten und Kontensperrungen für russische und ukrainische Politiker. Russland reagierte wiederum mit Importverboten vieler westlicher Produkte. Darunter leiden in erster Linie die ohnehin sehr geschwächte Wirtschaft der Ukraine und die Menschen dieses Landes.

Frieden in der Ukraine?

Immer wieder kommt es zu Bemühungen der internationalen Organisationen, der EU und der USA, den ohnehin brüchigen Waffenstillstand durch einen Friedensvertrag zu ersetzen. Eine wichtige Rolle in den Bestrebungen nach Frieden nimmt Deutschland ein. Unter deutscher Mitwirkung wurde im Februar 2015 ein zweites Abkommen in Minsk unterzeichnet. In diesem Abkommen erklärten sich die Separatisten und die Ukraine bereit, ihre schweren Waffen abzuziehen und einen Waffenstillstand einzuhalten und sich in festgelegte Zonen zurückzuziehen. Eine Schutztruppe der *OSZE sollte den Waffenstillstand und den Rückzug der Soldaten überwachen. Russland sagte zu, die Separatisten nicht weiter mit Waffen zu unterstützen. Den östlichen Regionen des Landes wurden von der ukrainischen Regierung mehr politische Rechte zugesichert, die den Regionen mehr Selbstständigkeit zugestehen. Darüber hinaus soll es Gespräche über Wahlen in den Gebieten Donezk und Luhansk sowie über deren Status geben. Das Abkommen wird jedoch nicht durchgehend eingehalten. Trotz all dieser Bemühungen ist noch kein Frieden in Sicht.

Kriege vermeiden

Der Schrecken des Krieges lässt sich kaum in Worte fassen und es bleibt nur schwer verständlich, warum es auch heute immer noch Kriege auf der Welt gibt. Aber es macht Hoffnung, dass die Friedensbemühungen nicht abreißen. Um Krieg zu vermeiden gibt es verschiedene Mittel:

- bessere Lebensbedingungen in den betroffenen Ländern schaffen (Ursachen für den Konflikt im Vorfeld beseitigen);
- Verhandlungen zur Konfliktlösung unter Leitung unparteiischer Vermittler;
- internationale Unterstützung im Friedensprozess, z. B. durch die *UNO.

2 – Ukrainisches Mädchen im Schutzkeller der Schule. Foto, 2017.

Q1 Im Magazin „Spiegel" im September 2018 findet sich eine Meldung aus der Ukraine:

Drei Kinder sind bei einer Minenexplosion im Kriegsgebiet Ostukraine getötet worden. Die Schulkinder im Alter von 13 bis 15 Jahren seien am Morgen nahe der Stadt Horliwka im Gebiet Donezk unterwegs gewesen … Dabei seien sie auf die Minen getreten und getötet worden. Ein zehn Jahre alter Junge sei schwer verletzt worden. … Landminen sind in dem Kriegsgebiet eine besondere Gefahr: Im vergangenen Jahr seien in der Ostukraine mehr Menschen durch Landminen ums Leben gekommen als in jedem anderem Konflikt weltweit, teilte ein UN-Vertreter mit.

* OSZE
Dies ist die Organisation für Sicherheit und Zusammenarbeit in Europa. Sie ist die weltweit größte Sicherheitsorganisation mit 57 Mitgliedstaaten aus Europa, Zentralasien und Nordamerika.

* UNO
Dabei handelt es sich um die Vereinten Nationen. Ihr gehören 193 Staaten an. Die Hauptaufgabe der UNO ist es, den Weltfrieden zu sichern.

❶ ▶◼ Beschreibe mithilfe der Karte die Lage des von den Separatisten kontrollierten Gebietes in der Ukraine. Zeige auch die Grenznähe zu Russland auf.

❷ ◼ Erläutere Ursachen und Verlauf des Ukraine-Konfliktes.

❸ ◼ Erkläre mithilfe des Textes den Ablauf der Friedensverhandlungen in der Ukraine. Berücksichtige dabei auch Mittel zur Kriegsvermeidung.

❹ ◼ Im Krieg ist es gerade die Zivilbevölkerung, die unter den Kämpfen zu leiden hat. Stelle mithilfe von Bild 2 und Q1 Überlegungen an, mit welchen Belastungen die Bevölkerung der betroffenen Gebiete zu kämpfen hat.

▶ *Welche Ängste, Gedanken und Gefühle werden die Menschen haben?*

Frieden sichern

Kriege vermeiden – Frieden schaffen und erhalten?

1 – „Nie wieder Krieg". Plakatentwurf von Käthe Kollwitz zum Mitteldeutschen Jugendtag in Leipzig im August 1924.

✳ UNHCR
Dies ist die Abkürzung für United Nations High Commissioner for Refugees (= Flüchtlingskommissar der Vereinten Nationen). Er setzt sich dafür ein, dass Menschen, die von Verfolgung bedroht sind, in anderen Staaten Asyl erhalten.

✳ UNICEF
Dies ist die Abkürzung für United Nations International Children's Emergency Fund (= Hilfsorganisation der Vereinten Nationen für Kinder in Not). Das Hilfswerk unterstützt Mütter und Kinder in Entwicklungsländern, u. a. auch mit Geld für Ausbildung, Lebensmitteln, medizinischer Versorgung.

Folgen von Kriegen

Kriege sind einschneidende Ereignisse für Länder und deren Bevölkerung. Ihre Folgen können über Jahre Auswirkungen auf alle Lebensbereiche haben.

Die körperlich und psychisch erlittenen Verletzungen können so schwerwiegend sein, dass sie das Leben der Menschen bestimmen. Politisch steht ein Staat oft vor einem Neuanfang, der sich mitunter schwierig gestalten kann. Erheben verschiedene Seiten einen Machtanspruch, kann dies zu neuen Auseinandersetzungen innerhalb des Landes führen. Neue Regierungen werden auch nicht immer von anderen Staaten anerkannt. Der Einsatz von Bomben und Raketen zerstört wichtige Verkehrswege und Industriezweige. Der Wiederaufbau kann durch fehlende Mittel erschwert werden und den Lebensstandard mindern.

Bemühungen um Frieden

Angesichts der furchtbaren Erfahrungen von den beiden Weltkriegen im 20. Jahrhundert ist es den Menschen ein Anliegen, Frieden zu schaffen, zu erhalten und – am besten – Kriege erst gar nicht entstehen zu lassen. Solche Bemühungen gab es in der Vergangenheit und gibt es heute. Beispiele sind die Konferenzen 1899 und 1907 in Den Haag, in denen 1907 erstmals Bestimmungen zur Führung von Kriegen festgelegt wurden – die sogenannte „Haager Landkriegsordnung" (siehe S. 195). Ein weiteres Beispiel ist der ✳Völkerbund, der 1907 gegründet wurde, der sich aber als wenig durchsetzungsfähig erwies.

Die österreichische Baronin Bertha von Suttner (1873–1914) und der Präsident der USA, Woodrow Wilson (Amtszeit: 1913–1921), waren Persönlichkeiten, die sich in der ersten Hälfte des 20. Jahrhunderts für den Frieden einsetzten.

Unmittelbar nach dem Zweiten Weltkrieg wurden die Vereinten Nationen (UNO = United Nations Organization) 1945 mit dem Ziel der dauerhaften Friedenssicherung gegründet. Mittlerweile gehören der UNO nahezu alle Staaten der Welt an.

Ein wichtiges Instrument der UNO sind Truppen, die sie in Kriegsgebiete zur Friedenssicherung entsenden kann. Dort können sie zur Hilfe für Menschen, der Überwachung von Waffenstillständen oder Entwaffnung von Bürgerkriegsparteien eingesetzt werden. Weiterhin gibt es Aufträge zur Beobachtung oder sogar zur sogenannten Friedenserzwingung unter Einsatz von Waffen. UN-Missionen müssen zuvor im Sicherheitsrat beschlossen werden. Es gab in der Vergangenheit 71 solcher Missionen, aktuell 14 laufende Missionen.

Hilfswerke der UNO setzen sich für Flüchtlinge (✳UNHCR) und Kinder (✳UNICEF) ein.

---

1 🔲 Begründe, aufgrund welcher Erfahrungen Käthe Kollwitz das Plakat mit der Forderung „Nie wieder Krieg" erstellte.

2 🔳 Beschreibe mithilfe der Informationen dieser und der Seiten dieses Kapitels Folgen von Kriegen.

3 🔳 Partnerarbeit: Beurteilt die Möglichkeiten heutiger Friedenssicherung. Nutzt die Informationen dieser Seite und bezieht dabei Q2 auf S. 195 mit ein.

▶ *Nehmt die Methode „Ein eigenes Urteil bilden" von S. 215 zu Hilfe.*

4 🔳 Gestalte einen alternativen Entwurf zum Plakat von Käthe Kollwitz um Frieden und lasst die Erfahrungen moderner Kriege einfließen.

Zusammenfassung

Kriege und ihre Folgen

Kriege in der Antike

Im ersten Jahrhundert v. Chr. waren die Bevölkerungsgruppen in Gallien untereinander verfeindet. Diese Unruhen nutzte Caesar für seine Interessen. Um seine politische Karriere voranzutreiben, wollte er das römische Herrschaftsgebiet ausweiten. Unter verschiedenen Vorwänden führte Caesar acht Jahre lang gegen gallische Fürsten Krieg, bis sich schließlich 50 v. Chr. der letzte von ihnen unterwarf. Die Bewohner Galliens litten in dieser Zeit nicht nur unter Plünderungen, sondern wurden auch gezwungen, die römische Kultur anzunehmen.

Kriege im Mittelalter

Als Papst Urban 1095 dazu aufrief, Jerusalem von den Muslimen zu befreien, schlossen sich viele Gläubige den Kreuzzügen an. Den Kreuzfahrern wurde versprochen, dass ihnen alle Sünden erlassen werden. Viele Menschen hofften aber auch, so ihrer Armut entfliehen zu können. Diese Erwartungen erfüllten sich jedoch nicht. Die meisten Kreuzfahrer starben auf der Reise ins Heilige Land bzw. in Kämpfen. Obwohl es den Europäern 1099 gelang, Jerusalem zu erobern, konnten sie ihre Herrschaft im Heiligen Land nicht dauerhaft halten und mussten sich 1291 wieder zurückziehen.

Kriege in der Frühen Neuzeit

Seit der Reformation herrschten zwischen Katholiken und Protestanten große Spannungen. Hinzu kam, dass verschiedene europäische Großmächte ihren Einflussbereich ausweiten wollten und über dreißig Jahre Kriege gegeneinander führten. Dies hatte zur Folge, dass fast ein Drittel der Bevölkerung ums Leben kam und ganze Landstriche total verwüstet waren.

Kriege im 20. und 21. Jh.

Da im Zuge der Industrialisierung auch die Waffentechnik stark weiterentwickelt wurde, konnten im Ersten Weltkrieg erstmals schwere Granaten, Maschinengewehre oder Giftgas eingesetzt werden. Aufgrund der hohen Opferzahlen, welche die neue Militärtechnik verursachte, spricht man von einer Industrialisierung des Tötens.
Im Zweiten Weltkrieg wurden zum ersten Mal atomare Waffen eingesetzt. 1945 wurden über den japanischen Städten Hiroshima und Nagasaki von den USA Atombomben abgeworfen. Zehntausende Menschen starben sofort. Andere erlagen erst in den nächsten Jahren Krebserkrankungen, die aufgrund der Strahlenbelastung gehäuft in diesen Gebieten auftreten.

58–50 v. Chr.

Caesar erobert in den gallischen Kriegen Gallien.

1095–1291

Zeit der Kreuzzüge.

1618–1648

Schlachtfeld am Lech im Dreißigjährigen Krieg.

1914–1918

Soldaten kämpfen im Ersten Weltkrieg.

Das kann ich …

Kriege und ihre Folgen

Ich kann wichtige Begriffe und Daten im Zusammenhang erklären (Sachkompetenz):

Gaius Julius Caesar

Limes

Kreuzzüge

Mittelalter

Reformation

Hegemonie

Westfälischer Frieden

❶ Partnerarbeit: Erklärt euch gegenseitig die Bezüge der Begriffe zu den Seiten dieses Kapitels.

Ich kann folgende Aufgaben zum Thema lösen (Sachkompetenz):

❷ Ordne die auf den Bildern 3 und 4 zu sehenden Waffen einem Krieg zu.

❸ Erläutere am Beispiel der gallischen Kriege und des Dreißigjährigen Kriegs,

   a wie diese verursacht wurden,

   b wie sie öffentlich gerechtfertigt wurden.

Ich kann Geschichte verständlich darstellen (narrative Kompetenz):

❹ Du bist ein/-e Historiker/-in und sollst auf einer Tagung zum Thema „Kriege im Wandel der Zeit" einen Vortrag halten. Verfasse einen Entwurf zu deinem Vortrag. Gehe in deinem Vortragsentwurf auf die Veränderungen in der Kriegsführung ein und deren Bedeutung für die Zukunft.

Ich kann die Methode „Denkmäler untersuchen" anwenden (Methodenkompetenz):

❺ Beschreibe mithilfe von Bild 1 das Denkmal in Hiroshima und bezeichne die Art des Denkmals.

▶ *Auf S. 196 findest du weitere Informationen zu dem Gebäude.*

❻ Erkläre den Zweck des Denkmals.

❼ Als das Denkmal 1996 von der UNESCO zum Weltkulturerbe ernannt wurde, lehnten die USA dies strikt ab. Sie erkennen das Gebäude bis heute nicht als Kulturerbe an.
Erläutere, welche Gründe die USA für ihre Haltung haben könnten und bewerte diese kritisch.

Ich verstehe, warum das Thema für uns heute noch wichtig ist (Orientierungskompetenz):

❽ Obwohl die Folgen von Hiroshima und Nagasaki weltweit bekannt sind, besitzen noch viele Staaten Atomwaffen (Karte). Recherchiere im Internet, was dafür getan wird, dass diese Atomwaffen nicht zum Einsatz kommen. Überlege, was noch getan werden kann, um Kriege mit Atomwaffen zu vermeiden.

▶ *Nimm die Methode „Eine Internetrecherche durchführen" auf S. 211/212 zu Hilfe.*

▶ *Beziehe die Karte rechts in deine Überlegungen ein.*

Ich kann mir ein Urteil bilden und es begründen (Urteilskompetenz):

❾ Bewerte die 1907 geschlossene Haager Landkriegsordnung (siehe S. 195 Q2) unter dem Gesichtspunkt der Menschlichkeit im Krieg. Beziehe dabei auch dein Wissen über die tatsächlichen Zustände mit ein (S. 195 Q1).

▶ *Nimm die Methode „Ein persönliches Werturteil bilden" auf S. 215 zu Hilfe.*

Verstehen

1 – Das Friedensdenkmal in Hiroshima.

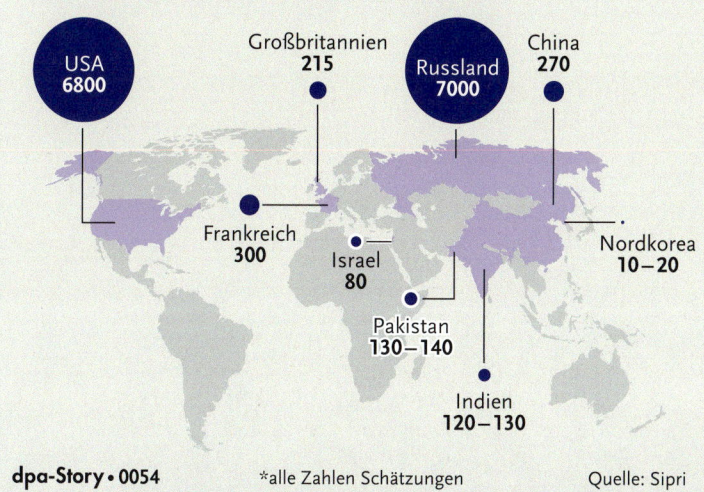

Anfang 2017 besaßen neun Länder insgesamt rund
14 935 Nuklearwaffen*. 4150 waren einsatzbereit.

USA
6800

Großbritannien
215

Russland
7000

China
270

Frankreich
300

Israel
80

Nordkorea
10 – 20

Pakistan
130 – 140

Indien
120 – 130

dpa-Story • 0054   *alle Zahlen Schätzungen   Quelle: Sipri

2 – Atommächte im Jahr 2017.

3 – Feldkanone aus dem Jahr 1620.

4 – Maschinengewehr von 1914.

Lernaufgabe zu Kapitel 1

Warum zogen die Marktfrauen aus Paris nach Versailles?

Am 5. Oktober 1789 erscholl auf den Straßen in Paris der Ruf: „Versailles schlemmt, Paris hungert!" Eine bewaffnete Volksmenge – in der Mehrzahl Marktfrauen, die an der Hungerdemonstration vor dem Rathaus teilgenommen hatten – marschierte nach Versailles. Dieses Ereignis ist 1790 auf einem Bild dargestellt worden (Bild 1).

❶ ▪ Beschreibe das Bild. Gehe dabei möglichst genau auf die Einzelheiten und Details ein.
▶ *Achte z. B. auf Kleidung, Haltung, Gesichtsausdruck und Waffen.*

❷ ▪ Die Königin sieht den Zug der Frauen vor dem Schloss in Versailles als Erste. Sie eilt zum König. Gestalte ein Gespräch zwischen beiden, in dem die Königin ihrem Mann über die Ereignisse berichtet.
▶ *Berücksichtige die Gedanken und Gefühle der Königin. Nimm deine Ergebnisse aus Aufgabe 1 und dein Wissen aus Kapitel 1 zur Endphase des Absolutismus (S. 26/27) zu Hilfe.*

❸ ▪ Entwirf ein Interview mit einer der Wortführerinnen über die Beweggründe und Forderungen der Frauen, die nach Versailles ziehen.
▶ *Denke dabei an folgende Stichworte:*
  • *die Versorgung der Pariser Bevölkerung mit Brot*
  • *der König soll nach Paris umziehen*
  • *der König soll die Beschlüsse der Nationalversammlung mit seiner Unterschrift in Kraft setzen …*

1 – Aufbruch der Pariser Frauen nach Versailles. Radierung, um 1790.

Napoleon – Halbgott oder Tyrann?

Napoleon war eine Persönlichkeit, die gleichzeitig bewundert und auch verachtet wurde. Spiegelt sich auf der einen Seite durch Statuen, Denkmäler, Bücher und Äußerungen seiner Zeitgenossen die Bewunderung für Napoleons Handeln wider, so fanden sich auf der anderen Seite ebenso viele Kritiker in seiner Zeit. Auch heute noch ist Napoleon eine Persönlichkeit, an der sich die Geister scheiden, denn das facettenreiche Handeln Napoleons und seine Person machen ein abschließendes Urteil äußerst schwierig.

❶▶ Benenne die Unterschiede zwischen den Bildern 1 und 2 in Bezug auf Bildart und -aussage.

❷▣ Analysiere Bild 1 und Bild 2.
▶ *Nimm die Methode „Bilder untersuchen" auf S. 213 zu Hilfe. Berücksichtige besonders Aufbau, Gegenstände und Farbauswahl. Ziehe für die Details von Bild 1 auch S. 48/49 heran.*

❸▣ Entwickle ein Gespräch zwischen Napoleon und Chronos, das nach seiner Verbannung auf St. Helena geführt wurde. Sie unterhalten sich über die Wirkung des Gemäldes und die Art ihrer Darstellung darauf.
▶ *Mein lieber Napoleon, wenn ich gewusst hätte, was ab 1812 ...*
Aber Chronos, du darfst nicht vergessen, dass ...

❹▣ Plane eine Ausstellung mit dem Titel „Napoleon – Halbgott oder Tyrann?". Der Aufbau der Ausstellung soll die wichtigsten Stufen in der Karriere Napoleons aufzeigen. Finde mithilfe des Kapitels passende Themen für die einzelnen Räume sowie Ausstellungsstücke, die du hier ausstellen möchtest.

❺▣ Bewerte Napoleons Wirken und die Folgen seines Handelns. Wähle hierzu ein Zitat eines berühmten Zeitgenossen in Q1–Q4 aus und bewerte dieses.
▶ *Nimm die Methode „Ein persönliches Werturteil bilden" von S. 215 zu Hilfe*

1 – Napoleon wird von Chronos, dem Gott der Zeit, gekrönt. Ölgemälde von Jean B. Mauzaisse, 1833.

2 – Napoleon und der Tod. Karikatur von 1812.

Q1 Der russische Schriftsteller und Historiker Nikolaj M. Karamsin äußerte sich über Napoleon 1800 wie folgt:
Er wird väterliche Autorität benutzen, um die verhängnisvollen Spuren der Revolution zu verwischen, die Republik mit einem weisen System von bürgerlichen Rechten auszustatten ... und auf diesen Grundlagen Wohlstand für Frankreich zu gründen, die Interessen seines Landes mit jenen anderer Länder friedlich ausgleichend.

Q2 Königin Luise von Preußen (1797–1810) schrieb über Napoleon im April 1808 an ihren Vater:
Von ihm können wir vieles lernen, und es wird nicht verloren sein, was er getan und ausgerichtet hat. Es wäre eine Lästerung, zu sagen, Gott sei mit ihm; aber offenbar ist er ein Werkzeug in des Allmächtigen Hand, um das Alte, welches kein Leben mehr hat, ... zu begraben.

Q3 Thomas Jefferson, amerikanischer Präsident (1801–1809), beurteilte 1814 Napoleon folgendermaßen:
Bonaparte ist ein prinzipienloser Tyrann, der den europäischen Kontinent mit Blut besudelt.

Q4 Johann Wolfgang von Goethe beschrieb Napoleon in einem Brief am 11.03.1813 mit diesen Worten:
Sein Leben war das Schreiten eines Halbgottes von Schlacht zu Schlacht und von Sieg zu Sieg.

Lernaufgabe zu Kapitel 3

Kann Singen zu einer Revolution führen?

Während der Endphase des Zweiten Weltkrieges 1944 wurden die Staaten des Baltikums – Litauen, Lettland und Estland – gegen den Willen der Bevölkerung von der *Sowjetunion besetzt. Gegen die Unterdrückung regte sich Widerstand, der gewaltsam niedergeschlagen wurde. Die kleinen Länder konnten gegen die Übermacht der Sowjetunion (UdSSR) nichts ausrichten. Es dauerte bis zum 23. 08. 1989, bis eine der ungewöhnlichsten und spektakulärsten Aktionen in der Weltgeschichte diesen Zustand ändern sollte.

❶ ▶ Beschreibe mithilfe des Texts M1 und des Bildes das Ereignis, das am 23. 08. 1989 stattfand.

❷ ▶ Fasse mithilfe von M1 zusammen, welche Bedeutung Volkslieder für die Menschen im Baltikum hatten.

❸ ▶ Liste anhand von Q1 die Ziele der estnischen Revolution auf.

❹ ▶ Schon beim Hambacher Fest 1832 versammelten sich deutsche Demonstranten, um für ihre Freiheit zu kämpfen. Vergleiche mithilfe der Informationen von S. 84/85 und dieser Seite Motivationen und Ziele der Bewegungen.

❺ ▶ Beantworte mithilfe der Informationen auf dieser Seite die Fragestellung der Überschrift.

M1 Daniel Noll lebte als Freiwilliger für das Friedenscorps zwei Jahre in Estland und berichtete 2016 über die Traditionen:

Volkslieder haben in den baltischen Ländern eine besondere Bedeutung. Als Ausdruck von Nationalismus waren diese von den * sowjetischen Behörden ausdrücklich verboten, und in einem Spitzelstaat, wo man von Freunden oder Nachbarn verraten werden konnte, war das Aufrechterhalten der musikalischen Tradition nicht ungefährlich – aber es war ein Risiko, das viele Esten auf sich nahmen, um sicherzustellen, dass ihre nationale Identität weiterlebte. Liederfeste gibt es in Estland bereits seit 1869 und die Tradition konnte auch während der Sowjetzeit aufrechterhalten werden. Allerdings mussten die Aufführungen von den Behörden genehmigt werden und russische Lieder waren Pflicht.

1 – Rund eine Million Menschen bildete 1989 den „Baltischen Weg". Die 629 km lange Menschenkette führte von Vilnius (Litauen) über Riga (Lettland) nach Tallinn (Estland). Foto, 23. 08. 1989.

Q1 Auszug aus der **Charta der Estnischen Volksfront 1988:

In ihrer Charta schrieb die Volksfront an diesem Tage fest, dass es sich bei ihr um „eine politische Volksbewegung [handelt], die sich auf die Initiative der Bürger gründet und deren Inhalt die allgemeine Umgestaltung der sozialistischen Gesellschaft auf demokratischen und humanistischen Prinzipien ist, [sowie] die Verwirklichung des Volkswillens durch gewählte Organe seiner Vertreter und die Kontrolle der Tätigkeit der Staatsorgane durch die Öffentlichkeit."

Q2 Aussagen eines Zeitzeugen, der an der „Singenden Revolution" 1989 beteiligt war:

Es ist schwer, dieses Gefühl zu beschreiben; die Freiheit war so nah. Aber warum Lieder? Weil Lieder während der Sowjetzeit die einzige Möglichkeit waren, wie Esten zusammenkommen und gemeinsam [ihre Liebe für ihr Land] ausdrücken konnten. Ob du es glaubst oder nicht, ich habe auch jetzt nach so vielen Jahren noch Tränen in den Augen. Ich denke, es war ein echtes Wunder, dass dieses Liederfest überhaupt stattfand und nicht von den Sowjets aufgelöst wurde.

* Sowjetunion:
Dies war ein sozialistisch regierter Staat (Sozialismus siehe S. 126/127) in Europa und Asien, der 1922–1991 bestand. Die Abkürzung lautete UdSSR und bedeutet „Union der Sozialistischen Sowjetrepubliken". Die UdSSR war eine Diktatur, in der keine anderen Meinungen und Parteien zugelassen waren. Die baltischen Länder Estland, Lettland und Litauen wurden 1939 von der Sowjetunion besetzt und erlangten erst 1991 ihre Unabhängigkeit wieder.

** Charta:
Damit ist eine Erklärung gemeint, in der ein Programm einer Gruppe schriftlich niedergelegt wird.

Lernaufgabe zu Kapitel 4

Industrialisierung – alles auf Kosten der Umwelt?

Die Industrialisierung hat das Leben der Menschen in vielen Bereichen verändert. Mit dieser Veränderung ging auch ein Wandel in der Umwelt einher. Flüsse und Seen wurden mit den Chemikalien der Fabriken verunreinigt, die gleichzeitig als Trinkwasser für die Bevölkerung dienten. Doch nicht alle sahen das Ausmaß der Umweltverschmutzung als gravierend an.

❶ ▪ Beschreibe mithilfe von Q1 die Ursachen für die Probleme der Umwelt.

❷ ▪ Arbeite aus Q2 die Position des Chemikers Konrad Jurisch heraus.

❸ ▪ Werte die Karikatur mithilfe deiner Ergebnisse aus Aufgabe 1 aus und begründe den Untertitel „Your money or your life!".

▶ *Nimm die Methode „Karikaturen untersuchen" von S. 28/29 zu Hilfe.*

❹ ▪ Du hast den Artikel im „Fränkischen Kurier" (Q1) gelesen. Verfasse einen Leserbrief, in dem du deine Position zur Umweltbelastung deutlich machst.

Q1 Im „Fränkischen Kurier" wurde am 11. Mai 1883 über folgendes Ereignis berichtet:

Betreffs des massenhaften Absterbens der Fische im Pegnitzflusse werden ... Mittheilungen über das bisherige Resultat der Untersuchung gemacht. Es ist hieraus zu entnehmen, dass bis zur Stunde die Ursache noch nicht festgestellt werden konnte, da ... das städtische Gaswerk erklärt, dass das Auspumpen des Gaswassers (5000 Kubikmeter) in der Zeit vom 21.–25. April stattgefunden hat, während bekanntlich das Absterben der Fische am 8. Mai erfolgte. Andererseits ist zu erwähnen, dass die Kanalzuleitung aus dem Gaswerk zum Hauptkanal bei der Öffnung einen intensiven Gasgeruch verbreitete. ... Ein ... sezierter abgestorbener Fisch zeigte bei der Öffnung einen starken Gasgeruch. ... Herr Magistratsrath Bollrath gibt bekannt, dass ihm in der Nähe der Fleischbrücke Wohnende mitgetheilt haben, dass sie vor 14 Tagen bereits einen abscheulichen Gasgeruch wahrgenommen hätten und auch der Fluss damals unrein gewesen sei. Da nun die Fleischbrücke oberhalb des Kanalausflusses des Gaswerks liegt, wäre die Möglichkeit nicht ausgeschlossen, dass von derselben Seite, welche vor 14 Tagen irgendeine Flüssigkeit in den Fluss einlaufen ließ, jetzt auch an einer anderen Stelle dieses Manöver versucht wurde.

Q2 Der Chemiker Konrad Jurisch verfasste 1890 ein Gutachten:

Wie weit hat die Fischerei eine Berechtigung gegenüber der chemischen Industrie in der Abwässerfrage? Es hat sich herausgestellt, dass für ganz Deutschland der wirtschaftliche Wert der Industrie, welche Abwässer liefern, ca. tausendmal größer ist als der Wert der Binnenfischerei in Seen und Flüssen ... . Haben sich an einem kleinen Flusse ... so viele Fabriken angesiedelt, dass die Fischzucht in demselben gestört wird, so muss man dieselbe preisgeben [= aufgeben, beseitigen]

... Dieser Grundsatz entspricht nicht nur den Anforderungen des Nationalwohlstandes, sondern auch den wirtschaftlichen Interessen eines jeden Landstriches, das Aufblühen der Industrie zu fördern, selbst auf Kosten der Fischerei.

THE "SILENT HIGHWAY"-MAN.
"Your MONEY or your LIFE!"

1 – Der Tod auf dem Fluss. Englische Karikatur in der Zeitschrift „Punch" von 1858.

Lernaufgabe zu Kapitel 5

Was macht ein Bismarckdenkmal in Bayern?

Nach der Gründung des deutschen Kaiserreichs wurden dort überall in Städten und Dörfern Denkmäler errichtet. Man verehrte beispielsweise den ersten deutschen Kanzler Bismarck bereits zu seinen Lebzeiten in Form von Denkmälern, Statuen, Türmen oder benannte z. B. Straßen und Plätze nach ihm. Auch am oberbayerischen Starnberger See bei Assenhausen finden wir einen Bismarckturm. Wie kann es sein, dass man Otto von Bismarck, der im heutigen Sachsen-Anhalt geboren wurde, in Berlin politisch tätig war und in der Nähe von Hamburg starb, in Bayern in so präsenter Form gedenkt?

❶ ▶ Beschreibe das Denkmal mithilfe von Bild 1 und der Bildunterschrift. Gehe dabei auf Bestandteile, Größe, Material usw. ein.

❷ ▶ Arbeite anhand von Q1 Gründe für die Errichtung des Denkmals heraus.

❸ ▶ Lies den Text von Bild 2. Nenne die Auftraggeber und das Jahr der Fertigstellung. Erkläre, was dies über die Entstehungszeit aussagt. Nutze die Informationen, die du über Bismarck im Kapitel 5 erhalten hast.

❹ ▶ Gruppenarbeit: Findet genauere Details zum Aussehen, Aufbau, Standort, Entstehungszeit sowie Auftraggeber heraus. Recherchiert dazu im Internet.

▶ *Gebt folgende Suchbegriffe ein: „Bismarckturm – Bayern – Starnberger See" und verwendet die Informationen von mehreren Internetseiten, die euch angezeigt werden.*

❺ ▶ Gruppenarbeit

a Erstellt ein Poster mit Informationen zum Bismarckturm am Starnberger See und beantwortet die Frage, warum dieses Denkmal hier steht. Nutzt die Ergebnisse aus Aufgabe 4 und die Internetseiten, die ihr dazu verwendet habt.

b Vergleicht euer Ergebnis mit den Ergebnissen der anderen Gruppen und diskutiert, ob es sinnvoll war, dieses Denkmal hier zu errichten, und ob es sinnvoll ist, es heute noch zu erhalten.

1 – Bismarckturm bei Assenhausen. Der Turm ist 30 m hoch und besteht aus Kalkstein. Die Spitze ist aus Kupfer. Foto, 2011.

2 – Inschrift am nördlichen Aufgang des Bismarckturms. Die Inschrift lautet: „Dieses Denkmal von einem Vereine patriotischer Männer zur immerwährenden Erinnerung an den ersten Kanzler des Deutschen Reiches Fürst Otto v. Bismarck errichtet, ist am 1. Juli 1899 in einem feierlichen Akte der Stadtgemeinde München zur Obhut und als Eigentum übergeben worden. Foto, ohne Jahr.

Q1 **Auf der Nordseite der Arkadenhalle ist eine Bronzetafel angebracht, deren Inschrift wie folgt lautet:**

Nord und Süd auf ewig eins
Ausgelöscht die Grenze des Mains
Heilloser Zwiespalt für immer begraben
Bayern und Pfälzer, Franken u. Schwaben
Wie sie mit Preussen und Hessen und Sachsen
Alle aus einem Stamme gewachsen
Also mit Allen und Allen gleich
Machtvoll geeinigt zum Deutschen Reich
Wer hat dies gewaltig Werk vollbracht
Und alle Feinde zu Schanden gemacht
Wem hat unser Herrgott die Kraft geschenkt
Und die Weisheit, die alles zum Ziele gelenkt
Otto von Bismarck heißt der Mann
Der uns Deutschen das Reich gewann
Das Deutsche Reich vom Fels zum Meer
Darum rage zu seiner Ehr
Auch an dieser Stelle das Mal
Künde den Bergen u. künde dem Thal
Was er geschaffen in großer Zeit
Gott erhalt es in Ewigkeit.

Methodenübersicht

Gewusst wie … arbeiten mit Methode

Methodenübersicht aus den Bänden 6, 7 und 8:

Methoden aus den Bänden 6 und 7:

Informationen beschaffen

Ein Industriemuseum besuchen

1 Vorbereitung des Museumsbesuchs
– Ruft die Website des Museums auf und bittet per E-Mail oder telefonisch um Informationsmaterial.
– Wie gelangt ihr zu dem Museum? Gibt es öffentliche Verkehrsmittel?
– Welche Öffnungszeiten gelten für das Museum? Was kostet der Eintritt?
– Gibt es einen Museumsplan? Welche Themen werden im Museum behandelt?
– Gibt es Führungen, Vorführungen oder ein spezielles Programm für Schulklassen? Gibt es vorgefertigte Erkundungsbögen? Gibt es digitales Material als Zusatzinformation? Stattet eure Handys mit entsprechenden Apps aus.

2 Themen auswählen
– Welche Firma hat hier produziert? Was wurde produziert und wie lief die Produktion ab?
– Wie sahen die Arbeitsbedingungen in diesem Betrieb aus? Wer arbeitete wie lange zu welchen Löhnen? Gab es Schutzvorrichtungen?
– Wie veränderte sich die Umgebung (Wohnverhältnisse, Verkehr, Umwelt)?

3 Vor Ort im Museum
– Verschafft euch am Eingang einen Überblick darüber, was es wo zu sehen gibt (Plan an der Eingangshalle, Infobereich) und wie ihr zu dem Teil mit dem von euch ausgewählten Themenbereich gelangt.
– Besichtigt den Bereich mit einem Erkundungsbogen und fertigt eigene Notizen an. Holt euch zusätzliche Informationen, z. B. mithilfe von QR-Codes.
– Dokumentiert eure Ergebnisse auch mit Fotos. Erkundigt euch vorher, ob dies erlaubt ist.

4 Auswertung des Museumsbesuches
– Was hat euch überrascht und besonders beeindruckt? Könnt ihr zusätzliche Informationen zu bestimmten Firmen im Internet finden?
– Was würdet ihr beim nächsten Besuch eines Museums anders planen?
– Präsentiert eure Ergebnisse der Klasse.

Eine Internetrecherche durchführen

1 Geeignetes Suchwort finden
– Welches Suchwort hilft dir bei deinem Thema weiter?
– Mit welchem Suchwort bekommst du nicht zu viele Suchergebnisse oder zu wenige Informationen?

2 Brauchbarkeit und Übersichtlichkeit prüfen
– Ist der aufgeführte Artikel überschaubar?
– Hat die ausgewählte Seite ein Inhaltsverzeichnis, das dich sofort zu einer brauchbaren Stelle führt?

– Ist die Website von einem glaubwürdigen Anbieter (private Seite, Website eines Unternehmens, einer Schule, eines Museums oder einer Universität)? Verfolgt dieser erkennbare Interessen?
Tipp: Einen Hinweis hierauf kann der Blick in das Impressum einer Website geben.

3 Informationen auswerten
– Ist der gefundene Text für dich verständlich?
– Kannst du das Gelesene mit eigenen Worten wiedergeben?
– Musst du unbekannte Wörter klären? Wenn ja, welche?
– Welche sind die „Schlüsselwörter", die dir beim Verstehen des Textes weiterhelfen?
– Welche Bilder kannst du verwenden, um deine Informationen zu veranschaulichen?
– Notiere von allen Textteilen und Bildern, die du verwendest, die vollständige Internetadresse und das Entnahmedatum (= Quellenangabe).

Informationen ordnen

Eine Mindmap erstellen

1 Thema festlegen und Informationen sammeln
– Wähle ein Thema aus, über das du etwas erfahren möchtest.
– Suche dazu Texte und/oder Bilder.
– Unterstreiche nützliche Informationen zum Thema im vorliegenden Text.
– Überlege, welche Begriffe zusammengehören, und finde Überschriften.

2 Mindmap zeichnen
– Nimm ein unliniertes Papier zur Hand.
– Formuliere das Thema in der Mitte, am besten umrahmst du es.
– Zeichne nun so viele dicke Hauptlinien vom Thema in der Mitte nach außen, wie du Überschriften gefunden hast.
– Schreibe diese an die Enden der Hauptlinien.
– Davon ausgehend zeichnest du weitere, dünnere Zweige. Notiere an deren Ende dazugehörige Stichworte.

3 Symbole und Farben einfügen
– Die Überschriften und besonders wichtige Stichpunkte solltest du jetzt durch Unterstreichen oder verschiedene Farben hervorheben. So kannst du auf einen Blick erkennen, was Ober- und Unterpunkte sind.
– Zum besseren Einprägen kannst du Symbole oder einfache Zeichnungen zu den einzelnen Überschriften malen.

Eine Zeitleiste erstellen

1 Bilder sammeln
– Suche zu Hause Bilder von deiner Familie. Befrage dazu auch deine Eltern und Großeltern.
– Lass dir von deinen Eltern und Großeltern aus deren Leben erzählen.

2 Material ordnen
– Sortiere ähnliche Bilder aus und mache Fotokopien von den ausgewählten Bildern.
– Schreibe zu jedem Bild auf, aus welchem Jahr es stammt.
– Berechne, wie viele Jahre seitdem bis heute vergangen sind.

3 Zeitleiste anlegen
– Nimm eine Tapetenbahn und zeichne darauf einen Zeitstrahl.
– Unterteile den Zeitstrahl auf der Tapetenbahn in mindestens zehn gleiche Abschnitte.
– Schreibe von rechts nach links unter die Markierungen die Jahreszahlen 2020, 2010, 2000, 1990, 1980 …
– Markiere dann die Jahreszahl des aktuellen Jahres.

4 Zeitleiste gestalten
– Lege deine Bilder auf den richtigen Platz auf dem Zeitstrahl. Probiere aus, wie du die Bilder am besten platzierst.
– Klebe die Bilder auf und beschrifte sie.

Informationen fachgerecht auswerten

Sachtexte verstehen

1 Erfassung des Themas
– Worum geht es in dem Text?
– Weißt du bereits etwas über dieses Thema?

2 Beantwortung von Fragen an den Text
– Um welche Sorte von Text (Forschungsbericht, Infotext in einem Museumsführer …) handelt es sich?
– Kannst du die W-Fragen (Wer? – Was? – Wo? – Wann? – Wie? – Warum?) klären?
– Welche Wörter sind unbekannt?

3 Gliederung des Textes
– Wie viele Abschnitte gibt es und worum geht es in den einzelnen Abschnitten?
– Welche Überschriften kann man für die einzelnen Textabschnitte finden?

4 Markierung von Schlüsselwörtern
– Kannst du Unbekanntes mithilfe eines Wörterbuches, des Internets oder im Klassengespräch klären?
– Welche wichtigen Wörter im Text (Schlüsselwörter) hast du markiert?

5 Wiedergabe des Textinhalts
- Ist der Sachtext für dich verständlich oder bestehen weiterhin Unklarheiten?
- Kannst du einer dritten Person über den Text berichten, sodass diese ihn verstehen kann?

Bilder untersuchen

1 Beschreibung der Einzelheiten eines Bildes
- Aus welcher Zeit stammt das Bild (Bildlegende beachten)?
- Welche Personen/Gegenstände sind dargestellt?
- Wie sind sie dargestellt? Beachte dabei Hautfarbe, Kleidung, Kopfbedeckungen usw.
- Gibt es Unterschiede bei der Darstellung der verschiedenen Personen (Größe/Hautfarbe/Ausschmückung)?
- Welche weiteren Gegenstände sind auf dem Bild zu entdecken? Welche Funktion haben diese?

2 Zusammenhänge erklären
- Welche Tätigkeiten üben die Personen aus?
- Wie ist das Verhältnis der Personen zueinander?
- Gibt es Merkmale, die eine besondere Bedeutung haben könnten?
- Was erfahren wir aus dem Bild über das Leben der Menschen zur damaligen Zeit (Lebensumstände, Familiensituation, Arbeitsleben usw.)?

3 Zusätzliche Informationen beschaffen
- Wer war der Auftraggeber der Bilder?
- Was kann man über die dargestellten Personen aus anderen Quellen erfahren?
- Gibt es noch andere Bilder zu diesem Thema?
- Was verstehe ich nicht und wo finde ich dann noch weitere Informationen?

Ein Herrscherbild untersuchen

1 Das Bild beschreiben
- Welchen spontanen Eindruck ruft das Bild bei dir hervor?
- Wer ist dargestellt (siehe Bildlegende)?
- Welche Bildelemente bestimmen das Bild?
- Wie ist das Bild aufgebaut (Mittelpunkt, Hintergrund, Farbgebung)?
- Welche Körperhaltung nimmt der Herrscher ein?

2 Einzelheiten und Symbole (Zeichen) des Bildes entschlüsseln
- Welche Herrschaftszeichen sind auf dem Bild zu finden?

- Was bedeuten diese Herrschaftszeichen (Symbole)?
- Welche Bedeutung hat der Hintergrund des Bildes?

3 Die Aussage des Bildes erschließen
- Welchen Eindruck will der Maler oder sein Auftraggeber mit der Darstellung beim Betrachter wecken?
- Welche Herrscherrolle wird deutlich?
- Was sagt uns das Bild über die damalige Zeit und das Selbstbild des dargestellten Herrschers?

Flugblätter entschlüsseln

1 Thema untersuchen
- Wann entstand das Flugblatt (Bildlegende beachten)?
- Welche Personen, Gegenstände, Ereignisse oder Orte sind dargestellt?
- Wie lässt sich das Flugblatt in die Geschichte einordnen?

2 Gestaltung analysieren
- Welches Format liegt vor? Hoch- oder Querformat?
- Was steht im Vordergrund, was tritt in den Hintergrund?
- Welche Symbole werden verwendet (Tiere mit menschlichen Eigenschaften, Stärken und Schwächen, Gegenstände, Farben)?
- Welche Funktionen haben diese Symbole?
- Wie geht der Verfasser des Flugblatts mit dem Thema um? (Sachgerecht, mit Spott und Hohn, stellt er jemanden oder Missstände bloß?)
- Gibt es Texte auf dem Flugblatt?

3 Zusätzliche Informationen beschaffen
- Wer war der Auftraggeber des Flugblatts?
- Wann und wo wurde das Flugblatt hergestellt? Lies hierzu die Legende des Bildes.
- Gibt es noch andere Bilder zu diesem Thema?

4 Intention erkennen
- Was ist die Botschaft oder Wirkung des Flugblatts?
- An wen richtet sich das Flugblatt?
- Wie wirkt das Flugblatt auf dich?

Geschichtskarten auswerten

1 Thema der Karte finden
- Welches Gebiet ist dargestellt?
- Welcher Zeitraum wird behandelt?
- Um welches Thema geht es?

2 Darstellung des Themas herausarbeiten
- Welche Informationen kann man der Legende der Karte entnehmen?
- Welche Bedeutung haben die Flächenfarben?

– Welche Symbole enthält die Karte und was bedeuten sie?
– Wie groß sind Entfernungen und Ausdehnung eines Gebietes (Maßstab)?

3 Informationen der Karte auswerten
– Welche Aussagen kannst du zu einzelnen Informationen der Karte machen?
– Welche Gesamtaussage der Karte kannst du formulieren?
– Welche Fragen interessieren dich zusätzlich zu den Informationen, die du aus der Karte erhältst?

Textquellen untersuchen

1 Fragen zum Verfasser
– Wer ist der Verfasser?
– Hat der Verfasser die Ereignisse, über die er berichtet, selbst erlebt?
– Versucht der Verfasser neutral zu sein oder ergreift er deutlich Partei für bestimmte Personen?

2 Fragen zum Text
– Um welche Art von Text handelt es sich: Bericht, Erzählung, Inschrift usw.?
– Welche Begriffe sind unbekannt? – Wo kann man eine Erklärung finden?
– Wovon handelt der Text?
– Welcher Gesichtspunkt steht im Mittelpunkt?
– Lässt sich der Text in einzelne Abschnitte gliedern? Welche Überschriften könnten sie erhalten?
– Wie lassen sich die Informationen des Textes kurz zusammenfassen?

3 Textabsicht erklären und Quelle beurteilen
– Welche Sätze enthalten Sachinformationen, welche Sätze geben die Meinung des Verfassers oder sein Urteil wieder?
– Wie kann man diese Unterschiede erkennen?
– Lässt sich mit der Herkunft des Verfassers erklären, warum er einseitig berichtet?

Textquellen vergleichen

1 Jeden Text für sich untersuchen
– Worum geht es in dem Text? (Wer? Wo? Was? Wann?)
– Welche Textsorte liegt vor?
– Was weiß ich über den Autor des Textes?
– Wie ist der Text gegliedert?

2 Vergleich der verschiedenen Texte
– Wo stimmen die Texte überein? Wo machen die Texte verschiedene Aussagen?

– Welche Passagen sind sachlich, welche geben eine Meinung oder Wertung wieder?
– Welche Ursache gibt es für die verschiedenen Darstellungsweisen?
  → Herkunft der Autoren? Absicht der Verfasser?

3 Texte bewerten
– Schenkt man einer Quelle mehr Vertrauen und wenn ja, warum?
– Gibt es Gesichtspunkte, die in beiden Texten unerwähnt bleiben?
– Was kann man zusammenfassend über das behandelte Thema feststellen?

Schaubilder verstehen

1 Thema erfassen
– Welches Thema behandelt das Schaubild? Die Bildunterschrift hilft hierbei.

2 Gestaltung untersuchen
– Welche Bestandteile hat das Schaubild?
– Wofür stehen die verwendeten Farben, Bilder und Zeichen auf dem Schaubild?
– Welchen Zusammenhang gibt es zwischen dem Thema und der Form des Schaubildes?

3 Aussage deuten
– Wie muss das Schaubild gelesen werden? Von oben nach unten, von links nach rechts usw.?
– Wie sind die einzelnen Elemente des Schaubildes miteinander verknüpft?
  Stehen sie z. B. neben- oder untereinander?
  Sind sie durch Pfeile oder Linien verbunden?
– In welchem Zusammenhang stehen die einzelnen Elemente des Schaubildes?
– Fasse zusammen, was du über das dargestellte Thema erfahren hast. Gibt es Informationen, die dir im Schaubild für eine Zusammenfassung fehlen?

Statistiken und Diagramme untersuchen

1 Das Thema klären
– Was ist dargestellt? Informationen zum Thema findest du in Über- oder Unterschriften, Legenden oder anderen Beschreibungen.
– Welcher Zeitraum ist dargestellt?
– Welche Orte, Länder oder Regionen werden in die Statistik einbezogen?

2 Die Darstellung verstehen
- Welche Form der Darstellung wird genutzt (Tabelle, Säulen-, Linien-, Kreis- oder Flächendiagramm)?
- Welche Größen und Maßeinheiten wurden verwendet (z. B. Zeit in Jahren, Einwohnerzahlen, Anteile in Prozent)?
- Wie viele verschiedene Sachverhalte werden dargestellt (z. B. wird die Einwohnerzahl für einen oder mehrere Orte untersucht)?

3 Den Inhalt aufschlüsseln
- Welche besonderen Informationen kann man entnehmen (z. B. größter Wert/kleinster Wert, starke oder plötzliche Veränderungen?
- Welche Entwicklungen kann man ablesen (z. B. Zunahme/Wachstum, Abnahme/Rückgang, Stabilität)?

4 Eine Bewertung finden
- Benötigt man für die Beantwortung der Sachfragen weitere Informationen?
- Welche Ergebnisse kann man zusammenfassend formulieren?
- Welche Folgerungen kann man aus den Daten ziehen?

Ein eigenes Urteil bilden (Sachurteil)

1 Art des Urteils festlegen
- Willst du wissen, was genau passiert ist, und ein Urteil aus der Sicht der damaligen Zeit heraus treffen (Sachurteil) oder möchtest du das Geschehen aus deiner Sicht heute bewerten (Werturteil)?
- Sammle hierzu verschiedene Texte, Berichte von Zeitzeugen oder bildliche Darstellungen zu diesem Thema.

2 Die Glaubwürdigkeit des Materials prüfen
- Finde heraus, ob die Verfasser einen bestimmten Zweck erreichen wollten oder ob sie einen Auftraggeber, der bestimmte Absichten verfolgte, hatten.

3 Aus heutiger Sicht ein begründetes Werturteil formulieren
- Überlege, ob wir heute genauso oder ähnlich handeln wie die Menschen damals. Was spricht dafür, was spricht dagegen? Was hat sich verändert?

4 Urteile abwägen und vergleichen
- Welche Darstellung oder Stellungnahme erscheint einleuchtend?
- Sammle Argumente, die für oder gegen eine bestimmte Beurteilung sprechen.

Ein persönliches Werturteil bilden (Werturteil)

1 Klären, was oder wer beurteilt werden soll
- Welche Einstellungen oder Handlungen von Menschen sollen beurteilt werden?
- Welche Fragestellung steht im Mittelpunkt?
- Hältst du z. B. das Handeln der Menschen für
  - gerechtfertigt oder ungerechtfertigt?
  - vorbildhaft oder abschreckend?
  - Erfolg versprechend oder zum Scheitern verurteilt?
  - wertvoll oder wertlos?

2 Einen Maßstab heranziehen und offenlegen
- Was kann dir für dein Urteil als Maßstab dienen, z. B. die Menschenrechte, das Grundgesetz, eine Religion ...?

3 Ein begründetes Werturteil formulieren
- Wie stehst du zu den damaligen Problemen aus heutiger Sicht?
- Ist das Handeln der Beteiligten aus deiner Sicht gerechtfertigt?
- Würdest du ebenso oder ganz anders handeln?
- Du kannst auch abwägen (einerseits – andererseits), da ein Werturteil nicht immer eindeutig sein muss. Du solltest deine Meinung auf jeden Fall begründen.

4 Urteile vergleichen
- Zu welchen Urteilen sind Mitschülerinnen und Mitschüler oder andere Menschen gekommen?
- Können die Einstellungen und Argumente deiner Mitschülerinnen und Mitschüler dich überzeugen?
- Respektiere die Meinungen der Anderen. Unterschiedliche Menschen, teils mit unterschiedlicher Herkunft, beurteilen Dinge oft verschieden.

Wir entdecken unsere Stadt

1 Luftbilder und Stadtpläne auswerten
- Wo sind auffällige Linien oder Konturen im Stadtbild erkennbar? Wo liegt der Stadtkern?
- Welche besonderen Merkmale einer mittelalterlichen Stadt lassen sich noch erkennen, z. B. Marktplatz, Kirchen, Stadtmauern, Stadttore, Wälle?

2 Flur-, Platz-, Straßennamen analysieren
- Welche Straßen-, Platz- und Flurnamen könnten auf das Mittelalter hinweisen? Achte besonders auf Berufsbezeichnungen.
- Was bedeuten diese Namen?

3 Das Stadtbild beurteilen
– Welche Überreste aus dem Mittelalter lassen sich finden?
– Welche Bauten sind wirklich aus dem Mittelalter? Welche sind nur dem Mittelalter nachempfunden und später gebaut? Für fast jede Gemeinde gibt es beim zuständigen Denkmalamt eine Ortsbeschreibung, die du für deine Entdeckung heranziehen kannst. Dokumentiere deine Entdeckungen mit Fotos und Zeichnungen.

4 Museum und Archiv erkunden
– Welche Quellen und Ausstellungsgegenstände stammen aus dem Mittelalter?
– Versuche möglichst viel über die einstige Funktion der Dinge herauszufinden.
– Sind schriftliche Quellen oder Darstellungen zur mittelalterlichen Geschichte verfügbar? Was verraten sie dir über das städtische Leben im Mittelalter?

Informationen präsentieren

Eine historische Darstellung verfassen

1 Thema der Erzählung festlegen
– Über welches Thema will ich etwas erzählen?
– Was soll im Mittelpunkt der Darstellung stehen?
– Über welchen Zeitraum will ich erzählen, wie kann ich ihn eingrenzen?

2 Informationen beschaffen
– Welche Quellen (z. B. Berichte von Zeitzeugen) gibt es?
– Welche Darstellungen wurden zu meinem Thema bereits geschrieben?
– Wo kann ich suchen? (Bibliothek, Archiv, Museum, Internet, Schulbuch)?
– Wie glaubwürdig sind die Informationen, die ich beschafft habe?

3 Eine historische Darstellung verfassen
– Für wen schreibe ich meine Darstellung? (für meine Mitschülerinnen und Mitschüler, für meinen Lehrer, für meine Eltern)
– Wie beginne ich meine Darstellung? (weit ausholend, mit dem zentralen Ereignis, mit dem Denken oder Handeln einer wichtigen Person)
– Wie verknüpfe ich einzelne Teile der Darstellung?
– Wie mache ich deutlich, dass ein Teil der Darstellung nicht durch Quellen belegt ist? („vermutlich", „wahrscheinlich", „so könnte es gewesen sein")
– Wie beende ich die Darstellung?

Ein Lernplakat erstellen

1 Thema auswählen
Orientiere dich, welche Themen zur Auswahl stehen. Entscheide dich für ein Thema. Du kannst mit einer Partnerin oder einem Partner oder in der Gruppe arbeiten.

2 Wahlthema erarbeiten
Arbeite dein Wahlthema in Partnerarbeit oder Gruppenarbeit durch.
– Lies die Texte, betrachte das Bildmaterial dazu.
– Bereite das Lernplakat vor:
Wie soll die Überschrift lauten?
– Welche Materialien werden benötigt?
Stelle einen Arbeitsplan auf.

3 Material sammeln und auswählen
Sammle Bilder, Texte und weitere Materialien zu deinem Lernplakat. Du kannst in Sachbüchern, in einem Lexikon oder im Internet über das Thema weiter recherchieren. Trage deine Ergebnisse zusammen.

4 Das Lernplakat gestalten
Achte dabei auf Folgendes:
– Die Überschrift muss gut lesbar sein.
– Die Bilder und Fotos müssen zum Thema passen.
– Es muss insgesamt gut erkennbar sein, um welches Thema es geht.
– Die Texte und die Bilder sollten so angeordnet sein, dass die Betrachter schnell das Wichtigste erfassen können.
– Das Lernplakat informiert und zeigt deine Arbeitsergebnisse. Du kannst mithilfe des Plakates das Thema erläutern (Kurzvortrag).

Blaue Schrift: grundlegende Daten und Begriffe

Grundlegende Daten

1776:	Amerikanische Unabhängigkeitserklärung
1789:	Beginn der Französischen Revolution
1806:	Ende des Heiligen Römischen Reiches
	Gründung des Königreichs Bayern
1815:	Wiener Kongress
1832:	Hambacher Fest
1848/49:	Revolution in Deutschland
1871:	Reichsgründung

A

Arbeiterbewegung

Entstand als Folge der durch die Industrialisierung hervorgerufenen sozialen Missstände. Die zunehmende Verelendung der Arbeiter durch niedrige Löhne, lange Arbeitszeiten, schlechte Wohn- und Arbeitsverhältnisse usw. führte nach ersten spontanen Protestaktionen zu einer organisierten Bewegung. Die abhängigen Lohnarbeiter schlossen sich in Gewerkschaften, Genossenschaften und Arbeiterparteien zusammen.

Arbeiterklasse

Dies ist die Bezeichnung für die gesellschaftliche Großgruppe der Arbeiter, die im Kampf gegen die Unternehmer und für ihre Rechte das Bewusstsein einer Zusammengehörigkeit entwickelten und sich deshalb als Klasse verstanden.

Aufklärung

Dies ist eine Reformbewegung, die in der 2. Hälfte des 17. und im 18. Jahrhundert in fast allen Lebensbereichen zu neuen Ideen und Denkweisen führte. In der Politik richteten sich die Aufklärer gegen die uneingeschränkte Macht des Königs. Sie traten für Meinungsfreiheit, Menschenrechte und ein von Vernunft geprägtes Handeln ein.

B

Otto von Bismarck (1815–1898)

Otto Fürst von Bismarck war ein preußischer Politiker, der von 1815–1898 gelebt hatte. Der Sohn eines Landadligen wurde 1847 Abgeordneter im preußischen Landtag. Von 1851 bis 1862 war er preußischer Gesandter in Frankfurt, St. Petersburg und Paris, bevor er 1862 von König Wilhelm I. zum preußischen Ministerpräsidenten und Außenminister ernannt wurde. Ab 1871 bekleidete er außerdem bis zu seiner Entlassung im Jahr 1890 das Amt des ersten deutschen Reichskanzlers. Bismarck gilt bis heute als der eigentliche Gründer des deutschen Kaiserreichs.

Bundesstaat

Dies meint den Zusammenschluss mehrerer Staaten zu einem Gesamtstaat mit einer gemeinsamen Regierung, aber auch Bereichen, in denen jedes Mitglied selbstständig bleibt.

Bündnispolitik

So wird die Außenpolitik Bismarcks bezeichnet, der den Frieden zwischen den europäischen Großmächten durch ein Geflecht von Bündnisverträgen sichern wollte.

Bürgertum

Darunter versteht man eine Gesellschaftsschicht, die über Besitz und Bildung verfügte. Die Mitglieder kamen zwar aus unterschiedlichen sozialen Gruppen, hatten aber die gleichen Interessen. Der Zugang zur Teilhabe an politischen Entscheidungen war ihnen allerdings verwehrt.

D

Demokratie

Dies ist eine Regierungsform, in der der Wille des Volkes – ausgedrückt durch unmittelbare Teilnahme an den politischen Entscheidungen (direkte Demokratie) oder Wahlen (repräsentative Demokratie) – bestimmend ist. Kennzeichen der modernen Demokratie sind u. a. Garantie der Menschenrechte, allgemeines, gleiches und geheimes Wahlrecht, Gewaltenteilung, Mehrparteiensystem, Minderheitenschutz.

Deutscher Bund

Auf dem Wiener Kongress 1815 schlossen sich 34 deutsche Einzelstaaten (Territorialstaaten) und vier freie Städte im Deutschen Bund zusammen.

Deutsches Kaiserreich

Das deutsche Kaiserreich existierte 1871–1918. Es stellte nach dem Ende des Heiligen Römischen Reiches Deutscher Nation im Jahr 1806 das zweite Kaiserreich auf deutschem Boden dar. An diese Zählweise anknüpfend sprachen die Nationalsozialisten zwischen 1933 und 1945 vom sogenannten „Dritten Reich". Als erster deutscher Kaiser wurde der preußische König Wilhelm I. erhoben.

3. Stand

Er bildete zur Zeit des Absolutismus die Mehrzahl der Bevölkerung: Bauern, Kleinbürger, Großbürger.

E

Eisenbahn

Eine Triebkraft für die Industrialisierung war in Deutschland und besonders in Bayern der Eisenbahnbau in den Jahren 1840–1870. Dies betrifft sowohl den Bau von Lokomotiven und Wagen für die Entwicklung der Maschinenindustrie als auch die Beförderung von Kohle.

Exekutive

Dies ist die ausführende der drei Staatsgewalten (siehe Judikative und Legislative). In einer Demokratie sind dies die frei vom Volk gewählte Regierung und ihre Ausführungsorgane wie die Polizei oder verschiedene Ämter.

F

Fabrik

(lat.: fabrica = Werkstätte). So wird ein Großbetrieb mit oft mehreren Hundert Arbeiterinnen und Arbeitern und maschineller Fertigung von Erzeugnissen bezeichnet. Der Aufstieg der Fabriken begann mit der Industrialisierung zunächst in England.

Feudalsystem

Dies bezeichnet die Herrschaft des Königs und des Adels, die im mittelalterlichen System des Lehnswesens und der Grundherrschaft begründet liegt. Der Feudalismus beinhaltet verschiedene Abhängigkeiten der Bevölkerungsgruppen.

G

Generalstände

Dies ist seit dem Beginn des 14. Jahrhunderts die Versammlung der Vertreter der drei Stände von ganz Frankreich. Sie hatten die Aufgabe, den König zu beraten und Steuern zu bewilligen. Seit der Volljährigkeit Ludwigs XIV. wurden sie nicht mehr einberufen, erst 1789 traten sie wieder zusammen.

Gewaltenteilung

Nach Ansicht der Aufklärer sollte die Gewalt in einem Staat in drei voneinander unabhängige Gewalten aufgeteilt sein: in die gesetzgebende, die vollziehende und die rechtsprechende Gewalt. Damit sollte dem Machtmissbrauch durch einen absolut herrschenden König vorgebeugt werden.

Gewerkschaft

So bezeichnet man die Vereinigung abhängig Beschäftigter zur Vertretung ihrer Interessen gegenüber dem Arbeitgeber.

Genossenschaft

So nennt man einen Zusammenschluss von Menschen, um Arbeitsbedingungen in einem Betrieb oder einem Gewerbe zu verbessern. Dies beinhaltete oft eine Unterstützungskasse für in Not geratene Handwerker und Arbeiter.

Großstadt

Mit einer Bevölkerung von 100 000 Einwohnern wird heute eine Stadt als Großstadt bezeichnet. Im Zusammenhang mit der Bevölkerungszunahme und der Landflucht während der Industrialisierung entstanden in Europa Großstädte, die sich durch ein dichtes Verkehrsnetz und reges wirtschaftliches und kulturelles Leben auszeichneten.

Grundrechte

Die Menschen- und Bürgerrechte werden auch als Grundrechte bezeichnet. In den Grundrechten sind die Pflichten des Staates und die individuellen Rechte und Freiheiten der Bürger festgelegt.

I

Industrialisierung

Darunter versteht man Veränderungen der Wirtschafts-, Arbeits- und Lebensweise seit Anfang des 19. Jahrhunderts. Ursachen waren unter anderem Erfindungen wie die Spinn- und Dampfmaschine. Die Umwälzung der Arbeitswelt und der Gesellschaft ist durch verbreitete Anwendung von Maschinen geprägt.

J

Jakobiner

Dies ist ein politischer Klub radikaler Republikaner während der Französischen Revolution, dessen Mitglieder sich erstmals in dem ehemaligen Pariser Kloster St. Jacob trafen.

Judikative

Richterliche Gewalt im Staat; sie ist eine der drei Staatsgewalten (siehe auch Exekutive und Legislative).

K

Kolonie

Dies sind die überseeischen Besitzungen eines europäischen Staates.

Kolonialismus/Kolonialherrschaft

Dies bezeichnet die Eroberung und Ausbeutung zumeist überseeischer Gebiete durch militärisch überlegene Staaten (vor allem aus Europa). Die Kolonialmächte errichteten in den unterworfenen Ländern Handelsstützpunkte und Siedlungskolonien. Sie verfolgten vor allem militärische und wirtschaftliche Ziele. Durch die Kolonisation der Europäer verloren schätzungsweise 1,5 Millionen Indianer ihr Leben. Sie kamen durch schwere Arbeit und Seuchen um oder wurden von den Europäern ermordet.

Kommunismus

So wird die weltweite politische Bewegung bzw. die seit der Oktoberrevolution 1917 in Russland an die Macht gekommene politische Herrschaftsform bezeichnet. Oft wird der Begriff auch stellvertretend für Sozialismus verwendet.

Konstitutionelle Monarchie

Dies ist eine Staatsform, in der die absolute Macht des Monarchen durch eine Verfassung (Konstitution) beschränkt wird. Sie wurde zuerst in England verwirklicht. Die Verfassung garantiert dem Parlament Rechte, z. B. Gesetze zu erlassen und die Finanzen zu kontrollieren.

L

Legislative

(lat.: lex = Gesetz). Sie ist zuständig für die Beratung und Verabschiedung von Gesetzen; sie ist eine der drei Staatsgewalten (siehe auch Exekutive und Judikative).

Lehen

(= Geliehenes). Im Mittelalter das Nutzungsrecht an einer Sache (Grundbesitz, Rechte, Ämter). Es wird vom Eigentümer (Lehnsherrn) an einen Lehnsmann übertragen. Der Lehnsmann verspricht dem Lehnsherrn dafür die Treue und bestimmte Leistungen.

Liberalismus

Liberalismus heißt eine politische Einstellung, deren Anhänger für das politische Mitspracherecht des Einzelnen eintraten und die Garantie von Grundrechten forderten, ohne dabei vom Staat wesentlich eingeschränkt zu werden. Liberale treten auch für Gewaltenteilung, Rechtsstaat und Pressefreiheit ein.

M

Manufaktur

(lat. manus = Hand, factura = das Machen). Bezeichnung für eine Betriebsform, die es erlaubt, große Mengen Waren an einer Arbeitsstätte arbeitsteilig, aber noch nicht maschinell herzustellen. Die Manufaktur ist eine Übergangsform von einem Handwerksbetrieb zu einer Fabrik.

Mediatisierung

Reichsunmittelbare Gebiete des Deutschen Reiches wurden bei der Neuordnung durch Napoleon 1803 an andere deutsche Länder vergeben.

Menschen- und Bürgerrechte

Unantastbare und unveräußerliche Freiheiten und Rechte jedes Menschen gegenüber den Mitmenschen und dem Staat. Dazu gehören das Recht auf Leben, auf freie Entfaltung der Persönlichkeit und das Recht auf Eigentum. Nach dem Vorbild der Unabhängigkeitserklärung der Vereinigten Staaten 1776 verkündete die französische Nationalversammlung 1789 die Erklärung der Menschen- und Bürgerrechte. Die Menschenrechte wurden seit dem 19. Jahrhundert in viele Verfassungen aufgenommen und 1948 von den Vereinten Nationen in der Menschenrechtskonvention als unveräußerliche Grundrechte jedes Menschen verabschiedet.

Militarismus

Als Militarismus bezeichnet man eine Politik der Hochrüstung eines Staates, z. B. Deutschlands in der Zeit vor dem Ersten Weltkrieg, bei der alle anderen staatlichen Ausgaben zugunsten der Rüstungsausgaben zurückgestellt werden. Das militärische Denken bestimmt dann weitgehend die zivile Gesellschaftsordnung.

Monarchie

(griech. = Alleinherrschaft). In der Staatsform der Monarchie übt eine einzelne Person, der König / die Königin, die Herrschaft aus. In der absoluten Monarchie herrscht der Monarch uneingeschränkt, in der konstitutionellen Monarchie ist der Monarch an eine Verfassung (Konstitution) gebunden, die einer Volksvertretung Rechte bei der Gesetzgebung zugesteht.

N

Napoleon

Französischer Feldherr, Staatsmann und Monarch, der 1769 in Ajaccio (Korsika) geboren wurde und 1821 auf der Insel St. Helena starb. Er beendete die Französische Revolution und eroberte in zahlreichen Feldzügen große Teile Europas. Mit dem Russlandfeldzug 1812 begann sein Abstieg, der mit der Verbannung auf St. Helena endete.

Nation

Als solche versteht sich eine große Gruppe von Menschen, die durch Sprache, Sitten, Gebräuche und Geschichte eine gemeinsame Herkunft (lat. natio = Abstammung, Herkunft) haben.

Nationalismus

Dies ist eine politische Einstellung. Nationalisten forderten im 19. Jahrhundert ein geeintes Deutschland mit demokratischer Verfassung, in dem sich das Volk als eine Nation verstand.

Nationalstaat

Ein Staatswesen, in dem sich die Angehörigen als einheitliche Nation fühlen und bekennen. Man unterscheidet zwischen alten und jungen Nationalstaaten: Alte Nationalstaaten wie Frankreich entstanden schon im Mittelalter, während sich junge Nationalstaaten erst im 19. und 20. Jahrhundert bildeten.

Nationalversammlung

Eine verfassunggebende Versammlung von Abgeordneten, die die ganze Nation vertritt.

P

Parlament

(franz. parler = reden). Dies ist die Bezeichnung für die Versammlung der Vertreter des Volkes, die – nach Rousseau – auch die Gesetze beschließen soll. Eine andere Bezeichnung des Parlaments ist Nationalversammlung.

Proletariat

So bezeichnet man die Klasse der Lohnarbeiter in der industrialisierten Gesellschaft. Sie besitzen nichts außer ihren Nachkommen (= lat. proles), verfügen über keine Produktionsmittel wie Maschinen oder Fabriken und müssen vom Verkauf ihrer Arbeitskraft leben.

R

Reichsgründung

Bezeichnung für die Gründung des Deutschen Reichs nach dem Krieg gegen Frankreich 1871.

Reichstag

So wurde das Parlament während der Zeit des Deutschen Kaiserreichs 1871–1918 genannt. Dort versammelten sich die vom Volk gewählten Abgeordneten. Der Begriff bezeichnet zudem das 1894 in Berlin vollendete Gebäude. Die Aufschrift „Dem Deutschen Volke" kennzeichnet seinen Zweck. Das Reichstagsgebäude ist auch heute Sitz des Deutschen Bundestages.

Reichsverfassung
Verfassung des Deutschen Reichs von 1871 mit Wahlen zum Reichstag, aber starker Stellung des Königs von Preußen als Kaiser.

Republik
(lat. res publica = die Öffentliche Sache). Dies ist ein Begriff für eine Staatsform mit einer gewählten Regierung, in der das Volk oder ein Teil des Volks die Macht ausübt.

Restauration
Bezeichnung für die Wiederherstellung der alten Ordnung nach einem Aufstand.

Revolution
Dies ist ein aus der Astronomie entlehntes Fremdwort, das den Umlauf der Himmelskörper beschreibt. Es meinte im 17. Jh. eine Wiederherstellung eines politisch-gesellschaftlichen Zustands. Ab dem 18. Jh. hat das Wort die Bedeutung des politischen Umsturzes.

Rheinbund
Im Jahr 1806 traten 16 deutsche Reichsstädte und Fürstentümer aus dem Deutschen Reich aus. Sie gründeten den Rheinbund, dessen Schutzherr Napoleon war.

S

Säkularisation
Als Entschädigung für Gebietsverluste während der napoleonischen Herrschaft erhielten weltliche Fürsten seit 1803 Gebiete, die sich in Kirchenbesitz befanden. Während der Säkularisation wurden Klöster aufgehoben und Wertgegenstände durch den Staat eingezogen.

Schreckensherrschaft
Die radikalen Jakobiner unter Robespierre errichteten nach der Hinrichtung des französischen Königs eine Schreckensherrschaft. Jeder, der verdächtigt wurde, die Revolution nicht zu unterstützen, wurde vor ein Schnellgericht gezerrt und in der Regel hingerichtet.

Souveränität
Darunter versteht man die Fähigkeit einer Person zu eigenständigem Denken und unabhängigen Handlungen. Eine souveräne Person ist zur Selbstbestimmung fähig.

Soziale Frage
So nennt man die Notlage und die ungelösten sozialen Probleme der Arbeiterschaft im 19. Jahrhundert, die mit der Industrialisierung entstanden waren.

Sozialgesetzgebung
Dies sind unter Bismarck eingeführte Gesetze zur Verbesserung der Arbeits- und Lebensverhältnisse benachteiligter Schichten wie Arbeiter, Lehrlinge und alte Menschen.

Sozialismus
(vom Lateinischen socius = Bundesgenosse; gemeinsam). Diese Lehre geht auf Karl Marx und Friedrich Engels zurück. So bezeichnet man eine Lehre, deren Ziel eine ideale Gesellschaft darstellt, in der die Ungerechtigkeit der Lebensverhältnisse in der industriellen Zeit überwunden wird. Die sozialistische Bewegung teilte sich in zwei Lager: den „demokratischen" Sozialismus, der das Ziel auf parlamentarisch-demokratischem Wege erlangen will (SPD), und einen sozialistisch-kommunistischen Weg, der dies mittels eines revolutionären Umsturzes erreichen will (Marx und Engels).

Stand
Frankreich war im 18. Jahrhundert noch wie die Ständegesellschaft des Mittelalters von einer festen Ordnung geprägt. Der 1. Stand war der Klerus (Geistlichkeit), der 2. Stand der Adel und im 3. Stand sammelte sich der Großteil der Bevölkerung, z. B. Bauern, Handwerker und Bürger.

U

Unternehmer
Eine Person, die einen Gewerbebetrieb als wirtschaftliches „Unternehmen" führt. Während der Industrialisierung kam den Leitern und Besitzern der jetzt entstehenden Industrieunternehmen, der Fabriken, immer größere Bedeutung zu. Sie entschieden über Investitionen, Einstellung und Entlassung der Arbeiter und z. B. Formen der Produktion.

Urbanisierung
Schnelles Wachstum der Stadtbevölkerung gegenüber Rückgang der Landbevölkerung führte besonders während der Industrialisierung zur Urbanisierung, d. h. Verstädterung.

V

Verfassung
Eine Verfassung legt fest, welche Aufgaben und Rechte die Bürger haben und wer den Staat regiert.

Vernunft
Die Vernunft sollte nach Auffassung der Aufklärung das Denken und Handeln der Menschen bestimmen.

Volkssouveränität
Hiermit wird die demokratische Herrschaft begründet, nach der alle Macht vom Volk ausgeht. Durch Wahlen und Abstimmungen bestimmt es die Poltik.

W

Wahlrecht
Dies ist das Recht des Volkes, in regelmäßigen Abständen durch die Wahl von Abgeordneten an der staatlichen Herrschaftsausübung teilzunehmen und sie zu kontrollieren. Der Kampf um die Ausweitung des Wahlrechts auf alle erwachsenen Bürger, unabhängig von Geschlecht, Rasse oder Einkommen, bestimmte das 19. Jahrhundert, da das Wahlrecht meistens an eine bestimmte Steuerleistung gebunden und auf die Männer beschränkt war (Zensuswahlrecht).

Register

Blaue Schrift: grundlegende Daten und Begriffe
*Worterklärungen

A

*Ablass 191
Absolutismus 12, 26 f.
~, Staatsordnung 13
Adel 26
Ägypten 178
*Akkordarbeit 118
*Aktivbürger 36 f., 39
Allgemeiner Deutscher Arbeiterverein 126
*Alliierte 149, 194
Al Qaida 44, 199
Altersversicherung 130, 150 f.
Angestellte 116 f.
*Anglikanische Kirche 16
Arabischer Frühling 178, 180 f.
Arbeiter, Arbeiterin 116
Arbeiterklasse 116
*Arrondissement 53
*Artillerie 52
*Atombombe 196
Aufklärer 12
Aufklärung 12, 26, 45, 174
Aufstand 17. Juni 1953 180
Augsburg 183

B

*Bäcker 34
*Balkan 194
Ballhausschwur 30 f.
Barrikadenkämpfe 89
Bastille, Sturm auf die 32 f., 45, 168
Bayern 58–61, 101, 148
Bebel, August 127
Befreiungskriege 66 f., 70, 73
Berlin, Revolution 1848 90 f.
Beschwerdehefte 30 f.
*bin Laden, Osama 199
Bismarck, Otto von 130, 135, 140 f.
Blum, Robert 96 f.
Bolívar, Simón 174 f., 181
Bolivien 175
*Boston, Massaker von 22
Boston Tea Party 22 f.
*Brexit 179
Brüderlichkeit 34
Bürger 172
Bürgertum 26
Bundesadler 43
*Bundesstaat 94
Bundestag
~, Frankfurt a. M. 83
~, Deutscher 43
*Bundesversammlung 92
Bürgertum 172
Burschenschaft 84

C

Caesar, Gaius Julius 188 f.
Cholera 122 f.
Christen 190 f.
Cicero 189
Code Civil (auch: Code Napoleon) 56 f., 62, 73

D

Dampfmaschine 109, 133
Denkmal 68, 158
*Département 53
Deutsch-Dänischer Krieg (1864) 158, 163
Deutsch-Französischer Krieg (1870/71) 142, 163
Deutscher Bund 78, 82 f., 92, 101
Deutscher Zollverein 110, 133
Deutsches Kaiserreich 142
~, Ausrufung 142, 163
Deutsches Reich, Gründung 142
„Deutschlandlied" 162
*dezimieren 19
Diderot, Denis 13
Diktator 174
Dinkelsbühl 172 f.
Direktorium 41
*Dreher 116
Dreibund 152
Dreikaiserbündnis 152
Dreißigjähriger Krieg 192 f.

E

Ecuador 175
*„Einigungskriege" 158
Eisenbahn, Eisenbahnnetz 110, 133
Eisen- und Stahlindustrie 110
Elsass-Lothringen 142, 152, 154
*Emanzipation 13
Engels, Friedrich 126 f.
*Enzyklopädie 13
*epochemachend 23
Epochenwandel 132
Erbfeind 158
Erklärung der Menschen- und Bürgerrechte 34–36
Erklärung der Rechte der Frau und Bürgerin 37
Erster Weltkrieg 194 f.
Erziehung, Kaiserreich 160 f.
Europa, Neuordnung 80 f.
*Europäische Union 200

F

Fabrik 109, 113, 118 f.
Fabrikbesitzer 116
Fabrikordnung 118 f.
Familie, bürgerliche 160
*Feudallasten 17
*Feudalsystem 52
*Flachs 108
Fließbandarbeit 118
*Fraktion 92
Franc 53
Frankfurter Paulskirche 92
Franklin, Benjamin 25

* **Dieser Text ist aus didaktischen Gründen gekürzt.**
** **Einzelne Formulierungen dieses Textes wurden aus didaktischen Gründen vereinfacht.**
Die Sterne beziehen sich jeweils auf die unmittelbar zuvor stehende Quellenangabe.

1. Neues Denken stürzt alte Ordnung

S. 13 Q1: Louis XIV., Mémoires, publ. par Jean Longnon, Paris 1927, in: Fritz Dickmann (Übers. u. Hg.): Geschichte in Quellen, Bd. 3: Renaissance – Glaubenskämpfe – Absolutismus, hg. v. Wolfgang Lautemann, Manfred Schlenke, München (bsv) 1976, S. 429 f.   **S. 13 Q2:** Erich Stahleder, Erich (Hg.): Absolutismus und Aufklärung, Ebenhausen (Langewiesche-Brandt) 1982, S. 136 f.**   **S. 13 Q3:** Irmgard A. Hartig und Paul Hartig (Hg.): Die Französische Revolution im Urteil der Zeitgenossen und der Nachwelt, Stuttgart (Klett) 1990, o. S.**   **S. 17 Q1:** Die Amerikanische Revolution in Augenzeugenberichten, hg., eingel. u. übers. v. Willi Paul Adams u. Angela Meurer Adams, München (dtv) 1976, S. 19 f.*   **S. 19 Q1:** Zit. n. Heinz Josef Stammel, (Hg.): Die Indianer. Die Geschichte eines untergegangenen Volkes, München (Wilhelm Goldmann Verlag) 1979, S. 91/92.*   **S. 19 Q2:** Zit. n. Dee Brown, Begrabt mein Herz an der Biegung des Flusses, übers. v. Helmut Degner, Hamburg (Hoffman und Campe Verlag) 9. Aufl. 1993, S. 239 f.*   **S. 20 Q1:** http://web.archive.org/web/20080501141825/http://www.northern.edu/hastingw/bau-medts.htm, zit. n. http://de.wikipedia.org/wiki/Wounded_Knee (Download am 24. 02. 2012)*   **S. 21 Q2:** Zit. n. Dies sind meine Worte. Indianische Reden, ausgw. und übers. v. Rudolf Kaiser (Hg.), Münster (Coppenrath) 1987, S. 21.*   **S. 21 Q3:** Zit. n. Heinz Josef Stammel, (Hg.): Die Indianer. Die Geschichte eines untergegangenen Volkes, München (Wilhelm Goldmann Verlag) 1979, S. 103/104.*   **S. 23 Q1:** Willi Paul Adams, Die USA vor 1900, München (Oldenbourg) 2000, S. 39.**   **S. 23 Q2:** Eugen Lennhoff, Oskar Posner, Dieter Binder, Internationales Freimaurerlexikon. 5., überarb. u. erw. Neuaufl., München (Herbig) 2006, S. 148. **S. 25 Q1:** Zit. n. Karl-Heinrich Peter (Hg.): Briefe zur Weltgeschichte, Cotta (Stuttgart) 1962, S. 202.*   **S. 25 Q2:** Zit. n. Alan Nevins, Geschichte der USA, übers. v. Ernst Betz, Bremen (Schünemann) 1965, o. S.*   **S. 27 Q1:** Zit. n. Robert R. Palmer, Das Zeitalter der demokratischen Revolution : eine vergleichende Geschichte Europas u. Amerikas von 1760 bis z. Franz. Revolution, übers. v. Herta Lazarus, Frankfurt a. M. (Akademische Verlagsges. Athenaion) 1959. **S. 27 Q2:** Zit. n. Rolf Reichardt, Rolf (Hg.), Ploetz: Die Französische Revolution, Freiburg (Herder) 1988, S. 35.*   **S. 31 Q1:** Zit. n. Ina Hartig/Paul Hartig (Hg.), Die Französische Revolution, Stuttgart (Klett) 1984, S. 34 ff.*   **S. 31 Q2:** Zit. n. Walter Markov (Hg.), Die Französische Revolution im Zeugenstand, Bd. 2, Leipzig (Reclam) 1982, S. 71.*   **S. 33 Q1:** Zit. n. Walter Markov (Hg.), Die Französische Revolution im Zeugenstand, Bd. 2, Leipzig (Reclam) 1982, S. 102 f.*   **S. 33 Q2:** Cahier de doléances des femmes en 1789 et autres textes; zit. n. Geschichte auch für Mädchen, hg. v. Landesregierung NRW, übers. v. Sabine Franzen, Düsseldorf o. J., S. 20.**   **S. 35 Q1:** Zit. n. Marcel Gauchet, Die Erklärung der Menschenrechte. Die Debatte um die bürgerlichen Freiheiten 1789, übers. v. Wolfgang Kaiser, Reinbek (Rowohlt) 1991, o. S.**   **S. 37 Q1:** Zit. n. Wolfgang Lautemann, Manfred Schlenke (Hg.), Geschichte in Quellen, Bd. 4: Amerikanische und Französische Revolution, bearb. v. Wolfgang Lautemann, Wolfgang, München (bsv) 1970 S. 304.*   **S. 37 Q2:** Zit. n. Lottemi Doormann, Ein Feuer brennt in mir, Weinheim (Beltz & Gelberg) 1993, S. 104 f.*   **S. 37 Q3:** Frysak, Viktoria, http://olympe-de-gouges.info/ (Abruf: 14. 01. 2015)*   **S. 41 Q1:** Wolfgang Lautemann, / Manfred Schlenke (Hg.): Geschichte in Quellen, Amerikanische und Französische Revolution, München (bsv) 1981, S. 329 f. Quelle dort: Moniteur: Réimpression de l'ancien Moniteur, Seutl histoire authentique et inalterée de la Révolution francaise depuis la réunion des États Généraux jusqu'au Consulat, 32 Bde., Paris, 2. Aufl. 1854–1870, übers. v. W. Lautemann und I. Jaspert.*   **S. 41 Q2:** Zit. n. Martin Göhring, Die Geschichte der großen Revolution , Bd. 2, Vom Liberalismus zur Diktatur, Tübingen (Mohr) 1951, S. 382.*   **S. 43 Q1:** http://www.gesetze-im-internet.de/gg (Abruf: 26. 03. 2019)*   **S. 44 Q1:** Barack Obama: Rede beim „Konzert der Hoffnung" am 11. September 2011, zit. nach: http://blogs.usembassy.gov/amerikadienst/category/terrorismus *

2. Napoleon und die Umgestaltung Europas

S. 53 Q1: Zit. n. Irmgrad und Paul Hartig, Die Französische Revolution, Stuttgart (Klett) 1981, S. 116 ff.*
S. 53 Q2: Friedrich M. Kircheisen, Gespräche Napoleons des Ersten, Stuttgart (Lutz) 1912, o. S.*   **S. 57 Q1:** Zit. n. Bernd Sösemann, Revolution und Reform, Stuttgart (Klett) 1997, S. 54 f.*   **S. 59 Q1:** Zit. n. Churbaierisches Intelligenzblatt, München, 1. 1.1804, zit. n. https://books.google.de/books?id=VqREAAAAcAAJ&pg=PA5&lpg=PA5&dq=die+schule+soll+das+ganze+Jahr+hindurch&source=bl&ots=Xwa9X7yGel&sig=ACfU3U1DNq3Ik8ZdomzlqPFqEnvSOCj6GQ&hl=de&sa=X&ved=2ahUKEwiT4OLh4pjiAhWEr6QKHbd5CmYQ6AEwB3oECAgQAQ#v=onepage&q=die%20schule%20soll%20das%20ganze%20Jahr%20hindurch&f= false **   **S. 61 Q1:** Zit. n. Reinhard Bauer,

Ernst Piper, München. Die Geschichte einer Stadt. München (Piper) 1993, S. 115.*   **S. 61 Q2:** Zit. n. Reinhard Bauer, Ernst Piper, München. Die Geschichte einer Stadt. München (Piper) 1993, S. 115. **S. 63 Q1:** Zit. n. Napoleon und Bayern: Katalog zur Bayerischen Landesausstellung 2015; Bayerisches Armeemuseum, Neues Schloß Ingolstadt, 30. April bis 31. Oktober 2015/hg. von Margot Hamm, Darmstadt (Theiss) 2015, S. 139.*   **S. 63 Q2:** Briefe Napoleons des Ersten, herausgegeben von F. M. Kircheisen, 3 Bände, Stuttgart 1910, zit. n. Deutschland unter Napoleon in Augenzeugenberichten, hg. und eingel. v. Eckart Kleßmann, München (dtv). **S. 65 Q1:** Zit. n. Wolfgang Venohr u. Friedrich Habermann, Brennpunkte der deutschen Geschichte. 1450–1850, Kronberg/Ts. (Athenäum) 1978, S. 160.*   **S. 65 Q2:** Zit. n. Friedrich Sieburg (Hg.), Gespräche mit Napoleon, München (dtv) 1962, S. 205.* **S. 67 Q1:** Zit. n. Georges Pernoud (Hg.), Die Französische Revolution in Augenzeugenberichten, übers. v. Carl Hagen Thürnau, Düsseldorf (Rauch) 1962. **S. 71 Q1:** Gedichte Ludwigs I., Königs von Bayern, München (Cotta'sche Buchhandlung) 1847, S. 194.*   **S. 72 M1:** Zit. n. Napoleon und Bayern: Katalog zur Bayerischen Landesausstellung 2015; Bayerisches Armeemuseum, Neues Schloss Ingolstadt, 30. April bis 31. Oktober 2015/hg. von Margot Hamm, Darmstadt (Theiss) 2015, S. 7.*

3. Deutschland zwischen Freiheitsstreben und Fürstenmacht

S. 81 Q1: Zit. n. Klaus Günzel, Der Wiener Kongress. Geschichte und Geschichten eines Welttheaters. München (Koehler & Amelang) 1995, S. 127. **S. 83 Q1:** Zit. nach Günter Schönbrunn (Hg.), Das bürgerliche Zeitalter 1815–1914 (= Geschichte in Quellen, Bd. V, hg. v. Wolfgang Lautemann und Manfred Schlenke), Bayerischer Schulbuchverlag, München 1980, S. 27.**   **S. 85 Q1:** Johann August Wirth, Das Nationalfest der Deutschen zu Hambach, Nachdruck der Ausgabe von 1832, Neustadt a. d. Weinstraße (Meininger) 1981, S. 12 f.*   **S. 85 Q1:** Zit. n. Manfred Görtemaker, Deutschland im 19. Jahrhundert (= Schriftenreihe der Bundeszentrale für politische Bildung, Band 274), Bonn 1989, S. 92 f.*   **S. 87 Q1:** August Hoffmann von Fallersleben (Hg.), Schlesische Volkslieder mit Melodien aus dem Munde des Volkes, Leipzig (Breitkopf & Härtel) 1842, S. 307. **S. 87 Q2:** August Hoffmann von Fallersleben, Unpolitische Lieder, zweiter Teil, Hamburg (Hoffmann & Campe) 1841, o. S. **S. 89 Q1:** Zit. n.: Karl Obermann (Hg.), Flugblätter der Revolution, Berlin (Verlag d. Wissenschaften) 1970, S. 61 ff. **S. 89 Q2:** Zit. n. Hans Jessen (Hg.), Die deutsche Revolution 1848/49 in Augenzeugenberichten, München (dtv) 1973, S. 23. f. u. 46 f.

S. 92 Q1: Zit. nach Günter Schönbrunn (Hg.), Das bürgerliche Zeitalter 1815–1914 (=Geschichte in Quellen, Bd. V, hg. v. Wolfgang Lautemann und Manfred Schlenke), Bayerischer Schulbuchverlag, München 1980, S. 228 f. Quelle dort: Ernst Rudolf Huber, Dokumente zur deutschen Verfassungsgeschichte, Bd. 1, Stuttgart 1961, Nr. 102, S. 304 ff. **S. 95 Q1:** Aus dem Briefwechsel Friedrich Wilhelms IV. mit Bunsen, hg. v. Leopold v. Ranke, Leipzig (Duncker & Humblot) 1873, S. 235.*   **S. 95 Q2:** Walter Bußmann, Zwischen Preußen und Deutschland. Friedrich Wilhelm IV. Eine Biographie, Berlin (Siedler) 1990, S. 289.* **S. 96 Q1:** Louise Otto, Über Robert Blum, in: Frauenzeitung 2, Nr. 21 v. 25. Mai 1850, zit. n. Ralf Zerback, Robert Blum. Eine Biografie. Leipzig (Lehmstedt) 2007, S. 181.* **S. 96 Q2:** Zit. n. Lothar Gall (Hg.), 1848 – Aufbruch zur Freiheit, Berlin (Nicolai'sche Verlagsbuchhandlung) 1997, S. 327. **S. 97 Q3:** http://www.liederlexikon.de/lieder/was_zieht_dort_zur_brigittenau/editiona **S. 97 Q4:** Zit. n. Politische Schriften / Robert Blum, hg. v. Sander L. Gilman, Bd. 6, Photomechan. Nachdr. der Erstausg., Leipzig 1880/81, Nendeln (KTO Press) 1979, S. 6 ff.*   **S. 99 Q1:** Zit. n. Ernst Rudolf Huber, Dokumente zur deutschen Verfassungsgeschichte, Bd.1, Stuttgart u.a. (Kohlhammer)1978, s. 155 f. **S. 99 Q2:** Zit. n. Quellen zur bayerischen Geschichte, ausgew. u. zusammengest. v. Helmut Christmann und Franz Dobmann, Bonn (Dümmler) 1965, S. 40.**   **S. 103 Q1:** Zit. n. Liederarchiv, https://www.lieder-archiv.de/deutschlandlied-notenblatt_300514.html (Abruf: 17. 6. 2019)

4. Industrialisierung und soziale Frage

S. 111 Q1: Zit. n. Friedrich List „Schriften, Reden, Briefe" Band 1/Teil 2, hg. v. Erwin v. Beckerath und Otto Stühler, Berlin 1929, S. 491–495. **S. 117 M1:** Zit. n. Jürgen Kocka, Die Angestellten in der deutschen Geschichte 1850–1980 vom Privatbeamten zum angestellten Arbeitnehmer Göttingen (Vandenhoeck & Ruprecht) 1981, S. 40. **S. 119 Q1:** Zit. n. Carl Jantke, Der Vierte Stand, Freiburg (Herder) 1955, s. 178. **S. 119 Q2:** Zit. n. Andrea van Dülmen (Hg.), Frauen, ein historisches Lesebuch, München (Beck) 1991, S. 114 ff. **S. 121 Q1:** Zit. n. Hermann de Buhr/Michael Regenbrecht (Hg.), Industrielle Revolution und Industriegesellschaft, Frankfurt/M. (Hirschgraben) 1983, S. 46 **S. 122 Q1:** Hamburger Fremdenblatt 13. 09. 1892 zit. n. https://www.hamburg.de/contentblob/111730/a807a2dd-5fe86b4b4652c8da43811787/data/grossbuch.pdf (Download 26. 07. 2019)*   **S. 123 Sprechblase:** Zit. n. Manfred Vasold, in: Die Zeit Nr. 19, 30. 04. 2003. https://www.zeit.de/2003/19/A-Cholera/seite-4 *   **S. 123 M1:** Zit. n. https://tropeninstitut.de/krankheiten-a-z/cholera/

(Abruf: 26. 07. 2019). **S. 123 M2:** Alt-Neuöttinger Anzeiger, 08. 11. 2016. Zit. n. https://www.pnp.de/lokales/landkreis_altoetting/altoetting/2285862_Wegen-PFOA-Belastung-Zwei-Brunnen-abgestellt.html (Abruf: 22. 08. 2019)** **S. 125 Q1:** Zit. n. Hermann de Buhr/ Michael Regenbrecht (Hg.): Industrielle Revolution und Industriegesellschaft, Frankfurt/M. (Hirschgraben) 1983, S. 51. **S. 125 M2:** © KNA, veröff. v. RP online, 25. Juli 2013, unter: https://rp-online.de/panorama/ausland/der-papst-besucht-favela-in-rio_aid-15241703 (Abruf: 29. 7. 2019) **S. 127 Q1:** Zit. n. Helmut Hirsch (Hg.), August Bebel: Sein Leben in Dokumenten, Reden u. Schriften Köln/Berlin (Kiepenheuer u. Witsch) 1968, S. 352. **S. 127 Q2:** Zit. nach Günter Schönbrunn (Hg.), Das bürgerliche Zeitalter 1815–1914 (Geschichte in Quellen, Bd. V, hg. v. Wolfgang Lautemann und Manfred Schlenke), Bayerischer Schulbuchverlag, München 1980, S. 884. Quelle dort: Deutsche Parteiprogramme, hg. v. Wilhelm Mommsen, München (Isar Verlag) 1960. **S. 135 M1:** Zit. n. https://www.bpb.de/nachschlagen/lexika/pocket-politik/16561/sozialstaat (Abruf: 29. 07. 2019) **S. 135 M1:** Zit. n. https://www.plattform-i40.de/PI40/Navigation/DE/Industrie40/WasIndustrie40/was-ist-industrie-40.html (Abruf: 31. 07. 2019) **S. 135 M2:** Tilman Mayer zit. n. http://www.bpb.de/apuz/202987/was-bleibt-von-bismarck?p=all (Abruf: 31. 07. 2019)

5. Das deutsche Kaiserreich

S. 141 Q1: Zit. nach Günter Schönbrunn (Hg.), Das bürgerliche Zeitalter 1815–1914 (= Geschichte in Quellen, Bd. V, hg. v. Wolfgang Lautemann und Manfred Schlenke), Bayerischer Schulbuchverlag, München 1980, S. 884. Quelle dort: Otto von Bismarck, Die gesammelten Werke, Friedrichsruher Ausg., hg. v. Konrad Canis et al., Bd. 7, Berlin (Stollberg) 1924, S. 301 f.* **S. 143 Q1:** Otto von Bismarck, Die gesammelten Werke, Friedrichruher Ausg., hg. v. Konrad Canis et al., Bd. 7, Berlin (Stollberg) 1924, S. 301 f.* **S. 143 M2:** Zit. n. Friedrich Scherer in der Dokumentation „Bismarck und das deutsche Reich. Vom Kleinstaatler zum Nationalkämpfer" in der Reihe „Die Deutschen", ZDF 2008 (Sprechertext im Film von Min. 23:57–24:42) **S. 145 Q1:** Zit. n. Erich Brandenburg (Hg.): Briefe Kaiser Wilhelm des Ersten. Leipzig (Insel) 1911, S. 254. **S. 147 M1:** Zit. n. Heinrich August Winkler in der Dokumentation „Bismarck und das deutsche Reich. Vom Kleinstaatler zum Nationalkämpfer" in der Reihe „Die Deutschen", ZDF 2008 (Sprechertext im Film von Min. 35:30–35:55) **S. 149 Q1:** Zit. n. Elmar Roeder (Hg.): Wider Kaiser und Reich. Reden bayerischer Patrioten 1871, München (Süddeutscher Verlag) 1982 S. 232, 249 f., 244. **S. 149 Q2:** Zit. n. Elmar Roeder (Hg.): Wider Kaiser und

Reich. Reden bayerischer Patrioten 1871, Süddeutscher Verlag, München, 1982 S. 232. **S. 151 Q1:** Zit. n. Die deutsche Arbeiterbewegung 1848–1919 in Augenzeugenberichten, hg. v. Ursula Schulz, Düsseldorf (Karl Rauch) 1968, S. 241. **S. 151 Q2:** Otto von Bismarck: gesammelte Werke, Friedrichruher Ausg, hg. v. Konrad Canis et al., Bd. 13, Berlin (Stollberg) 1924, S. 395 ff.** **S. 153 Q1:** Zit. n. Albrecht und Friedrich Thimme (Hg), Die Auswärtige Politik des Deutschen Reiches 1871–1914, Bd. 1, Berlin (Deutsche Verlagsgesellschaft f. Politik u. Geschichte) 1928, S. 58 f. **S. 155 M1:** Cay Rademacher, in: http://www.geo.de/GEO/heftreihen/geo-epoche-panorama/deutsches-kaiserreich-alltag-eine-zeit-geraet-aud-den-fugen-74208.html (Abruf: 05. 09. 2019)* **S. 155 Q2:** Hildegard von Spitzemberg, Das Tagebuch der Baronin Spitzemberg. hg. von Rudolf Vierhaus, Göttingen (Vandenhoeck & Ruprecht) 1989, S. 381.* **S. 159 Q1:** Zit. n. Walter Kollo: Lied aus der Operette „Immer feste druff", 1914. **S. 160 M1:** Zit. n. Die gute alte Zeit im Bild: Alltag im Kaiserreich 1871–1914 – in Bildern und Zeitzeugnissen, hg. v. Gert Richter, Gütersloh, München, Berlin, Wien (Bertelsmann) 1974, S. 12 f. **S. 160 Q1:** Zit. n. Ute Frevert, Frauen-Geschichte: zwischen Bürgerlicher Verbesserung und Neuer Weiblichkeit, Frankfurt a. M. (Suhrkamp) 1986, S. 258 ff. **S. 160 Q2:** Zit. n. Die Frauenfrage in Deutschland 1865–1915: Texte und Dokumente, hg. v. Elke Frederiksen, Stuttgart (Reclam) 1981, S. 374 f. **S. 160 Q3:** Zit. n. Karl Kehr: Die Praxis der Volksschule. Ein Wegweiser zur Führung einer guten Schuldisciplin und zur Ertheilung eines methodischen Schulunterrichtes für Volksschullehrer und für solche, die es werden wollen, Gotha (Tienemann) 12. Aufl. 1903, S. 65 ff. **S. 161 Q4:** Zit. n. Paul Eipper: Eine Jugend in Schwaben, München/Zürich (Piper) 1981, S. 87 f. **S. 162 M1:** Zit. n. Ulrich Schmidt-Denter: „Die Bedeutung der Hymne hängt vom Zeitgeist ab", Interview von Fabienne Hurst, Spiegel online. 17. 06. 2018 https://www.spiegel.de/sport/fussball/fussball-wm-2018-interview-ulrich-schmidt-denter-zu-nationalhymnen-a-1213054.html (Abruf: 02. 09. 2019)

6. Längsschnitt: Protest, Aufstand und Revolution – Menschen kämpfen für ihre Freiheit

S. 171 Q1: Zit. n. Titus Livius, Römische Geschichte, Buch I–III, lat. u. dt. hg. u. übers. v. Hans-Jürgen Hillen, München (Artemis Verlag) 1987, S. 233 f. **S. 173 Q1:** Zit. n. Gerfrid Arnold, Chronik Dinkelsbühl, Band 4, 1370–1400, Die Stadtrepublik Kaiser Karl IV. und König Wenzel I., Dinkelsbühl (Schlierberg) 2003, S. 112 ff.* **S. 175 Q1:** Zit. u. überarb. n.: Simón Bolívar: Brief aus Jamaika, 6. September 1815, übers. von Brigitte König, in: Hans-Joachim

König, Simón Bolívar. Reden und Schriften zu Politik, Wirtschaft und Gesellschaft, Hamburg (Institut für Iberoamerika-Kunde) 1984, S. 31-40.   **S. 177 Q1:** Zit. n. Wolfgang Büttner, in: DIE ZEIT 23/1994 nach: https://www.zeit.de/1994/23/der-weberaufstand/seite-3 (Abruf: 10.09.2019) **S. 177 Q2:** Zit. n. Heinrich Heine, Neue Gedichte, Bd. 2, hg. von Manfred Windfuhr, Hamburg (Hoffmann und Campe) 1982, S. 150. **S. 179 Q1:** Zit. n.: https://www.kindersache.de/bereiche/wissen/politik/was-ist-eigentlich-der-brexit (Abruf: 10.09.2019) **S. 179 Aufgabe 5.1:** Birgit Holzer, 11.12.2018 Augsburger Allgemeine, zit. n.: https://www.augsburger-allgemeine.de/politik/Gelbwesten-Proteste-Frankreichs-Krise-ist-noch-nicht-zu-Ende-id52916191.html (Abruf: 11.09.2019) **S. 179 Aufgabe 5.2:** Zitat von Jonas Sack, in: Stefan Ulrich, SZ 20.01.2019, SZ online, zit. n. https://www.sueddeutsche.de/politik/demokratie-staerkt-die-parlamente-1.4293211 (Abruf: 11.09.2019) **S. 179 Aufgabe 5.3:** Manfred Köhler, „Monday for future", in FAZ online, 20.09.2019: https://www.faz.net/aktuell/rhein-main/ueber-die-folgen-der-friday-for-future-bewegung-16395424.html (Abruf: 23.09.2019); **S. 183 Q1:** Zit. n. Werner Ripper, Weltgeschichte im Aufriss, Bd. 2, Frankfurt a. M. (Diesterweg) 1974, S. 165. **S. 183 M1:** dpa/jm, 14.12.2011, zit. n. https://www.welt.de/politik/ausland/article13768432/Time-kuert-Demonstrant-zur-Person-des-Jahres.html (abger. 13.09.2019)*

7. Längsschnitt: Kriege und ihre Folgen
S. 189 Q1: Zit. n. Geschichte in Quellen, Altertum, Bd. 1, hg. v. Wolfgang Lautemann u. Manfred Schlenke, bearb. v. Walter Arend, übers. v. Herbert Weinstock, München (bsv), 2. Aufl. 1975, S. 523. Quelle dort: Walther Sontheimer, Über den Staat, Suttgart (Reclam) 1956. **S. 189 Q2:** Zit. n. Gaius Julis Caesar, De bello Gallico/Der Gallische Krieg. Lateinisch/Deutsch, hg. u. übers. v. Marieluise Deissmann, Stuttgart (Reclam) 2010, S. 51.*   **S. 189 Q3:** Zit. n. Dio Cassius, Römische Geschichte hg. u. übers. v. Otto Veh, Berlin (Akademie Verlag), 2. überarb. Aufl. 2012, S. 138.
S. 191 Q1: Zit. n. Arno Borst, Lebensformen im Mittelalter (Ullstein TB) Frankfurt/M., Berlin, Wien, 1979, S. 318 ff.*
S. 191 Q2: Zit. n. Adolphe Neubauer (Hg.), Hebräische Berichte über die Judenverfolgung während des ersten Kreuzzugs, Hildesheim (Olms) 1997, S. 153.*   **S. 191 Q3:** Zit. n. Hans Wollschläger, Die bewaffneten Wallfahrten gen Jerusalem, Zürich (Diogenes) 1973, S. 38 ff.*
S. 193 Q1: Zit. n. Geschichte lernen, Heft 65, Sept. 1998, o. S., Quelle dort: Johann Tserclaes Graf von Tilly an Kurfürst Maximilian von Bayern, Buxtehude 25.01.1628, BayHStA Kurbayern Äußeres Archiv 2376 fol. 133r-134v.

S. 193 Q2: Johann Daniel Mincks Chronik über den 30-jährigen Krieg: nach den Aufzeichnungen im Gross-Bieberauer Kirchensaalbuch, hg. v. Wilhelm Krämer, Pfarrer in Gross-Bieberau, Darmstadt (Verlag nicht ermittelbar) 1903, o. S. **S. 195 Q1:** Zit. n. Bernd Ulrich/Benjamin Ziemann (Hg.), Frontalltag im Ersten Weltkrieg. Ein Historisches Lesebuch, Essen (Klartext-Verlag) 2008, S. 64.
S. 195 Q2: Zit. n. Friedenskonferenz Den Haag, Die Haager Landkriegsordnung nebst Anlagen und Ergänzungen, Bremen (Europäischer Hochschulverlag) 2010, S. 11.
S. 197 Q1: Zit. n. Als die erste Atombombe fiel, Kinder aus Hiroshima berichten, hg. v. Hermann Vinke, übers. v. Karin Polz, Ravensburg (Maier) 1986, S. 56 ff. **S. 199 M1:** Zit. n. https://www.frieden-fragen.de/frieden-machen/kinder-aus-aller-welt/fluechtlingskinder-in-deutschland/jilan-aus-syrien/interview-mit-jilan.html (abger. 30.01.2020)*;
S. 201 M1: dpa, 30.09.2018 zit. n. https://www.spiegel.de/politik/ausland/ukraine-krieg-drei-kinder-bei-minenexplosion-getoetet-a-1230910.html (abr. 31.07.2019)*

Anhang
S. 207 Q1: Zit. n. J. C. Hirsh, R. Severino (Hg.), Napoleon. One Image. Ten Mirrors, Washinton D. C. 2002, S. 188 f.*, zit. n. Ulrich Baumgärtner, Napoleon – „Halbgott" oder „Ungeheuer"?, in: Praxis Geschichte 6/2004, S. 35 u. 37.
S. 207 Q2: Zit. n. F. Stählin, Napoleons Glanz und Fall im deutschen Urteil: Wandlungen des deutschen Napoleonbildes, Braunschweig (Westermann) 1952, S. 32.*
S. 207 Q3: Zit. n. J. C. Hirsh, R. Severino (Hg.), Napoleon. One Image. Ten Mirrors, Washinton D. C. 2002, S. 225, zit. n. Ulrich Baumgärtner, Napoleon – „Halbgott" oder „Ungeheuer"?, in: Praxis Geschichte 6/2004, S. 35 u. 37.
S. 207 Q4: Zit. nach Goethe-Handbuch, Bd. 4./Teilband F., Personen, Sachen, Begriffe. – L–Z / hg. von Hans-Dietrich Dahnke und Regine Otto, Stuttgart/Weimar (Metzler) 2004, S. 747. **S. 208 M1:** Zit. n. Daniel Noll, Blogbeitrag vom 30.03.2016: https://www.gadventures.de/blog/estlands-geschichte-und-singende-revolution/ (Abruf: 14.08.2019)**
S. 209 Q1: Zit. n. Geschichte Bayerns im Industriezeitalter in Texten und Bildern, hg. v. Bernward Deneke, Stuttgart (Theiss) 1987, S. 91.*   **S. 209 Q2:** Zit. n. Industrie-Natur. Lesebuch zur Geschichte der Umwelt im 19. Jahrhundert, hg. v. Franz-Josef Brüggemeier, Michael Toyka-Seidl, Frankfurt/Main, New York (Campus) 1995, S. 144 f.**
S. 210 Q1: Bayern nach Jahr und Tag: 24 Tage aus der bayerischen Geschichte, hg. v. Alois Schmid u. Katharina Weigand, München (C. H. Beck) 2007, S. 365 f.

Titelbild: interfoto e.k./Christian Bäck
Fotos:

Kapitel 1. Neues Denken stürzt alte Ordnung

S. 8/9, Whg. S. 2: mauritius images/alamy stock photo/ Laurent Lucuix; **S. 11.2:** akg-images, **3:** akg-images/Erich Lessing, **4, Whg. S. 45 mi., 47.1:** akg-images, **5:** Panther Media GmbH/Dmytro Sidashev; **S. 12.1, Whg. S. 45 o.:** akg-images; **S. 14.1:** Private Collection; **S. 16.2:** Bridgeman Images; **S. 17.3:** Photo © Erik Falkensteen/ Granger/ Bridgeman Images; **S. 19.3:** Bridgeman/Photo © Christie's Images; **S. 20.1:** akg-images/Fototeca Gilardi, **2:** © Look and Learn / Bridgeman Images, **3:** akg-images/ Science Source; **S. 21.4:** Bridgeman Images/Gift of Mrs. Jacob D. Cox Howling Wolf 1849–1927; **S. 22.1:** akg-images/North Wind Picture Archives; **S. 23.2:** Bridgeman Images/ Granger; **S. 24.1, Whg. S. 183.3:** Peter Newark American Pictures/ Bridgeman Images; **S. 25.2:** akg-images/ ClassicStock/H. ARMSTRONG ROBERTS; **S. 26.1:** Kunstsammlungen der Veste Coburg, www.kunstsammlungen-coburg.de; **S. 27.4:** akg-images/ Erich Lessing; **S. 29.1:** akg-images; **2:** akg-images, **3:** cartoon movement/Shreif Arafa; **S. 30.1:** Bridgeman Images/© SZ Photo, **2:** akg-images; **S. 31.3:** akg-images/ Jacques-Louis David; **S. 32.1, Whg. S. 45 u., 183.4:** akg-images/Fototeca Gilardi; **S. 32 r.o.:** akg-images, **r.m.:** mauritius images/alamy stock photo/Gavin Hellier, **r.u.:** StockFood/Great Stock!; **S. 33. 2:** akg-images, **3:** akg- images; **S. 34.1:** © Look and Learn / Bridgeman Images, **2:** © Archives Charmet / Bridgeman Images; **S. 35.3, Wdh. S. 43.3 o.:** Bridgeman Images; **S. 36.1:** akg-images/Erich Lessing, **2:** Bridgeman Images/De Agostini Picture Library/G. Dagli Orti; **S. 37.3:** Bridgeman Images/ Granger; **S. 39 2:** dpa Picture-Alliance/Horacio Villalobos **S. 40.1:** bpk; **S. 42.1, Whg. S. 4, S. 166/167:** Bridgeman Images; **S. 42.2:** © SZ Photo / Sammlung Megele / Bridgeman Images; **S. 43.4, Whg. S. 79.5:** Deutscher Bundestag/Marc-Steffen Unger, © VG Bild-Kunst, Bonn 2020; Ludwig Gies: Bundestagsadler, 1953; **5:** dpa Picture-Alliance/Eibner-Pressefoto/Eibner-Presse; **S. 44.1:** Eric Rouvre, Pradines, **2:** Panther Media GmbH/ Dmytro Sidashev; **S. 47.2:** Bridgeman Images/Lebrecht History, **3:** akg-images/Erich Lessing

Kapitel 2. Napoleon und die Umgestaltung Europas

S. 48/49, Wdh. S. 2, S. 207.1: akg-images/Laurent Lecat; **S. 51.2:** akg-images, NYC, **3, Whg. S. 73 o.:** bpk/Stiftung Preussische Schlösser und Gärten Berlin-Brandenburg/ Jörg P. Anders, **4:** akgimages/ Erich Lessing; **5:** bpk/Kunstbibliothek, SMB/Knud Petersen; **S. 52.1:** akg-images/Erich Lessing, **2:** Imago Stock & People GmbH/Design Pics; **S. 53.3:** bpk | RMN – Grand Palais | Emilie Cambier; **S. 54.1:** akg-images/Erich Lessing; **S. 56 li.u., Whg. S. 73 2. v.o.:** bpk/RMN – Grand Palais/ André Martin; **S. 57.3:** akg-images; **S. 58.1:** INTERFOTO/ Rolf Hicker, **2:** akg-images, **li.:** akg-images/Heritage Images/Fine Art Images; **S. 61.2:** © Bayerische Schlösserverwaltung/Imago Stock & People GmbH/ imagebroker/bail, **3:** © Bayerische Schlösserverwaltung, Philipp Mansmann, München; **S. 62.1:** mauritius images/alamy stock photo/ThePicture Art Collection/ Museumsverein Braunau, **2:** A. Krönert/Palm-Stiftung e.V.; **S. 63.3:** Sanitäts- und Lazarettmuseum Seifertshain, Foto: Michél Kothe, **4:** akg-images; **S. 64 li.:** mauritius images/ alamy stock photo/Sergei Trofimenko; **S. 65.2, Whg. S. 73 2 v.u.:** bpk/ RMN – Grand Palais; **S. 66.1:** Imago Stock & People GmbH/ imagebroker, **u.:** Bridgeman Images/SZ Photo/ Sammlung Ritter; **S. 67.2, Whg. S. 73 u.:** bpk/Kunstbibliothek, SMB/Knud Petersen; **S. 69.1–3:** © Bayerische Schlösserverwaltung, Rainer Herrmann, München; **S. 70.1:** © Bayerische Schlösserverwaltung, Nürnberg, Luftbild Hajo Dietz, **li.:** © Bayerische Schlösserverwaltung, Maria Scherf, München; **S. 71.2:** Imago Stock & People GmbH/ imagebroker © Bayerische Schlösserverwaltung, **3:** © Bayerische Schlösserverwaltung, Simon Gehr; **S. 72.1:** stock. adobe.com/ Marco Bonan, **2:** stock.adobe.com/© Andreas Jürgensmeier, Vilgertshofen, 2013/AndreasJ, **3:** dpa Picture-Alliance/dieKLEINERT.de; **S. 75.1:** mauritius images/ Josef Beck, **2:** Hans-Peter Günnel, Leipzig, mit freundl. Genehmigung des Verbands Jahrfeier Völkerschlacht bei Leipzig 1813 e.V., **3:** Foto: Tom Schulze © asisi

Kapitel 3. Deutschland zwischen Freiheitsstreben und Fürstenmacht

S. 76/77, Whg. S. 3: bpk/Dietmar Katz; **S. 79.2:** bpk, **3:** bpk/ Dietmar Katz, **4:** bpk; **S. 80:** akg-images/Erich Lessing; **S. 81.2:** The Stapleton Collection/ Bridgeman Images; **S. 82.1:** ullstein bild – Archiv Gerstenberg; **S. 84.1:** akg-images; **S. 85.2, Whg. S. 101 o.:** akg-images; **S. 87.1:** akg-images; **S. 89.2:** akg-images; **S. 90.1, Whg. S. 101 2 v.o., S. 183.1:** akg-images; **S. 92.1:** bpk/Germanisches Nationalmuseum/ Jürgen Musolf; **S. 94.1:** akg-images; **S. 95.2, Whg. S. 101 2 v.u.:** bpk/Dietmar Katz; **S. 96.1:** Stadtgeschichtliches Museum Leipzig; **S. 98.1, Whg. S. 101 u.:** bpk/Bayerische Staatsgemäldesammlungen, **li.:** mauritius images/alamy stock photo/The Picture Art Collection/© Bayerische Schlösserverwaltung; **S. 99.2:** bpk/Bayerische Staatsbibliothek; **S. 100.1:** Markus Faber; **S. 103.1:** bpk/Dietmar Katz, **2:** bpk

Kapitel 4. Industrialisierung und soziale Frage
S. 104/105, Whg. S. 3: Bridgeman Images/© SZ Photo/ Sammlung Megele; **S. 107.2:** interfoto e.k./Sammlung Rauch, **3, Whg. S. 111.3, S. 133 o.:** interfoto e.k./Sammlung Rauch, **4:** Imago Stock & People GmbH/bonn-sequenz, **5, Whg. S. 130.1, S. 133 u.:** bpk; **S. 108.1:** Bridgeman Images/ Granger, **2:** Bridgeman Images/Granger; **S. 113.2 o.li.:** bpk/ Reiss-Engelhorn-Museen Mannheim/ Jean Christen, **o.mi.:** bpk, **o.re.:** interfoto e.k./ Sammlung Rauch, **2 v.u.:** interfoto e.k./Science & Society, **u.:** mauritius images/alamy stock photo/The Picture Art Collection/ Privatbesitz; **S. 115.1:** Industriemuseum Lauf, **2:** Katrin Roth; **3:** Katrin Roth; **S. 116.1:** Bayerisches Wirtschaftsarchiv BWA, **2:** interfoto e.k./ Friedrich; **S. 117.3:** Bayerisches Wirtschaftsarchiv BWA, **4:** bpk/adoc-photos; **S. 118.2** Urheber unbekannt, aus: Inge Frick (Hg. u. a.), Frauen befreien sich, München Frauenbuchverlag 1976, o. S., nach: Willi Münzenberg (Hg.), Der Weg der Frau, Berlin; Reichenberg, 1932 o. S.; **S. 119.3:** akg-images GmbH, **4:** Kindernothilfe; **S. 120.1, Whg. S. 133 mi.:** akg-images; **S. 121.2:** bpk, **3:** akg-images; **S. 122.1:** Staatsarchiv Hamburg, Paul Wutcke, 720–1_343–1_W0000045, **2:** interfoto e.k./Sammlung Rauch; **S. 123.3:** akg-images/IAM; **S. 124 1:** akg-images; **S. 125.2:** Koenig & Bauer, **3:** StadtABT, Nr. 28581; **S. 126.1:** © Saurer & Albers, Moisburg 2017, **li.:** stock.adobe.com/Max; **S. 127.2:** © Saurer & Albers, Moisburg 2017; **S. 128.1, Whg. S. 183.2:** akg-images; **S. 130 li.:** akg-images; **S. 131.2:** dpa Picture-Alliance/Globus-Grafik; **S. 132.1:** Stadtarchiv Fürth, Bi 579, **2:** Stadtarchiv Fürth, Bi 115; **S. 135.1:** Bridgeman Images, **2:** Bridgeman Images

Kapitel 5. Das deutsche Kaiserreich
S. 136/137, Whg. S. 4: bpk/Ottomar Anschütz; **S. 138.1:** imago Sportfotodienst/Team 2/mit freundl. Genehmigung des 1. FSV Mainz 05; **S. 139.2:** interfoto e.k./Sammlung Rauch, **3:** bpk, **4, Whg. S. 145.1, S. 163 o.:** akg-images, **5:** akg-images/JOHN TENNIEL, **6:** Bridgeman Images/ Granger; **S. 141.2:** bpk/ RMN – Grand Palais/Franck Raux, **3:** akg-images; **S. 142.1:** bpk; **S. 143.2:** akg-images; **3:** akg-images; **S. 145.2:** Bundesregierung/Guido Bergmann © VG Bild-Kunst, Bonn 2020; Günter Rittner, Portrait Kurt-Georg Kiesinger, 1976; **S. 146.1:** bpk; **S. 148.1:** bpk; **2:** bpk/BnF, Dist. RMN-GP; **S. 149.3:** Bayerische Staatsbibliothek München, 2 Per. 13–23, Bl. 154, urn:nbn:de: bvb:12-bsb10498505–4; **4:** Bayerische Staatsbibliothek München, Per. 22 ri-3, Bl. 109, urn:nbn:de:bvb:12-bsb11189538–5; **S. 150.1:** Bridgeman Images/ Henseler, Ernest 1852-after 1923; **2:** akg-images; **S. 151.3, Whg. S. 163 u.:** akg-images; **4:** interfoto e.k./Sammlung Rauch;

S. 153.2: bpk; **3:** bpk; **S. 154 li.:** bpk/T. H. Voigt; **S. 155.2:** akg-images, **3:** bpk; **S. 156.1:** Stadtmuseum Berlin, Reproduktion: Hans-Joachim Bartsch, Berlin; **S. 158.1, Whg. S. 163 2 v.u.:** Picture-Alliance/IMAGNO/Austri; **S. 159.2:** Lippische Landesbibliothek/ Theologische Bibliothek und Mediothek Detmold. Sammlung Mellies. ME-PK-3–2A, **3:** interfoto e.k./TV-Yesterday; **S. 160.1:** akg-images, **S. 161.2:** akg-images, **3:** bpk; **S. 162.1:** bpk, **2:** Imago Stock & People GmbH/Lars Berg; **S. 165.2:** bpk, **3:** interfoto e.k./Sammlung Rauch, **4:** akg-images

Kapitel 6. Längsschnitt: Protest, Aufstand und Revolution – Menschen kämpfen für ihre Freiheit
S. 168.1: bpk/RMN – Grand Palais, **2:** mauritius images/ Michael Weber; **S. 169.3, Whg. S. 171.2, S. 181 o.:** © Look and Learn / Bridgeman Images, **4:** akg-images/Bruno Pérousse, **5, Whg. S. 173.2:** Panther Media GmbH/August Forkel, **6:** bpk/Kupferstichkabinett, SMB/Volker-H. Schneider, **7: Whg. S. 179.2, S. 181 u.:** Imago Stock & People GmbH/Alexander Pohl; **S. 172.1:** akg-images/ historicmaps; **S. 174.2:** interfoto e.k./Granger, NYC; **S. 175.3, Whg. S. 181 2 v.o.:** © Archives Charmet / Bridgeman Images; **S. 176.1:** bpk/Kupferstichkabinett, SMB/ Jörg P. Anders; **S. 177.2, Whg. S. 181 2 v.u.:** akg-images; **S. 178.1:** dpa Picture-Alliance/dpa-Grafik; **S. 179.3:** dpa Picture- Alliance/ ZUMA Press/ZUMAPRESS.com; **S. 180 1:** akg-images, **2:** Bridgeman Images, **3:** akg-images/AP

Kapitel 7. Längsschnitt: Kriege und ihre Folgen
S. 184/185, Whg. S. 5: Peter Newark Pictures/ Bridgeman Images; **S. 187.2:** Fototeca Gilardi / Bridgeman Images, **3:** interfoto e.k./awkz, **4, Whg. S. 203 2 v.u.:** akg-images/Erich Lessing, **5:** Bridgeman Images/SZ Photo / Knorr + Hirth; **S. 188 li.:** bpk/Scala; **S. 189.2, Whg. S. 203 o.:** Bridgeman Images/ De Agostini Picture Library/G. Nimatallah; **S. 190.1:** Bridgeman Images; **S. 191.2, Whg. S. 203 2 v.o.:** Bridgeman Images; **S. 193.2:** akg-images/Erich Lessing; **S. 195.2:** Bridgeman Images/SZ Photo / Scherl, **3, Whg. S. 203 u.:** Bridgeman Images/ Windmill/Robert Hunt Library/UIG; **S. 196.1:** akg-images, **196.2:** dpa Picture-Alliance/PEACE_MEMORIAL_MUSEUM/dpaweb; **S. 197.3:** akg-images/ Rainer Hackenberg; **S. 199.2:** dpa Picture-Alliance/ AA; **S. 199.3:** dpa Picture-Alliance/ REUTERS **S. 201.2:** © UNICEF/UN0150819/Gilbertson VII Photo; **S. 202.1:** bpk / Kunstbibliothek, SMB / Dietmar Katz; **S. 205.1:** Bridgeman Images/Paule Saviano, **2:** dpa Picture-Alliance/picture-alliance/ dpa-infografik, **3:** Bridgeman Images/Granger, **4:** Bridgeman Images/DHM

Anhang
S. 206.1: akg-images; **S. 207.2:** interfoto e.k./Sammlung
Rauch; **S. 208.1:** dpa Picture-Alliance/dpa – Report;
S. 209.1: Bridgeman Images/Private Collection; **S. 210.1:**
stock.adobe.com/Andy Ilmberger; **2:** dpa Picture-Alliance/
imageBROKER

Illustrationen/Grafik:
**dpa Picture Alliance/dpa-Infografik, bearb. von Erfurth &
Kluger:** S. 200.1; **Cornelsen/ Erfurth & Kluger:** S. 53.3,
S. 60.1, S. 147.3 u. 4; **Cornelsen/Elisabeth Galas, Bad Brei-
sig:** S. 27.2 u. 3, S. 39.1, S. 152.1; **Cornelsen/Elisabeth Galas,
Bad Breisig, bearb. von zweiband media:** S. 13.2 u. 3, S. 43.3
UN emblem used with permission of the United Nations,
S. 93.2, S. 109.3, S. 118.1, S. 147.2, Whg. S. 163 mi.;
Cornelsen/Michael Teßmer/Heimann & Schwantes:
S. 170.1

Karten:
Cornelsen/Carlos Borrell Eiköter: vorderer Umschlag Klap-
pe, (Topographie: Peter Kast) S. 10.1, S. 16.1, S. 18.1 u. 2,
S. 50.1, S. 56.1 u. 2, S. 59.3 u. 4, S. 64.1, S. 78.1, S. 80.1,
S. 83.2, S. 88.1 S. 106.1, S. 110.1 u. 2, S. 140.1, S. 154.1,
S. 192.1, S. 194.1, S. 198.1; **Cornelsen/Klaus Kühner:**
S. 112.1; S. 174.1, S. 186.1, S. 188.1; **Cornelsen/Klaus Küh-
ner, bearb. von Carlos Borrell Eiköter:** vorderer u. hinterer
Umschlag innen, hinterer Umschlag Klappe

Projektleitung: Dr. Uwe Andrae
Redaktion: Gisela Veerkamp; Amanda Winter
Grafik und Illustration: Erfurth&Kluger, Berlin; Elisabeth Galas, Bad Breisig;
Michael Teßmer, Hamburg
Karten: Carlos Borrell Eiköter, Berlin; Ing.-Büro für Kartographie Peter Kast, Wismar;
hüttenwerke, Klaus Kühner, Hamburg
Medienbeschaffung: Martha Altenstein
Gesamtgestaltung: Heimann und Schwantes, Berlin
Technische Umsetzung: zweiband.media, Berlin

Das Umschlagbild zeigt das Staatstheater am Gärtnerplatz in München.
Foto: interfoto e.k./ Christian Bäck

www.cornelsen.de

Die Mediencodes enthalten zusätzliche Unterrichtsmaterialien,
die der Verlag in eigener Verantwortung zur Verfügung stellt.

Soweit in diesem Lehrwerk Personen fotografisch abgebildet sind und ihnen von der
Redaktion fiktive Namen, Berufe, Dialoge und Ähnliches zugeordnet oder diese Personen
in bestimmte Kontexte gesetzt werden, dienen diese Zuordnungen und Darstellungen
ausschließlich der Veranschaulichung und dem besseren Verständnis des Inhalts.

1. Auflage, 2. Druck 2021

Alle Drucke dieser Auflage sind inhaltlich unverändert
und können im Unterricht nebeneinander verwendet werden.

Druck und Bindung: Livonia Print, Riga

ISBN 978-3-06-064908-2 (Schülerbuch)
ISBN 978-3-06-065193-1 (E-Book)

PEFC zertifiziert
Dieses Produkt stammt aus nachhaltig
bewirtschafteten Wäldern und kontrollierten
Quellen.

PEFC™
PEFC/12-31-006   www.pefc.de

Darum geht es, wenn du diese Verben in deiner Aufgabenstellung findest:	▶ Beispiele und Starthilfen:

erstellen (gestalten, entwerfen, entwickeln)

Informationen auswählen, ordnen und sie überschaubar und informativ mithilfe eines Produkts vorzeigen.

- Kläre das Thema und das Produkt (z. B. Wandzeitung).
- Sammle Informationen und Bildmaterial.
- Fertige eine Skizze und ordne das Material probeweise an, bevor du klebst und schreibst.
- Sorge für die angemessene Größe (Schrift, Bilder ...) und für eine saubere und ansprechende Gestaltung.

↗ **Thematische Überblicke in Form von Wandzeitungen, Plakaten, Mindmaps, Ausstellungen ...**

Wandzeitung über Kinderarbeit heute

Planung, Wandzeitung

Kinderarbeit:
Was ist das? (Definition)

Hilfe für Kinder:
Können wir etwas für sie tun?

Beispiele:
Wo? ... Wer? ...
Warum ...
Art der Arbeit? ...
Auswirkungen? ...
Fotos

herausarbeiten

Sachverhalte je nach Aufgabenstellung aus vorgegebenem Material entnehmen und wiedergeben.

- Kläre mithilfe eines Lexikons unklare Begriffe.
- Gib in eigenen Worten die wichtigsten Informationen wieder.

↗ **Informationen in Texten, Bildern, Schaubildern ...**

Bei den vorgegebenen Materialien handelt es sich um ...
- ▶ *Der Begriff X bedeutet ...*
- ▶ *Aus den Materialien geht hervor ...*
- ▶ *Zusammenfassend lässt sich sagen ...*

informieren (recherchieren, erkundigen, herausfinden, befragen, ermitteln)

Selbstständig Informationen über Geschichte beschaffen (z. B. durch Lexika, Fachbücher, Internet, Museen, Expertinnen und Experten ...) und sachlich vorstellen.

- Überlege, woher du die gesuchten Informationen beschaffen kannst.
- Kläre, wie du die Infos verarbeiten willst (z. B. mündlich als Referat, schriftlich ...).
- Halte alle Infos z. B. als Notiz, Skizze, ... fest.
- Gib immer deine Quellen an!

↗ **Informationen, Daten ...**

Referat: Unabhängigkeit Amerikas
- ▶ *Mithilfe dieser Mindmap möchte ich euch über Entdeckungen und Eroberungen berichten ... Meine Informationen habe ich aus ...*

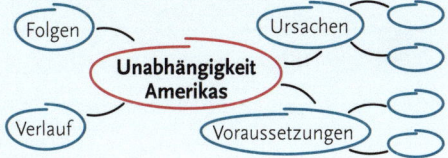

nennen (aufzählen, notieren)

In knapper und übersichtlicher Form einzelne, korrekte Informationen zusammentragen.

- Beginne mit einer Überschrift, dem Thema.
- Ordne die Informationen übersichtlich.
- Eine Tabelle/Übersicht kann hilfreich sein.
- Fasse dich kurz.

↗ **Informationen in Texten, Schaubildern ...**

Nenne die Versicherungen des ab 1883 eingeführten Sozialversicherungssystems.

Krankenversicherung	Unfallversicherung
...	...

◀ **Weitere Verben findest du auf der vorderen Umschlagklappe.**

Karte: Mitteleuropa1866–1914

Industrielle Entwicklung in Mitteleuropa bis 1850 und von 1850 bis 1910

Industrielle Entwicklung bis 1850
- Industriegebiete 1830
- Industriegebiete 1850
- Grenze des Deutschen Bundes 1850

km 0 50 100 150

Industrielle Entwicklung 1850 bis 1910
- Industriegebiete 1914
- Grenze des Deutschen Reiches 1910

km 0 50 100 150

Bergbau- und Industriezentren
- ⊗ Kohleförderung
- Fe Eisenerzförderung
- Cu Kupfererzförderung
- △ Erdölförderung
- ⊔ Hüttenindustrie
- ✸ Maschinenindustrie
- Textilindustrie
- Chemische Industrie

1845 Jahr der Kanaleröffnung
Arbeiteraufstände bzw. Streiks
Ⓣ Gründung von Arbeiterparteien

Städte (1850 bzw. 1910)
- über 1 Mio. Einw.
- ● 50 000–100 000 Einw.
- 500 000–1 Mio. Einw.
- ○ unter 50 000 Einw.
- 100 000–500000 Einwohner

| Darum geht es, wenn du diese Verben in deiner Aufgabenstellung findest: | ► Beispiele und Starthilfen: |

spielen (sprechen als, handeln als, darstellen)

Sich in eine Situation in der Vergangenheit hineindenken, sie aus Sicht der Beteiligten einschätzen und entsprechend handeln.

- Kläre das Thema und das Produkt (z. B. Rollenspiel).
- Verschaffe dir Informationen über die Zeit, das Ereignis und die Beteiligten, ...
- Schätze die Situation aus der Rolle, die du übernimmst, ein. Was könnten die Beteiligten gedacht und gesagt haben?
- Sprich dich mit deinen Mitschülerinnen und Mitschülern über den Ablauf des Spiels, über den Beginn und den Abschluss ab. Fertige Notizen an.

↗ **Situationen, Konflikte, Gespräche, Reden ...**

Spiele folgende Situation: Im englischen Parlament wird darüber gesprochen, wie man auf die Boston Tea Party reagieren soll.

- ► *sich über den Ablauf einer Sitzung informieren*
- ► *Rollen festlegen und Drehbuch schreiben*
- ► *Ausstattung besorgen*

überprüfen (prüfen)

Aussagen, Vorschläge oder Maßnahmen an Sachverhalten auf ihre sachliche Richtigkeit hin untersuchen und ein begründetes Ergebnis formulieren.

- Stellt zunächst fest, um was es geht.
- Erläutert, wie ihr bei der Überprüfung vorgeht.
- Begründet euer Ergebnis.

↗ **Aussagen, Behauptungen ...**

Überprüfe, ob die Menschen- und Bürgerrechte von 1789 in der Verfassung von 1791 umgesetzt wurden.

- ► *Überprüfung der Frage anhand der Materialien ...*
- ► *Die Menschen- und Bürgerrechte von 1789 wurden in der Verfassung von 1791 umgesetzt, weil ...*

vergleichen

Wesentliche Übereinstimmungen und Unterschiede finden, vorstellen und im geschichtlichen Zusammenhang begründen.

- Verschaffe dir einen Überblick über das, was zu vergleichen ist; Stichwörter sind hilfreich.
- Ordne nach 1. Gemeinsamkeiten und Ähnlichkeiten, 2. nach Unterschieden, Widersprüchen, Gegensätzen.
- Eine Tabelle kann sinnvoll sein.
- Beachte die jeweilige Zeit und die Umstände.
- Formuliere ein Ergebnis.

↗ **Zeiträume, Entwicklungen, Vorstellungen ...**

Vergleiche die Industrialisierung in Deutschland und England miteinander.

►

	Deutschland	*England*
Beginn	*1835 Eisenbahn*	*1750 „Spinning Jenny"*
Verlauf	*...*	*...*
Folgen	*...*	*...*

zusammenfassen (zusammentragen, wiedergeben)

Wesentliches herausfinden, Informationen knapp und richtig in Satzform und mit eigenen Worten wiedergeben.

- Suche wesentliche Informationen im Text.
- Formuliere in knapper Form.
- Schreibe nicht aus dem Buch ab, sondern erstelle eigene Texte.

↗ **Informationen in Texten, Grafiken ...**

Fasse zusammen, was du über die Herrschaft Napoleons erfahren hast.

- ► *Napoleon kam 1799 durch einen Staatsstreich an die Macht.*
- ► *Er erklärte sich 1802 zum Konsul und 1804 setzte er sich eigenständig die Kaiserkrone auf.*
- ► *Mit dem Code Civil schuf Napoleon das erste Gesetzbuch in Europa, was auch über Frankreich hinaus verbreitet wurde.*